“十二五”职业教育国家规划教材
经全国职业教育教材审定委员会审定

21 世纪高职高专精品教材 ◆ 经贸类通用系列

国际金融

（第三版）

GUOJI JINRONG

主　编　高建侠

副主编　杜　峰　张春瑜　韩梦娟
　　　　胡红莲　卓永斌

中国人民大学出版社
·北京·

前言 PREFACE

随着中国经济体制、教育体制改革的不断深化，高等职业学校财经类专业教学方式的改革已成为教育教学改革的重要课题。基于这一认识，我们在广泛进行社会调研、充分征询行业专家和高职学校教学一线老师建议的基础上，按照高等职业教育财经类专业的教学计划和教学规律的要求，为满足应用型金融技能人才的培养目标而编写了本书。

我们对国际金融的相关知识根据高职学生的认知特点进行了筛选和排序，在本书中主要介绍了外汇与汇率、汇率折算与进出口报价、外汇市场与外汇业务、国际收支、国际储备、国际信贷、国际结算、外汇风险管理、国际金融市场、国际金融机构、国际货币体系等内容。

本书具有模块化的特点，在每章开始设置了“案例导入”“学习目标”栏目，旨在使学生明确所要掌握的知识与技能，对将要学习的内容有一个初步认识，中间插入“相关链接”“拓展阅读”“想一想”“做一做”栏目，每章结尾设计了“知识要点”“问题讨论”“达标检测”，体现了“教、学、做、思”的统一。

本书既可作为高职院校的教学用书，也可作为财经或金融爱好者的学习参考书。

高建侠教授任本书的主编，负责提纲的拟定和统稿。全书共分十一个模块，模块二、模块三、模块四、模块八由陕西财经职业技术学院高建侠编写，模块九、模块十一由陕西财经职业技术学院杜峰编写，模块一的单元一、单元二、单元三和模块十由陕西财经职业技术学院张春瑜编写，模块六由陕西财经职业技术学院韩梦娟编写，模块七由中国建设银行华阴分行胡红莲编写，模块一的单元四、模块五由陕西工业职业技术学院卓永斌编写。

在本书编写过程中，我们广泛参阅了有关专家、学者的文献资料以及大量的网络资源，由于篇幅所限，无法一一列举，在此向作者一并表示衷心的感谢。

虽然我们尽了最大的努力来编写这本教材，但由于水平所限，书中错误在所难免，敬请读者批评指正，以便我们在以后的修订中完善。

高建侠

2019 年 3 月

目录 CONTENTS

模块一 外汇与汇率

案例导入

货币是人与人之间进行商品交易、国家与国家之间进行商品贸易的主要手段。一般来说，在一个国家的领土范围之内，进行商品交易所使用的货币是统一的。例如，在中国，大家买东西、卖东西，使用的是人民币；在美国使用的是美元；在英国使用的是英镑。但是涉及国际贸易时，国家间所采用货币的不同会给贸易带来极大的不便。中国人在美国或者英国购买商品时，人民币在那两个国家是无法流通的；不持有美元或者英镑，就无法进行交易，那就只有把人民币兑换成美元或者英镑。但是这个兑换的过程该遵循何种比率呢？这是一个相当麻烦的问题。可以说，国际交易市场的货币换算的不确定性，对世界交易领域的扩大及范围的延伸造成了不可估量的消极影响，与此同时，给一国进出口总额的增加也带来了巨大的阻碍。然而，世界经济一体化是一个不可逆转的趋势，国际贸易规模的扩大也是众望所归。因此，为了方便地进行国际贸易，一个适应国际上进行有形商品交易以及无形商品交易的货币换算计量法应运而生，那就是汇率。

资料来源：http：//wenku. baidu. com/view/f44bb1c29ec3d5bbfd0a7457. html.

学习目标

一国政府、企业和居民在对外交往中发生国际结算时，必然涉及外汇与汇率问题。外汇与汇率是国际金融的核心问题，掌握有关外汇与汇率的基本知识，是研究整个国际金融理论与实践的基础。因此，通过本模块的学习，你应该达到以下目标：

（1）掌握外汇的基本概念、种类、作用。

（2）掌握汇率的概念、类型以及影响汇率变动的因素、汇率变动对经济的影响。

（3）了解汇率决定的基础。

（4）了解汇率理论及评价。

（5）领会人民币汇率制度改革的内容。

（6）掌握中国外汇管理的具体方法。

单元一　外汇

课前思考

外汇与外币一样吗？它们有没有区别？

一、外汇的概念

外汇（Foreign Exchange）是国际经济活动得以进行的基本手段，是国际金融最基本的概念之一。我们可以从多种角度去理解和把握“外汇”，既可以从动态的角度认识外汇也可以从静态的角度认识外汇。所谓外汇，实际上是国外汇兑的简称。

（一）动态含义

从动态意义上讲，外汇是指一个国家的货币，通过“汇”和“兑”，转换成另一个国家的货币，借以清偿国际债务债权关系的一种专门性的金融活动。

（二）静态含义

从静态意义上讲，外汇是一种以外币表示的支付手段，用于国际结算。国际货币基金组织对外汇的定义是：“外汇是货币行政当局（中央银行、货币管理机构、外汇平准基金及财政部）以银行存款、财政部国库券、长短期政府债券等形式所保有的在国际收支逆差时可以使用的债权。其中包括由中央银行及政府间协议而发生的在市场上不流通的债券，而不问它是以债务国货币还是以债权国货币表示。”根据《中华人民共和国外汇管理条例》第三条的规定，外汇是指：（1）外币现钞，包括钞票、铸币；（2）外币支付凭证或者支付工具，包括票据、银行存款凭证、银行卡等；（3）外币有价证券，包括债券、股票等；（4）特别提款权；（5）其他外汇资产。

可以看出，国际货币基金组织和我国外汇管理局所说的“外汇”，都是就国际汇兑的静态含义而言的。

由此我们认为，外汇是以外币表示的用以进行国际结算的支付手段，这种支付手段包括以外币表示的信用工具和有价证券，如银行存款、商业汇票、银行汇票、银行支票、外国政府库券及其长短期证券等。

二、外汇的分类

（一）自由外汇和记账外汇

根据兑换时的受限制程度，外汇可分为自由外汇和记账外汇。

自由外汇是指不需要外汇管理当局批准就可以自由兑换成其他货币，或是向第三者办理支付的外国货币与支付凭证。它是国际结算中用得最多、在国际金融市场上可以自由买卖、在国际金融中可以用于偿清债权债务并可以自由兑换其他国家货币的外汇。例如美元、港币、加拿大元等。

记账外汇也称清算外汇或双边外汇，是指两国政府间签订的支付协定项目所使用的外汇，即不经货币发行国批准，不能自由兑换成其他国家的货币，也不能对第三国进行支付。例如，我国对某些发展中国家的进出口贸易采用记账方式办理结算，所有进出口货款只在双方银行开立的专门账户记载，年终所发生的收支差额一般转入下一年度贸易项下加以平衡。这种记载在双方银行账户上的外汇不能向第三者支付，也不能自由兑换成自由外汇，故称记账外汇。

（二）贸易外汇和非贸易外汇

根据来源与用途，外汇可分为贸易外汇和非贸易外汇。

贸易外汇也称实物贸易外汇，是指来源于或用于进出口贸易的外汇，即由于国际商品流通所形成的一种国际支付手段。贸易外汇是一个国家外汇的主要来源和用途。

非贸易外汇是指贸易外汇以外的一切外汇，即一切非来源于或用于进出口贸易的外汇。非贸易外汇包括：科学技术、文化交流、侨民汇款、铁路、海运、航空、邮电、港口、海关、承包工程、银行、保险、旅游等方面的收入和支出的外汇。一般来说，除个别国家（如瑞士）非贸易外汇是其外汇主要来源外，多数国家的非贸易外汇是其次要来源和次要用途。

（三）即期外汇和远期外汇

根据买卖交割期限，外汇可分为即期外汇和远期外汇。

即期外汇又称现汇，即在外汇买卖成交后两个营业日内办理交割的外汇。即期外汇一般根据支付凭证的不同，可分为电汇、信汇和票汇三种。

远期外汇又称期汇，指买卖外汇的双方先按商定的汇价签订合同，预约到一定期限办理交割的外汇。买卖远期外汇的目的在于避免或减少因汇价波动所造成的风险。远期外汇的期限按月计算，一般为1个月到6个月，也可长达1年，通常为3个月。

（四）单位外汇和个人外汇

根据外汇的所有者来划分，外汇可分为单位外汇与个人外汇。单位外汇就是机关、团体、学校、企业所收入或支出的外汇；个人外汇就是个人通过私人渠道收入或支出的外汇。

三、外汇的作用

外汇一方面是国际经济交往的必然产物，在国际贸易中起着媒介作用，推动着国际经贸关系的进一步发展，在国际政治往来、科学文化交流等领域中也起着非常重要的纽带作用。

（一）外汇作为国际结算的计价手段和支付工具，方便了国际结算

国际上各种形式的经济交往形成了国际债权债务关系，国际债权债务的清算需要一定的支付手段。以贵金属货币充当国际支付手段时，国际经济交往要靠相互运送大量贵金属来进行，这给国际经济交往带来了许多麻烦和不便，妨碍了国际经济交往的扩大和发展。

以外汇作为国际支付手段和支付工具进行国际清偿，不仅节省了运送贵金属的费用，而且缩短了支付时间，大大方便了国际支付。

（二）外汇的出现促进了国际贸易的发展

利用外汇进行国际结算，具有安全、便利、节省费用和节省时间的特点，因此加速了国际贸易的发展进程，扩大了国际贸易范围。

（三）外汇能调节资金在国际的流动，加速世界经济一体化的进程

各种外汇票据在国际贸易中的运用能使国际资金融通范围扩大，同时随着各国开放度不断加强，剩余资本借助外汇实现了全球范围的流动。因此，外汇加快了资本流动的速度，扩大了资本流动的规模，促进了世界经济一体化进程的加快。世界各国经济发展的不平衡，导致了资金余缺状况不同，存在着调节资金余缺的客观需要。一般来说，发达国家存在着资金过剩，而发展中国家则资金短缺，外汇可以加速资金的国际流动，有助于国际投资和资本转移，使国际资本供求关系得到调节。

（四）外汇可以充当国际储备手段

一国需要一定的国际储备，以应付各种国际支付的需要。在黄金充当国际支付手段时期，各国的国际储备主要是黄金。随着黄金的非货币化，外汇作为国际支付手段，在国际结算中被广泛采用，因此外汇成为各国一项十分重要的储备资产。若一国存在国际收支逆差，就可以动用外汇储备来弥补；若一国的外汇储备多，则代表该国国际清偿能力强。外汇在国际支付中的重要作用，决定着它是重要的国际储备手段；外汇在充当国际储备手段时，不像黄金那样必须存放在金库中而成为一种不能带来收益的暂时闲置资产，它广泛地以银行存款和以安全性好、流动性强的有价证券为存在形式，给持有国带来收益。

单元二　汇率

课前思考

汇率有几种标价方法？我国采用何种标价法？

一、汇率的概念及标价方法

（一）汇率的概念

汇率又称汇价、兑换率、外汇牌价、外汇行市，是一个国家的货币折算成另一个国家的货币的比率。也就是说，它是在两国货币之间用一国货币所表示的另一国货币的价格。国际政治、经济、文化的联系和贸易与非贸易往来所引起的货币收支和债权债务，都要在有关国家间办理国际结算，这种结算通过经常的、大量的外汇买卖来进行。外汇买卖必须有一个兑换比率，即汇率或汇价，简言之，汇率就是两种不同货币之间的比价。

(二)汇率的标价方法

银行对外挂牌公布各种货币之间的汇率，称作外汇标价。外汇标价时，先要确定以哪个国家的货币作为标准，是以外国货币表示本国货币的价格还是以本国货币表示外国货币的价格，这反映了不同的汇率标价方法。目前，国际上使用的基本标价方法有两种：直接标价法和间接标价法。

1. 直接标价法

以一定单位（1 个外币单位或 100 个、10 000 个、100 000 个外币单位）的外国货币为基准来计算应付多少单位的本国货币的方法称作直接标价法（Direct Quotation），又称应付标价法。在这种标价法下，外国货币数额不变，应付的本国货币额随着外国货币或本国货币的市值变化以及外币供求状况的变化而变化。一定单位外国货币折算的本国货币增多，说明外汇汇率上升，即外币升值或本币贬值。我国和绝大多数国家或地区都采用直接标价法。比如 2018 年 1 月 3 日人民币市场汇价见表 1－1。

表 1－1　　2018 年 1 月 3 日人民币市场汇价

货币名称	单位	中间价
美元	100	649.61
英镑	100	880.20
港币	100	83.11
瑞士法郎	100	668.85
新加坡元	100	487.02
瑞典克朗	100	79.73
丹麦克朗	100	105.29
挪威克朗	100	80.18
日元	100	5.77
加拿大元	100	518.73
澳大利亚元	100	509.09
欧元	100	783.76
澳门币	100	80.68
泰国铢	100	19.95
菲律宾比索	100	13.03
新西兰元	100	462.30
韩国元	100	0.606
俄罗斯卢比	100	11.31

数据来源：中华人民共和国国家外汇管理局.

2. 间接标价法

间接标价法（Indirect Quotation）是以一定单位的本国货币为标准，计算应收多少单位外国货币的方法，这种方法也称应收标价法。在这种标价法下，本国货币数额固定不变，它所折合的外国货币数额随着本国货币或外国货币市值的变化而变化。一定单位的本国货币折算的外国货币数量增多，说明本国货币汇率上升，即本币升值或外币贬值。反之，一定单位本国货币折算的外国货币数量减少，说明本国货币汇率下跌，即本币贬值或外币升值。目前世界上只有极少数国家采用间接标价法，其中英镑对所有其他货币汇率均以间接标价法表示，美元除对英镑实行直接标价法外，对其余货币的汇率以间接标价法表示。例如，2018 年 11 月 14 日纽约市场上，1 美元＝1.324 8 加拿大元（中间价）。

二、汇率的种类

汇率的种类很多，有各种不同的划分方法，特别是在实际业务中，从不同角度来划分，就有各种不同的汇率。

（一）从制定汇率的角度来考察

1. 基本汇率

基本汇率（Basic Rate）是指一国货币对关键货币（Key Currency）的比率。人民币基本汇率是由中国人民银行根据前一日银行间外汇市场上形成的美元对人民币的加权平均价，公布当日主要交易货币（美元、日元和港币）对人民币交易的基准汇率，即市场交易中间价。

2. 套算汇率

套算汇率（Cross Rate）是指两种货币通过各自对第三种货币的汇率而算得的汇率。即一国制定了基本汇率后，对其他国家货币的汇率可以按基本汇率套算出来。

做一做

如果人民币同美元的基本汇率为 1 美元＝6.060 5 元人民币，加拿大元对美元的基本汇率为 1 美元＝1.102 9 加拿大元，则 1 加拿大元等于多少元人民币呢？

分析： 1 美元＝6.060 5 元人民币，1 美元＝1.102 9 加拿大元。

则加拿大元兑人民币的汇率为：

1 加拿大元＝6.060 5÷1.102 9＝5.495 0 元人民币。

（二）从汇率制度角度考察

1. 固定汇率

固定汇率（Fixed Rate）是指一国货币同另一国货币的汇率基本固定，汇率波动幅度很小。在金本位制度下，固定汇率取决于两国金铸币的含金量，波动的界限是引起黄金输出输入的汇率水平，波动的幅度是在两国之间运送黄金的费用。在第二次世界大战后到 20 世纪 70 年代初的布雷顿森林货币制度下，国际货币基金组织成员的货币规定含金量和对美元的汇率，汇率的波动严格限制在官方汇率的上下各 1%的幅度下。由于汇率波动幅度很小，所以也是固定汇率。

2. 浮动汇率

浮动汇率（Floating Rate）是指一国货币当局不规定本国货币对其他货币的官方汇

率，也无任何汇率波动幅度的上下限，本币由外汇市场的供求关系决定，自由涨落。外币供过于求时，外币贬值，本币升值，外汇汇率下跌；相反，外汇汇率上涨。本国货币当局在外汇市场上进行适当的干预，使本币汇率不致波动过大，以维护本国经济的稳定和发展。

（三）从银行买卖外汇的角度考察

1. 买入汇率

买入汇率（Buying Rate）又称买入价，是外汇银行向客户买进外汇时使用的价格。一般来说（采用直接标价法时），外币折合本币数较少的那个汇率是买入汇率，它表示买入一定数额的外汇需要付出多少本国货币。

2. 卖出汇率

卖出汇率（Selling Rate）又称外汇卖出价，是指银行向客户卖出外汇时所使用的汇率。一般来说（采用直接标价法时），外币折合本币数较多的那个汇率是卖出汇率，它表示银行卖出一定数额的外汇需要收回多少本国货币。

例如：在我国外汇交易中心，若 GBP100＝USA736.22～737.22，则 736.22 元为外汇买入价，而 737.22 元为外汇卖出价。再如，在伦敦外汇市场上，若 GBP1＝USA1.543 6～1.543 8，则 1.543 6 为外汇卖出价，1.543 8 为外汇买入价。

买入、卖出是根据外汇交易中所处的买方或卖方的地位而定的。买卖价之间的差额一般为 1‰～5‰，这是外汇银行的手续费收益。一般外汇市场越发达，差价越小。

3. 中间汇率

中间汇率（Middle Rate）是买入价与卖出价的平均数。报刊报道汇率消息时常用中间汇率。

（四）从外汇交易支付通知方式的角度考察

1. 电汇汇率

电汇汇率（Telegraphic Transfer Rate）是银行卖出外汇后，以电传方式通知其国外分行或代理行付款给收款人时所使用的一种汇率。电汇系国际资金转移中最为迅速的一种国际汇兑方式，能在一至三天内支付款项，银行不能利用客户资金，因而电汇汇率最高。

2. 信汇汇率

信汇汇率（Mail Transfer Rate）是在银行卖出外汇后，用信函方式通知付款地银行转汇收款人的一种汇款方式。由于邮程需要时间较长，银行可在邮程期内利用客户的资金，故信汇汇率较电汇汇率低。

3. 票汇汇率

票汇汇率（Demand Draft Rate）是指银行在卖出外汇时，开立一张由其国外分支机构或代理行付款的汇票交给汇款人，由其自带或寄往国外取款。由于票汇汇率从卖出外汇到支付外汇有一段间隔时间，银行可以在这段时间内占用客户的资金，所以票汇汇率一般比电汇汇率低。

（五）从外汇交易交割期限长短的角度考察

1. 即期汇率

即期汇率（Spot Rate）是指即期外汇买卖的汇率，即外汇买卖成交后，买卖双方在当天或在两个营业日内进行交割所使用的汇率。即期汇率就是现汇汇率。即期汇率是由当场交货时货币的供求关系情况决定的。一般在外汇市场上挂牌的汇率，除特别标明远期汇率以外，一般指即期汇率。

2. 远期汇率

远期汇率（Forward Rate）是在未来一定时期进行交割，而事先由买卖双方签订合同达成协议的汇率。到了交割日期，由协议双方按事先约定的汇率、金额进行交割。远期外汇买卖是一种预约性交易，是由于外汇购买者对外汇资金需要的时间不同，以及为了避免外汇风险而引进的。

（六）从外汇银行营业时间的角度考察

1. 开盘汇率

开盘汇率（Opening Rate）是外汇银行在一个营业日刚开始营业时，进行外汇买卖采用的汇率。

2. 收盘汇率

收盘汇率（Closing Rate）是外汇银行在一个营业日的外汇交易终了时，进行外汇买卖采用的汇率。

随着现代科技的发展和外汇交易设备的现代化，世界各地的外汇市场连为一体。由于各国大城市存在时差，而各大外汇市场汇率相互影响，所以一个外汇市场的开盘汇率往往受到上一时区外汇市场收盘汇率的影响。开盘与收盘汇率只相隔几个小时，但在汇率动荡的今天，也往往会有较大的出入。

（七）从一国存在汇率的多寡的角度考察

1. 单一汇率

单一汇率（Uniform Rate）是指一国外汇管理机构对本国货币与外国货币兑换只规定一种汇率，该国一切外汇收支均按一种汇率进行结算。在外汇管制较松、国际收支状况基本平衡的国家，官方往往只规定一种汇率。

2. 多种汇率

一国的外汇管理机构对本币与某种外币的兑换规定两种以上的汇率，称为多种汇率（Multiple Rate）。多种汇率是某些外汇管制国家对汇率管制的方式之一。

（八）从国家对汇率管理宽严程度的角度考察

1. 官方汇率

官方汇率（Official Rate）又称牌价，是国家外汇管理当局公布实行的汇率，一切外汇交易均应按官方汇率进行。

2. 市场汇率

市场汇率（Market Rate）是由外汇市场上供求状况决定的汇率。它随外汇供求关系的变化而自由波动。但是各国金融当局常运用各种手段干预外汇市场，旨在使市场汇率不过于偏离官方汇率。

（九）从外汇买卖对象的角度考察

1. 同业汇率

同业汇率（Interbank Rate）是银行与银行之间买卖外汇的汇率。其买卖差价比较小，通常在1‰左右。

2. 商人汇率

商人汇率（Merchant Rate）是银行对顾客买卖外汇的汇率。它是根据同业汇率适当增加一些差价确定的。

拓展阅读

西方汇率决定理论

西方汇率决定理论主要有国际借贷说、购买力平价说、汇兑心理说、货币分析说和金融资产说，这些理论分别从不同的角度对汇率的决定因素进行了分析。

国际借贷说

国际借贷说是美国经济学家葛逊在1861年提出的，他以金本位制度为背景，较为全面地阐述了汇率与国际收支的关系。他认为，汇率的变化是由外汇的供给与需求引起的，而外汇的供求主要源于国际借贷。国际借贷可分为流动借贷和固定借贷。流动借贷是指已经进入实际支付阶段的借贷；固定借贷是指尚未进入实际支付阶段的借贷。只有流动借贷才会影响外汇的供求。在一国进入实际支付阶段的流动借贷中，如果债权大于债务，外汇的供给就会大于外汇的需求，引起本币升值、外币贬值。相反，如果一定时期内进入实际支付阶段的债务大于债权，外汇的需求就会大于外汇的供给，最终导致本币贬值、外币升值。

购买力平价说

购买力平价说是20世纪20年代初瑞典经济学家卡塞尔率先提出的。其理论的基本思想是：人们需要外币是因为外币在其发行国国内具有购买力，人们需要本币也是因为本币在本国国内具有购买力。因此两国货币汇率的决定基础应是两国货币所代表的购买力之比。购买力平价理论是最有影响的汇率理论，由于它是从货币基本功能的角度分析货币的交换比率，合乎逻辑，表达简洁，在计算均衡汇率和分析汇率水平时被广泛应用，我国的换汇成本说就是购买力平价说的实际应用。

汇兑心理说

汇兑心理说是1927年由法国巴黎大学教授艾伯特·阿夫塔里昂根据边际效用价值论的思想提出的。他认为，汇率取决于外汇的供给与需求，但个人之所以需要外汇，不是因为外汇本身具有购买力，而是由于个人对国外商品和劳务的某种欲望。这种欲望又是由个人的主观评价决定的。外汇就如同商品一样，对各人有不同的边际效用。因此，决定外汇供求进而决定汇率最重要的因素是人们对外汇的心理判断与预测。

货币分析说

货币分析说认为汇率变动是由货币市场失衡引发的，引起货币市场失衡的因素有很多：国内外货币供给的变化、国内外利率水平的变化以及国内外实际国民收入水平的变化等，这些因素通过对各国物价水平的影响而最终决定汇率水平。货币分析说最突出的贡献是它对浮动汇率制下现实汇率的超调现象进行了全面的理论概括。

金融资产说

金融资产说阐述了金融资产的供求对汇率的决定性影响，认为一国居民可持有三种资产，即本国货币、本国债券和外国债券，其总额应等于本国所拥有的资产总量。当各种资产供给量发生变动或者居民对各种资产的需求量发生变动时，原有的资产组合平衡就被打破，这时居民就会对现有资产组合进行调整，使其符合自己的意愿持有量，达到新的资产市场均衡。在对国内外资产持有量进行调整的过程中，本国资产与外国资产之间的替换就会引起外汇供求量的变化，从而带来外汇汇率的变化。

三、汇率的决定基础

汇率作为两种货币之间的交换比率，其本质是两国货币各自所代表或所具有的价值的比率，因此各国货币所具有或所代表的价值是汇率决定的基础，但由于在不同货币制度下，货币发行基础、货币的种类和形态各异，因而决定汇率的基础——各国货币价值的具体表现形式也很不一样。下面就按照不同的货币制度，分别阐述汇率的决定基础。

（一）金本位制度下汇率决定的基础

金本位制度（Gold Standard System）从1816年英国政府颁布条例、发行金币开始，一直到第二次世界大战爆发前夕，具体又可分为以下两个阶段。

1. 典型金本位制阶段——金币本位制阶段

在金币本位制（Gold Coin Standard System）下，流通中的货币是以一定重量和成色的黄金铸造而成的金币，各国货币的单位价值就是铸造该金币所耗用的黄金的实际重量。我们把各国货币的单位含金量称为该国货币的铸币平价。当时，两国货币汇率就是由两国货币的铸币平价来决定的，即汇率决定的基础是铸币平价，用公式表示为：

$$\text{A国货币与B国货币之间的汇率}=\frac{\text{A国货币的铸币平价}}{\text{B国货币的铸币平价}}$$

例如，1925年到1931年，1个英镑金币的重量为123.274 47格令，成色11/12，即含113.001 6格令纯金；1个美元金币的重量为25.8格令，成色9/10，即含23.22格令纯金，于是英镑与美元之间的汇率是113.001 6/23.22＝4.866 6，即1英镑等于4.866 6美元。

由铸币平价所确定的汇率通常称为法定平价。法定平价不会轻易变动，它并不是市场买卖外汇的实际价格，而是市场买卖外汇实际价格变动的中心。

2. 蜕化的金本位制阶段

第一次世界大战后，许多国家通货膨胀严重，银行券的自由兑换和黄金的自由流动遭到破坏，于是传统的金本位制陷于崩溃。各国分别实行两种蜕化的金本位制，即金块本位制和金汇兑本位制。在这两种货币制度下，国家用法律规定货币的含金量，货币的发行以黄金或外汇作为准备金，并允许在一定限额以上与黄金、外汇兑换，各国货币的单位价值由法律所规定的含金量来决定。此时，我们称各国单位货币所代表的含金量为该货币的黄金平价（Gold Parity）。显然在这个时期，汇率由各自货币的黄金平价来确定，即汇率决定的基础是各国货币的黄金平价。

（二）布雷顿森林货币制度下汇率决定的基础

第二次世界大战结束以后，各资本主义国家为了稳定汇率，在1944年建立了布雷顿森林货币制度，该货币制度是在国际货币基金组织的监督下以美元为中心的固定汇率制，其核心是双挂钩：一是美元与黄金挂钩，确定1盎司黄金等于35美元的黄金官价。二是其他国家货币与美元挂钩：或者不规定含金量而规定与美元的比价，直接与美元挂钩；或者规定含金量，同时按美元的含金量与美元建立固定比价，间接与美元挂钩。在这种货币制度下，各国货币的价值分别通过黄金或美元来表示。由于这一货币制度是在国际货币基金组织的监督下协调运转的，因此国际上把各国单位货币的美元价值或黄金价值称为国际货币基金平价（IMF Parity），简称基金平价。汇率的决定由各国货币的基金平价的比值来决定，即汇率决定的基础是基金平价。

（三）现行国际货币制度下汇率决定的基础

随着布雷顿森林货币制度的崩溃，资本主义国家纷纷放弃了与美元的固定比价，普遍实行浮动汇率制。在这种汇率制度下，各国货币基本与黄金脱钩，即不再在法律上规定货币的法定含金量。汇率已经不再是由各国货币的基金平价或含金量来决定，而是由各国纸币所代表的实际价值来决定。

那么纸币所代表的实际价值是什么？在金本位制或布雷顿森林货币制度下，纸币代表了一定的含金量，从而代表了一定的价值量，即单位纸币所代表的价值量显然取决于它所代表的那部分黄金“本身所具有的价值量”。而黄金同其他任何商品一样，只能通过别的商品来表现自己的价值量，即黄金的价值只有通过别的商品表现出来，而黄金作为货币商品具有特殊的价值表现形式，它表现在各种各样的商品上，即单位黄金$=x$数量的商品A（或y数量的商品B，或z数量的商品C，……）

显而易见，黄金的价值表现为一个无限的商品系列，这样，由于纸币代表一定量的黄金，而一定量的黄金的价值又表现在一系列商品上，因此，纸币所代表的价值实际上也表现在一系列商品上。因此可得出结论，在实际经济生活中，单位纸币所代表的价值通常表现为一定量的商品，而特殊情况则表现为一定的含金量。我们把单位纸币所代表的一定量商品称为该纸币的购买力平价，它实际是商品价格的倒数。在这种情况下，通过比较两国纸币的购买力平价，就能得出两国纸币相互间交换的比例，即汇率，也就是说，在浮动汇率制下，两国货币汇率决定的基础是购买力平价。

不过在这里需要强调的是，通过购买力平价来确定汇率有一个前提条件，那就是两国同种商品的价值量应当相同，因为如果两国同种商品的价值量不同，那么两国货币购买力的不同，就可能不是由于纸币所代表的价值量不同，而是由于商品在两国间具有不同的价值量。

然而，现实情况是，除了少数例外情况，大部分国家的生产条件、劳动强度、劳动生产率等相互间都相差甚大，因此，在不同的国家，生产同样产品所消耗的单位劳动不同，从而同种同量商品所包含的价值量客观上也存在差别。此外，由于历史的原因或社会经济制度方面的原因，不少国家相互间的价格机制和价格体系也存在很大的不同，在这种情况下，以直接比较两国纸币的购买力所得出的两国货币的比价，自然就不那么适宜了。

解决这一问题的方法在于选择适当种类的可比较的商品，这些商品在两国具有相同的价值或被算作具有相同的价值。十分明显，它们应是那些能够进入世界市场进行国际交换的商品，因为在世界市场上，具有不同国别价值的同种商品被当作具有相同的国际价值量。这时各国货币对这些具有相同国际价值量的商品的交换比价的不同，实际上也就是体现了各国货币本身所代表的价值量的不同，从而两国货币各自所包含的贸易商品的国际价值量的比值就是两国货币之间的汇率。

综上所述，货币的购买力平价应指单位货币所能购买到的国际商品的价值量，这才是现行国际货币制度下汇率决定的基础。

四、影响汇率变动的因素

想一想

国际收支、汇率和进出口贸易之间有什么联系？

（一）国际收支状况

国际收支状况是决定汇率趋势的主导因素。国际收支是一国对外经济活动中的各种收支的总和。一般情况下，国际收支逆差表明外汇供不应求。在浮动汇率制下，市场供求决定汇率的变动，因此国际收支逆差将引起本币贬值、外币升值，即外汇汇率上升。反之，国际收支顺差则引起外汇汇率下降。需要注意的是，一般情况下，国际收支变动决定汇率的中长期走势。

（二）国民收入

一般来说，国民收入增加会促使消费水平提高，对本币的需求也相应增加。如果货币供给不变，对本币的额外需求将提高本币价值，造成外汇贬值。当然，国民收入的变动引起汇率下跌还是上升，取决于国民收入变动的原因。如果国民收入是因增加商品供给而提高，则在一个较长时间内该国货币的购买力得以加强，外汇汇率就会下跌；如果国民收入因扩大政府开支或扩大总需求而提高，在供给不变的情况下，超额的需求必然要通过扩大进口来满足，这就使外汇需求增加，外汇汇率就会上升。

（三）通货膨胀率的高低

通货膨胀率的高低是影响汇率变化的基础。如果一国的货币发行过多，流通中的货币量超过了商品流通过程中的实际需求，就会造成通货膨胀。通货膨胀使一国的货币在国内购买力下降，使货币对内贬值。在其他条件不变的情况下，货币对内贬值必然引起对外贬值。因为汇率是两国币值的对比，发行货币过多的国家，其单位货币所代表的价值量减少，因此在该国货币折算成外国货币时，就要付出比原来多的该国货币。

通货膨胀率的变动，将改变人们对货币的交易需求量以及对债券收益、外币价值的预期。通货膨胀造成国内物价上涨，在汇率不变的情况下，出口受损，进口获利。在外汇市场上，外国货币需求增加，本国货币需求减少，从而引起外汇汇率上升，本国货币对外贬值。反之，如果一国通货膨胀率降低，外汇汇率一般会下跌。

（四）货币供给

货币供给是决定货币价值、货币购买力的首要因素。如果本国货币供给减少，则本币由于稀少而更有价值。通常货币供给减少与银根紧缩、信贷紧缩相伴而行，从而造成总需求、产量和就业下降，商品价格也下降，本币价格升高，外汇汇率将相应地下跌。如果货币供给增加，超额货币则以通货膨胀的形式表现出来，本国商品价格上涨，本币购买力下降，这将会促进相对低廉的外国商品大量进口，外汇汇率将上升。

（五）财政收支

一国的财政收支状况对国际收支有很大影响。财政赤字扩大，将增加总需求，常常导致国际收支逆差及通货膨胀加剧，结果本币购买力下降、外汇需求增加，进而推动汇率上升。当然，财政赤字扩大时，在货币政策方面辅之以严格控制货币量、提高利率的举措，反而会吸引外资流入，使本币升值，外汇汇率下跌。

（六）利率

利率在一定条件下对汇率的短期影响很大。利率对汇率的影响是通过不同国家的利率差异引起资金特别是短期资金的流动而起作用的。一般情况下，如果两国利率差异大于两国远期、即期汇率差异，资金便会由利率较低的国家流向利率较高的国家，从而有利于利率较高国家的国际收支。需要注意的是，利率水平对汇率虽有一定的影响，但从决定汇率升降趋势的基本因素来看，其作用是有限的，它只是在一定的条件下对汇率的变动有暂时的影响。

（七）各国汇率政策和对市场的干预

各国汇率政策和对市场的干预会在一定程度上影响汇率的变动。在浮动汇率制下，各国央行都尽力协调各国间的货币政策和汇率政策，力图通过影响外汇市场中的供求关系来达到支持本国货币稳定的目的。中央银行影响外汇市场的主要手段是：调整本国的货币政策，通过利率变动影响汇率；直接干预外汇市场；对资本流动实行外汇管制。

（八）投机活动与市场心理预期

自 1973 年实行浮动汇率制以来，外汇市场的投机活动愈演愈烈，投机者往往拥有雄厚的实力，可以在外汇市场上推波助澜，使汇率的变动远远偏离其均衡水平。投机者常利用市场趋势对某一币种发动攻击，攻势之强，使各国央行甚至西方七国央行联手干预外汇市场也难以阻挡。过度的投机活动加剧了外汇市场的动荡，阻碍了正常的外汇交易，歪曲了外汇供求关系。

另外，外汇市场的参与者和研究者，包括经济学家、金融专家和技术分析员、资金交易员等，每天致力于汇市走势的研究，他们对市场的判断及对市场交易人员心理的影响以及交易者自身对市场走势的预测都是影响汇率短期波动的重要因素。当市场预计某种货币趋跌时，交易者会大量抛售该货币，造成该货币汇率下浮的事实；反之，当市场预计某种货币趋于坚挺时，交易者又会大量买进该种货币，使其汇率上扬。由于公众预期具有投机性和分散性的特点，因而加剧了汇率的短期波动。

（九）政治与突发因素

由于资本首先具有追求安全的特性，因此，政治及突发性因素对外汇市场的影响是直接和迅速的，这些因素包括政局的稳定性、政策的连续性、政府的外交政策以及战争、经济制裁和自然灾害等。另外，西方国家大选也会对外汇市场产生影响。政治与突发事件因其突发性及临时性，使市场难以预测，故容易对市场构成冲击，一旦市场对消息做出反应并将其消化后，原有消息的影响力就大为削弱。

总之，影响汇率的因素是多种多样的，这些因素的关系错综复杂，有时这些因素同时起作用，有时个别因素起作用，有时各因素的作用互相抵消，有时一个因素起主要作用而另一因素起次要作用。但是从一段长时间来观察，汇率变化的规律受国际收支的状况和通货膨胀所制约，因而它们是决定汇率变化的基本因素；利率因素和汇率政策只能起从属作用，即助长或削弱基本因素所起的作用。一国的财政货币政策对汇率的变动起着决定性作用。一般情况下，各国的货币政策中，将汇率确定在一个适当的水平已成为政策目标之一。中央银行通常会运用三大政策工具来执行货币政策，即存款准备金政策、贴现政策和公开市场政策。投机活动只是在其他因素所决定的汇价基本趋势的基础上起推波助澜的作用。

相关链接

汇率变动对经济的影响

一方面，汇率的决定和变动受经济生活中众多因素的影响；另一方面，汇率变动对社会经济生活各个方面也有直接或间接的影响。这种汇率与其他变量间相互联系、相互作用的过程称为汇率机制。

一、汇率变动的贸易效应

在其他条件不变的前提下，一国货币汇率下降，该国所有商品或劳务的外币价格下降，该国的出口量便扩大；反之则相反。

一国货币汇率变动对该国进出口额和贸易差额的影响还要看商品弹性值的大小。若一国出口的商品富有需求弹性，即需求价格弹性大于1，则汇率下降会刺激出口额增加，因为出口实物量的增加幅度大于外币价格下降幅度。若一国进口的商品富有需求弹性，即汇率下降引起的进口实物量减少幅度大于本币价格上升的幅度，进口额将会减少。缺乏弹性会引起相反的结果。汇率变动对贸易差额的影响决定于进口商品的供给和需求弹性。发达国家基本上属于需求约束型经济，故马歇尔-勒纳条件反映这种影响。也就是通过货币汇率下降可能引起贸易顺差或减少原来存在的贸易逆差。

二、汇率变动的资本流动效应

汇率变动对资本的流动影响在很大程度上取决于人们对汇率进一步变动的心理预期，而且它对长期资本和短期资本流动的影响有所不同。

在其他条件不变的前提下，如果人们认为以往货币汇率下降是一次性的，那么，它可能吸引长期资本流入该国。因为它使外汇能兑换更多的该国货币，从而在该国投资中获取更高利润率。如果人们认为一国货币汇率下降所显示的是它进一步下降的信号，那么，它对长期资本流动会起相反的作用。从长期来看，汇率上下波动可能部分地相互抵消，故汇率变动对长期资本流动的影响较小。

短期资本流动对汇率波动的反应更为敏锐。当一国货币汇率开始下降时，为了避免持有该国货币可能遭受的损失，人们会用该国货币兑换其他国货币，引起资本外流。当然，这种现象的发生，还取决于利率的国家差异。

三、汇率变动对外汇储备的影响

汇率变动可以改变储备货币的实际价值。例如，美元货币汇率下降而日元汇率上升，则美元储备的实际价值下降而日元货币实际价值上升。当某国动用美元储备偿还日元债务时，债务负担会更加沉重。

从长期来看，储备货币汇率的变动可改变外汇储备资产的结构。汇率不断上升的外汇在储备资产中的比重不断上升，汇率逐步下降的外汇在外汇储备中的比重逐步下降。

本国货币汇率的变动直接影响该国外汇储备的数量。在一般情况下，一国政府实行压低本国货币汇率的政策，有助于国际收支出现顺差和外汇储备增加；反之则相反。

四、汇率变动对国内物价的影响

影响物价是一国货币汇率变动对国内经济最为直接的作用。从进口的角度来看，一国货币汇率下降首先引起进口商品的本币价格相应上升。它会带动国内同类商品价格上升，若进口商品属于生产资料，其价格上升还会通过生产成本上升推动最终产品价格的上升。从出口的角度来看，一国货币汇率下降首先引起出口量的扩大。在国内生产能力已充分利用的情况下，还会加剧国内的供需矛盾，使出口商品的国内价格上升；反之，一国货币的汇率上升，则有助于控制本国的通货膨胀。

五、汇率变动对国民收入和就业的影响

在市场经济中，需求是制约收入增加和就业状况的关键因素。需求不足是资本主义国家增长缓慢、设备闲置、工人失业的直接原因。在这种情况下，一国货币汇率下降，可以增加出口、减少进口，为收入增加和就业增加创造有利的市场条件。由于收入和需求是相互影响的，出口增加会引起国民收入相对于出口量的倍增。

六、汇率变动对资源配置的影响

不同的汇率政策会使汇率的资源配置功能对国民经济产生不同的影响。

如果政府实行自由汇率政策，那么，汇率将由外汇市场供求关系所左右。这有助于国家按照价值规律的要求参与国际分工。如果双方经济实力大体相当，这种由市场机制形成的国际分工有助于双方发挥比较优势，并分享由此产生的利益。如果双方经济实力相差悬殊，则资源配置不利于落后国家新兴产业的发展，使落后国家依附于先进国家，并使国际分工的利益分配向发达国家倾斜。

七、汇率变动的利率效应

汇率变动对利率的影响是不确定的。它主要通过影响物价和短期资本流动两条路径来影响利率。

一国货币汇率下降会引起国内物价的上升，从而使实际利率下降。这种变化对债权人不利，对债务人有利，会引起借贷资本供求失衡。在这种压力下，名义利率可能上升。

一国货币汇率下降往往会使人们产生汇率会进一步下跌的心理，引起短期资本外逃。国内资本供给减少可能会引起利率上升。但是，如果汇率下降激发人们对汇率反弹的预期，则它可能导致短期资本流入、国内资本供给增加和利率下降。

八、汇率变动对国际经济关系的影响

国际经济交往中所使用的外汇主要是发达国家的货币。发达国家往往将汇率政策作为其对外扩张的手段。一国货币汇率变动对他国经济也会造成冲击，并引发国际经济中的各种矛盾。

单元三　汇率制度

课前思考

固定汇率和浮动汇率有什么优缺点？一国应如何选择合理的汇率制度？

汇率制度又称汇率安排（Exchange Rate Arrangement），是指各国或国际社会对于确定、维持、调整与管理汇率的原则、方法、方式和机构等所做出的系统规定。根据汇率变动幅度的大小，汇率制度可分为固定汇率制和浮动汇率制。

一、固定汇率制

固定汇率制（Fixed Exchange Rate System）是指两国货币比价基本固定，或把两国货币汇率的波动限定在一定的幅度之内的汇率制度。在不同的货币制度下，有不同的固定汇率制度。

（一）金本位制下的固定汇率制

金本位制下的固定汇率制是一种以美元为中心的国际货币体系。该体系的汇率制度安排是盯住型的汇率制度。

在金本位制下，铸币平价是决定汇率的基础，汇率的波动受到黄金输出、输入的影响自动调节，并且以黄金的输送点为界限。因此，金本位制下汇率的变化幅度很小，汇率基本是固定的。有人称金本位制下固定汇率是长期固定的汇率制度。

（二）布雷顿森林体系下的固定汇率制

在布雷顿森林体系下，IMF 要求其会员国规定本国货币的金平价，并使各国货币盯住美元并与之建立固定比价关系，即通过各国货币与美元的金平价之比来确定各国货币与美元的汇率。同时，IMF 又规定，两国货币汇率的波动界限为其金平价比值的上下各 1%。因此，在布雷顿森林体系下，汇率的界限已大大超过了金本位制下黄金输送点，汇率只是相对固定。当一国的国际收支出现根本性的不平衡使汇率变动成为必要时，则将允许汇率进行变动。可见，布雷顿森林体系下的固定汇率制实质上是“可调整的盯住”汇率制度。

在金本位制下，固定汇率的维持是通过黄金的输出、输入自动调节的。在布雷顿森林体系下，各国货币的官方上下限是人为控制的，其主要调节措施有以下几种。

1. 运用贴现政策

当外汇汇率上升，有超过汇率波动上限的趋势时，中央银行则提高再贴现率，市场利率也随之提高，由此可吸引外资的流入，增加外汇的供给，使外汇汇率下浮；相反，若外汇汇率下跌，有低于汇率波动下限的趋势时，中央银行降低再贴现率，使市场利率降低，以限制外资的流入或诱使资本外流，使外汇汇率上浮。

2. 调整外汇和黄金储备

一国的外汇和黄金储备作为稳定一国货币对外汇率的重要后备力量，也是各国货币当局所惯用的手段。许多国家都运用其拥有的外汇储备设立了外汇平准基金（Exchange Equalization Fund，EEF），由中央银行或财政部掌管，专门用来干预汇率的波动。若一国外汇汇率上浮超过规定的上限时，则该国货币当局动用一部分外汇储备在外汇市场上抛售外汇，同时收回本币，以平抑汇率的上浮势头；反之，若外汇汇率下浮超过其下限时，则由中央银行在外汇市场上抛售本币、购买外汇，以增强本国的外汇储备，促使外汇汇率上浮。

3. 向 IMF 借款

当一国由于国际收支失衡而感到难以维持货币平价时，可向 IMF 借款，当然该借款数额是有限的。

4. 实行货币的法定贬值或升值

前述三种措施皆属于主动措施，而且其调节均有限度。当一国货币跌势或涨势明显，汇率波动剧烈，靠前几种办法无法平抑汇率时，该国货币当局最后只能采取货币法定贬值或升值的办法。即：当一国的国际收支危机特别严重，本币对外币的汇率下跌过快，无法扭转时，则采取法定贬值，由法律明文规定降低本币的金平价，提高以本币表示的外币的价格。例如：1971 年 12 月，美国政府宣布美元贬值，把美元的金平价由 0.888 671 克黄金减少为 0.818 513 克黄金，英镑对美元的汇率由 1 英镑＝2.40 美元提高到 1 英镑＝2.605 7 美元。当一国货币的对外汇率上涨过高，无法平抑时，则最后宣布本币法定升值，由法律明文规定提高本币的金平价，降低以本币所表示的外币的价格。如 1969 年 10 月联邦德国政府把西德马克与美元的汇率由 1 美元＝4 马克改为 1 美元＝3.66 马克。可见，货币法定贬值和法定升值是有限度的，尤其是关键货币，否则汇率的稳定就会失去基础，最终会危及固定汇率制度。

二、浮动汇率制

（一）浮动汇率制的含义

浮动汇率制是指一国货币当局不再规定本国货币与外国货币比价和汇率波动的幅度，货币当局也不承担维持汇率波动界限的义务，而听任汇率随外汇市场供求变化自由波动的一种汇率制度。

完全任凭市场供求自发地形成汇率而不采取任何干预措施的国家很少或几乎没有，各国政府往往都要根据本国的具体情况或明或暗地对外汇市场进行不同程度的干预。

拓展阅读

自从以美元为中心的固定汇率制度崩溃后，1973 年，主要西方国家普遍实行了浮动汇率制。但浮动汇率制却不是 1973 年以后才出现的新的汇率制度。

美国在 1879 年开始正式实行金本位制以前，曾在不太长的时间内实行过浮动汇率制。在各国普遍实行金本位制以后，一些银本位国家的汇率仍然经常波动。例如，印度在 1893 年以前一直实行银本位制，印度卢比与金本位制国家货币之间的汇率就经常随着金、银比价的变化而波动。奥匈帝国的货币盾在 1891 年金本位制法案正式通过前也曾一度处于浮动状态，甚至在1891年以后仍有一段短暂的浮动时期。俄国的卢布在1897年实行金本位制以前，也曾经实行过浮动。

1919年3月至1926年（1924年除外），法国实行法郎完全无管制的浮动汇率制度。在20世纪30年代大危机时期，英国曾于1932年底试行浮动汇率制。美国从1933年4月至1934年1月也实行浮动汇率制。即使在以美元为中心的固定汇率制时期，也照样有许多国家在其中某段时期实行过浮动汇率制。

加拿大1950年9月实行浮动汇率制，一直到1962年5月底才恢复为固定汇率制，但1970年5月底又实行了浮动汇率制。1971年5月，联邦德国与荷兰实行浮动汇率制。1971年8月，美国政府停止美元兑换黄金后，大多数西方国家都实行了浮动汇率制，直到1971年12月"华盛顿协议"后，才恢复固定汇率制。1973年年初，又爆发了一次新的美元危机，各主要金融市场大量抛售美元、抢购马克和日元，金价上涨，外汇市场关闭；同年2月12日，美国政府再次将美元贬值10%，黄金官价从每盎司38美元提高到42.23美元。

美元第二次贬值后，西方各国普遍实行了浮动汇率制。1976年1月，国际货币基金组织正式承认浮动汇率制。1978年4月，国际货币基金组织理事会通过《关于第二次修改协定条例》，正式废止以美元为中心的国际货币体系。至此，浮动汇率制在世界范围取得了合法地位。

（二）浮动汇率制的种类

1. 根据政府是否进行干预，可分为自由浮动和管理浮动

（1）自由浮动（Free Floating）又称清洁浮动（Clean Floating），是指一国货币当局对汇率的波动不采取任何干预措施而完全任由汇率依外汇市场的供求变化而自由涨落。实际上，纯粹的自由浮动是不存在的。各国为了自身的利益，都或明或暗地对外汇市场进行干预。

（2）管理浮动（Managed Floating）又称肮脏浮动（Dirty Floating），是指一国货币当局在外汇市场上直接或间接地进行干预，以操纵本国货币的汇率，使其保持在对本国有利的水平上。目前实行浮动汇率制度的国家大都属于管理浮动。

2. 根据浮动的形式，可分为单独浮动和联合浮动

（1）单独浮动（Single Floating）是指一国货币不同任何外国货币发生固定联系，其汇率根据外汇市场的供求变化而自动调整。如美元、日元、英镑等货币属于单独浮动。单独浮动能较好地反映一国外汇供求状况及货币关系的变化。

（2）联合浮动（Joint Floating）又称共同浮动，是指国家集团在成员之间实行固定汇率制，对非成员则实行共升共降的浮动汇率。如欧洲货币体系为了建立稳定的货币区，实行了联合浮动。联合浮动的意义在于可以在集团内部创造一个稳定的汇率环境，减少汇率风险，促进集团内部经济贸易的发展，同时可形成与个别发达国家相抗衡的货币干预力量。

（三）浮动汇率制对经济的影响

1. 浮动汇率制对经济的有利影响

（1）防止外汇储备大量流失。在浮动汇率制下，各国货币当局没有义务维持货币的固

定比价。当本币汇率下跌时，不必动用外汇储备去购进被抛售的本币，这样可以避免这个国家外汇储备的大量流失。

（2）节省国际储备。在浮动汇率制度下，汇率随着外汇供求的涨落而自动达到平衡，政府在很大程度上听任汇率由外汇市场支配，减少干预行动，国家外汇储备的需求量自然可以减少。这就有助于节省国际储备，使更多的外汇能用于本国的经济建设。

（3）自动调节国际收支。汇率根据市场供求不断调整，可以使一国的国际收支自动达到均衡，从而免除长期不均衡的严重后果。当一国发生国际收支逆差时，本国通货就会开始贬值，这种情况对出口有利。

（4）有利于国内经济政策的独立性。浮动汇率制使各国可以独立地实行自己的货币政策、财政政策和汇率政策。在固定汇率制下，各国政府为了维持汇率的上下限，必须尽力保持其外部的平衡。如一国的国际收支出现逆差时，往往采取紧缩性政策措施，减少进口和国内开支，使生产下降、失业增加。这样，国内经济有时还要服从于国外的平衡。在浮动汇率制下，通过汇率杠杆对国际收支进行自动调节，在一国发生暂时性或周期性失衡时，一定时期内的汇率波动不会立即影响国内的货币流通，一国政府不必急于使用破坏国内经济平衡的货币政策和财政政策来调节国际收支。

（5）将经济周期和通货膨胀的国际传递减少到最小限度。贸易上有密切联系的国家间容易通过固定汇率传播经济周期或通货膨胀。1971 年至 1972 年发生的国际性的通货膨胀，就是同固定汇率制度密切相关的。在浮动汇率制度下，若一国国内物价普遍上升，通货膨胀严重，则会造成该国货币对外国货币汇率下降，该国出口商品的本币价格上涨便会被汇率下降抵消，出口商品折成外币的价格因而变化不大，从而贸易伙伴国就少受国外物价上涨的压力。但在固定汇率制下，为了维持固定汇率，各国不得不经受相同的通货膨胀。

（6）缓解国际游资的冲击。在固定汇率制下，由于要维持货币的固定比价，会使汇率与货币币值严重背离，各种国际游资竞相追逐可以用来保值或用来谋求汇率变动利润的硬货币，这会导致国际游资的大规模单方面转移。在浮动汇率制下，汇率因国际收支、币值的变动等频繁调整，不会使币值与汇率严重背离，某些硬通货受到巨大冲击的可能性减少。在浮动汇率制下，资本外流会使该国货币在外汇市场上贬值。这种贬值又会使该国的生产者更容易自动调节国际收支。

2. 浮动汇率制度对经济的不利影响

（1）助长投机，加剧动荡。在这种制度下，汇率变动频繁且幅度大，为低买高抛的外汇投机者提供了可乘之机，不仅一般投机者参与投机活动，连银行和企业也加入了这一行列。1974 年 6 月，德国最大的私人银行之一赫斯塔特银行因外汇投机损失 2 亿美元而倒闭，其他如美国富兰克林银行、瑞士联合银行等也都曾因外汇投机而导致信用危机。这种为牟取投机暴利而进行的巨额的、频繁的投机活动，加剧了国际金融市场的动荡。

（2）不利于国际贸易和国际投资。汇率波动导致国际市场的价格波动，使人们普遍产生不安全感。外贸成本和对外投资收益的不确定性加大，风险加大，使人们不愿意缔结长期贸易契约和进行长期国际投资，国际商品流通和资金借贷受到严重影响。

（3）货币战加剧。实行汇率下浮政策的主要目的是刺激出口，减少进口，改善贸易收支，进而扩张国内经济，增加生产和就业。浮动汇率可能导致竞争性贬值，各国都以货币贬值为手段，输出本国失业，或以他国经济利益为代价扩大本国就业和产出，这是以邻为鳌的政策。而实行汇率上浮政策，则主要是为了减少国际收支顺差，减小国内通货膨胀压力。例如，从 1980 年第四季度起，美元汇率上浮；到 1983 年 9 月，美元对10 大工业国的币值平均上升了 46%。实行高汇率使美国的通货膨胀率急剧下降，1979 年至 1980 年，美国的通货膨胀率高达 12%～13%，1983 年则降为 3.9%。据估算，1981 年至 1983 年，美元汇率上浮使美国通货膨胀率下降了 45%。当然，高汇率也不利于美国的出口，其间美国同西欧各国贸易逆差扩大，这又迫使美国加强贸易保护措施，其与西欧和日本的矛盾和摩擦加剧。

(4) 具有通货膨胀倾向。浮动汇率有其内在的通货膨胀倾向，可使一国长期推行通货膨胀政策而不必担心国际收支问题。因为其汇率的下浮可在一定程度上自动调节国际收支。

(5) 国际协调困难。浮动汇率制会助长各国在汇率上的利己主义或各自为政，削弱金融领域的国际合作，加剧国际经济关系的矛盾。

(6) 提高了世界物价水平。在浮动汇率制下，国际货币基金组织对国际储备的控制削弱了，以致国际储备的增长超过了世界经济发展和国际贸易增长所需的程度。所以，总的来讲，浮动汇率制度提高了全球物价水平。

(7) 对发展中国家不利。外汇汇率上升时，发展中国家进口工业制成品价格上涨，而这些产品又是发展中国家经济建设所必需的，故进口国的进口成本上升。外汇汇率下跌时，出口初级产品价格下跌，而初级产品需求弹性小，不会在价格下跌时使外贸收入增加，贸易收支得不到改善。浮动汇率还加剧了外债管理的难度，增大了风险。

相关链接

固定汇率制与浮动汇率制的优劣比较

固定汇率制是货币当局把本国货币对其他货币的汇率加以基本固定，波动幅度限制在一定的、很小的范围之内。这种制度下的汇率是在货币当局调控之下，在法定幅度内进行波动，因而具有相对稳定性。

浮动汇率制一般指自由浮动汇率制，是相对于固定汇率制而言的，是指一个国家不规定本国货币与外国货币的汇率的上下波动幅度，也不承担维持汇率波动界限的义务，而听任汇率随外汇市场供求的变化自由浮动。在这一制度下，外汇完全成为国际金融市场上的一种特殊商品，汇率成为买卖这种商品的价格。

不同的汇率制度在国际资本流动对本国经济产生影响时的表现不同。一般来说，选择浮动汇率制度，主要由市场力量来控制资本的跨国流动；而选择固定汇率制度，则需要政府来控制资本的跨国流动。

“三元悖论”理论认为，货币政策独立、汇率稳定和资本自由流动三个目标不可能同时达到，只能同时达到两个。事实上，各国也只能选择其中对自己有利的两个目标。

目前，固定汇率制和浮动汇率制孰优孰劣尚无定论。

实行浮动汇率制的好处是：(1) 浮动汇率制可以保证货币政策的独立性；(2) 浮动的汇率可以减缓外部的冲击；(3) 干预减少，汇率将由市场决定，更具有透明性；(4) 不需要维持巨额的外汇储备。但是人们对浮动汇率制也有如下一些顾虑：(1) 在浮动汇率制下，汇率往往会出现大幅过度波动，可能不利于贸易和投资；(2) 由于汇率自由浮动，人们就可能进行投机活动；(3) 浮动汇率制对一国宏观经济管理能力、金融市场的发展等方面提出了更高的要求，现实中，并不是每一个国家都能满足这些要求。

固定汇率制的好处是：(1) 汇率波动的不确定性将降低；(2) 汇率可以看作一个名义锚（Nominal Anchor），促进物价水平和通货膨胀预期的稳定。但固定汇率制也存在一些缺陷：(1) 容易导致本币币值高估，削弱本地出口商品竞争力，引起难以维系的长期经常项目收支失衡；(2) 僵化的汇率安排可能被认为是暗含的汇率担保，从而鼓励短期资本流入和没有套期保值的对外借债，损害本地金融体系的健康。在固定汇率制度下，一国要么牺牲本国货币政策的独立性，要么限制资本的自由流动，否则易引发货币和金融危机。如1992年、1993年的欧洲汇率机制危机、1994年的墨西哥比索危机、1997年的亚洲金融危机、1998年的俄罗斯卢布危机。这些发生危机的国家都是采用了固定汇率制度，同时又不同程度地放宽了对资本项目的管制。

要在浮动汇率制和固定汇率制之间找到一个平衡点，一个比较好的选择就是有管理的浮动汇率制。实行这种汇率制度可以依靠三种工具：一是货币政策工具；二是中央银行对外汇市场的对冲性干预；三是一定程度的资本管制。这种制度既可以保持货币政策的独立性，又能使汇率具有一定的灵活性，以应对内、外部的冲击，同时还可有选择地部分放开资本账户，使资本流动处于可控的状态。目前我国实行的就是有管理的浮动汇率制度。

单元四　中国的外汇管理与人民币汇率制度

外汇管理是指一国政府授权国家货币金融管理当局或其他国家机关，对外汇收支、买卖、借贷、转移以及国际结算、外汇汇率和外汇市场等实行的管制措施。

一、中国现行的外汇管理框架

（一）人民币经常项目可兑换

1996年，我国正式接受《国际货币基金组织协定》第8条，实现了人民币经常项目可兑换。为了区分经常项目和资本项目交易，防止无交易背景的逃、骗汇及洗钱等违法犯罪行为，我国经常项目外汇管理仍然实行真实性审核（包括指导性限额管理）。根据国际惯例，这并不构成对经常项目可兑换的限制。其主要内容有：经常项目外汇收入实行限额结汇制度；境内机构经常项目用汇，除个别项目须经外汇局进行真实性审核外，可以直接按照市场汇率凭相应的有效凭证用人民币向外汇指定银行购汇或从其外汇账户上对外支付；实行进出口收付汇核销制度。

（二）资本项目部分管制

按照"循序渐进、统筹规划、先易后难、留有余地"的改革原则，中国逐步推进资本项目可兑换。国家"十三五"规划明确了要"有序实现人民币资本项目可兑换，推动人民币加入特别提款权，成为可兑换、可自由使用的货币"。

目前，除国务院另有规定外，资本项目外汇收入均需调回境内。境内机构（包括外商投资企业）的资本项目下外汇收入均应向注册所在地外汇局申请在外汇指定银行开立外汇专用账户进行保留。外商投资项下外汇资本金结汇可持相应材料直接到外汇局授权的外汇指定银行办理，其他资本项下外汇收入经外汇管理部门批准后才能卖给外汇指定银行。除外汇指定银行部分项目外，资本项目下的购汇和对外支付，均需经过外汇管理部门的核准，持核准件方可在银行办理售付汇。

（三）加强对金融机构外汇业务的监督和管理

目前，经常项目的外汇收支基本上直接到外汇指定银行办理，资本项目的外汇收支经外汇管理部门批准或核准后，也在外汇指定银行办理。银行在办理结售汇业务中，必须严格按照规定审核有关凭证，防止资本项目下的外汇收支混入经常项目结售汇，防止不法分子通过结售汇渠道骗购外汇。近年来，通过加大外汇查处力度，整顿外汇市场秩序，积极推进外汇市场信用体系建设，我国初步建立起了以事后监管和间接管理为主的信用管理模式。

（四）不断改进人民币汇率形成机制

人民币汇率形成机制改革坚持主动性、可控性、渐进性的原则。自 2005 年 7 月 21 日起，我国开始实行以市场供求为基础、参考“一篮子”货币进行调节、有管理的浮动汇率制度。人民币汇率不再盯住单一美元，而是按照我国对外经济发展的实际情况，选择若干种主要货币，赋予相应的权重，组成一个“货币篮子”。同时，根据国内外经济金融形势，以市场供求为基础，参考“一篮子”货币计算人民币多边汇率指数的变化，对人民币汇率进行管理和调节，维护人民币汇率在合理均衡水平上的基本稳定。参考“一篮子”表明外币之间的汇率变化会影响人民币汇率，但参考“一篮子”货币不等于盯住“一篮子”货币，它还需要将市场供求关系作为另一重要依据，据此形成有管理的浮动汇率。

人民币汇价的管理：中国人民银行于每个工作日闭市后公布当日银行间外汇市场美元等交易货币对人民币汇率的收盘价，作为下一个工作日该货币对人民币交易的中间价格。银行间外汇市场人民币对美元买卖价在中国人民银行公布的市场交易中间价上下 0.3%的幅度内浮动，欧元、日元、港币等非美元货币对人民币交易价浮动幅度为上下 3%。外汇指定银行在规定的浮动范围内确定挂牌汇率，对客户买卖外汇。银行对客户美元挂牌汇价实行价差幅度管理，美元现汇卖出价与买入价之差不得超过交易中间价的 1%，现钞卖出价与买入价之差不得超过交易中间价的 4%，银行可在规定价差幅度内自行调整当日美元挂牌价格。银行可自行制定非美元对人民币的价格。银行可与客户议定所有挂牌货币的现汇和现钞买卖价格。

（五）不断发展外汇市场

从交易主体看，除银行金融机构之外，符合条件的非金融企业和非银行金融机构都可以进入即期银行间外汇市场，并扩大远期结售汇业务的试点银行范围；从交易机制看，改外汇单向交易为双向交易，引进美元“做市商”制度，并在银行间市场引进询价交易机制；从业务品种和范围看，批准中国外汇交易中心开办外币对外币的买卖，引进人民币对外币掉期业务，增加银行间市场交易品种，开办远期和掉期外汇交易；从汇价管理看，扩大银行间市场非美元货币波幅，取消银行对客户非美元货币挂牌汇率浮动区间限制，扩大美元现汇与现钞买卖差价，允许一日多价等；从结售汇头寸管理看，实行银行结售汇综合头寸管理，大幅增加银行体系的总限额，统一中外资银行管理政策和限额核定标准。

（六）不断完善国际收支监测体系

完善银行结售汇统计，启动银行结售汇统计报表改造工作，重新设计和开发了新版银行结售汇统计系统；升级国际收支统计监测系统，加强对跨境资金流动的监测；加快建设国际收支统计监测预警体系，初步建立高频债务监测系统和市场预期调查系统，不断提高预警分析水平。

提高国际收支统计数据透明度。我国编制并对外公布国际收支平衡表，通过金融机构进行国际收支间接申报。自 2005 年起，外汇局每半年发布一次《中国国际收支报告》。

（七）健全和完善外汇管理信息化系统

国家外汇管理局现有的电子监管系统有出口核报系统、进口核销系统、居民个人因私购汇系统、外汇账户管理信息系统、外债统计监测系统、银行结售汇统计系统、国际收支统计监测系统、反洗钱信息系统等。目前，我国正在进一步升级和完善上述系统，并根据外汇管理的需要，开发和设计新的电子系统，提高数据采集的及时性、准确性和完整性，完善系统的查询、分析、监测等综合功能，加强和改善非现场监管水平。

（八）逐步建立科学有效的外汇管理法规体系

1980 年 12 月，我国颁布了《中华人民共和国外汇管理暂行条例》。1996 年 1 月颁布了《中华人民共和国外汇管理条例》，1996 年年底实现人民币经常项目下可兑换后对该条例进行了修订，2008 年 8 月再次进行了修订。近年来，我国对新中国成立以来的各项外汇管理法规进行了全面清理和修订，重新制定和公布。总之，根据国情和外汇管理工作实践，通过不断充实、完善外汇管理法规，我国逐步建立起了“科学、合理、有效”的外汇管理法规体系。

下一阶段，外汇管理将以建立、健全调节国际收支的市场机制和管理体制，努力实现国际收支基本平衡，促进国内经济和对外经济的均衡协调发展为目标。一是加大制度创新力度，积极推进贸易便利化。二是有序、可控地拓宽资本流出流入渠道，逐步实现人民币资本项目可兑换。三是积极培育和发展外汇市场，进一步完善有管理的浮动汇率制度。四是规范和引导境外人民币流通使用，促进人民币区域化。五是完善跨境资金流动的监测管理，防范风险，维护国家金融、经济安全。六是坚持依法行政，进一步整顿和规范外汇市场秩序。

二、人民币汇率制度

1948 年 12 月 1 日，中国人民银行成立，并发行了统一的货币——人民币。1949 年 1 月 18 日，中国人民银行在天津首次正式公布人民币汇率。在不同的时期，人民币汇率安排（Exchange Rate Arrangement）有着不同的特点。

（一）改革开放后的人民币汇率安排

改革开放以后，我国人民币汇率安排大致经历了四个发展阶段。

第一阶段为 1979 年—1984 年。1979 年我国的外贸管理体制开始进行改革，对外贸易由国营外贸部门一家经营改为多家经营。由于我国的物价一直由国家计划规定，长期没有变动，许多商品价格偏低且比价失调，形成了国内外市场价格相差悬殊且出口亏损的局面，这就使人民币汇价不能同时照顾到贸易和非贸易两个方面。为了加强经济核算并适应外贸体制改革的需要，国务院决定从1981年起实行两种汇价制度，即另外制定贸易外汇内部结算价，并继续保留官方牌价用作非贸易外汇结算价。这就是所谓的“双重汇率制”或“汇率双轨制”。

1980年人民币官方牌价为1美元＝1.50元人民币。从1981年1月到1984年12月期间，我国实行贸易外汇内部结算价，贸易外汇1美元＝2.80元人民币；官方牌价即非贸易外汇1美元＝1.50元人民币。前者主要适用于进出口贸易及贸易从属费用的结算；后者主要适用于非贸易外汇的兑换和结算，且仍沿用原来的“一篮子”货币加权平均的计算方法。

随着美元在20世纪80年代初期的逐步升值，我国相应调低了公布的人民币外汇牌价，使之同贸易外汇内部结算价相接近。1984年底公布的人民币外汇牌价已调至1美元＝2.796 3元人民币，与贸易外汇内部结算价持平。

第二阶段为1985年—1990年。在人民币双重汇率制下，外贸企业政策性亏损，加重了财政补贴的负担，而且国际货币基金组织和外国生产厂商对双重汇率提出异议。1985年1月1日，我国取消了贸易外汇内部结算价，重新恢复单一汇率制，汇率为1美元＝2.80元人民币。事实上，1986年，随着全国性外汇调剂业务的全面展开，我国又形成了统一的官方牌价与千差万别的市场调剂汇价并存的新双轨制。当时全国各地的外汇调剂市场在每一时点上市场汇率水平不尽相同。这种官方汇率与市场汇率并存的多重汇率制一直延续到1993年底。在此期间，外汇调剂市场的汇率形成机制经历了从开始试办时的人为定价到由市场供求关系决定的过程。

进入20世纪80年代中期以后，我国物价上涨速度加快，而西方国家控制通货膨胀取得了一定成效。在此情况下，我国政府有意识地运用汇率政策调节经济与外贸，对人民币汇率作了相应持续下调。1995年8月21日，人民币汇率调低至1美元＝2.90元人民币；同年10月3日再次调低至1美元＝3.00元人民币；同年10月30日又调至1美元＝3.20元人民币。

从1986年1月1日起，人民币放弃盯住“一篮子”货币的做法，改为管理浮动。其目的是要使人民币汇率适应国际价值的要求，且能在一段时间内保持相对稳定。

1986年7月5日，人民币汇率再度大幅调低至1美元＝3.703 6元人民币。1989年12月16日，人民币汇率又一次大幅下调，由此前的1美元＝3.722 1元人民币调至当日的1美元＝4.722 1元人民币。1990年11月17日，人民币汇率再次大幅下调，并由此前的1美元＝4.722 1调至当日的5.222 1元人民币。

从改革开放以后至1991年4月9日的十余年间，人民币汇率政策的特点表现为以下几个方面：一是分别实施过贸易外汇内部结算价与公布牌价并存的双重汇率体制，以及官方汇率与市场汇率并存的多重汇率体制；二是公布的人民币官方汇率按市场情况调整，且呈大幅贬值趋势，这与同期人民币对内实际价值大幅贬值以及我国的国际收支状况是基本上相适应的；三是在人民币官方汇率的调整机制上，做过多种有益的尝试，如盯住“一篮子”货币的小幅逐步调整方式以及一次性大幅调整的方式，这些为以后实施人民币有管理的浮动汇率制度奠定了基础；四是市场汇率的机制逐步完善；五是市场汇率的调节作用在我国显得越来越大。

第三阶段为1991年—1993年。自1991年4月9日起，我国开始对人民币官方汇率实施有管理的浮动运行机制。国家对人民币官方汇率进行适时适度、机动灵活、有升有降的浮动调整，改变了以往阶段性大幅调整汇率的做法。实际上，人民币汇率实行公布的官方汇率与市场汇率（即外汇调剂价格）并存的多重汇率制度。

我国人民币有管理的浮动汇率制度主要指人民币官方汇率的有管理的浮动，其基本特点是：我国的外汇管理机关即国家外汇管理局根据我国改革开放与发展的状况，特别是对外经济活动的要求，参照国际金融市场主要货币汇率的变动情况，对公布的人民币官方汇率进行适时适度、机动灵活、有升有降的浮动调整。在两年多的时间里，官方汇率数十次小幅调低，但仍赶不上水涨船高的出口换汇成本和外汇调剂价。

第四阶段为1994年—2005年。从1994年1月1日起，我国实行人民币汇率并轨。1993年12月31日，官方汇率1美元兑换人民币5.80元；调剂市场汇率为1美元兑换人民币8.70元左右。从1994年1月1日起，我国将这两种汇率合并，实行单一汇率，人民币对美元的汇率定为1美元兑换8.70元人民币。同时，取消外汇收支的指令性计划，取消外汇留成和上缴，实行银行结汇、售汇制度，禁止外币在境内计价、结算和流通，建立银行间外汇交易市场，改革汇率形成机制。这次汇率并轨后，我国建立的是以市场供求为基础的、单一的、有管理的浮动汇率制度。

随着改革开放的不断深入，我国外汇管理体制相继进行了一系列重大的改革，尤其是1994年外汇体制改革后，我国政府承诺：在2000年之前，将实现经常项目下人民币可兑换。

事实上，1994年我国已开始实行人民币在经常项目下“有条件”的可兑换，并已消除了国际货币基金组织规定中的绝大多数限制，如歧视性货币措施或多重汇率安排已完全废除，而绝大多数经常项目交易的用汇和资金转移也不再受到限制。

1996年4月1日开始实施的《中华人民共和国外汇管理条例》，消除了若干在1994年后仍保留的经常账户下非贸易、非经营性交易的汇兑限制；1996年7月，又消除了因私用汇的汇兑限制，扩大了供汇范围，提高了供汇标准，超过标准的购汇在经国家外汇管理局审核后即可购汇；1996年7月1日，我国将外商投资企业也全面纳入全国统一的银行结售汇体系，从而取消了1994年外汇体制改革后尚存的经常项目汇兑限制。

1996年11月27日，中国人民银行正式致函国际货币基金组织：中国将不再适用国际货币基金组织协定第14条第2款所规定的过渡性安排，并正式宣布，自1996年12月1日起，我国将接受《国际货币基金组织协定》第8条第2款、第3款和第4款的义务，实现人民币经常项目可兑换，从此不再限制不以资本转移为目的的经常性国际交易支付和转移，不再实行歧视性货币安排和多重汇率制度。

2001年11月17日，中国人民银行副行长、国家外汇管理局副局长郭树清指出，根据中美1998年签订的有关协议，中国承诺将扩大人民币弹性。因此，如果现在中国选择盯住其他币种或采取“一篮子”货币联系汇率制度，不但会违背承诺，还是一种后退。增加汇率弹性是现实的选择。中国现阶段仍将以稳定汇率为主，同时用足每日3‰的汇率浮动区间，使市场逐渐适应汇率波动。

（二）人民币汇率安排的新阶段

2005年7月21日，中国人民银行发布了《关于完善人民币汇率形成机制改革的公告》（中国人民银行公告〔2005〕第16号）。其主要内容如下：自2005年7月21日起，我国开始实行以市场供求为基础、参考“一篮子”货币进行调节、有管理的浮动汇率制度。人民币汇率不再盯住单一美元，形成更富弹性的人民币汇率机制；中国人民银行于每个工作日闭市后公布当日银行间外汇市场美元等交易货币对人民币汇率的收盘价，作为下一个工作日该货币对人民币交易的中间价格；2005 年 7 月 21 日 19：00 时，美元对人民币交易价格调整为 1 美元兑 8.11 元人民币，作为次日银行间外汇市场上外汇指定银行之间交易的中间价，外汇指定银行可自此时起调整对客户的挂牌汇价；现阶段，每日银行间外汇市场美元对人民币的交易价仍在人民银行公布的美元交易中间价上下千分之三的幅度内浮动，非美元货币对人民币的交易价在人民银行公布的该货币交易中间价上下一定幅度内浮动；中国人民银行将根据市场发育状况和经济金融形势，适时调整汇率浮动区间。同时，中国人民银行负责根据国内外经济金融形势，以市场供求为基础，参考篮子货币汇率变动，对人民币汇率进行管理和调节，维护人民币汇率的正常浮动，保持人民币汇率在合理、均衡水平上的基本稳定，促进国际收支基本平衡，维护宏观经济和金融市场的稳定。

这一次人民币汇率安排改革的核心是放弃单盯美元，改盯“一篮子”货币，以建立调节自如、管理自主、以市场供求为基础、更富有弹性的人民币汇率机制。从此次人民币短期升值来看，这将有利于缓解我国国际收支失衡的巨大压力，同时，释放人民币潜在的升值压力，并能淡化人民币兑美元的国际矛盾。从长远战略来看，人民币汇率新机制的建立，有利于推进人民币汇率安排的市场化改革进程，最终为人民币在资本项目下实现可兑换创造条件。

拓展阅读

2015 年 8 月 11 日，为了深化人民币汇率的市场化改革，同时配合人民币加入 SDR 货币篮子，中国人民银行宣布完善人民币对美元中间汇率报价方式。根据新的规定，做市商将在每日银行间外汇市场开盘前，参考上一日银行间外汇市场收盘汇率，综合考虑外汇供求情况以及国际主要货币汇率变化，向中国外汇交易中心提供中间价报价。这一改革意义深远，结束了多年来人民币中间汇率形成机制的不透明和僵化状态，使人民币汇率真正开始走向市场化。

2016 年 2 月，中国人民银行又公布了一个基于规则的中间价定价机制。根据新规定，当日人民币汇率的中间价将等于上一日的收盘价，且需要同时考虑一个由 13 种货币（2017 年后调整为 24 种）按照贸易权重加权平均后形成的人民币汇率指数（CFETS）的作用。具体来讲，当日人民币汇率的中间价，等于上一日收盘价相对中间价的变化与过去 24 小时内人民币汇率指数不变所需要的中间价变化的二者平均。2017 年，中国人民银行又引入了“逆周期调节因子”，即在新的定价公式下，中间价＝收盘价＋一篮子货币汇率变化＋逆周期调节因子。纳入逆周期调节因子后，中间价会对顺周期波动进行反向操作，从而避免市场上的“羊群效应”。

从总体上看，自 2016 年年初以来的人民币汇率改革，从制度设计上保证了人民币对美元汇率的相对稳定，有助于化解市场非理性行为，但也在事实上削弱了人民币汇率的市场化属性。经过几十年的探索和改革，我国人民币汇率制度的市场化程度已有一定程度的提升，弹性也在逐步增强，但弹性仍然有限，还需要加快人民币汇率制度改革。

知识要点

从静态的角度看，外汇是指以外币表示的可用于对外支付的金融资产。从动态意义上讲，外汇是指一个国家的货币转换成另一个国家的货币，借以清偿国际债务债权关系的一种专门性的金融活动。汇率是两种不同货币之间的比价，它反映一国货币的对外价值。为了表示两种不同货币之间的比价，先要确定用哪个国家的货币作为标准，由于确定的标准不同，因而便产生了两种不同的汇率标价方法，即直接标价法和间接标价法。影响汇率变动的主要因素是利率、国际收支、价格水平和中央银行的直接干预等。固定汇率制度是以某些相对稳定的标准或尺度如货币的含金量作为依据，以确定汇率水平的一种制度。由于据此确定的汇率水平一般不轻易变动，故称为固定汇率制。浮动汇率制是一种汇率的变动主要由外汇市场上的外汇供求决定，因而不受任何指标限制的汇率制度。与固定汇率制相比，浮动汇率制的有利方面主要表现为：（1）有利于发挥汇率对国际收支的自动调节作用；（2）防止国际游资的冲击，减少国际储备需求；（3）内外均衡易于协调。浮动汇率制的弊端主要有以下四个方面：（1）不利于国际贸易和投资的发展；（2）助长国际金融市场上的投机活动；（3）可能引发竞相贬值；（4）诱发通货膨胀。我国现行的外汇管理框架是：人民币已经实现经常项目的可自由兑换，资本项目仍然实行部分管制。自 2005 年 7 月 21 日起，我国开始实行以市场供求为基础、参考“一篮子”货币进行调节、有管理的浮动汇率制度。

问题讨论

要求：在我国，每家商业银行都有外汇业务，具体包括外币存款、贷款、国际结算、外汇交易等内容。企业居民的外汇业务主要是进口付汇、出口收汇等，个人居民的外汇业务主要是外汇储蓄、贷款和个人外汇交易。试问外汇与经济活动的关系如何？

活动安排：分组讨论，各组派代表上台发言。

达标检测

一、基本概念

外汇　　汇率　　直接标价法　　间接标价法　　固定汇率　　浮动汇率

二、填空题

1. 在直接标价法下，汇率越高，单位外币所能兑换的本国货币越多，表示外币（　　）而本币（　　）。

2. 电汇汇率、信汇汇率和票汇汇率是按照汇兑方式划分的，一般来说，信汇汇率和票汇汇率水平（　　）电汇汇率水平。

3. 外汇主要包括以下几个方面：(　　)、(　　)、(　　)、(　　) 和 (　　)。

4. 外汇有动态的外汇和静态的外汇之分。动态的外汇实质上就是 (　　) 活动。静态的外汇是指可以在 (　　) 中使用的各种 (　　) 和各种 (　　)。人们习惯上把外汇理解成 (　　) 的概念。

5. 在各种标价法下，数量固定不变的货币为 (　　)，数量不断变化的货币为 (　　)，都是以 (　　) 表示 (　　) 的价格。

6. (　　) 是指银行对客户买卖外汇的汇率。

三、判断题

1. 外汇就是以外国货币表示的支付手段。(　　)

2. 我国采用的是直接标价法，而美国采用的是间接标价法。(　　)

3. 在间接标价法下，当外国货币数量减少时，称外国货币汇率贬值或下浮。(　　)

4. 甲币对乙币升值 10%，则乙币对甲币贬值 10%。(　　)

5. 直接标价法下，银行买入汇率大于卖出汇率。间接标价法下，银行卖出汇率大于买入汇率。(　　)

6. 间接标价法是指以一定单位的外国货币为基准来计算应付多少单位的本国货币。(　　)

四、选择题

1. 中间汇率是指 (　　)。

A. 开盘汇率和收盘汇率的算术平均数　B. 即期汇率和远期汇率的算术平均数
C. 官方汇率和市场汇率的算术平均数　D. 买入汇率和卖出汇率的算术平均数

2. 通常情况下，一国国际收支发生顺差时，外汇汇率就会 (　　)。

A. 上升　B. 下降　C. 不变　D. 不确定

3. 以下 (　　) 是错误的。

A. 外汇是一种金融资产　B. 用作外汇的货币不一定具有充分的可兑性
C. 外汇必须以外币表示　D. 用作外汇的货币必须具有充分的可兑性

4. 影响汇率变动的政策因素是 (　　)。

A. 通货膨胀　B. 资本流动　C. 外汇干预　D. 心理预期

5. 美元对英镑按 (　　) 计价。

A. 直接标价法　B. 间接标价法　C. 美元标价法　D. 应收标价法

6. 以整数单位的外国货币为标准，折算为若干数额的本国货币的标价法是 (　　)。

A. 直接标价法　B. 间接标价法　C. 美元标价法　D. 应收标价法

7. 在直接标价法下，一定单位的外币折算的本国货币增多，说明本币汇率 (　　)。

A. 上升　B. 下降　C. 不变　D. 不确定

8. 在间接标价法下，汇率数值的上下波动与相应的外币的价值变动在方向上 (　　)，而与本币的价值变动在方向上 (　　)。

A. 一致；相反　B. 相反；一致　C. 无关系　D. 不确定

9. 通常情况下，一国的利率水平较高，则会导致 (　　)。

A. 本币汇率上升，外币汇率上升　B. 本币汇率上升，外币汇率下降
C. 本币汇率下降，外币汇率上升　D. 本币汇率下降，外币汇率下降

10. 一国价格水平上涨，会导致国际收支（　　），该国的货币汇率（　　）。

A. 顺差；上升　　B. 顺差；下降　　C. 逆差；上升　　D. 逆差；下降

11. 各国中央银行往往在外汇市场通过买卖外汇对汇率进行干预，当外汇汇率（　　）时，卖出外币，回笼本币。

A. 过高　　B. 过低　　C. 不一定　　D. 都不是

12. 利率对汇率变动的影响有（　　）。

A. 利率上升，本国汇率上升

B. 利率下降，本国汇率下降

C. 须比较国外利率及本国的通货膨胀率后而定

D. 无法确定

五、简答题

1. 影响汇率变动的因素有哪些？
2. 什么是外汇？其基本特征有哪些？
3. 汇率有几种标价方法？我国采用何种标价法？
4. 为什么说汇率变动对资本流动的影响取决于人们的预期？
5. 常见的汇率种类有哪些？
6. 如何从动态和静态的角度理解外汇的概念？

模块二

汇率折算与进出口报价

案例导入

设港商出口产品底价为 100 000 港元，应客户要求改为以美元报价，则应以买入价折算该出口商品的美元报价。如果交易当天香港外汇市场美元/港元的比价为 USD1＝HKD7.797 0～7.816 0，则该出口商品的美元报价应为 USD1/7.797 0×100 000＝USD12 825.45；否则，以卖出价折算为 USD1/7.816 0×100 000＝USD12 794.27，出口商将遭受损失。

学习目标

汇率是国际金融理论中非常重要的一个基本概念，而汇率折算则偏重于计算和操作，并且汇率折算直接与国际贸易中进出口商品准确报价相联系。因此，通过本模块的学习，你应该达到以下目标：

（1）了解汇率折算与进出口报价的关系。

（2）掌握汇率折算的方法。

（3）能运用汇率折算相关知识，综合考虑其他相关因素，准确进行进出口报价。

单元一　汇率折算

课前思考

中国机械设备进出口公司从美国进口计算机，货款 100 万美元，对方要求用英镑付款。请问该项交易我方应付出多少人民币购买美元和英镑？哪一种货币的人民币购汇成本较低？

一、即期汇率折算

汇率可以按照不同的分类标准进行分类，即/远期汇率实际上是按照外汇买卖的交割期限为划分标准的。在汇率折算上，除需要考虑汇率的即/远期性质外，还要考虑汇率的其他性质，特别是要考虑从银行买卖外汇的角度划分的汇率种类（主要考虑买入/卖出/中间汇率）。另外，汇率的标价方法也是需要考虑的重要因素，因为不同的汇率标价方法直接影响买入和卖出汇率的正确选择，从而直接影响汇率折算的准确性。

在即期汇率的折算上，我们主要考虑银行买入汇率、卖出汇率和中间汇率的折算。

（一）两种货币之间的折算

1. 已知外币/本币（中间汇率）折本币/外币（中间汇率）

外币/本币就是一个外币等于多少本币的意思。本币/外币就是一个本币等于多少外币的意思。外币/本币折本币/外币就是将一个外币等于多少本币折算成一个本币等于多少外币。一个国家或地区外汇市场所公布的汇率表常为1个或100个外币等于多少本币，而不仅公布1个本币等于多少外币。

折算方法：用1除以本币的具体数字即可得出1个本币折多少外币。

做一做

香港外汇市场某日1美元＝7.797 0港元，求1港元等于多少美元。

分析： $\frac{1}{7.797\ 0}=0.128\ 3$，即1港元＝0.128 3美元。

2. 外币/本币的买入价与卖出价折本币/外币的买入价与卖出价

这就是将一个外币对本币的买入价与卖出价折成一个本币对外币的卖出价与买入价，也即已知外币对本币的买入一卖出价，求本币对外币的买入一卖出价。

折算方法：求解本币/外币的买入价，要用1除以原来的外币/本币的卖出价；求解本币/外币的卖出价，要用1除以原来的外币/本币的买入价。

做一做

香港外汇市场某日牌价：

美元/港元　　7.792 0～7.802 0

求：港元/美元（　　）～（　　）

分析： 首先要明确标价方法，知道香港的汇率标价方法为直接标价法，在直接标价法下，买入价小于卖出价（这样银行才能有利可图，赚取差价），故这里的7.792 0为美元对港元的买入价，7.802 0为美元对港元的卖出价。

求港元/美元的买入价，应以 1 除以美元/港元的卖出价，即$\frac{1}{7.8020}$=0.128 2。

求港元/美元的卖出价，应以 1 除以美元/港元的买入价，即$\frac{1}{7.7920}$=0.128 3。

因此，港元/美元的买入一卖出价应为：

港元/美元　0.128 2～0.128 3

（二）套算汇率的计算规则

随着国际金融市场全球化的发展，各大国际金融中心的外汇市场逐渐形成了一个共同采用的“美元标价法”，即各大银行的报价均以各种货币对美元的汇率为基础。例如，伦敦金融市场汇率标价为：1 英镑兑若干美元；1 美元兑若干其他货币（日元、欧元等）。如果要知道两种非美元之间的即期汇率，就要运用套算汇率。套算汇率也称交叉汇率，是指两种货币通过基本汇率换算出来的汇率。例如，英镑与美元的汇率为：1 英镑＝1.523 5 美元，而美元与欧元的汇率为：1 美元＝0.894 5 欧元，那么可以计算出英镑与欧元之间的汇率：1 英镑＝1.523 5×0.894 5＝1.362 8 欧元。

相关链接

各国在制定汇率时必须选择某一国货币作为主要对比对象，通常选择一种国际经济交易中最常使用、在外汇储备中所占的比重最大的可自由兑换的关键货币作为主要对象，这种货币称为关键货币。根据本国货币与关键货币实际价值的对比，制定出对它的汇率，这个汇率就是基本汇率。一般美元是国际支付中使用较多的货币，各国都把美元当作制定汇率的主要货币，常把对美元的汇率作为基本汇率。

目前，在国际市场上进行外汇交易时，银行之间的报价一般都以美元为标准，只报出美元对各国货币的汇价，称作“美元标价法”。也就等于各国均以美元为关键货币，报出本国货币与美元的汇率，即基本汇率。

人民币基本汇率是由中国人民银行根据前一日银行间外汇市场上形成的美元对人民币的加权平均价，公布当日主要交易货币（美元、日元和港币）对人民币交易的基本汇率，即市场交易中间价。

套算汇率的计算规则如下：

（1）按中间汇率求套算汇率（适用于按一般电信行市计算交叉汇率）。

（2）如果两个即期汇率都是以美元作为单位货币，则套算汇率为交叉相除。

（3）如果两个即期汇率都是以美元作为计价货币，则套算汇率为交叉相除。

（4）如果一个即期汇率是以美元作为单位货币，另一个即期汇率是以美元作为计价货币，则套算汇率为同边相乘。

具体表示如下：

（1）同为直接报价货币（美元作为单位货币）：

　　　　　买入价　卖出价

USD/JPY：120.00　120.10

USD/EUR：0.907 4　0.908 3

（交叉相除）买入价　卖出价

EUR/JPY＝120.00÷0.908 3＝132.114 9　　120.10÷0.907 4＝132.356 2

（2）同为间接报价货币（美元作为计价货币）：

　　　　　买入价　卖出价

EUR/USD：1.101 0　1.102 0

GBP/USD：1.601 0　1.602 0

（交叉相除）买入价　卖出价

EUR/GBP＝0.687 3　　0.688 3

（3）直接报价货币与间接报价货币（美元同时作为单位货币和计价货币）：

　　　　　买入价　卖出价

USD/JPY：120.10　　120.20

EUR/USD：1.100 5　1.101 5

（同边相乘）买入价　卖出价

EUR/JPY＝132.17　　132.40

做一做

（1）已知1美元＝133.78日元，1美元＝7.796 2港元。

计算：港元兑日元的汇率。

分析：在本例中，已知的是中间汇率。港元兑日元的汇率为：

1港元＝133.78÷7.796 2＝17.159 6(日元)

（2）已知：美元对瑞士法郎的即期汇率为：USD1＝CHF1.543 0～1.544 0；美元对港元的即期汇率为：USD1＝HKD7.727 5～7.729 0。

计算：瑞士法郎对港元的即期汇率。

分析：在本例中，两个即期汇率都是以美元作为单位货币，所以，应该采用交叉相除的方法。

$$\frac{USD}{HKD} \div \frac{USD}{CHF} = \frac{CHF}{HKD}$$

瑞士法郎买入价（即港元卖出价）：

CHF1＝7.727 5÷1.544 0＝HKD5.004 9

瑞士法郎卖出价（即港元买入价）：

CHF1＝7.729 0÷1.543 0＝HKD5.009 1

瑞士法郎对港元的即期汇率为：

CHF1＝HKD5.004 9～5.009 1

（3）已知：英镑对美元的即期汇率为：GBP1＝USD1.612 5～1.613 5；澳元对美元的即期汇率为：AUD1＝USD0.712 0～0.713 0。

计算：英镑对澳元的即期汇率。

分析：在本例中，因为两个即期汇率都是以美元作为计价货币，所以，也应该采用交叉相除的方法。

$$\frac{GBP}{USD} \div \frac{AUD}{USD} = \frac{GBP}{AUD}$$

英镑买入价（即澳元卖出价）：

GBP1＝1.162 5÷0.713 0＝AUD2.261 6

英镑卖出价（即澳元买入价）：

GBP1＝1.163 5÷0.712 0＝AUD2.266 2

英镑对澳元的即期汇率为：

GBP1＝AUD2.261 6～2.266 2

（4）已知：英镑对美元的即期汇率为：GBP1＝USD1.162 5～1.163 5；美元对日元的即期汇率为：USD1＝JPY150.80～150.90。

计算：英镑对日元的即期汇率。

分析：在本例中，因为两个即期汇率，一个以美元作为计价货币，一个以美元作为单位货币，所以，应该采用同边相乘的方法。

$$\frac{GBP}{USD} \times \frac{USD}{JPY} = \frac{GBP}{JPY}$$

英镑买入价（即日元卖出价）：

GBP1＝1.612 5×150.80＝JPY243.17

英镑卖出价（即日元买入价）：

GBP1＝1.613 5×150.90＝JPY243.48

英镑对日元的即期汇率为：

GBP1＝JPY243.17～243.48

二、远期汇率折算

（一）远期汇率的概念

远期汇率是指买卖远期外汇时所使用的汇率。

远期汇率是在即期汇率基础上，考虑汇水情况而制定出来的。汇水表示远期汇价与即期汇价之间的差异，有升水（At Premium）、贴水（At Discount）和平价（At Parity）三种情况。

升水表示远期外汇价格高于即期汇率；贴水表示远期外汇价格低于即期汇率；平价表示远期汇率与即期汇率相等。

1. 升水与贴水的关系

一种货币对另一种货币远期汇率升水，反过来说也就是另一种货币对该货币远期汇率贴水。（注：贴水，直接标价法下，大数在前，小数在后；间接标价法则相反。升水，直接标价法下，小数在前，大数在后；间接标价法则相反。）

例：即期汇率　USD1＝CHF2　(CHF1＝USD0.5)

　　远期汇率　USD1＝CHF2.5　(CHF1＝USD0.4)

从上式可以看出，1 美元升水 0.5 瑞士法郎时，1 瑞士法郎则贴水 0.1 美元。

2. 汇率标价方法、远期汇率换算与升/贴水之间的关系

直接标价法下，远期汇率换算公式为：

远期汇率＝即期汇率＋升水

远期汇率＝即期汇率－贴水

间接标价法下，远期汇率换算公式为：

远期汇率＝即期汇率－升水

远期汇率＝即期汇率＋贴水

做一做

（1）香港外汇市场，某日汇率牌价表为：

期限	USD/HKD
即期	6.324 0～6.327 0
1 个月	60～20
2 个月	90～40
3 个月	110～70
6 个月	120～80
12 个月	100～170

请计算 6 个月远期汇率和 12 个月远期汇率。

分析： 由上述报价可知，在香港外汇市场上，1～6 个月期的美元远期汇率有贴水，这是因为在直接标价法下，如果点数从左到右显示出由高到低的排列，说明外汇贴水。12 个月期的美元远期汇率有升水，这是因为在直接标价法下，如果点数从左到右呈现出由低到高的排列，说明外汇升水。

6 个月远期美元买入价＝6.324 0－0.012 0＝6.312 0

6 个月远期美元卖出价＝6.327 0－0.008 0＝6.319 0

12 个月远期美元买入价＝6.324 0＋0.010 0＝6.334 0

12 个月远期美元卖出价＝6.327 0＋0.017 0＝6.344 0

(2) 伦敦外汇市场，某日汇率牌价表为：

期限	GBP/USD	
即期	1.586 4～1.587 4	
1 个月	10～0	
2 个月	20～10	
3 个月	40～30	升水（间接标价法下，大数在前，小数在后）
6 个月	30～20	
12 个月	25～60	贴水（间接标价法下，小数在前，大数在后）

请计算 3 个月远期汇率和 12 个月远期汇率。

分析： 由上述报价可知，在伦敦外汇市场上，1～6 个月期的美元远期汇率有升水，这是因为在间接标价法下，如果点数从左到右显示出由高到低的排列，说明外汇升水。12 个月期的美元远期汇率有贴水，这是因为在间接标价法下，如果点数从左到右呈现出由低到高的排列，说明外汇贴水。

3 个月远期汇率：

GBP1 ＝USD(1.586 4－0.004 0)～(1.587 4－0.003 0)

＝USD1.582 4～1.584 4

12 个月远期汇率：

GBP1 ＝USD(1.586 4＋0.002 5)～(1.587 4＋0.006 0)

＝USD1.588 9～1.593 4

需要指出的是，虽然远期汇率换算法在理论上显得较为烦琐，但在实际操作中可以不区分标价法而统一简化为：点数前小后大则相加；点数前大后小则相减。这是因为远期汇率买卖价差比即期大的缘故。

（二）远期汇率套算

远期汇率套算与即期汇率套算的原理基本一致，只不过是在计算远期套算汇率（Forward Cross Rate）时首先要分别计算远期汇率，然后按照即期汇率套算的方法计算远期套算汇率。

做一做

已知： 英镑对美元的汇率为：

即期汇率:GBP1＝USD1.506 0～1.507 0

12 个月　　　　270～240

美元对瑞士法郎的汇率为：

即期汇率：USD1＝CHF1.841 0～1.842 5

12 个月　　　　　　　　495～470

计算： 英镑对瑞士法郎的 12 个月远期套算汇率。

分析： 首先，求出英镑对美元的 12 个月远期汇率：

$$\begin{aligned}GBP1 &= USD(1.506\,0-0.027\,0)\sim(1.507\,0-0.024\,0)\\ &= USD1.479\,0\sim1.483\,0\end{aligned}$$

其次，求出美元对瑞士法郎的 12 个月远期汇率：

$$\begin{aligned}USD1 &= CHF(1.841\,0-0.049\,5)\sim(1.842\,5-0.047\,0)\\ &= CHF\ 1.791\,5\sim1.795\,5\end{aligned}$$

最后，按照即期汇率套算的规则，求出英镑对瑞士法郎的 12 个月远期汇率：

$$\frac{GBP}{CHF}=\frac{GBP}{USD}\times\frac{USD}{CHF}$$

英镑买入价（即瑞士法郎卖出价）：

$$GBP1=1.479\,0\times1.791\,5=CHF\ 2.649\,6$$

英镑卖出价（即瑞士法郎买入价）：

$$GBP1=1.483\,0\times1.795\,5=CHF\ 2.662\,7$$

所以，英镑对瑞士法郎的 12 个月远期汇率为：

$$GBP1=CHF\ 2.649\,6\sim2.662\,7$$

已知本币/外币的远期汇率，因报价或套期保值的需要，需要计算出外币/本币的远期汇率，其计算的程序与方法是：

（1）代入公式：

$$P^{*}=P/(S\times F)$$

P^{*} 为将本币/外币折成外币/本币的远期点数。

P 为本币/外币的远期点数。

S 为本币/外币的即期汇率。

F 为本币/外币的实际远期汇率。

（2）按公式求出远期汇率的卖出价点数与买入价点数后，其位置要互易，即计算出来的买入价点数变为卖出价点数；计算出来的卖出价点数变为买入价点数。

做一做

已知： 纽约外汇市场美元/瑞士法郎

即期汇率	3 个月远期
1.603 0～40	140～135

求： 瑞士法郎/美元 3 个月远期点数。

分析： 计算程序与方法：

(1) 代入公式：

$$P^{*}=P/(S\times F)$$

P^{*} 为瑞士法郎/美元的 3 个月远期点数

P 为 0.014 0～0.013 5

S 为 1.603 0～1.604 0

F 为 $\begin{array}{r}1.603\,0\\-0.014\,0\\\hline 1.589\,0\end{array}$　　$\begin{array}{r}1.604\,0\\-0.013\,5\\\hline 1.590\,5\end{array}$

瑞士法郎/美元 3 个月远期点数＝0.005 5＝0.014 0/(1.603 0×1.589 0)

瑞士法郎/美元 3 个月远期点数＝0.005 3＝0.013 5/(1.604 0×1.590 5)

(2) 瑞士法郎/美元 3 个月远期卖出与买入价点数易位后得出：53～55。

（三）远期汇率与利率

两国货币短期利率的差异是两国货币的远期汇率在即期汇率的基础上升水或贴水的基本原因。因为高利率的货币能带来较高的利息收入，所以市场上对其现汇需求量大，根据利率平价理论的原理，高利率在未来有汇率下降趋势，这就是套利者为避免未来汇率下跌带来的损失抵消利息收入，在买入高利率货币的同时，卖出相同期限、相同金额的该种货币的期汇，使该种货币的远期货币供给增多，这样就导致高利率的货币贴水；反之，低利率的货币带来的利息收益低，所以市场对其现汇需求量小，即期汇率低，而有汇率上升的潜在可能性，必然刺激期汇需求量的增加，所以该货币远期汇率升水。计算升水数或贴水数的公式为：

$$升(贴)水数=即期汇价\times 两国利差\times\frac{月数}{12}$$

做一做

假设伦敦与纽约市场利率（年利）分别为 9.5%和 7%，伦敦市场即期汇率为：GBP1＝USD1.960 0，伦敦某银行欲经营 3 个月期限的美元买卖业务，该银行怎样确定 3 个月期美元的远期汇率呢？

分析： 可以这样考虑，该银行若要卖出 3 个月期的远期美元，必须买进即期美元，以备 3 个月后交割之用。而买进即期美元，必须卖出即期英镑，将 9.5%年利的货币调换成7%年利的货币。为此，该银行要将调换货币造成的利息损失转嫁到3个月期美元的买主身上，即卖出3个月期美元的远期汇率应高于即期美元的汇率，这就发生3个月期远期美元升水（3个月期英镑贴水），由此可以得出一个结论：利率低的货币远期汇率一般表现为升水，利率高的货币远期汇率一般表现为贴水。

英镑的贴水数（英镑利率高）$=1.960\,0\times2.5\%\times\frac{3}{12}=0.012\,3$ 美元，所以3个月英镑的远期汇价$=1.960\,0-0.012\,3=1.947\,7$ 美元。同样，也可以求出3个月美元的升水数为 $0.510\,2\times2.5\%\times\frac{3}{12}=0.003\,2$ 英镑，3个月美元的远期汇率$=0.510\,2+0.003\,2=0.513\,4$ 英镑。实际上，根据前面已求出的3个月英镑汇价也可以直接求出3个月期美元的远期汇价，即 $\frac{1}{1.947\,7}=0.513\,4$ 英镑。

相关链接

利率平价理论最早是由英国经济学家凯恩斯在其1923年出版的《货币改革论》一书中提出的，后经西方一些经济学家发展而成，此理论被称作古典的或传统的利率平价理论。现代利率平价理论是在凯恩斯的或古典的利率平价理论基础上发展而来的，主要的代表人物是英国经济学家保罗·艾因齐格。

现代利率平价理论的主要观点如下：

(1) 确定了利率平价的概念。如果远期汇率相当于两个金融中心的短期利率之差，那么这一利率差异就是利率平价。实际上，任何时候，决定汇率的都不只是一个利率平价，而是几个利率平价，包括银行短期利率平价、贴现率平价、长期贷款利率平价等。

(2) 提出了利率平价动态理论的“互效原理”。远期汇率的调整过程不是迅速、自动的完全补偿过程；不仅远期汇率取决于利差，而且利率平价也受套利的影响，从而受远期汇率的制约，它们二者是相互作用的关系。

(3) 阐明了远期汇率与利率平价之间的关系：远期汇率与利率平价处于均衡状态是偶然的，偏离则是经常的；远期汇率有向它的利率平价调整的趋势，这是因为利差的存在使套利活动有利可图；购买力平价可以影响远期汇率和利率平价，远期汇率和利率平价也会影响购买力平价；即期汇率影响远期汇率，远期汇率也影响即期汇率。

拓展阅读

远期汇率与两国货币远期外汇市场的供求关系

以两国货币的短期利差所决定的远期汇率升贴水数只是剔除供求因素影响的纯理论数值，实际的远期外汇市场的升贴水数还要受到供求关系的影响。正像商品的价值和价格的关系一样，从长期和均衡的观点来看，远期外汇市场的远期汇率升贴水数要围绕着由两国货币短期利差所决定的升贴水数上下波动，在供求均衡的情况下，两者才会一致。如上例中 3 个月期的远期美元在市场上需求增加，3 个月期的远期美元卖主就会增加远期美元的升水，如从 0.003 2 英镑增加到 0.006 2 英镑，升水数所得收益折成年率为：

$$\frac{\text{升(贴)水数}\times 12\text{个月}}{\text{即期汇期}\times\text{月数}}=\frac{0.006\,2\times 12}{0.510\,2\times 3}=0.05=5\%$$

在升水 0.006 2 英镑的情况下，3 个月远期美元的卖主不仅能弥补 2.5%的利息损失，而且还会增加相当于 2.5%的利息收入。因此，3 个月期美元的卖主就会增加，导致了 3 个月期美元供给增加，需求相对减少，美元的升水开始减少。假设美元升水从 0.003 2 英镑减少到 0.001 6 英镑，无疑升水数仅能折年率 1.25%，不足以弥补 3 个月期美元卖主 2.5%的利息损失。在这种情况下，3 个月期美元的卖主就会减少，从而减少 3 个月期美元的供给，使美元的升水又会增加，最终以 0.003 2 英镑的升水数为均衡点。因此，两国货币的利差是两国货币远期汇率升贴水数的决定基础，而两国货币远期市场的供求关系则是升贴水数不断变动的重要因素。

单元二　进出口报价

课前思考

即/远期汇率对进出口报价有哪些影响？如何在考虑即/远期汇率的情况下准确核算进出口报价？

一、即期汇率与进出口报价

(一) 即期汇率下的出口报价

1. 本币和外币同时报价的处理

如果外国进口商要求我方对其报出出口商品本币价格的同时再报出外币的价格，这时就要将商品的本币价格折算成外币，再向其发盘。

做一做

香港某出口商在出口时商品的港元报价为 100 万，如果用美元报价，该商品报价为多少？

分析： 首先将 1 美元＝7.797 0 港元进行折算，得 1 港元＝0.128 3 美元。用美元报价：100 万港元×0.128 3＝12.83 万美元

2. 本币折算外币时，应该用买入价

汇率的买入价与卖出价之间一般相差1‰～3‰，在外贸实务中，进出口商如果在货价折算对外报价与履行支付义务时考虑不周，计算不精准，合同条款订得不明确，就会遭受损失。如香港某出口商的商品底价原为本币（港元），但客户要求改用外币报价，则应按本币与该外币的买入价来折算。如2008年×月×日美元对港元的买入汇率为1∶7.789 0；卖出汇率为1∶7.791 0。设某港商出口机床的底价为100 000港元，现外国进口商要求以美元向其报价，则该商人应根据港元对美元的买入价，将港元底价100 000元折算成美元（1∶7.789 0＝X∶100 000）向其报12 838.6美元。如按卖出价折合（1∶7.791 0＝X∶100 000），则仅报12 835.32美元。

出口商将本币折外币时按买入价折算的道理在于：出口商原收取本币，现改收外币，则需将所收外币卖予银行，换回本币。出口商卖出外币，即为银行的买入，故按买入价折算。

做一做

香港外汇市场某日牌价：美元/港元汇率为7.792 0～7.802 0。

香港某出口商在出口时商品的港元报价为100万，如果用美元报价，该商品报价为多少？

分析：汇率报出地外汇市场为香港，采用的是直接标价法，其中7.792 0为美元买入价，7.802 0为美元卖出价，故香港出口商要将本币港元折算成外币美元，应按买入价折算。通俗的理解就是，因为买入价较小，所以固定值除以较小值得到的值就会较大，这样报出的商品美元价格就较高，对作为出口商的我方比较有利。

计算：100万港元÷7.792 0＝12.833 6万美元

3. 外币折算本币时，应该用卖出价

出口商的商品底价原为外币，但客户要求改用本币报价时，则应按外币与本币的卖出价来折算。出口商将外币折成本币按卖出价折算的道理在于：出口商原收取外币，现改收本币，则需以本币向银行买回原外币。出口商的买入即为银行的卖出，故按卖出价折算。

外汇汇率同上例，设香港某服装厂生产每套西装的底价为100美元，现外国进口商要求其改用港元对其报价，则该服装厂根据港元对美元的卖出价，将美元底价100美元折算成780.20港元（100×7.802 0）对其报价。如按买入价折合，则仅报779.20港元，显然会因为汇率折算的原因每套西装产生1港元的无谓损失。

想一想

为什么本币折算外币时应该用买入价、外币折算本币时应该用卖出价？

4. 以一种外币折算另一种外币，按国际外汇市场牌价折算，再行报价

无论是用直接标价市场的牌价，还是用间接标价市场的牌价，外汇市场所在国家的

货币均视为本币。如将外币折算为本币，均用卖出价；如将本币折算为外币，均用买入价。

5. 出口商按本币和某一未挂牌外币报价时的处理

首先，求出本币与未挂牌某一货币的比价：

(1) 先列出本币对已挂牌某一主要储备货币（如英镑或美元）的中间汇率。

(2) 查阅伦敦、纽约等主要国际金融市场上英镑或美元对未挂牌某一货币的中间汇率（伦敦或纽约均公布英镑或美元对所有可兑换货币的比价）。

(3) 以（1）的中间汇率与（2）的中间汇率进行套算：(2) 除以（1）＝本币/未挂牌外币的比价；(1) 除以（2）＝未挂牌外币/本币的比价。

其次，将本币价格折算成某一未挂牌外币价对外报出。

做一做

设香港市场某出口商出口计算机一批，单价 7 000 港元，西班牙进口商的要求向其发出港元与西班牙比塞塔（ESP，西班牙的货币单位）两种货币报价。港商如何报出？

分析：香港外汇市场不公布港元对比塞塔的牌价。这时，可按上述程序加以推算：(1) 先列出港元对已挂牌某一主要储备货币（如英镑）的中间汇率：1 英镑＝12.28 港元；(2) 查阅当天或最近一天伦敦外汇市场 1 英镑对比塞塔的中间汇率：1 英镑＝180 比塞塔；(3) 求港元/比塞塔的比价则为$\frac{(2)}{(1)}$，即$\frac{180}{12.28}=14.66$，也即 1 港元＝14.66 比塞塔。比塞塔/港元的比价则为$\frac{(1)}{(2)}$，即$\frac{12.28}{180}=0.0682$，也即 1 比塞塔＝0.068 2 港元。

香港出口商将出口商品的港元单价套算成比塞塔，对西班牙进口商报价 7 000×14.66＝102 620（比塞塔）。

上述原则不仅适用于即期汇率，也适用于远期汇率。买入价与卖出价的折算运用是一名外贸工作者应掌握的原则，但在实际业务中应结合具体情况灵活掌握。例如，出口商品的竞争能力较差、库存较多、款式陈旧而市场又较呆滞，这时出口报价也可按中间价折算，甚至还可给予适当折让，以便扩大商品销售，但实际工作者对这个原则要“心中有数”。

(二) 即期汇率下的进口报价

1. 将同一商品的不同货币的进口报价，按人民币汇价表折成人民币进行比较

我国进口商在进口时面对各种货币的报价，如何选择对我方有利的报价至关重要。我国进口的商品一般在国内销售，因此，可以和人民币价格进行比较，以计算成本利润。

做一做

(1) 2008 年 10 月 8 日，某公司从瑞士进口小仪器，以瑞士法郎报价，每个为 100 瑞士法郎；另以美元报价，每个为 69 美元。当天人民币对瑞士法郎及美元的即期汇率分别为：

	买入价	卖出价
1 瑞士法郎	5.555 8 元	5.572 5 元
1 美元	8.265 4 元	8.290 2 元

问：我国进口商接受何种报价更为有利？

分析：从进口公司角度看，需要购买外汇对外支付；从银行角度看，就是卖出外汇。所以本例中只考虑卖出价。另外，进口公司为了降低成本，必然考虑用较少人民币购买外汇完成此项交易。

将以上报价折成人民币进行比较，即可看出哪种货币报价相对低廉。

美元报价折人民币　　69×8.290 2=572.02（元）

瑞士法郎报价折人民币　　100×5.572 5=557.25（元）

可见，瑞士法郎报价的人民币成本低于美元报价的人民币成本，如不考虑其他因素，瑞士法郎的小仪器报价可以接受。

2. 将同一商品不同货币的进口报价，按国际外汇市场的即期汇率表统一折算进行比较

如果上例小仪器的瑞士法郎和美元报价不以人民币汇率折算进行比较，而以当天纽约市场的美元与瑞士法郎的比价进行核算，也可得出接受何种货币报价更为有利的结论。

伦敦市场 2008 年 10 月 8 日，美元对瑞士法郎的汇价为 1 美元=1.484 0 瑞士法郎。

按此比价，小仪器每个 100 瑞士法郎的报价折合的美元为：100÷1.484 0=67.39 美元。而小仪器另一美元报价为每个 69 美元，显然，不考虑其他因素，接受 100 瑞士法郎的报价，不接受 69 美元的报价，在经济上是有利的。

二、远期汇率与进出口报价

(一) 远期汇率与出口报价

1. 在出口报价时，应参考汇率表中远期升贴水（点）数

在出口贸易中，国外进口商在延期付款条件下，要求我方以两种外币报价，假如甲币为升水、乙币为贴水：如以甲币报价，则按原价报出；如以乙币报价，应按汇率表中乙币对甲币贴水后的实际汇率报出，以减少乙币贴水后的损失。

做一做

某日纽约外汇市场：

即期汇率	3 个月远期
美元/瑞士法郎 1.603 0～40	贴水 1.4～1.35 生丁（1 瑞士法郎=100 生丁）

我公司向美国出口机床，如即期付款每台报价 2 000 美元，现美国进口商要求我公司以瑞士法郎报价，并于货物发运后 3 个月付款，问我公司应报多少瑞士法郎？

分析：考虑与计算的过程：

（1）查阅当日纽约外汇市场汇价表。

（2）计算瑞士法郎对美元的 3 个月远期汇率，由于贴水 1.4～1.35 生丁，故其远期实际汇率为：

$$\begin{array}{r} 1.6030 \\ +\ 0.0140 \\ \hline 1.6170 \end{array} \qquad \begin{array}{r} 1.6040 \\ +\ 0.0135 \\ \hline 1.6175 \end{array}$$

（3）考虑到 3 个月后方能收款，故将 3 个月后瑞士法郎贴水的损失加在货价上，故应报瑞士法郎价＝原美元报价×美元/瑞士法郎 3 个月远期实际汇率。

（4）考虑到根据纽约外汇市场汇价表来套算，美元视为本币，瑞士法郎为外币，根据本币折外币按买入价折合的原则，应报的瑞士法郎价＝美元原报价×美元/瑞士法郎 3 个月远期实际汇率买入价，即 2 000×1.617 5＝3 235 瑞士法郎。

2. 在出口报价时，汇率表中的贴水年率也可作为延期收款的报价标准

如某商品原以较硬（升水）货币报价，但国外进口商要求改以贴水货币报价，出口商根据即期汇率将升水货币金额换算为贴水货币金额的同时，为弥补贴水损失，应再将一定时期内的贴水率加在折算后的汇价上。

做一做

某食品公司冻猪肉原报价为每吨 1 150 英镑，该笔业务从成交到收汇需要 6 个月，某日该公司应客户要求改报瑞士法郎，当日伦敦市场的汇率为：

	即期汇率	合年率（%）
巴黎	9.454 5～75	3.17

该公司应报多少瑞士法郎呢？

分析：计算的程序与方法：

（1）将每吨冻猪肉的英镑价换算为瑞士法郎价。因为根据伦敦外汇市场的汇率表计算，所以英镑视为本币，瑞士法郎视为外币，根据本币折算外币应按买入价的原则，每吨冻猪肉的瑞士法郎价应为：

1.150×9.457 5＝10 876.125（瑞士法郎）

（2）由于该笔业务从成交到收汇需要 6 个月，而在这 6 个月内法郎对英镑贴水（贬值），其贴水年率为 3.17%，如把年率折为 6 个月的贴水率，则应为：

$$3.17\%\times\frac{6}{12}$$

(3) 将6个月瑞士法郎对英镑贴水率，即$\frac{3.17}{100}\times\frac{6}{12}$附加于汇价上，以抵补法郎在6个月内价值下降的损失，故以英镑改报瑞士法郎，6个月后收汇的全部计算过程应为：

$$
\begin{aligned}
1.150\times 9.4575\left(1+\frac{3.17}{100}\times\frac{6}{12}\right) &= 10876.125\times\left(1+\frac{1.585}{100}\right)\\
&= 10876.125+172.3866\\
&= 11048.511\text{（瑞士法郎）}
\end{aligned}
$$

（二）远期汇率与进口报价

在进口业务中，某一商品从合同签订到外汇付出约需3个月，国外出口商以硬（升水货币）、软（贴水货币）两种货币报价，其以软币报价的加价幅度不能超过该货币与相应货币的远期汇率，否则我方可接受硬币报价，只有这样才能达到在货价与汇价方面均不产生损失的目的。

做一做

某日公布外汇市场汇率行情如下：

	即期汇率	3个月远期
1美元	2.000 0瑞士法郎	1.950 0瑞士法郎

分析： 某公司从瑞士进口机械零件，3个月后付款，每个零件瑞士出口商报价100瑞士法郎，如我方要求瑞士出口商以美元报价，则其报价水平不能超过瑞士法郎对美元的3个月远期汇率，即100÷1.95=51.3美元。如果瑞士出口商以美元报价，每个零件超过51.3美元，则我方不应接受，仍接受每个零件100瑞士法郎的报价。因为接受瑞士法郎硬币报价后，我方以美元买瑞士法郎3个月远期进行保值，以防瑞士法郎上涨的损失，其成本也不过51.3美元（$1:1.95=X:100$）。可见，在进口业务中做到汇价与货价均不产生损失，硬币对软币的远期汇率是核算软币加价可接受幅度的标准。

当然，在外贸实务中除考虑上述因素外，还要结合国际市场同类产品的价格行情做出正确的报价。

拓展阅读

对外贸易出口报价技巧

一、报价前的准备

首先，认真分析客户的购买意愿，了解他们的真正需求，才能拟定出一份有的放矢的好报价单。有些客户将价格低作为最重要的因素，出口商一开始就报给客户接近出口商底线的价格，那么出口商赢得订单的可能性就大。

其次，做好市场跟踪调研，清楚市场的最新动态。由于市场信息透明度高，市场价格变化更加迅速，因此，出口商必须依据最新的行情报出价格——“随行就市”，买卖才有成交的可能。

二、选择合适的价格术语

在一份报价中，价格术语是核心部分之一。因为采用哪一种价格术语实际上就决定了买卖双方责权利的划分，所以，出口商在拟定一份报价前，除了要尽量满足客户的要求外，自己也要充分了解各种价格术语的真正内涵并认真选择，然后根据已选择的价格术语进行报价。

选择以 FOB 价成交，在运费和保险费波动不稳的市场条件下对自己有利。但也有许多被动的方面，比如：由于进口商延迟派船，或因各种情况导致装船期延迟、船名变更，就会使出口商增加仓储等费用的支出，或因此而迟收货款造成利息损失。出口商对出口货物的控制方面，在 FOB 价出口的条件下，由于是进口商与承运人联系派船的，货物一旦装船，出口商即使想要在运输途中或目的地转卖货物或采取其他补救措施，也要颇费一些周折。

在 CIF 价出口的条件下，船货衔接问题可以得到较好的解决，使得出口商有了更多的灵活性和机动性。一般情况下，只要出口商保证所交运的货物符合合同规定，只要所交的单据齐全、正确，进口商就必须付款。货物过船舷后，即使在进口商付款时货物遭受损坏或灭失，进口商也不得因货损而拒付货款。就是说，以 CIF 价成交的出口合同是一种特定类型的“单据买卖”合同。一个精明的出口商不但要能够把握自己所出售货物的品质、数量，而且应该把握货物运抵目的地及货款收取过程中的每一个环节。对于货物的装载、运输以及货物的风险控制都应该尽量取得一定的控制权，这样贸易的盈利才有保障。所以到底是迎合买家的需要还是坚持自己的原则，出口商在报价时多加斟酌就显得十分必要。

知识要点

汇率折算与进出口报价是国际金融与国际贸易中相互紧密联系的内容，其中汇率折算又分为即期汇率折算和远期汇率折算两种具体类型。在汇率折算上，除需要考虑汇率的即/远期性质外，还要考虑汇率的其他性质，特别是要考虑从银行买卖外汇的角度划分的汇率种类（主要考虑买入/卖出/中间汇率）。另外，汇率的标价方法也是需要考虑的重要因素，因为不同的汇率标价方法直接影响买入和卖出汇率的正确选择，从而直接影响汇率折算的准确性。

进出口报价分即期汇率与进出口报价、远期汇率与进出口报价。出口商以外币报价时，已知外币/本币（中间汇率），将其折成本币/外币（中间汇率），再行报出外币价格；本币折算外币时，应该用买入价；外币折算本币时，应该用卖出价；以一种外币折算另一种外币，按国际外汇市场牌价折算，再行报价；无论是用直接标价市场的牌价，还是用间接标价市场的牌价，外汇市场所在国家的货币均视为本币。在出口报价时，应参考汇率表中的远期升贴水。

问题讨论

要求：了解直接标价法和间接标价法的区别，并查阅有关网站，掌握主要外汇现钞的特征。

活动安排：分组讨论，各组派代表上台发言。

达标检测

一、基本概念

套算汇率　　远期汇率　　升水　　贴水

二、填空题

1. 如我国出口商的商品底价原为人民币，但客户要求改用外币报价时，应该用(　　)报出。

2. 在直接标价法下，远期汇率＝即期汇率＋（　　）；远期汇率＝即期汇率－（　　）。

三、判断题

1. 出口商的商品底价原为外币，但客户要求改用本币报价时，应该用卖出价。（　　）

2. 如果两个即期汇率都是以美元作为单位货币，则套算汇率为交叉相除。（　　）

3. 如果一个即期汇率以美元作为单位货币，另一个即期汇率以美元作为计价货币，则套算汇率为同边相乘。（　　）

四、简答题

1. 简要说明汇率的套算原则。

2. 如何利用即期汇率进行进出口报价？

3. 在用远期汇率进行进出口报价时应注意哪些问题？

五、技能训练

1. 设汇率 1 美元＝133.68/133.98 日元，1 美元＝7.796 2/7.803 2 港元。

请问：港元兑日元的交叉汇率为多少？

2. 设汇率 1 美元＝133.68/133.98 日元，1 英镑＝1.408 3/1.411 3 美元。

请问：英镑兑日元的交叉汇率为多少？

3. 若伦敦外汇市场即期汇率为 GBP1＝USD1.460 8，3 个月美元远期外汇升水 0.51 美分，则 3 个月美元远期外汇汇率为多少？

4. A 公司欲购入 100 万英镑，其得到银行的报价为 1 英镑＝1.671 0/1.675 0 美元，则 A 公司需要为这笔外汇交易支付多少美元？

5. 已知：美国纽约市场：

美元/港元　　6.880 0～6.890 0

美元/瑞士法郎　　2.010 0～2.020.0

求：瑞士法郎/港元的卖出价与买入价。

6. 某日伦敦外汇市场上即期汇率为 1 英镑＝1.695 5～1.696 5 美元，3 个月远期贴水

50～60 点，求 3 个月的远期汇率。

7. 我国某出口公司对外报某商品每吨 100 英镑，客户回电要求改报美元。问我出口公司应报多少美元？（设当日中国银行的外汇牌价每 100 美元兑换 826.46/826.94 元人民币，每 100 英镑兑换 1 287.80/1 292.90 元人民币）

8. 已知某日纽约外汇市场美元对港元的汇率为：

即期汇率	3 个月远期
1.664 0～1.665 0	203～205

我国某出口商品原价为 1 000 美元/千克，现有香港客户向我方询价，若用港元报价，请问：

（1）若用即期付款，我方应报多少港元？

（2）若用 3 个月远期付款，如果不计利息，应为多少港元？

模块三

外汇市场与外汇业务

案例导入

20 世纪 80 年代末期，比尔·利普舒茨担任萨洛蒙兄弟公司的外汇交易主管。在《新金融怪杰》一书中，杰克·施瓦格把比尔·利普舒茨形容为萨洛蒙兄弟公司交易额最大与最成功的外汇交易员。这一点也不奇怪，因为利普舒茨的单笔交易金额通常都高达数十亿美元，获利也经常以千万美元计算。根据施瓦格的估计，利普舒茨任职萨洛蒙兄弟公司的 8 年期间，他个人创造的利润就超过 5 亿美元，相当于 8 年期间每天平均获利 25 万美元。“当初，我不了解其中存在差异。7 年前，我非常单纯地认为，不论资本是来自萨洛蒙兄弟公司还是来自十位富有的个人，或来自单一的客户，结果都没有什么不同。我的目标就是从市场中获取最大的利润。事实上，不同的资金来源，必定会造成不同的交易策略，迫使交易改变动机。问题绝对不是单纯地说：‘我手头上有一些资金，不论来源如何，我会尽力而为，每天都尝试赚取一些利润。’没有那么简单。一家公司面对着富有的客户，自然会产生许多不同的牵扯力量，每个月的绩效将决定你的死活。”

资料来源：http：//bbs. 55168. cn/thread－185228－1－1. html.

学习目标

随着金融市场的全球化和我国外汇市场的发展和完善，企业、银行、个人等主体出于各种目的，越来越多地借助外汇市场进行交易活动，所以，通过本模块的学习，你应该达到以下目标：

（1）掌握外汇市场和外汇交易的基本知识。

（2）能够解读一般外汇市场行情。

（3）了解世界主要外汇市场的情况。

（4）具有在外汇市场上进行外汇交易的操作能力。

单元一 外汇市场

课前思考

目前，世界上有30多个主要的外汇市场，它们分布在不同的时区和地区，一个市场每日收盘后，另一个市场开盘，出现了24小时不间断的外汇交易。试想，这种情况会对全球经济产生何种作用？

一、外汇市场概述

（一）外汇市场的概念及特征

1. 外汇市场的概念

外汇市场（Foreign Exchange Market，FEM）是指外汇买卖主体从事外汇交易的交易系统。这里的交易包括两种类型：一类是本币与外币之间的相互买卖；另一类是不同币种的外汇之间的相互买卖。

外汇市场是在外汇管制放宽的条件下，随着商品经济、货币信用和国际贸易的兴盛而逐步形成并发展起来的。现今世界各国之间的债权债务结算或清偿、外汇资金的调拨以及资本的移动，很大一部分都是在外汇市场上进行的。外汇市场的存在与营运，在当前国际经济金融领域中起着重大作用：首先，它促进了经济国际化的进一步发展，加速了世界经济一体化的形成；其次，它有利于国际资金周转加速与国际资本流通，促进了国际经济合作；再次，它是国际金融与国际资本流动发展趋势的晴雨表，通过它便于掌握国际金融的发展动向，制定并调整对外经济发展的战略与策略；最后，它也是国际外汇投机的温床，是国际金融市场潜在的、重要的不稳定因素。

2. 外汇市场的特征

国际外汇市场的特征表现在：（1）国际外汇市场一般分布于世界各主要金融中心。例如世界上最主要的外汇市场有伦敦外汇市场、纽约外汇市场、东京外汇市场、法兰克福外汇市场、新加坡外汇市场和中国香港外汇市场等。（2）国际外汇市场是一个高度一体化的市场，即各地的外汇市场有很大的同质性，并且价格均等变化。（3）国际外汇市场上的交易币种具有集中性，即大多数交易所用的币种集中在美元、英镑、瑞士法郎、日元、欧元等上面。（4）国际外汇市场具有不间歇性，即外汇市场昼夜不停地运转。从全球范围看，它是一个在时间和空间上都连续不断的市场。

（二）外汇市场的分类

根据外汇市场的构成因素和业务特点，我们可以从不同角度对外汇市场进行分类。

1. 按市场参与者分类

按市场参与者不同，外汇市场可以划分为零售市场（Retail Market）和批发市场（Wholesale Market）。前者指外汇银行、个人和公司客户之间的交易构成的外汇市场，其交易规模较小，但每天交易总量很大。后者指银行同业间买卖外汇形成的市场，每天成交金额巨大。据统计，整个外汇市场产生于国际投资的外汇买卖占外汇交易总额的 2.3%，用于货币管理、为贸易和投资进行保值的外汇买卖占 2%，银行之间的外汇交易占 95%。可见，绝大部分外汇交易发生在银行同业间外汇市场上。

2. 按市场组织形式分类

按市场组织形式不同，外汇市场可划分为柜台市场（又称无形市场）和交易所市场（又称有形市场）。前者指没有固定场所，外汇买卖双方无须面对面进行交易，而通过电子计算机、信息网络同经营外汇的机构进行联系以达成外汇交易的市场。像纽约外汇市场、伦敦外汇市场、苏黎世外汇市场都采取这种形式。后者指有具体、固定的交易场所进行外汇交易的市场。像巴黎、阿姆斯特丹、米兰等地的外汇市场即属此类市场。在拥有固定外汇交易所的欧洲大陆国家，大部分当地的外汇交易和全部国际性外汇交易也还通过柜台市场进行；交易所市场一般办理少量当地的现货交易。

3. 按政府对市场交易的干预程度分类

按政府对市场交易的干预程度不同，外汇市场可划分为官方外汇市场、自由外汇市场和外汇黑市。

官方外汇市场是指受所在国家政府控制、按照中央银行或外汇管理机构规定的官方汇率进行外汇买卖的外汇市场。

自由外汇市场是指不受所在国家政府控制、基本按照市场供求规律形成的汇率进行交易的外汇市场。一般来说，在这个市场上，任何银行、金融机构或个人均可从事外汇交易，外汇交易金额、币种、汇率由市场供求状况决定，外汇资金进出国境不受任何限制。像纽约、伦敦、东京、新加坡等外汇市场都是国际上主要的自由外汇市场。

外汇黑市是在外汇管制比较严格、不允许自由外汇市场合法存在的国家所出现的非法的外汇市场。

二、世界主要外汇市场

世界外汇市场是一个庞大而统一的体系。世界外汇市场是世界各地外汇市场的总和。目前，世界上有 30 多个外汇市场，其中最重要的有伦敦、纽约、苏黎世、东京、新加坡、香港、洛杉矶、巴黎、法兰克福、阿姆斯特丹和巴林等外汇市场。它们各具特色并分别位于不同的国家和地区，但彼此连成一片，形成了横跨全球的统一的外汇市场。在同一时间内，一个外汇市场的汇率变动会通过电信网络迅速传递到其他市场并影响后者的汇率变动。如果两个市场存在明显的汇率差异，人们就会进行地点套汇，即利用同一时间两地汇率差价进行贱买贵卖的外汇交易。地点套汇可以改变外汇供求关系并使两地或世界各地的汇率趋于一致。在不同时间，这些外汇市场首尾相接，前一个时区的外汇市场的收盘汇率成为后一个时区的外汇市场的开盘汇率制定的依据。

（一）伦敦外汇市场

伦敦外汇市场于第一次世界大战前就已发展起来了，是世界上出现最早的外汇市场，迄今仍然是世界上规模最大的外汇市场，其外汇交易额约占世界外汇交易总额的30%。伦敦外汇市场的主要特点是：机动灵活、效率高、速度快；交易的货币种类多；具有世界上最先进的技术设施；拥有一批训练有素的专门人才。伦敦外汇市场上的外汇交易主要是现汇交易和远期交易，20世纪80年代后开始经营外汇期货交易。伦敦外汇市场的标价采取间接标价法。

相关链接

在伦敦金融城中聚集了600多家银行，几乎所有的国际性跨国银行都在此设有分支机构。据统计，目前世界各国银行的国际业务有相当大的一部分是通过它们在伦敦的分行做的。例如：美国银行国际业务的50%以上，日本银行国际业务的近40%，加拿大银行国际业务的36%，德国银行国际业务的25%，瑞士银行国际业务的26%，意大利银行国际业务的20%等，都是在伦敦处理的；本国金融业不发达的国家，其国际金融业务对伦敦的依赖更重，这就大大提高了伦敦国际金融中心的地位。伦敦的地理位置独特，地处东西方两大时区的交汇点，连接着亚洲和北美洲市场，亚洲接近收市时伦敦正好开市，而其收市时，纽约正是外汇交易活跃的时间。

（二）纽约外汇市场

纽约外汇市场是在第二次世界大战后发展起来的，比伦敦外汇市场的历史短。随着美国经济实力的增强，对外贸易、资本输出的迅速发展，美元取代英镑成为关键货币，加之美国实行外汇开放政策，纽约国际金融市场的地位不断提高。纽约外汇市场是最复杂也是最具特色的外汇市场。由于国际贸易多以美元报价和用美元支付，限制了美国企业对外汇的需求量，所以在纽约外汇市场，银行与客户之间的外汇交易额所占比重较小，银行间外汇交易占90%以上。美国没有外汇指定银行，所有商业银行均可自由经营外汇业务。目前，纽约外汇市场由29家美国联邦储备系统的成员银行、23家非成员银行、60余家外国银行在纽约的分支机构、50多个外国建立的代理行和90多个代办处以及一些外汇经纪商构成，其外汇交易额约占世界外汇交易总额的20%。

（三）东京外汇市场

东京外汇市场形成较晚。1964年日本加入国际货币基金组织，日元允许自由兑换，外汇交易逐步实行自由化后，东京外汇市场才逐步形成。20世纪70年代后期，随着日元国际化的极大进展，东京外汇市场也获得了较快发展，有与纽约、伦敦外汇市场并驾齐驱之势。目前，其外汇交易量已超过世界外汇交易总额的10%。东京外汇市场的主要特点是：第一，交易币种单一，其交易额的90%以上是以美元和日元成交，其他货币的交易所占比重很小，而且在交易时受到一定的限制。第二，管理较严格，外汇交易具有明显的季节性，中央银行干预较多，并且受到进出口贸易集中收付的影响。第三，在交易时间上同其他主要外汇市场基本是隔绝的，同纽约市场根本不交叉，同欧洲也只在每个交易日的最后一两个小时有交叉，所以其广度和深度都受到了很大的影响。

（四）新加坡外汇市场

新加坡外汇市场是在20世纪70年代随着亚洲美元市场的兴起而发展起来的新兴外汇市场。由于新加坡地理位置适当、时区差距优越，加之有较好的金融基础，20世纪60年代末期，新加坡政府采取开放政策，逐渐放松外汇管制，从而使新加坡外汇市场兴起。新加坡外汇市场的主要特点是：新加坡外汇市场是一个无形市场，外汇经纪人在外汇交易中起着重要作用。交易的币种不受限制，但以美元为主，约占交易总额的85%。

（五）中国香港外汇市场

香港外汇市场是20世纪70年代以来发展起来的国际性外汇市场。20世纪70年代，随着亚洲美元市场的兴起，香港金融业务获得了新的发展。1973年，香港当局解除了外汇管制，1974年开放了黄金市场，1978年放宽了有关外国银行来港设立分行的限制，从而使香港的金融机构不断增加，金融业务的规模不断扩大，外汇市场也开始活跃起来，发展成为国际化的外汇市场。香港外汇市场的主要特点是：香港外汇市场是一个无形市场，没有固定的交易场所或正式的组织，是由电话、电传等通信工具联结起来的网络。20世纪70年代以前，该市场的业务以港币和英镑的兑换为主。20世纪70年代后期，美元逐渐取代英镑成为香港外汇市场的主要货币。

上述外汇市场的交易是利用现代化的电子通信设备进行的。例如，伦敦外汇市场包括210家指定的交换银行、商业银行以及外国银行在伦敦的分行，还有一些外汇经纪人。大银行都设有专门的交易室，在室内按动电钮就可与伦敦城各处的经纪人谈判，这种交易方法进行的速度很快，供求双方的反应很快，故外汇市场经常趋于单一价格。不仅伦敦城如此，国际上各个外汇中心也都这样进行交易，而且相互之间也都有现代化的电子通信联络系统，经常保持接触，构成了一个紧密联系的复杂的网络。从时间来看，由于英国已将传统的格林尼治时间（GMT）改为“欧洲标准时间”（European Standard Time），英国与西欧原有的时差（1小时）也消除了，整个西欧外汇市场统一了营业时间。当西欧从早上开始到下午2时结束营业时，纽约外汇市场刚好开市，而纽约市场结束营业时正是东京市场一天中开始营业的时候，然后东京市场收盘时又与西欧市场衔接，如此周而复始，交易者一天24小时内可连续不断地在世界各个外汇市场进行交易。所以，当前国际外汇市场已成为一天连续运转的市场。其简单情况见表3-1。

表3-1　世界主要外汇市场开市与收市时间

地区	城市	开市时间（GMT）	收市时间（GMT）
亚洲	悉尼	11:00	19:00
	东京	12:00	20:00
	香港	13:00	21:00
欧洲	法兰克福	8:00	16:00
	巴黎	8:00	16:00
	伦敦	9:00	17:00
北美洲	纽约	12:00	20:00

相关链接

银行报价惯例

在外汇市场上，为了保证外汇交易的正常运行，各地外汇市场逐步形成了一些约定俗成的交易惯例。对于投资者来说，了解这些惯例是十分必要的。

（1）除特殊标明外，所有货币的汇价都是针对美元的，即采用以美元为中心的报价方法。在外汇市场上，外汇交易银行所报出的买卖价格，如没有特殊标明，均是指所报货币与美元的比价。如：东京银行2008年12月31日报出日元的开市价是93.23/34，这一价格就是指日元与美元的即期买卖价格。

（2）除英镑、爱尔兰镑、澳大利亚元、新西兰元和欧元汇价是采用间接标价法以外（以一单位货币等值多少美元标价），其他可兑换货币的汇价均采用直接标价法表示（以一单位美元等于多少该货币标价）。此外，任何标价法下，报价银行报出的买价是指其愿意以此报价买入标的货币的价格；买价与卖价之间的价格差别称为价差。

（3）对所有可兑换货币的报价，报价银行都必须同时报出买、卖两个价。当报价银行的外汇交易员对问价方报出某种货币买卖价的同时，这一银行也就承担了以这一价格买进或卖出一定数额货币的义务，但条件是询价方同意在报价方报价的基础上立即成交。报刊公布的外汇交易中间价只是供读者参考，不能作为外汇交易的依据。

（4）在通过电信（如电话、电传等）报价时，报价银行只报汇价的最后两位数。如：美元对欧元的汇价如果是USD＝EUR0.734 0/50，报价银行的交易员一般只报为40/50。

三、外汇市场的基本内容

（一）外汇市场的需求

一个国家的经济单位用本国货币兑换外国货币，就形成对外汇的需求。引起一国外汇需求的主要经济活动包括：购买外国商品，即进口；购买外国服务，即无形商品进口；外国人将在当地直接投资所获得的利润和间接投资所获得的利息汇回本国；本国对外国的单方转移，如向外国提供援助、私人向外国亲属汇款等；本国企业向外国进行长期投资或短期贷款；政府增加外汇储备资产等。

（二）外汇市场的供给

用外国货币兑换本国货币，形成对本国的外汇供给。一国外汇供给的主要来源包括：本国商品出口，无论是开出汇票，还是将获得的外币存入外国银行，都意味着获得以外币表示的债权；本国服务出口，包括外国人在本国旅游所花费的一切开支；本国人将在外国投资所获得的股息和利息汇回，这也要首先将所获得的外币兑换成本国货币；外国对本国的单方转移；外国企业向本国进行长期投资或短期贷款；本国政府减少外汇储备资产。

四、外汇市场的构成

（一）外汇银行

外汇银行也称外汇指定银行，是指经过本国中央银行批准，可以经营外汇业务的商业银行或其他金融机构。外汇银行可分为三种类型：（1）专营或兼营外汇业务的本国商业银行；（2）在本国经营的外国商业银行分行；（3）经营外汇买卖业务的本国其他金融机构，比如信托投资公司、财务公司等。外汇银行是外汇市场上最重要的参与者，它的外汇交易构成外汇市场的重要部分。

（二）外汇经纪人

外汇经纪人是指介于外汇银行之间、外汇银行和外汇其他参加者之间进行联系、接洽外汇买卖的经纪人公司或个人。外汇经纪人作为外汇买卖双方的中间联络人，本身并不承担外汇盈亏风险，他们熟悉外汇供求情况和市场行情，有现成的外汇业务网络，而且具有丰富的外汇买卖经验，因此，一般客户愿意委托他们代理外汇买卖业务。在西方国家，外汇经纪人一般需经过所在国家中央银行的批准才能取得私营业务的资格。有的国家还规定外汇买卖必须通过经纪人和外汇银行进行，可见，外汇经纪人在外汇交易中的作用是十分重要的。

（三）外汇交易商

外汇交易商是指经营票据买卖业务、买卖外国汇票的公司或个人，多数是信托公司、银行的兼营机构或票据贴现公司。他们利用自己的资金，根据外汇市场上的行市，赚取买卖中的差价。外汇交易商可以自己直接买卖外汇，也可以通过经纪人交易。

（四）进出口商及其他外汇供求者

进出口商从事进出口贸易活动，是外汇市场上外汇的主要和实际的需求者与供给者。出口商出口商品后需要把收入的外汇卖出，而进口商进口商品则需要买进对外支付的外汇，这些都要通过外汇市场的外汇交易来进行。其他外汇供求者系指运费、旅费、留学费、汇款、外国有价证券买卖、外债本息收付、政府及民间私人借贷以及其他原因引起的外汇供给者和需求者，包括有劳务外汇收入者、有国外投资收益者、接受国外援助者、收到侨汇者、接受外国贷款者、对本国进行直接投资的外国企业和在国外发行有价证券者。

（五）外汇投机者

外汇投机者在外汇市场上兴风作浪，预测汇价的涨跌，以买空或卖空的形式，根据汇价的变动低买高卖，赚取差价。这些人往往是活跃外汇交易的重要力量，但过度投机常会带来汇价的大起大落。

（六）中央银行

中央银行在外汇市场上一般不进行直接的、经常性的买卖，它们主要通过经纪人和商业银行进行交易，目的是防止国际上对本国货币的过度需求或过度抛售，以维护本国货币的汇价稳定，并执行本国的货币政策。在实际过程中，外汇市场上的投机者经常希望有汇价波动，或者进行投机以造成汇价波动，而中央银行总是希望保持汇价的相对稳定，这两股力量在外汇市场上的此消彼长往往是影响汇价的重要因素。

相关链接

我国外汇市场

我国外汇市场上的交易有三个层次：银行与客户之间、银行同业之间、银行与中央银行之间。

第一个层次是银行与客户之间的外汇交易，也称“零售市场”。交易的客户大多数是企业、公司和个人。它们出于各种各样的动机，需要向外汇银行买卖外汇，即主要进行本币与外汇之间的买卖。银行在与客户交易过程中，一方面从客户手中买入外汇，另一方面又将外汇卖给其他客户。银行实际上在外汇供给者与需求者之间起中介作用，并获得外汇交易中的差价。

第二个层次是银行同业之间的外汇交易，也称“批发市场”。外汇交易在同一市场各银行之间以及不同市场各银行之间进行。在外汇批发市场上，外汇交易币种主要包括本币与外币、外汇，其特点是外汇交易的数额大、效率高，对汇率波动影响大。银行在为客户提供外汇交易的中介服务中，可能出现营业日内的某一外汇头寸的“多头”或“空头”。这称为“敞口头寸”，即一些外汇的卖出额大于买入额，或卖出额小于买入额。为了避免汇率波动等风险，银行就需要利用同业之间的外汇交易即时进行头寸的调拨，轧平外汇头寸，即将多头卖出，将空头买入。

第三个层次是银行与中央银行之间的外汇交易。中央银行干预外汇市场所进行的外汇交易是在它与银行之间进行的。通过这种交易，中央银行可以使外汇市场供求关系所决定的汇率相对稳定。如果某种外汇兑换本币的汇率低，中央银行就会向银行买入这种外汇，增加市场对此种外汇的需求量，促使其汇率上升。反之，如果中央银行认为该外汇的汇率高，就会向银行卖出此种外汇，促使其汇率下降。由于外汇市场是国际性的交易场所，因此，中央银行的干预不仅在本国外汇市场进行，而且可以在其他外汇市场进行。例如，日本中央银行干预外汇市场，就常常在日本以外的香港、新加坡、伦敦、纽约等外汇市场进行。另外，中央银行出于外汇储备资产管理的需要，也经常要通过与银行之间的外汇交易调整外汇储备的结构，避免金融性汇率的风险。

我国现行的外汇市场，改变了过去地区分割、价格不一的状况，并渐渐地采取国际市场的运作经验，逐步走向国际市场；它尽可能地为外汇供给者和外汇需求者提供实现愿望的交易场所，利用市场机制来配置外汇资源，使外汇市场处于相对均衡的状态；它沟通了与国际货币市场、资本市场的联系，从而使一些企业和银行的国际资金流动能正常、顺利进行，与国际金融一体化进程相一致。

拓展阅读

如何使用止损交易?

止损交易是指客户为规避汇率风险，将持有的货币设置一个最低卖出价位，一旦银行报价达到或小于这个价位，立即将该货币卖出。止损交易可以锁定风险，避免损失的无限扩大。客户指定交易币种、金额以及交易目标价格，成交价格为银行的即时报价。止损汇率必须劣于银行即时汇率，否则，系统不接受。止损指令当日有效，在成交前客户也可主动撤销指令。

例如：某银行英镑/美元即时汇率买入价为 1.680 0，卖出价为 1.720 0。

1. 挂单交易

客户卖出英镑、买入美元，挂单交易委托汇率 1.700 0，当某行即时汇率的买入价达到或大于 1.700 0 时，客户的申请成交。

客户买入英镑、卖出美元，挂单交易委托汇率 1.700 0，当某银行即时汇率的卖出价达到或小于 1.700 0 时，客户的申请成交。

2. 止损交易

客户卖出英镑、买入美元，止损交易委托汇率为 1.670 0，当即时汇率的买入价小于 1.670 0 时，以即时汇率成交。止损交易只能选择卖出方式。

单元二　传统的外汇业务

课前思考

我国某进出口公司 9 月 20 日预计 12 月 20 日以人民币存款兑付 100 万欧元的进口货款，由于担心欧元升值带来外汇风险，公司应如何通过外汇交易防范外汇风险？

传统的外汇业务是指为办理国际货币收付、清算国际债权债务而进行的外汇买卖活动。外汇买卖实际就是人们通常所说的在外汇市场上用给定货币去交换另一种货币的交易行为。外汇交易是一项重要的国际金融业务，为适应国际经济交易的需要，人们已创造出多种交易形式。

一、即期外汇交易

即期外汇交易（Spot Exchange Transaction）是指买卖外汇的双方按当天外汇市场上的汇率成交后于两个营业日内进行清算交割的一种外汇交易。

（一）即期外汇交易的交割日期

交割日期（Delivery Date）又称起息日（Value Date），是交易双方交收货币并开始计息的日期。只有在交割日后货币到账才能最终确定外汇买卖的盈亏，因此，交割日期是外汇交易尤其是短线的外汇交易需要考虑的重要因素。即期交易的交割日可以有以下三种类型：

1. 当日交割

当日交割是指在买卖成交的当日办理货币的收付。如港元对美元即期交易就是在当日交割的。

2. 次日交割

次日交割是指成交后的第一个营业日办理交割。如港元对日元、新加坡元、马来西亚林吉特、澳大利亚元就是在次日交割的。

3. 标准交割日交割

标准交割日交割是指在成交后的第二个营业日办理交割。世界上绝大多数即期外汇交易，特别是欧美地区的即期外汇交易，都采用标准交割日交割。这是因为，国际货币的收付除了要剔除时差影响外，还需要时间对交易细节进行逐一核对，并发出转账凭证等。

相关链接

注意交割日的特殊情况

交割日必须是交易双方都营业的日子，以保证交易双方同时完成货币收付，避免其中任何一方承担信用风险或利息损失。例如，一笔在10月26日成交的标准即期外汇买卖，如果10月27日、28日都是营业日，则28日就是双方交割付款的时间。双方应当保证自己的付款能使对方开户银行在28日收妥交易的货币并开始计息，因此28日也称交割日或起息日。如成交日之后的交割日恰遇双方或某一方银行所在国的节假日，交割日只能向后顺延。如果某一方节假日是在成交后的第一个营业日，国际惯例是以报价行的交割日为准。例如：一笔星期一在伦敦市场报价成交的英镑对美元的即期交易，若星期二是英国节假日，则交割日为星期四；若星期二为美国节假日，则交割日仍为星期三。正因为交割日如此重要，所以外汇交易员应对各国法定节假日有所了解，以便尽可能防范风险和提高资金效率。

（二）即期外汇交易的方式

外汇银行与客户之间的即期外汇交易方式一般有四种，即汇出汇款、汇入汇款、出口收汇和进口付汇等。

1. 汇出汇款

汇出汇款是指需要对外国支付外币的客户首先向银行付出本币，再委托银行向国外的收款人汇款。银行接受了汇款的委托后，就通过其国外的分支机构或代理机构向收款人的开户行支付相应的款项，由收款人的开户行通知收款人收款。汇出汇款实际上是客户向外汇银行买进外汇、外汇银行卖出外汇的一种即期交易。

2. 汇入汇款

汇入汇款是指收款人收到从外国以外币支付的款项后，将外汇结售给外汇银行取得本币。一般是办理汇款的外国银行将外币资金转入接受汇款银行在当地（可以是其国外分支机构或代理机构）的结算账户中。

3. 出口收汇

出口收汇是指出口商将出口货物装船后，立即开立以双方商定的结算货币计价的汇票，并在汇票下面附上有关单证，请银行议付，以便收回出口货款。银行将汇票等单据寄往开证行，按照汇票即期支付的条件接受以外币支付的款项，并让支付行将应付款记入自己的外币结算账户中。在此结算过程中，实际上客户向议付行卖出了一笔外币，议付行做了一笔买入外汇的即期交易。

4. 进口付汇

进口付汇是指为进口商开出信用证的银行按照出口商开出的附有全部单证的即期汇票的条件，将外币计价的进口货款通过外币结算账户垫付，然后向进口商提示汇票，请其按照即期付款条件支付。进口商以本币向银行支付了进口货款，进口结汇就完成了。在此结算过程中，实际上进口商作为客户向开证行买入一笔即期外汇，开证行做了一笔卖出外汇的即期交易。

综上所述，汇出汇款和汇入汇款是纯粹的、基本的外汇交易形式，可以是出于一切目的的外汇交易；出口收汇和进口付汇是由于进出口贸易产生的外汇交易形式。

（三）即期外汇交易的交割方式

即期外汇交易的交割方式通常有三种：电汇、信汇和票汇。

1. 电汇交割方式

电汇交割方式（Telegraphic Transfer）简称 T/T 方式，是指外汇买卖成交后用电报、电传通知对方银行将外汇交易金额收付记账。在即期外汇交易中，采用最多的就是此种交割方式。

2. 信汇交割方式

信汇交割方式（Mail Transfer）简称 M/T 方式，是指外汇买卖成交后，用信函方式通知对方银行将交易金额收付记账。

3. 票汇交割方式

票汇交割方式（Demand Draft）简称 D/D 方式，是指外汇买卖成交后，用开立汇票、本票、支票进行交割的方式。

即期外汇交易使用即期汇率，即成交时的市场汇率。由于交割方式不同，所使用的汇率也不同。即期汇率分为三种：电汇汇率，用于 T/T 方式；信汇汇率，用于 M/T 方式；票汇汇率，用于 D/D 方式。其中电汇汇率是即期交易的基本汇率，信汇汇率和票汇汇率等于电汇汇率减去邮程资金占用的利息损失。

（四）即期外汇交易的一般程序

1. 选择交易对手

一般来说，要选择资信良好、报价迅速、买卖差价小、服务水平高的外汇银行作为交易对手，以保证交易的成功。

2. 自报家门

通过电话或电传与对手交易，首先必须让对手知晓自己银行的名称，以便对方决策。如果通过路透交易机与对手交易，本银行的名称会自动显示在对方的终端屏幕上，因此，自报家门可省略。

3. 询价

询价内容一般包括拟交易的货币名称、交割期限、交割日期、交易金额等。

4. 报价

一般只报出买价与卖价的最后两位小数。

5. 成交

询价方在对方报价后，迅速做出买卖决策，即向对方明确表明自己买卖的货币数量及价格。

6. 证实

报价方在对方表示成交后，应打出“OK，done.”字样，并进一步确认交易内容，如买卖方向、货币、金额、价格、起息日和款项划拨的指定账户。

做一做

假设美国某进口商向英国一出口商买入100万英镑的商品，双方在合同中约定以电汇方式结算。美国该进口商要求其开户银行电汇这笔款项。若电汇汇率是GBP1=USD1.562 6，则美国银行借记美国该进口商156.26万美元，并汇出100万英镑。

在这笔即期外汇交易中，美国银行卖出多少英镑，买进多少美元？

二、远期外汇交易

远期外汇交易（Forward Exchange Transaction）是指外汇买卖成交时，双方先约定交易的币种、数额和汇价，在未来某个时间再进行现汇实际交割的一种外汇交易。例如：某公司于4月3日向中国银行提出用美元购买欧元，期限3个月（起息日7月5日），当时美元兑欧元的3个月远期汇率为0.936 0，即7月5日这天，无论汇率如何变化，中国银行都将按1欧元等于0.936 0美元的汇率将欧元卖给该公司。

（一）远期外汇的期限与交割日

远期外汇的期限一般为1个月、2个月、3个月、6个月，最长为1年，最常见的期限为3个月。在特殊情况下，也有非标准的、带零头日期的（Odd Dates）期限，其价格须个别协商。

标准的远期外汇交割日按国际惯例是按月而不是按天计算的，采取对月对日、不跨月的方法计算交割日。

远期外汇交易的交割有两种方式：一种为定期交割（固定交割日），即按合约事先确定的到期日进行交割；另一种为择期交割（选择交割日），即交易的一方从成交日的第二个营业日起至合同到期日前的任何一个营业日，可以要求交易的另一方按照双方约定的远期汇率进行外汇交割。择期交易主要是为企业、进口商提供买卖外汇的灵活性，适合收付款日期不确定的交易，保证货到付款或单到付款时能及时付汇，从而避免了远期外汇买卖交割日确定不变的缺点。

（二）远期汇率的报价

在西方外汇市场上，远期汇率的报价方法有两种：（1）直接报出远期外汇的实际汇率。瑞士和日本采用这种方法。如东京外汇市场即期汇价为USD1=JPY110，3个月远期汇价为USD1=JPY113。（2）报出汇水数（升贴水的合称）来表示远期汇率和即期汇率的差额，由询价方根据这个差额按一定的方法求出远期汇率。如在纽约市场：

即期汇率　USD1=DEM1.568 2/92

远期汇率（1个月）　40/60

远期汇率（3个月）　120/100

具体的计算方法是将汇水点数分别对准即期汇价的买入价与卖出价相应的点数部位，

按照“前小后大往上加、前大后小往下减”的原则计算出远期汇率。如：

USD=DEM1.568 2	—	DEM1.569 2
+ 40		+ 60
1.572 2		1.575 2

这样就求得1个月远期美元汇率为USD1=DEM1.572 2/52。同理可求得3个月远期美元汇率为USD1=DEM1.556 2/92。

（三）远期外汇交易的作用

1. 利用远期外汇交易进行套期保值

套期保值是指买进或卖出一笔价值相当于在国外的远期负债或资产的外汇，使这笔负债或资产免受汇率变动的影响，从而达到保值的目的。例如：对于进口商而言，在签订进口合同时，就买进相当于货款价值、交割期为付款日的外汇，这样在付款日不管汇率如何变动，都不会影响到进口商的进口成本；对于出口商而言，在签订出口合同时，就卖出相当于价款数量、交割期为收款日的外汇，这样在收款日不管汇率如何变动，都不会影响到出口商的出口利润。对于实行强制结售汇的国家，进出口商经常参与以套期保值为目的的远期外汇买卖。

做一做

法国出口商向美国出口价值10万美元的商品，预计3个月后能收进这笔货款。签订出口合同时汇率为USD1=EUR0.744 7，按此汇价10万美元货款应收7.447万EUR。但3个月后汇率可能发生波动，出现两种情况：上升或下降。假如美元汇率下跌至USD1=EUR 0.700 0，则法国出口商就损失0.447万欧元。为避免美元汇率下降的风险，法国出口商应如何利用远期外汇交易进行套期保值呢？

分析：该法国出口商在签订出口合同时，应按照当时外汇市场上3个月美元远期汇率，将10万美元债权卖给法国巴黎银行。3个月到期时，法国出口商就可以避免或减轻国外汇率下降所造成的损失。当然，如果3个月后美元现汇汇价上升了，则法国出口商也失去了由于美元上涨而获得更多的欧元的机会。但一般情况下，进出口商从事外汇交易的一般原则为：求稳不求险。

2. 远期外汇交易可以用来调整银行的外汇头寸

进出口商进行远期外汇交易避免风险或转嫁风险的同时，就是银行承担风险的开始。外汇银行之所以有风险，是因为它在与客户进行了多种交易后，会产生一天的外汇“综合持有额”或总头寸。外汇银行总是处于现汇或期汇的超买或超卖的地位，因为外汇银行有外汇敞口额，它们就处于汇率变动的风险之中。为避免外汇风险，外汇银行对不同期限、不同货币头寸的余缺要进行抛补（买卖），以求外汇头寸的平衡。

想一想

中国银行某日在即期外汇市场上处于美元外汇头寸超买（多头）100 万美元的地位，在这种情况下，一旦美元汇率走低，中国银行将蒙受损失。如何避免损失？

分析：中国银行为避免这一损失，就要轧平头寸。轧平头寸的方法有两种：当银行多头寸时，就在远期外汇市场上卖出（抛出）；当银行少头寸时，就在远期外汇市场上补进（买入），这样以轧平外汇余额来避免汇率变动的风险。

3. 利用远期外汇市场进行外汇投机

利用远期外汇市场进行投机是指外汇市场的参与者不是从实际需要出发，而是单纯为了赚取外汇买卖的差价而进行的交易。能够利用远期外汇市场进行投机的前提是要有远期汇率的波动。

外汇投机既可在现汇市场上进行，也可在远期外汇市场上进行。两者的区别在于：在现汇市场上投机，因为现汇交易要求立即交割，投机者手中要有充足的现金或外汇，而不管其资金来源如何。在期汇市场上，投机由于不涉及现金或外汇的即期收付，因而在该市场上投机不必持有充足的外汇或现金。现举例说明现汇投机与期汇投机的区别。

在现汇市场上的投机：美元的即期汇率是 1 美元＝128 日元。一投机者认为，1 个月后美元的即期汇率将上升，于是该投机者入市买入 10 万美元，支付 1 280 万日元。如果 1 个月后汇率变动如该投机者所预料的，变为 1 美元＝130 日元，他就再入市卖出 10 万美元，得到 1 300 万日元，该投机者获利 20 万日元。当然，如果他预测失败也必须承担相应的损失。不管怎样，他手中必须有入市所需的资金。

在期汇市场上的投机：在法兰克福外汇市场上，如果某德国外汇投机商预测英镑对美元的汇率将会大幅上升，他就可以做买空交易，先以当时的 1 英镑＝1.555 0 美元的 3 个月期远期汇率买进 100 万 3 个月英镑远期；然后，在 3 个月后，当英镑对美元的即期汇率猛涨到 1 英镑＝1.755 0 美元时，他就在即期市场上卖出 100 万英镑。轧差后他就会获得 100 万×(1.755 0－1.555 0)＝20 万美元的投机利润。当然，若交割日市场即期汇率的变动与投机者的预期相反，投机者将会遭受损失。如上例，若 3 个月后市场即期汇率不升反跌为 1 英镑＝1.455 0 美元，则该投机者将遭受 10 万美元的损失。

三、套汇交易

（一）套汇的概念

套汇交易（Arbitrage Transaction）是指交易者利用同一时间、不同地点两种相同货币汇率的不一致，以低价买入同时以高价卖出某种货币以获取利润的一种外汇交易。套汇又称地点套汇。

（二）套汇的方式

套汇的方式有两种：直接套汇和间接套汇。

1. 直接套汇

所谓直接套汇，是指利用同一时间两个外汇市场之间存在的汇率差进行套汇。它也称为双边套汇。套汇的核心就是做到贱买贵卖，赚取汇率差价。直接套汇是一种简单的套汇形式，它能清楚地表明哪一市场上的货币价格高，哪一市场上的货币价格低，这样很容易判断有无套汇机会并可确定交易方向。

做一做

（1）某日纽约外汇市场上的汇率为 1 美元＝1.133 5 欧元，同时法兰克福外汇市场上 1 美元＝1.123 5 欧元，如何进行套汇？

分析：两地外汇市场上美元与欧元的汇率不一致，存在套汇的机会。于是，就可以在纽约外汇市场卖出美元、买入欧元，同时在法兰克福外汇市场卖出欧元、买入美元，做到了贱买贵卖，只要付出 1 美元就可获得 0.010 0 欧元的套汇收入。

（2）在纽约市场，USD1＝CHF1.905 5/65，在法兰克福市场，USD1＝CHF1.908 0/90，如何进行套汇？

分析：很显然，纽约市场美元汇价低于法兰克福美元的汇价，因此可同时在纽约市场买进美元、卖出瑞士法郎，在法兰克福市场卖出美元、买进瑞士法郎。每买卖 1 美元可获得 0.001 5 瑞士法郎（1.908 0−1.906 5）差价收入：1.906 5 是纽约市场美元的卖出价，亦为套汇者买进美元的买入价；1.908 0 是法兰克福市场美元的买入价，亦即套汇者卖出美元的卖出价。如以 2 000 万美元进行套汇，可获利 30 000 瑞士法郎（未扣各项成本费用）。这种套汇活动可一直进行下去，直到两市场汇率差异消失或极其接近为止。

2. 间接套汇

所谓间接套汇，是指利用同一时间至少三个外汇市场上的汇率差进行贱买贵卖，从中赚取汇率差的行为。间接套汇中最简单的是三地套汇，三地套汇也称三角套汇。

判断三个外汇市场或三个以上外汇市场之间有无套汇机会，比较复杂。一个较简单的判断方法是：将三个或更多个外汇市场上的汇率按同一种标价法即直接标价法或间接标价法列出，把它们依次连乘，如果乘积为 1，说明没有套汇机会；如果乘积不为 1，说明有套汇机会。

做一做

假设：纽约市场　　1 美元＝1.133 5 欧元

　　　巴黎市场　　1 英镑＝1.517 4 欧元

　　　伦敦市场　　1 英镑＝1.720 0 美元

判断上述情况下有无套汇机会，若有，应如何进行套汇？

分析：首先把巴黎市场也变为间接标价法，即 1 欧元＝0.659 0 英镑，然后三地市场的汇率依次相乘得：1.133 5×0.659 0×1.720 0＝1.284 8，此时有套汇机会。

四、套利交易

套利交易（Interest Arbitrage）也称利息套汇，是指两个不同国家的金融市场短期利率高低不同时，投资者将资金从利率较低的国家调往利率较高的国家，以赚取利差收益的外汇交易。套利分为两类：不抛补套利和抛补套利。

（一）不抛补套利

不抛补套利是指资金持有者利用两个不同金融市场上短期利率的差异，将资金从利率较低的国家调往利率较高的国家，以赚取利差的一种外汇交易。这种套利形式适用于汇率比较稳定的情况。

例如：假设日本市场年利率为3%，美国市场年利率为6%，美元/日元的即期汇率为110.00，为谋取利差收益，一日本投资者欲将1.1亿日元转到美国投资一年，如果一年后美元/日元的市场汇率为105.00，请比较该投资者进行套利和不进行套利的收益情况。

（1）套利：

1.1亿日元折合美元　　　　11 000万÷110=100万（美元）

1年后美元投资本利和　　　100万×(1+6%)×1=106万（美元）

106万美元折合日元　　　　106万×105.00=11 130万（日元）

（2）不套利：

1年后日元投资本利和　　　1.1亿×(1+3%)×1=11 330万（日元）

11 130万-11 330万=-200万（日元）

套利比不套利少收入200万日元。

（二）抛补套利

抛补套利是指为了防止外汇在投资期间的汇率变动风险，在进行套利交易的同时进行掉期抛补以防范外汇风险的一种交易。

如上例中，假设美元/日元一年期的远期汇率为107.00/50，若日本投资者利用近期交易来抵补套利，请比较该投资者套利与不套利的收益情况。

（1）套利：

卖1.1亿日元现汇收　　　　1.1亿÷110.00=100万（美元）

在美国投资1年的本利和　100万×(1+6%)=106万（美元）

卖106万美元期汇，预收　106万×107.00=11 342万（日元）

（2）不套利：

在日本投资1年后的本利和　1.1亿×(1+3%)=11 330万（日元）

11 342万-11 330万=12万（日元）

套利比不套利可多收入12万日元。

做一做

英国短期市场的存款利率为年息8%，美国的利率为年息10%，英国一套利者有100 000英镑，他将如何进行套利活动？

分析：套利者将100 000英镑存入伦敦的银行6个月，到期利息为4 000（100 000×8%×6/12）英镑，本息和为104 000英镑。如果当时外汇行市为GBP1＝USD1.577 0～1.578 0，把100 000英镑兑换成157 700美元存在美国6个月，到期利息为7 885（157 700×10%×6/12）美元，本息和为165 585美元。假定6个月到期时，汇率仍无变化，那么165 585美元汇回英国可得104 933.46（165 585÷1.578 0）英镑，比存放在英国产生的利息多933.46（104 933.46－104 000）英镑。

在浮动汇率制度下，进行这种不抛补套利交易要冒汇率波动的风险。假设上例6个月到期时，英镑汇率升至1英镑兑1.621 0美元，那么在美国的存款本息165 585美元汇回英国仅有102 149.91（165 585÷1.621 0）英镑，比存在英国少得利息1 850.09（102 149.91－104 000）英镑，套利者遭受了损失。所以，不抛补套利常常是在相关货币汇率比较稳定的情况下进行的。

五、掉期交易

（一）掉期交易的概念

掉期交易（Swap Transaction）是指外汇交易者在外汇市场上买进（或卖出）某种外汇时，同时卖出（或买进）金额相等但期限不同的同一种外币的外汇交易活动。例如，以A货币兑换B货币，并约定未来某日再以B货币换回A货币。掉期交易的特点是：同时做买进和卖出，而且买进和卖出的货币相同、数量相等；一买一卖交易方向相反，但是交割日期不同。掉期交易最初是在银行同业之间进行的外汇交易过程中发展起来的，目的是使某种货币的净头寸在某一特定日期为零，以避免外汇风险，后来发展成具有独立运作价值的外汇交易活动。

（二）掉期交易的种类

掉期交易根据交割日的不同，可分为三种类型。

1. 即期对远期的掉期交易

这是外汇市场上最常见的掉期交易形式，它是指同时进行即期和远期的同种外汇、相同金额的交易，但两者交易方向相反。如果是买入某种即期外汇，那么就同时卖出该种外汇的远期；反之，如果在即期外汇市场上卖出，那么就在远期市场买入与即期交易金额相同、币种相同的外汇。例如，某企业从日本借入一笔一年期1亿日元的贷款，由于该企业需要从美国进口原材料加工生产，产成品销往美国，该公司进口付汇和出口收汇都是用美元计价，所以，该企业到中国银行申请即期卖出日元、买入美元的同时，为保证一年后有足够的日元偿还贷款和控制汇率风险，又续做了一笔远期买入日元、卖出美元的业务，从而达到固定成本、防范汇率风险的目的。

2. 即期对即期的掉期交易

它是指成交后第一笔在第一个营业日交割，另一笔在第二个营业日做反方向交割的一种交易。

3. 远期对远期的掉期交易

它是指对不同交割期限的期汇做币种相同、金额相同但交割方向相反的交易。例如，交易者买进 1 个月期的远期美元，同时卖出相同金额的 6 个月期的远期美元。

想一想

某公司向银行借入美元，期限 3 个月，要转换成欧元以进口德国货物，同时其预计 3 个月后会有一笔欧元收入，其担心借款期届满时美元升值，这时公司如何通过掉期交易保值避险？

分析： 先卖出即期美元、买入即期欧元用于进口，再卖出 3 个月期欧元、买回 3 个月期美元，用于还款。

做一做

某日泰国银行公布的即期外汇汇率为 1 美元＝25 泰铢，1 个月的远期汇率为 1 美元＝30 泰铢，泰铢贬值 20%。这时投机商应如何做一笔掉期交易以赚取利润？

分析： 投机商以即期汇率买入 1 亿美元，折合 25 亿泰铢，同时以远期汇率卖出 1 亿美元，折合 30 亿泰铢，到交割日投机商就会赚取 5 亿泰铢。该交易对投机商来说就是即期对远期的掉期交易。

拓展阅读

外汇交易简介

一、外汇交易系统

（一）路透社交易系统

路透社交易系统（Reuter Dealing System）是一个高速电脑系统，主要包括控制器、键盘、显示屏和打印机等，其操作十分简便。用户通过邮电部门将自己的终端机与路透交易机连接上后，交易员只需启动机器，通过键盘输入自己的终端密码，即可用键盘与对方银行联系。路透社交易系统是当前全世界使用最广泛的交易系统，参加路透社交易系统的银行达数千家，每家银行都有一个指定的英文代号。例如中国银行总行的代号为 BCDD。交易员若想与某家银行进行交易，在键盘上输入对方银行的代号，叫通后即可询问交易价格，并可与其还价。双方的交易过程全部显示在终端机的荧屏上，交易完毕后即可通过打印机打印出来。这种由路透终端输出的打印文件，是双方交易的唯一文字记录，因而也是最重要的交易合同和依据。路透社交易终端提供的服务主要包括以下方面。

1. 即时信息

遍布全球的路透社记者将即时的政治、财经、商品等各种信息汇集到路透社编辑中心，然后再输送到各地的路透终端上。用户只需在自己的键盘上敲出预定的代号，即可在屏幕上阅读信息。路透终端的信息内容十分丰富，共有7 000多个版面，如外汇交易常用的“各国国内利率版面”“国际利率版面”“外汇市场汇率版面”“各国经济版面”“商业动态和商品行情版面”“国际政治新闻版面”“国际金融版面”等。

2. 即时汇率行情

路透交易终端的即时汇率版面为交易员显示即时世界各大银行外汇买卖的参考价，该价格由参加路透社报价系统的银行通过终端输入，然后由电脑自动选择有价值的报价显示在屏幕上。用户只需要按下ASAP（As Soon As Possible）代号，屏幕上即可显示这些最新的汇价。值得注意的是，这些汇价只能作为参考价，不是市场交易的实际汇价。

3. 市场趋势分析

路透社交易系统中有许多高级的经济学家、银行家、金融专家和分析专家，他们负责每天撰写汇市评论和走势分析，然后输入路透电脑中心。用户可以利用键盘调出所需的内容。

4. 技术图表分析

路透社为客户提供图表终端机，利用图表终端机可以绘制出各种技术图表，以帮助用户进行技术分析。

5. 续做外汇买卖

通过路透交易机，交易员就可以和系统内的任何一家银行进行外汇交易。路透交易机以电话线连接，交易员交易时先输入自己终端的密码，再呼叫对方银行；接通后向对方询价，一旦合适即按动键盘达成交易；在此之后，再在打印机上自动打出交易“合约”。

（二）德励财经资讯系统

德励财经资讯系统（Telerate System）是1969年创设的电子化金融信息市场，它以即时同步方式，提供全球最新的经济和金融信息。德励财经终端资讯来自全世界各大交易中心、数千家外汇银行、经纪商、证券公司、研究机构等。

德励财经资讯系统的服务主要包括：汇价和经济新闻，提供汇率、利率、黄金、证券和期货等的即时同步报价，提供美联社的全球性新闻服务、评论和图表走势，提供1 900家银行及其他专门金融研究机构的市场分析。

除了上述两种交易系统外，美联社交易系统、美国的银行间清算所交付系统（CHIPS）和环球金融电讯网（SWIFT）也为全球众多外汇交易从业者提供相关服务。

二、外汇交易规则

国际外汇市场上的外汇交易能有条不紊地进行，主要依赖于外汇交易各方都严格遵守各种约定俗成的交易规则。主要的交易规则如下。

（一）使用美元报价法

除了美元对英镑、爱尔兰镑、澳大利亚元、新西兰元、欧元、南非兰特的汇率是以美元作为计价货币以外，美元对其他各种货币的汇率都是以美元作为标准货币。

（二）使用点数报价法

在外汇交易中，为提高交易效率，银行同业间的外汇买卖按惯例一般只报汇率的最后两位数。

（三）交易额通常以100万美元为单位

外汇交易中通常所说的一手为100万，交易额为100万的整数倍，如Five Dollar表示500万美元。如果交易额低于100万美元，应在询价时预先说明是小额，并报出具体交易金额。

（四）交易双方必须恪守信用

外汇交易中的共同遵守“一言为定”和“我的话就是合同”的惯例，即买卖一经成交就不得反悔，以电话录音、电传机打印的交易记录或路透社交易系统打印出来的文字记录为交易依据。

（五）采用简洁明了的规范化语言，即行话

外汇交易中采用规范化语言，举例如下：

TAKE	买进
BUY	买进
BID	买进
MINE	我方买进
CIVE	卖出
SELL	卖出
OFFER	卖出
YOURS	我方卖出
MARKET MEKER	报价行
I SELL YOU FIVE USD	我卖给你500万美元

单元三　衍生的外汇业务

课前思考

假设一家外贸企业在3个月后有一笔100万欧元的货款到账，目前欧元的价位为1.25美元，该公司担心3个月后欧元下跌，希望能将3个月后欧元货款兑换成美元的汇率锁定在1.25，该企业如何解决这个问题？

一、外汇期货交易

外汇期货交易（Exchange Future Transaction）是在有形的交易市场上，通过结算所的下属成员清算公司或经纪人，根据成交单位、交易时间标准化原则，按固定价格买卖远期外汇的一种业务。

（一）外汇期货交易的特点

1. 报价的独特性

外汇期货交易仅限于美元与另一种自由兑换货币的交易。其报价采取一个单位外币折合美元的形式。

2. 合约的标准性

以芝加哥国际货币市场（IMM）为例，每份外汇期货合约的标准金额分别为加元10万、日元1 250万、瑞士法郎12.5万、英镑2.5万；交割月份与交割日期也是标准的，必须是每年3、6、9、12月份的第三个星期的星期三。

3. 交易的公开性

外汇期货交易是在有组织的有形市场以公开竞争的方式进行的，价格和信息的公开性是其重要特点。

4. 交易的流动性

外汇期货交易通过买、卖合约的转让即对冲或平仓免除到期交割实物的义务（在现代期货交易中，95%以上的交易都通过对冲交易终止交割），大大提高了外汇期货市场的流动性。

5. 交易的投机性

外汇期货交易通过保证金制度，可以以较高的杠杆率控制交易合约金额，因此具有高投机性和风险性。

6. 参与者的广泛性

外汇期货交易采取每日结算制度，即获利者每日收盘将盈利划入其账户，亏损者超过最低保证金数额要及时追加，这种清算制度的安全性可允许众多中小机构甚至个人参与交易。

（二）外汇期货交易的经济功能

1. 转移汇率风险

外汇期货交易可通过套期保值将汇率风险转移到愿意承担风险、获取风险利润的投机者身上。

2. 避免信用风险

期货交易所的每日结算制度可使交易双方规避到期不能履行交割义务的信用风险。

3. 形成市场价格

期货交易所通过集中交易、公开竞价方式可以形成统一、公正的市场价格，充分反映市场的真实供求状况和预期走势，可为生产者、经营者提供可靠的决策依据。

4. 提供大量信息

期货交易既是生产经营者套期保值、防范风险的手段，又是投机者高风险获利的工具，因此，期货市场汇集了大量的经济信息，形成了信息资源挖掘、搜集、整理及顺畅流动的有效系统。

5. 提高交易效率

期货交易市场集中买卖双方于一地，通过标准化的交易方式，降低了交易成本，提高了市场的效率。

相关链接

表 3-2　外汇期货与远期外汇的不同点

不同点	外汇期货	远期外汇
买卖双方的合同与责任关系不同	买方或卖方各与期货市场的结算所签有 Futures Contract，买方或卖方与结算所具有合同责任关系，但买卖双方无直接合同责任关系	买卖双方签有 Forward Contract，买卖双方（顾客和银行）具有合同责任关系
在买卖远期外汇有无统一的标准化规定方面有所不同	货币期货市场对买卖货币期货的成交单位、价格、交割期限、交割地点均有统一的、标准化的规定，按规定的原则买卖，不得逾越，也不能灵活掌握	买卖远期外汇的成交单位、价格、交割期限、交割地点均无统一规定，买卖双方可自由议定
是否收取手续费不同	每一标准合同，结算所收取一定的手续费	银行一般不收手续费
实现交易的场所与方式不同	在具体市场中成交，市场上公开叫喊（Public Outcry）为实现交易的主要方式	无具体市场，通过银行的柜台业务进行；电传、电话为实现交易的主要方式
报价内容不同	买方或卖方只报出一种价格，买方只报买价，卖方只报卖价	买方或卖方报出两种价格，既报出买价，又报出卖价
是否直接成交与收取佣金不同	通过经纪人收取佣金	一般不通过经纪人，不收取佣金
是否最后交割不同	一般不最后交割，根据“以卖冲买”或“以买冲卖”的原则冲销合同	大多数最后交割

（三）外汇期货的参与者

参与外汇期货交易的人，主要是工商企业、金融机构或个人。根据参与外汇期货交易的目的，可以将这些外汇期货的参与者归类为套期保值者和投机者。套期保值者主要是为了对手中现存的外汇或将要收付的外汇债权债务进行保值；投机者主要是为了从外汇期货交易中获利，若外汇期货价格与投机者预测的方向一致，则投机者有盈利，反之则要亏损。

套期保值者和投机者都是期货市场不可或缺的组成部分：没有套期保值者，期货市场就不会产生；没有众多投机者，市场就会缺乏流动性，套期保值者也无法有效地实现保值的目的。在现代西方发达的期货市场中，至少有 80%以上的交易者是投机者。

（四）外汇期货交易操作

1. 外汇期货套期保值交易

外汇期货套期保值交易是利用外汇现货市场价格与期货市场价格同方向、同幅度变动的特点，在外汇现货市场与期货市场做方向相反、金额相等的两笔交易（对冲交易），以便对持有的外币债权或债务进行保值。外汇期货套期保值可分为卖方保值和买方保值两种。

（1）出口商利用外汇期货交易达到避险保值目的。例如，我国某出口公司8月2日装船发货，收到9月1日到期的100万英镑远期汇票，该公司由于担心英镑到期时对美元汇价下跌，带来外汇风险，于8月2日在外汇期货市场进行保值交易。详见表3-3。

表3-3　外汇期货交易保值表

现货市场	期货市场
8月2日收入（买入）英镑汇票100万 GBP1＝USD1.490 0 9月1日收入英镑现汇并折成美元 GBP1＝USD1.460 0	8月2日卖出100万英镑期货合同共40（100÷2.5）份 GBP1＝ USD 1.484 0 9月1日买进40份英镑期货合同 GBP1＝ USD 1.454 0
亏损100×（1.49－1.46）＝3万（美元）	盈利100×（1.484 0－1.454 0）＝3万（美元）

（2）进口商利用外汇期货交易达到避险保值目的。例如，我国某进口公司12月10日预计来年3月10日以美元存款兑付200万瑞士法郎的进口货款，由于担心瑞士法郎升值带来外汇风险，进行外汇期货交易保值。详见表3-4。

表3-4　外汇期货交易保值表

现货市场	期货市场
12月10日预计3个月后支付200万瑞士法郎 CHF1＝ USD 0.537 0 来年3月10日用美元买进200万瑞士法郎 CHF1＝ USD 0.541 6	12月10日买进16份瑞士法郎期货合同 CHF1＝ USD 0.534 0 来年3月10日卖出16份瑞士法郎期货合同 CHF1＝ USD 0.538 6
亏损200×（0.541 6－0.537 0）＝9 200（美元）	盈利200×（0.538 6－0.534 0）＝9 200（美元）

2. 外汇期货投机交易

例如，某外汇投机商3月1日预测瑞士法郎对美元的汇率将上升，于是他在当天购进10份12月某日交割的瑞士法郎期货合约，为此他必须交付保证金15 000美元（在IMM市场每份瑞士法郎期货合约的原始保证金为1 500美元）。到了4月5日，瑞士法郎果然升值，于是他迅速抛出10份瑞士法郎期货合约，获得了丰厚的投机利润。详见表3-5。

表3-5　外汇期货投机保值表

期货市场
3月1日买进10份瑞士法郎期货合同（12月交割） CHF1＝USD0.600 3 4月5日卖出10份瑞士法郎期货合同（12月交割） CHF1＝USD0.623 4
盈利125 000×10×（0.623 4－0.600 3）＝28 875（美元）
利润率$\frac{28\ 875}{15\ 000}\times 100\%\approx 193\%$

拓展阅读

客户参与期货交易的一般过程：

(1) 期货交易者在经纪公司办开户手续，包括签署一份授权经纪公司代为买卖合同及缴付手续费的授权书，经纪公司获此授权后，就可根据该合同的条款，按照客户的指示办理期货的买卖。

(2) 经纪人接到客户的订单后，立即用电话、电传或其他方法迅速通知经纪公司驻交易所的代表。

(3) 经纪公司交易代表将收到的订单打上时间图章，即送至交易大厅内的出市代表。

(4) 场内出市代表将客户的指令输入计算机进行交易。

(5) 每一笔交易完成后，场内出市代表须将交易记录通知场外经纪人并通知客户。

(6) 当客户要求将期货合约平仓时，要立即通知经纪人，由经纪人用电话通知驻交易所的交易代表，通过场内出市代表将该笔期货合约进行对冲，同时通过交易电脑进行清算，并由经纪人将对冲后的纯利或亏损报表寄给客户。

(7) 如客户在短期内不平仓，一般在每天或每周按当天交易所结算价格结算一次。如账面出现亏损，客户需要暂时补交亏损差额；如有账面盈余，即由经纪公司补交盈利差额给客户。直到客户平仓时，再结算实际盈亏额。

二、外汇期权交易

（一）外汇期权交易的概念及合同内容

1. 外汇期权交易的概念

外汇期权交易是合同买方付出保险费，获得以协定价格买卖某种约定数量的货币或放弃这种买卖权利，而合同的卖方获得保险费，承担汇价波动风险的交易。

外汇期权交易对合同买方的益处是：(1) 在汇价不利时，以预先约定的价格买卖外汇可以保值、转嫁风险（类似远期交易）；(2) 在汇价有利时，可放弃按协定价格交割的权利，按市场价格交割，使保值和盈利相结合，有相当的灵活性；(3) 表现为投资少，潜在收益大，即存在杠杆作用。外汇期权交易对合同卖方的益处是获得保险费收入。

例如，某家合资企业手中持有美元，并需要在一个月后用日元支付进口货款。为防止日元升值带来汇率风险，该公司向中国银行购买了一个美元看跌（Put）、日元看涨（Call）、期限为一个月的欧式期权。假如约定汇率为 1 美元＝110.00 日元，那么该公司则有权在将来期权到期时以 1 美元＝110.00 日元的价格向中国银行购买约定数额的日元。如果在期权到期时，市场即期汇率为 1 美元＝115.00 日元，那么该公司可以不执行期权，因为此时按市场上即期汇率购买日元更为有利。相反，如果在期权到期时，1 美元＝105.00 日元，那么该公司则可决定行使期权，要求中国银行以 1 美元＝110.00 日元的汇率将日元卖给他们。

外汇期权交易同远期外汇交易相比，对合同买方来说，最大的不利之处是成本较高

(付出保险费);对合同卖方来说,市场风险增大,当市场汇价对合同买方有利时,须承担风险和加强风险管理。

2. 外汇期权交易的合同内容

为使外汇期权能在交易所内以公开竞价方式进行交易,外汇期权交易要有标准化的合同,其内容如下:

(1) 报价。外汇期权交易的报价以一个外币等于多少美元表示。

(2) 履约价格。履约价格又称协定价格或合同价格,是合同中规定的交易双方未来行使期权买卖外汇的交割汇价。

(3) 合同到期月与到期日。外汇期权到期月与到期日由各交易所自行规定,如费城交易所固定为每年 3、6、9、12 月的第三个星期的星期三。

(4) 保险费 (Premium)。保险费又称期权费,是由买方支付给卖方,以取得履约选择权的费用。保险费通常有两种表示方法:一种以履约价格的百分比表示;一种以履约价格的百分比换算的每单位货币折合的美元数表示。如一笔履约价格为每英镑 1.92 美元的看涨期权,其期权费可标为 4%或每英镑 0.076 8 美元。

相关链接

外汇期权交易中的有关术语

平价:如果期权的履约价格(即合同价格)等于当时的即期汇率,称为即期-平价。如果履约价格等于当时对应的远期汇价,称为远期-平价。

折价:对于期权的持有者来说,当履约价格优于即期汇率时,即为即期-折价。远期-折价亦然。

溢价:对于期权的持有者来说,当履约价格不如即期汇率时,即为即期-溢价。

(二) 外汇期权价格的决定因素

1. 期权内在价值

期权内在价值是立即履行该期权合同所获取的利润。它取决于协定价格与市场价格之间的差额。其公式为:

看跌期权内在价值=期权金额×(协定价格－市场价格)

看涨期权内在价值=期权金额×(市场价格－协定价格)

2. 期权有效期

期权合同的有效期越长,汇价变动的可能性越大,期权卖方的风险越大,保险费则越高。

3. 期权买卖的供求

市场价格趋于上涨,买入看涨期权的客户增多,则看涨期权的保险费增加;市场价格趋跌,买入看跌期权的客户增多,则看跌期权保险费增加。

4. 货币的预期波动幅度

在外汇交易中较活跃的货币，汇价的预期波幅较大，保险费往往要求较高；反之，则越低。

5. 市场利率

利用期权交易可比远期外汇交易节省更多的资金（避免到期交割），因此市场利率越高，这部分被节省的资金利息收入越高，期权卖方有理由要求更高的保险费，反之则保险费较低。

（三）外汇期权的种类

1. 按期权买进或卖出的性质划分

外汇期权按买进或卖出的性质可分为看涨期权、看跌期权和双向期权。

（1）看涨期权（Call Option）又称买入期权，即期权买方预测未来某种外汇价格上涨，购买该种期权可获得在未来一定期限内以合同价格和数量购买该种外汇的权利。购买看涨期权既可以使在外汇价格上涨期间所负有的外汇债务得以保值，又可以在外汇价格上涨期间有权以较低价格（协定价格）买进该种外汇，同时以较高的价格（市场价格）抛出，从而获得丰厚的利润。

（2）看跌期权（Put Option）又称卖出期权，即期权买方预测未来某种外汇价格下跌，购买该种期权可获得在未来一定期限内以合同价格和数量卖出该种外汇的权利。购买看跌期权一方面可使在外汇价格下跌期间所持有的外汇债权得以保值，另一方面又可以在外汇价格下跌期间以较低的市场价格买入外汇、以较高的价格（协定价格）卖出外汇而获得丰厚的利润。

（3）双向期权（Double Option），购买这种期权可以使买方获得在未来一定期限内根据合同所确定的价格买进或卖出某种外汇的权利，即买方同时买进了看涨期权和看跌期权。买方之所以购买双向期权，是因为买方预测该种外汇未来市场价格将有较大波动，但波动的方向是涨是跌难以断定，所以只有既买看涨期权又买看跌期权，才能保证无论是涨是跌都有盈利的机会。卖方之所以会出售双向期权，是因为他预测未来市场价格变动的幅度不会太大，而双向期权的保险费要高于前者中的任何一种，故期权卖方愿意承担外汇波动的风险。

2. 按行使期权的有效日划分

按行使期权的有效日划分，外汇期权可分为欧式期权和美式期权。欧式期权的买方只能在到期日行使权利，而美式期权的买方可以在到期日前的任何一天随时履约。

3. 按外汇交易和期权交易的特点划分

按外汇交易和期权交易的特点，外汇期权可分为即期外汇期权、外汇期货期权及期货式期权三种。即期外汇期权（Options On Spot Exchange）是指期权买方有权在到期日或以前以协定价格买入或卖出一定数量的某种外汇现货。外汇期货期权交易（Options on Foreign Currency Future）是指期权买方有权在到期日或之前以协定的汇价购入或售出一定数量的某种外汇期货。期货式期权（Future-Style Options）是指交易双方以期货交易的方式根据期权价格的涨跌买进或卖出该种期权的交易。后两种期权交易都是利用期货市场进行期权交易，双方都要提交一定数额的保证金，在交易发生后，盈利的一方可提取保证金中超额的部分，而亏损的一方则要追加保证金，否则，期货交易所会强制平仓。

(四)外汇期权交易的操作

1. 买入看涨期权

我国某外贸公司3月1日预计3个月后用美元支付400万瑞士法郎进口货款，预测瑞士法郎汇价会有大幅波动，以货币期权交易保值。

已知：3月1日即期汇价 USD1＝CHF2.000 0

(IMM)协定价格 CHF1＝USD0.505 0

(IMM)保险费 CHF1＝USD0.0169 0

期权交易佣金占合同金额0.5%，采取欧式期权。

求：3个月后假设美元市场汇价分别为 USD1＝CHF1.700 0 与 USD1＝CHF2.300 00 两种情况，该公司各需支付多少美元?

分析：(1) 在 USD1＝CHF1.700 0 的情况下，若按市场汇价兑付，需支付$\frac{400\text{万}}{1.700\ 0}=$235.29万美元，但因做了期权买入交易，可以按协定价格买进400万瑞士法郎，这样该公司在 USD1＝CHF1.700 0 的市场汇价情况下，支付的美元总额为：

$$(400\text{万}\times 0.505\ 0)+(400\text{万}\times 0.016\ 9)+\frac{400\text{万}\times 0.5\%}{2}$$

$$=202\text{万美元}+6.76\text{万}+1\text{万}$$

$$=209.76\text{万}$$

(2) 在 USD1＝CHF2.300 的情况下，若按市场汇价兑付，仅支付$\frac{400\text{万}}{2.300}=173.9$万美元，远小于按协定价格支付的202(400×0.505 0)万美元，所以该公司放弃期权，让合约自动过期失效，按市场汇价买进瑞士法郎，支付的美元总额为：

173.9万＋7.76万＝181.66万

2. 买入看跌期权

我国某外贸公司向英国出口商品，1月20日装船发货，收到价值100万英镑的3个月远期汇票，担心到期结汇时英镑对美元汇价下跌，减少美元创汇收入，以外汇期权交易保值。

已知：1月20日即期汇价 GBP1＝USD1.486 5

(IMM)协定价格 GBP1＝ USD 1.495 0

(IMM)保险费 GBP1＝ USD 0.021 2

佣金占合同金额0.5%，采用欧式期权。

求：3个月后在英镑对美元汇价分别为 GBP1＝ USD 1.400 0 与 GBP1＝ USD 1.600 0 的情况下，该公司各收入多少美元?

分析：(1) 在 GBP1＝ USD 1.400 0 的情况下，若按市场价格结汇，该公司只能收入140万美元，但因做了期权交易，可以按协定价格卖出100万英镑，得149.5万美元，再扣除做期权交易所付的保险费与佣金，收入的美元总额为：

149.5万美元－(100万英镑×0.021 2＋100万英镑×0.5%×1.486 5)

＝149.5万美元－2.12万美元－0.74美元＝146.64万美元

(2) 在 GBP1＝ USD 1.600 0 的情况下，因市场汇价对该公司有利，该公司可以放弃期权，让其自动过期失效，按市场价格卖出100万英镑，买入美元，所得美元总收入为：

160 万美元－2.12 万美元－0.74 万美元＝157.14 万美元

3. 买入双向期权

我国某公司根据国际政治经济形势预测 1 个月内美元对日元汇价会有较大波动，但变动方向难以确定，因此决定购买 100 个日元双向期权合同做外汇投机交易。

已知：即期汇价 USD 1＝JPY110

协定价格 JPY 1＝ USD 0.008 929

期权费 JPY 1＝ USD 0.000 268

佣金占合同金额的 0.5%。

求：在市场汇价分别为 USD 1＝ JPY 100 和 USD 1＝ JPY 125 两种情况下，该公司的外汇投机各获利多少?

分析：(1) 在 USD 1＝ JPY 100 的情况下，该公司可按协定价格行使买入期权，可盈利：

$$125\ 000\times(0.01-0.008\ 929)-125\ 000\times0.000\ 268-\frac{125\ 000\times0.5\%}{110}$$

＝137.5 万美元－33.5 万美元－5.68 万美元

＝98.32 万美元

(2) 在 USD 1＝ JPY 125 的情况下，该公司可按协定价格行使卖出期权，可盈利：

$$125\ 000\times\left(0.008\ 929-\frac{1}{125}\right)-125\ 000\times0.000\ 268-\frac{125\ 000\times0.5\%}{110}$$

＝116.13 万美元－33.5 万美元－5.68 万美元

＝76.95 万美元

相关链接

期权交易与期货交易的区别

一、买卖双方权利义务不同

期货交易的风险收益具有对称性。期货合约的双方都被赋予了相应的权利和义务。如果想免除到期时履行期货合约的义务，必须在合约交割期到来之前进行对冲，而且双方的权利义务只能在交割期到来时才能行使。

而期权交易的风险收益具有非对称性。期权合约赋予买方享有在合约有效期内买进或卖出的权利。也就是说，当买方认为市场价格对自己有利时，就行使其权利，要求卖方履行合约。当买方认为市场价格对自己不利时，可以放弃权利，而不需征求期权卖方的意见，其损失不过是购买期权预先支付的一小笔期权费。由此可见，期权合约对买方是非强迫性的，而对期权卖方具有强迫性。在美式期权中，期权的买方可在期权合约有效期内任何一个交易日要求卖方履行期权合约，而在欧式期权交易中，买方只有在期权合约履行日期到来时，才能要求卖方履行期权合约。

二、交易内容不同

在交易的内容上，期货交易是在未来远期支付一定数量和等级的实物商品的标准化合约，而期权交易的是权利，即在未来某一段时间内按敲定的价格买卖某种标的物的权利。

三、交割价格不同

期货到期交割的价格是竞价形成的，这个价格的形成来自市场上所有参与者对该合约标的物到期日价格的预期，交易各方注意的焦点就在这个预期价格上；而期权到期交割的价格在期权合约推出上市时就按规定敲定，不易更改，是合约的一个常量，标准化合约的唯一变量是期权费，交易双方注意的焦点就在这个期权费上。

四、保证金规定不同

在期货交易中，买卖双方都要缴纳一定的履约保证金；在期权交易中，买方不需要缴纳保证金，因为其最大风险是期权费，所以只需要缴纳期权费，但卖方必须存入一笔保证金，必要时须追加保证金。

五、价格风险不同

在期货交易中，交易双方所承担的价格风险是无限的。在期权交易中，期权买方的亏损是有限的，亏损不会超过期权费，而盈利则可能是无限的（在购买看涨期权的情况下），也可能是有限的（在购买看跌期权的情况下）。期权卖方的亏损可能是无限的（在出售看涨期权的情况下），也可能是有限的（在出售看跌期权的情况下）；盈利则是有限的，仅以期权买方所支付的期权费为限。

六、获利机会不同

在期货交易中，做套期保值就意味着保值者放弃了当市场价格出现对自己有利时获利的机会，做投机交易则意味着既可获厚利又可能损失惨重。但在期权交易中，由于期权的买方可以行使其买进或卖出期货合约的权利，也可放弃这一权利，所以，对买方来说，做期权交易的盈利机会就比较大，如果在套期保值交易和投机交易中配合使用期权交易，无疑会增加盈利的机会。

七、交割方式不同

期货交易的商品或资产，除非在未到期前卖掉期货合约，否则到期必须交割；期权交易在到期日可以不交割，致使期权合约过期作废。

八、标的物交割价格决定不同

在期货合约中，标的物的交割价格（即期货价格）由于市场的供需双方力量强弱不定而随时在变化。在期权合约中，标的物的敲定价格则由交易所决定、交易者选择。

九、合约种类数不同

期货价格由市场决定，在任一时间仅能有一种期货价格，故在创造合约种类时仅有交割月份的变化；期权的敲定价格虽由交易所决定，但在任一时间可能有多种不同敲定价格的合约存在，再搭配不同的交割月份，便可产生数倍于期货合约种类数的期权合约。

知识要点

外汇市场是指外汇买卖主体从事外汇交易的交易系统。国际外汇市场的特征表现在：(1) 国际外汇市场一般分布于世界各主要金融中心。(2) 国际外汇市场是一个高度一体化的市场。(3) 国际外汇市场上的交易币种具有集中性。(4) 国际外汇市场具有不间歇性。根据外汇市场的构成因素和业务特点，我们可以从不同角度对外汇市场进行分类。世界主要外汇市场有伦敦、纽约、苏黎世、东京、新加坡、香港、洛杉矶、巴黎、法兰克福、阿姆斯特丹和巴林等。外汇市场的基本内容包括外汇市场的需求和外汇市场的供给。传统的外汇业务包括即期外汇交易、远期外汇交易、套汇交易、套利交易、掉期交易。衍生的外汇业务包括外汇期货交易和外汇期权交易。

问题讨论

要求：张先生是一名资深的外汇交易员，在出国以前他一直活跃于中国的证券市场，曾创造了连续13天推荐股票名列隔日涨幅榜第一的纪录。他2000年开始征战外汇市场，中间历经坎坎坷坷、跌宕起伏，但终于找到了一条适合自己的交易之路，在2003年5月份的11次交易中全部胜出。他的交易心得也影响了很多的投资者。富源外汇模拟大赛5月份的冠军选手就主要使用张先生的交易理念，配合系统交易方法，在1个月的时间内由初始资金5万元暴涨到35万元。分析张先生会有哪些交易理念和交易方法。

活动安排：分组讨论，各组派代表上台发言。

达标检测

一、基本概念

外汇市场　　即期外汇交易　　远期外汇交易　　外汇期货交易　　外汇期权交易

二、填空题

1. 按市场组织形式的不同，外汇市场可划分为（　　）和（　　）。

2. 按政府对市场交易干预程度的不同，外汇市场可划分为（　　）、（　　）和（　　）。

3. 世界主要外汇市场有（　　）、（　　）、（　　）、（　　）、（　　）等。

4. 即期外汇交割的方式通常有三种：（　　）、（　　）、（　　）。

5. 掉期交易根据交割日的不同有三种类型：（　　）、（　　）、（　　）。

6. 套汇的方式有两种：（　　）、（　　）。

三、判断题

1. 看跌期权是指交易者在有效期内按合约规定的汇价，向期权出售者卖出或放弃卖出一定数量的外汇期权的权利。（　　）

2. 外汇市场上银行与客户之间的外汇交易也称批发市场。（　　）

3. 所谓直接套汇，是指利用同一时间至少三个外汇市场上的汇率差，进行贱买贵卖，从中赚取汇率差的行为。（　　）

4. 欧式期权的买方只能在到期日行使权利，美式期权的买方可以在到期日前的任何一天随时履约。（　　）

5. 不抛补套利是指资金持有者利用两个不同金融市场上短期利率的差异，将资金从利率较低的国家调往利率较高的国家，以赚取利差的一种外汇交易。这种套利形式适用于

汇率波动大的情况。 （　　）

四、简答题

1. 简要说明我国外汇市场的交易层次。

2. 试述外汇市场的概念及特点。

3. 简述外汇交易的方式。

4. 试述在进出口贸易中如何利用外汇交易方式。

五、技能训练

1. 苏黎世外汇市场上，某外汇投机者预测 3 个月后美元汇率将会上涨。当时，苏黎世外汇市场上美元 3 个月期汇汇率为：USD1＝CHF1.655 0，投机者如何利用远期交易赚取投机利润？

2. 在纽约外汇市场，某外汇投机者预测 3 个月后美元汇率将会下跌。当时，纽约外汇市场上美元 3 个月期汇汇率为：USD1＝HKD5.790 0，投机者如何利用远期交易赚取投机利润？

3. 假设在某月某日某一时刻，某外汇市场的外汇行情如下：

纽约市场　　1 美元＝1.333 5 欧元
巴黎市场　　1 英镑＝1.859 6 欧元
伦敦市场　　1 英镑＝1.654 3 美元

上述情况下有无套汇机会？若有，应如何进行套汇？

4. 美国的某一跨国公司设在英国的分支机构急需 250 万英镑现汇支付当期费用，此时美国的跨国公司正好有一笔闲置资金，于是在 3 月 12 日向其分支机构汇去了 250 万英镑，其分支机构 3 个月后偿还，当日的即期汇率为 GBP1＝USD1.579 0/1.580 6，远期 3 个月的汇率为 GBP1＝USD1.580 0/1.579 3。为了避免汇率变动带来风险，美国的这家跨国公司便在外汇期货市场上做英镑空头套期保值业务。试分析其交易过程。

模块四

国际收支

案例导入

2013 年上半年，全球经济继续缓慢复苏，新兴经济体下行风险加大，部分国家量化宽松货币政策退出预期等导致国际金融市场重现动荡，新兴经济体面临资本流出和货币贬值压力。我国经济运行总体平稳，主要经济指标仍处于预期的合理区间。2013 年上半年，我国涉外经济继续平稳发展，国际收支交易总规模同比增长 5%，经常项目、资本和金融项目继续呈现“双顺差”。其中，经常项目顺差与同期 GDP 之比为 2.5%，仍保持在国际认可的合理范围之内；资本和金融项目总体净流入，但变化较大，上半年累计净流入 1 187亿美元，其中第一季度延续了 2012 年底以来的跨境资金较快净流入，顺差同比增长六成，第二季度顺差随着国内外经济金融环境的变化和相关政策措施的实施而明显收窄。下半年，我国货物贸易、直接投资项目仍将维持顺差，但在国内外仍存在诸多不确定、不稳定因素的情况下，跨境资本流动将继续呈现较大振荡，国际收支顺差可能进一步增加，也可能面临阶段性资本流出压力。下一阶段，我国将更加注重统筹稳增长、调结构和促改革的关系，外汇管理部门将坚持稳中求进、深化改革、简政放权、防范风险，切实提升外汇管理支持经济结构调整和转型升级的水平。

学习目标

一国的国际收支是否平衡，不但对其国内经济的运转与发展有重要的影响，而且对其货币汇率与对外经济政策也有重要的影响，从而影响着国际贸易与国际资金往来。因此，通过本模块的学习，你应该达到以下目标：

（1）了解国际收支的概念。

（2）理解国际收支平衡表的内容和国际收支失衡对经济的影响。

（3）领会国际收支失衡的原因和调节措施。
（4）掌握国际收支平衡表的编制方法。
（5）具备分析国际收支平衡表的能力。

单元一 国际收支与国际收支平衡表

课前思考

中国某进出口公司从日本进口计算机，货款100万美元，请问该项交易分别在日本和中国的国际收支平衡表中如何计入？

一、国际收支的概念

随着国际经济交易（International Economic Transactions，IET）的发展，第一次世界大战以后，国际收支被解释为一国（或地区）在一定时期内（通常为一年）的外汇收支。按照这样的解释，凡在一定时期内涉及外汇收支的国际经济交易，都属于国际收支范畴。显然，这个概念是建立在收支基础（或者说现金基础）上的。这是人们通常所说的狭义的国际收支（Balance of Payments）。

第二次世界大战以后，由于国际经济交易的内容和方式都有很大的变化与发展，诸如政府的无偿援助、私人赠与、易货贸易、记账贸易、补偿贸易等不涉及外汇收支的国际经济交易，侨汇等无偿性质的资金转移，以及资本的大规模国际流动等，使国际收支的内容更加丰富了。于是，世界各国便广泛采用广义的国际收支概念，亦即国际货币基金组织（International Monetary Fund，IMF）所制定的概念。这个概念是：在一定时期内，一国居民（Resident）与非居民（Nonresident）之间经济交易的系统记录。要正确把握这个概念，必须领会以下内容。

（一）它强调居民与非居民之间的经济交易

何谓经济交易？它是经济价值从当事的一方向另一方的转移。经济价值的载体和代表是商品、劳务和金融资产（Financial Assets）。因此，经济价值在两个当事者间的转移，实际上也就是商品、劳务和金融资产在两个当事者间的转移。如果当事者的一方为居民，另一方为非居民，这样的转移便是国际经济交易。

相关链接

居住地的不同，是划分居民与非居民的依据。然而，区分居住地，并不以国籍或法律为标准，而是以交易者的经济利益中心（Center of Economic Interest）所在地，亦即从事生产、消费等经济活动和交易的所在地，作为划分的标准。IMF规定，从事这些经济活动和交易的期限须在一年以上。按照经济利益中心所在地划分居民与非居民的原则，企业、非营利机构和政府等法人属所在国居民。至于自然人，无论其国籍如何，只要他（她）在所在国从事一年以上的经济活动与交易，就是所在国居民；否则，即为非居民。IMF规定，受雇在本国驻外使领馆工作的外交人员属于他们本国的居民，是驻在国的非居民；相反，受雇在外国使领馆工作的雇员则属本国居民。IMF规定，联合国、国际货币基金组织等国际机构及其代表处，对任何国家来说，都是非居民。

（二）关于国际经济交易的内容与特性

一国国际经济交易的内容可分为五种类型：（1）商品、劳务与商品、劳务间的交换，即易货贸易；（2）金融资产与商品、劳务的交换，即商品、劳务的买卖；（3）金融资产与金融资产的交换；（4）商品、劳务由一方向另一方的无偿转移；（5）金融资产由一方向另一方的无偿转移。前三种经济交易，都是一方向另一方提供一定数量的经济价值并从对方得到价值相等的回报，这在本质上是交换。但是，后两种经济交易却是一方向另一方提供了经济价值而并未得到补偿与回报，这在本质上是无偿转移。在这五种国际经济交易中，既包括有外汇收支的经济交易，也包括没有外汇收支的经济交易，如易货贸易、清算协定下的记账贸易等。因此，第二次世界大战后的国际收支概念不再以收支（现金）为基础，而以交易为基础。

（三）国际经济交易的统计以所有权的变更日期为准

一项国际经济交易可能有若干个日期，如：签约日期，商品、劳务和金融资产所有权变更的日期，支付日期等。按照IMF的规定，登录国际收支平衡表时，应以商品、劳务和金融资产所有权变更的日期为准。

（四）国际收支是个流量的概念

国际收支亦即一国在一定时期内发生的所有对外经济交易的总和，这个“一定时期”即为报告期。国际收支不同于作为存量概念的国际借贷，国际借贷是指一个国家在一定日期对外债权债务的综合情况。国际债权债务在一定时期内必须进行清算和结算，此过程一定涉及国际货币收支问题，债权国要在收入货币后了结债权关系，而债务国要用支付货币来清偿债务，这就是国际收支问题，所以国际收支是表示一个国家在一定时期内对外货币收支的综合情况，是一个流量概念。因此，这两个概念是有区别的，但它们之间又是密切相关的，因为有了国际借贷才会产生国际收支，国际借贷是国际收支的原因，国际收支是国际借贷的结果。

二、国际收支平衡表

（一）国际收支平衡表的概念

国际收支平衡表也称国际收支差额表，是系统地记录一国在一定时期内（一年、半年、一季或一月）各种国际经济交易项目及其金额的一种统计报表。它综合反映了一国国际收支的具体构成及全貌，其中既包括由纯粹经济交易引起的货币收支，也包括其他方面的货币收支。它运用货币计量单位，以简明的表格形式总括地反映一个国家在一定时期内对外经济活动的基本情况。

（二）国际收支平衡表的编制原则与记账方法

国际收支平衡表是按照会计学的复式簿记的原理编制的，即以借、贷作为记账符号，以“有借必有贷，借贷必相等”来记录每一笔国际经济交易。一切收入项目或负债增加、资产减少的项目都列为贷方，或称正号项目；一切支出项目或资产增加、负债减少的项目都列为借方，或称负号项目。例如，某出口商出口了一批商品，并得到了相应数额的美元汇票，在该出口商所在国的国际收支平衡表上，货物项下出现了一笔外汇收入，而金融账户将出现相应数额的外汇支出（例如，该出口商将这笔外汇存入美国银行或购买美国的政府债券）。在记账时，凡引起本国外汇收入的项目均记入贷方，凡引起本国外汇支出的项目均记入借方。

想一想

美国向日本出口价值为 100 000 美元的商品，日本以其在美国的银行存款支付货款。这笔国际经济交易中美国如何进行记账？

分析：美国的记账方法是：美国向日本出口商品，会引起美国的美元收入，应在商品输出项下记入贷方 100 000 美元；与此同时，日本在美国的银行存款减少，意味着美国的对外负债减少，还应在银行存款项下借记 100 000 美元。

每笔经济交易同时分记有关的借贷两方，金额相等。因此，原则上，国际收支平衡表全部项目的借方总额与贷方总额总是相等的，其净差额为零。但国际收支平衡表每一具体项目的借方和贷方是经常不相等的，即收支相抵后总是出现一定的差额，如贸易差额、劳务差额等。这种差额称为局部差额。如果收入大于支出，出现盈余时，称为顺差，可在顺差之前冠以“+”号（也可省略）；反之，如果支出大于收入，出现亏损时，称为逆差，应在逆差之前冠以“-”号。各项局部差额的合计就是国际收支总差额，称为国际收支顺差或国际收支逆差，也称国际收支盈余或国际收支赤字。

（三）国际收支平衡表的主要内容

国际收支平衡的主要项目，构成了国际收支平衡表的主要内容。多数国家把国际收支平衡表的主要项目归为以下三大类。

1. 经常项目

经常项目是本国与国外进行经济交易时经常发生并在整个国际收支总额中占有重要比重与地位的项目。经常项目又称“商品与劳务项目”，由贸易收支、劳务收支、转移收支三个主要项目构成。

（1）贸易收支是指进出口商品发生的收支。由于输出或输入的商品是看得见、摸得着的实物，所以贸易收支又称“有形贸易收支”。贸易收支既是经常项目中最重要的项目，也是整个国际收支表中最重要的项目，其收支数额及其差额的多少对整个经常项目差额和国际收支总差额的状况影响极大。按照国际货币基金组织的规定，商品的进口与出口均以海关统计为准，并且都应按照离岸价格（FOB）计算。但在海关统计中，习惯以离岸价格计算出口商品价格，而以到岸价格（CIF）计算进口商品价格。大多数国家在国际贸易统计中也习惯如此。因此，在国际收支平衡表中记录进口商品的支出时，应把到岸价格的运费、保险费等一切抵达其口岸之前的费用予以扣除，换算成离岸价格，并把运费、保险费等国外发生的费用分别列入劳务收支项目中。

（2）劳务收支是指一国对外提供或接受劳务所发生的收支。劳务收支包括运输、保险、旅游、港口服务等各种费用的收支，资本借贷或投资所引起的利息、股息或利润的收支，外交、文化交流以及广告、专利等项目引起的费用收支。劳务收支同国际进出口商品一样是价值的交换，但它不像商品交换那样看得见、摸得着，因此劳务收支又称“无形贸易收支”。

（3）转移收支是指与国外进行的没有对等回报、不需偿还的货币收入或支出。由于这种收支是单方面的，发生后不产生相应的偿还义务，所以也称为单方面转移或无偿转移。转移收支包括商品、劳务、现金等的单方面转移，分为私人转移与政府转移两类。私人转移包括侨民汇款、钱物赠与、年金等；政府转移包括赠与、捐款、经济援助、军事援助、战争赔款等。

2. 资本项目

资本项目是本国与国外进行资本输出或输入的项目。资本项目所反映的是以货币表示的债权债务在国际的变动。第二次世界大战以后，主要西方国家的资本移动规模越来越大，资本项目在国际收支中所占的地位也日益重要。当美国人把资产卖给外国人或者向外国人借款时，就形成了外国对美国的支付，或者说资本的流入；当美国人购买外国资产或者贷款给外国人时，就形成了美国对外国的支付，或者说资本的流出。资本流入在资本项目中为外国在美国的资产增加，记入贷方；而资本流出在资本项目中为美国在国外资产的增加，记入借方并带有负号。资本项目分为长期资本和短期资本两类。

（1）长期资本是指借贷期限为一年以上的资本，分为政府长期资本和私人长期资本两类。政府长期资本包括政府间贷款（如一些发达国家的中央银行间的互惠贷款和西方发达国家对发展中国家的开发贷款）、政府投资（如购买外国政府发行的债券等）、向国际金融机构借款等；私人长期资本包括直接投资、证券投资、企业借贷等。

（2）短期资本是指借贷期限为一年或一年以下的资本，分为政府短期资本和私人短期资本两类。短期资本流动的原因与种类繁多，包括各国银行间的资金调拨与拆借、短期贸易资金融通与结算、外汇保值、利用货币危机或某些政治事件冲击外汇市场和黄金市场牟取暴利的外汇投机等资本流动。

想一想

短期资本流动的原因及对国际收支产生的影响有哪些？

3. 平衡项目

平衡项目是用来平衡经常项目与资本项目收支差额的项目，通常由净误差与遗漏、分配的特别提款权、官方储备等项目组成。

（1）净误差与遗漏。这是为了轧平国际收支平衡表中借方与贷方的总额而人为设立的一个平衡项目。从理论上讲，国际收支平衡表按复式记账原理编制，每笔交易分别记入借贷双方，数额相等，其结果应该总是平衡的。但是，由于国际收支统计数据来源不一、资料不全与错漏、统计或计算口径不同或差错以及一些其他原因，使得国际收支平衡表的借贷双方总额往往难以平衡，需要人为设置这一平衡项目加以平衡。

(2) 分配的特别提款权（Special Drawing Rights，SDRs）。这是国际货币基金组织根据其成员国在基金组织中所认缴的份额按比例分配给成员使用资金的一种权利，是基金组织发行的记账单位，它可用于归还基金组织的贷款和支付基金组织的利息费用，可用于向其他成员换取可以兑换的外汇，可用于弥补国际收支逆差或换回在国外的本国货币，但不能用它兑换黄金，不能把它直接用于贸易、非贸易支付。

(3) 官方储备。这是一国货币当局所持有的国际储备资产和对外债权。官方储备包括黄金储备、外汇储备、基金组织分配而又未动用的特别提款权和在国际货币黄金组织的储备头寸。在基金组织的储备头寸一般又称为普通提款权，是基金组织按成员认缴的基金份额提供给成员的使用普通贷款的权利，用以解决成员因一般国际收支逆差而产生的短期资金需要。官方储备项目的净余额数与经常项目、资本项目、特别提款权、净误差和遗漏项目的净差额相等。当一国国际收支出现逆差或顺差时，最终须通过减少或增加其官方储备来获得平衡，或者通过变动其对外债权债务达到平衡。

拓展阅读

国际收支差额

一、贸易差额

贸易差额即商品进出口收支差额，它等于商品出口额减去进口额。人们重视贸易差额的原因如下：首先，由于国际贸易是国际经济活动的基础，贸易收支在国际收支中占有相当大的比重。其次，贸易差额能够反映一国物质生产部门在国际市场上的竞争能力，它对经济发展有重大影响（如顺差反映该国企业在争夺国际市场方面占了上风，有助于增加该国的产量和就业，但也可能会引起通货膨胀的出现或加剧）。再次，贸易是自主性交易，它比自主性交易派生出来的调节性交易更为重要（如贸易融资这种国际资本流动是贸易派生出来的，其重要性显然不如国际贸易）。最后，贸易收支具有不可逆转性，它不像资本流动那样存在流入与流出的交替（贸易是转让所有权的交易，资本流动是转让使用权的交易）。

二、经常差额

经常差额是指经常账户贷方总额减去借方总额之差。具体来说，它等于贸易项目差额、劳务项目差额与经常转移项目差额之和。经常差额反映实际资源（它不同于物质资源，实际资源还包含无形产品即服务）在国际转移的净额，可以反映一国全部生产部门（有形和无形产品生产部门）在国际市场上的竞争能力。目前，发达国家第三产业（广义服务业）在国民经济中已占较大比重，发展中国家第三产业的比重也有上升趋势。服务贸易在国际经济活动中已占有相当重要的地位。因此，经常差额也成为国际收支分析中的一个重要指标。

三、基本差额

基本差额是指经常差额与长期资本项目差额之和。在第二次世界大战之前和之后的一段时间里，短期资本流动大体上属于调节性交易（基本上是由货物贸易、服务贸易和长期资本流动派生出来的)，因此，基本差额可以反映一国自主性交易（独立性质的交易）在国际市场上的竞争能力。同时，短期资本流入和流出变动频繁，基本差额可以比较准确地反映一国国际收支的长期趋势。如果基本差额为逆差，则表明国际收支出现长期恶化趋势。但是，基本差额较难统计，这是因为长期资本（一年以上的资本流动）与短期资本（一年以下的资本流动）之间的界限越来越模糊。例如：原属于短期资本的贸易融资，由于展期可能超过一年，所以持有期限可能超过一年；原属于长期资本的证券投资，由于在二级市场上的买卖比较频繁，所以持有期限可能不到一年。衍生金融工具的大量涌现也增加了划分长期资本与短期资本的难度。

四、官方结算差额

官方结算差额是指不包括官方借贷差额和储备资产变化的国际收支贷方总额与借方总额之差。官方结算差额的绝对值是基本差额与私人短期资本流动差额之和。它与基本差额的主要区别在于考虑到短期资本流动，从而全面反映出一国居民与非居民之间事前交易对国际收支差额的影响。这些事前交易反映民间的外汇供求关系，因此，研究官方结算差额可以帮助人们判断汇率走势。如果官方结算差额为逆差，则该国货币面临对外贬值压力。目前，人们对官方结算差额使用较多，由于20世纪80年代以来，私人短期资本流动也日益显示出自主性交易的色彩，由其他经济活动派生出来的短期资本流动（如贸易融资）所占比重已经较小，大多数短期资本流动已拥有独立套利动机。

五、综合差额

综合差额是仅以官方储备为线下项目的国际收支差额，或者说它是官方结算差额与官方借贷差额之和。它是当前国际货币基金组织推荐采用的国际收支差额标准，它直接反映出一定时期官方储备资产的变动情况。

单元二　国际收支不平衡分析

课前思考

国际收支不平衡的原因是什么？它会对经济产生何种影响？

一、国际收支不平衡的判断

按照复式记账原理编制的国际收支平衡表，其借贷双方余额总是平衡的。但是，这种平衡只是账面上的，事实上并不尽然。如何分析国际收支是否均衡，不能只从账面余额来考虑，必须明确国际收支不平衡的真正含义和判断依据。为了寻求这种判断依据或标准，人们常常把国际经济交易按其性质分为自主性交易和调节性交易两类。

自主性交易亦称“事前交易”，是指经济实体出于某种经济目的而进行的交易。这类交易完全是为了某种经济动机而自发或自动进行的。例如：私人、企业或政府机构等出于某种经济目的，如追求利润，以其自主的独立经济活动为基础而进行的商品和劳务的输出与输入，政府或私人的援助、赠与，侨民汇款以及资本流动等。自主性交易的内容，实际上就是国际收支平衡表中的经常项目和资本项目。所谓调节性交易，亦称事后交易或补偿性交易，是指为弥补自主性交易的差额而进行的交易。例如，当一国的自主性交易发生逆差时，要从国外银行或国际金融机构获得短期资金融通或动用黄金、外汇来弥补，就是调节性交易。把国际经济交易分成自主性交易与调节性交易，国际收支的均衡与否就有了制定依据。国际收支平衡是指自主性交易的借贷双方相等，不需要由调节性交易来弥补；国际收支失衡即不均衡是指自主性交易发生逆差或顺差，需要用调节性交易来弥补。概括来讲，判断一国国际收支是否均衡，主要是看其自主性交易是否均衡。

二、国际收支不平衡的原因

导致国际收支不平衡的因素有很多，在不同国家或同一国家的不同时期都各不相同，但一般说来，主要有以下几个方面。

（一）周期性因素

在经济发展中，各国经济不同程度地处于繁荣、衰退、萧条、复苏的周期性波动之中，周期的不同阶段对国际收支有不同的影响。一般来说，在经济繁荣阶段，由于生产高涨，进出口大幅度增加，经常项目可能出现顺差，而在经济萧条阶段，随着生产下降，出口减少，国际收支恶化。

（二）结构性因素

这是指由于国内经济、产业结构不能适应国际市场的变化所引起的国际收支失衡。结构性失衡包括以下两层含义：

一是因一国的国民经济和产业结构变动的滞后和困难所引起的国际收支失衡。比如，一国的国际贸易在一定的生产条件和消费需求下处于均衡状态。当国际市场发生变化，新款式、高质量产品不断淘汰旧款式、低质量产品，新的替代产品不断出现的时候，如果该国的生产结构不能及时根据形势加以调整，那么，其原有的贸易平衡就会遭到破坏，贸易逆差就会出现。反之，如果调整及时，就可能出现贸易顺差。

二是因一国的产业结构单一，或其产业生产的产品出口需求的收入弹性低，或出口需求的价格弹性高而进口需求的价格弹性低所引起的国际收支失衡。20 世纪 70 年代以来，中东石油输出国因石油价格暴涨暴跌而导致国际收支巨额顺差和巨额逆差，就是一个典型的例子。这层含义的结构性失衡，在发展中国家表现得尤为突出。结构性失衡具有长期的性质，扭转起来相当困难。

（三）货币性因素

这是指由货币对内价值的高低所引起的国际收支失衡。在一定汇率下，由于通货膨胀或通货紧缩的原因，一国商品的货币成本和物价水平与其他国家相比发生了变化，这也会引起国际收支失衡。一国在某一汇率水平下，由于通货膨胀（货币供应量过分增加或增长速度过快），物价普遍上升，使其商品的货币成本与物价水平相对升高，从而使出口商品的成本增加，国际竞争能力减弱，必然导致出口商品减少，而由于外国商品的价格与国内物价相比显得较低，进口商品的竞争性增强，进而造成国际收支逆差；反之，如果通货紧缩，则发生国际收支顺差。

（四）收入性因素

这是指由于国民收入变化所引起的国际收支失衡。经济周期的更替或经济增长率的变化等，会引起国民收入的变化，从而影响国际收支。在市场经济国家，除了经济周期（亦称商业循环）的不同阶段会引起国民收入的增减外，国民收入的变化主要受经济增长率高低的影响。经济增长率高，则国民收入增加；反之，则国民收入减少。国民收入的增减会引起国际收支的失衡。

一般来说，当一国国民收入增加时，会引起需求扩大、贸易和非贸易支出增加，从而造成国际收支逆差；反之，如果一国的国民收入减少，国内需求下降，引起物价下跌，则出口增加、贸易和非贸易支出减少，使逆差逐步减少，甚至出现顺差。

此外，偶然性因素，比如国际政治、经济突发事件、恶劣的气候等非正常因素以及外汇投机和不稳定的国际资本流动等，都会对一国国际收支产生影响，导致国际收支失衡。

三、国际收支不平衡对经济的影响

国际收支不平衡经常发生。巨额、持续的国际收支逆差或顺差，不仅影响到一国对外经济的发展，而且会通过各种传导机制对国内经济的稳定和发展产生影响。

（一）国际收支逆差的影响

持续、巨额的国际收支逆差会造成外汇短缺，一般会引起外汇升值，本国货币汇率下降。如果该国货币当局不愿意出现本币贬值，就必然耗费国际储备进行调整和干预，即抛售外汇和买进本国货币。这样，一方面会消耗外汇储备，甚至会造成外汇储备的枯竭，从而严重削弱其对外支付能力，会对其在国际上的信誉造成损害；另一方面则会形成国内的货币紧缩，促使利率水平上升，影响本国的经济，从而导致失业的增加和国民收入增长率的相对下降。如果该国货币当局任由汇率自由浮动，则本币汇率大幅度下跌会削弱该国货币在国际上的地位，造成金融市场的动荡。持续、巨额的国际收支逆差还会造成大量的对外负债，使该国的出口创汇主要用于偿债付息，影响该国必要的生产资料的进口，从而影响经济的增长。

做一做

2017 年我国经济触底反弹，由 2016 年 6.7%的经济增长率上升至 2017 年的 6.9%。2017 年，我国国际收支经常账户顺差 1 649 亿美元，其中，货物贸易顺差 4 761 亿美元，服务贸易逆差 2 654 亿美元，非储备性质金融账户顺差 1 486 亿美元，非储备性质金融账户的三个分项直接投资顺差 663 亿美元，证券投资顺差 74 亿美元，其他投资 744 亿美元，非储备性质金融账户全部为正。这说明持续的资本净流出在 2017 年终于得以扭转。

2017 年，我国国际收支资本和金融项目 73 亿美元（误差与遗漏项的净流出高达 2 219 亿美元），其中直接投资资产方为净流出 1 019 亿美元，直接投资的负债方净流入 1 682 亿美元。证券投资的资产方净流出 1 094 亿美元，证券投资的负债方净流入 1 168 亿美元。尽管 2017 年中国国际收支在整体上显著改善，但依然存在一些值得重视的隐忧。

试分析 2017 年中国国际收支显著改善的主要原因。

（二）国际收支顺差的影响

想一想

有人认为一个国家国际收支顺差好，你的看法如何？

一国国际收支出现长期巨额顺差时，也会给国内经济带来不良影响：（1）一般会使本国货币汇率上升，而不利于其出口贸易的发展，从而加重国内的失业问题。（2）将使本国货币供应量增加，从而加剧通货膨胀。（3）将加剧国际摩擦，因为一国的国际收支发生顺差，意味着有关国家国际收支发生逆差。（4）国际收支顺差如果形成于出口过多，则意味着国内可供使用资源的减少，因而不利于本国经济的发展。

一般来说，一国的国际收支越是不平衡，其不利影响就越大。虽然国际收支逆差和顺差都会产生种种不利影响，但相比之下，逆差所产生的影响更为险恶，因为它会造成国内经济的萎缩、失业的大量增加和外汇储备的枯竭，因而对逆差采取调节措施要更为紧迫一些。对顺差的调节虽不如逆差紧迫，但从长期来看也是必要的。

拓展阅读

国际收支平衡表的分析

由于国际收支平衡表记录了一国在一定时期内全部国际经济交易的情况，因此，通过对本国国际收支平衡表的分析，可以掌握本国国际收支的变化规律，制定相应的政策，使国际收支状况朝着有利于本国经济发展的方向变化。通过对其他国家国际收支平衡表的分析，不仅有助于预测编表国家的国际收支、货币汇率及其对外经济动向，还有助于了解其他国家经济实力和预测世界经济与贸易的发展趋势。所以，正确掌握国际收支平衡表的分析方法并对其做出恰当的分析，具有重要的意义。国际收支平衡表的分析方法很多，但总量分析和结构分析相结合的分析方法尤为重要。

一、国际收支平衡表的总量分析

把经常项目与资本项目的差额进一步综合，可得出称作“缺口”的数字；再经“净误差与遗漏”项目的调整，即得出该时期所发生的国际收支的顺差或逆差数字。由此，我们可了解一国国际收支的基本情况。通过对不同时期的国际收支平衡表进行纵向比较，可了解一国国际收支的动态变化；通过对国际收支平衡表进行横向比较，则可了解一国在国际经济中所处的地位。

二、国际收支平衡表的结构分析

国际收支平衡表内每个项目都有其独特的内容，反映各种不同的对外经济活动。所谓结构分析，是指要从国际收支平衡表的项目构成上进一步进行结构分析，即分析各个项目差额形成的原因及其对国际收支差额的影响，从而找出国际收支总差额形成的主要原因。

（一）对经常项目进行分析

对经常项目进行分析，应先找出其差额形成的主要原因是贸易收支还是劳务收支或是转移收支，然后再对每一具体收支进行分析。由于影响各具体收支的因素是多方面的，而且具有差异性，因此，在分析时，应力求弄清各影响因素间错综复杂的关系，进而细致全面地分析。

例如，对贸易收支，其影响因素主要有：进出口商品的数量和结构的变化、汇率水平和外贸政策的变化、国际市场供求的变化、经济周期等。在分析时，要结合这些资料进行，并找出主要影响因素，从而了解编表国家贸易收支差额的形成原因。对劳务收支的分析，其中的投资收益除取决于其输出输入资本的多寡以外，还受有关国家经济形势与金融政策以及国际局势等方面的影响。在分析时，应收集和利用这些方面的资料，并注意分析其潜在的影响因素。

（二）对资本项目进行分析

资本项目是国际收支平衡表中一个非常复杂的项目，其长期资本和短期资本各具特点，而且对目前世界性的债务问题有着相当大的影响。

就长期资本而言，要注意分析直接投资与证券投资所占比重，由此了解该国对外资本输出或引进外资的一般情况。因为长期资本的主动权不在输出国手中，而且长期资本的直接投资与证券投资不同，直接投资不构成实际债务，而其他方面的投资则是最终要偿还的。所以，若一国国际收支平衡是通过资本项目的顺差来弥补经常项目的逆差而获得的，则此平衡是非良性的，其中会潜伏着今后发生逆差的可能性；反之，若平衡是由经常项目盈余或直接投资（不构成对外债务）引起的，则此平衡是良性的。

短期资本的国际移动频繁，且规模巨大，对国际收支具有重要影响。由于国际游资的流动会受到利率、汇率、政治、金融等诸方面因素的影响，所以在分析短期资本时，除应注意分析其国际流动的方向和方式外，还应结合该时期的国际金融局势及其变化进行分析。

（三）对官方储备项目进行分析

对官方储备项目进行分析主要是分析储备资产的结构状况及外汇储备的变化。因为黄金、普通提款权和特别提款权在一般情况下是不会经常变动的，所以在分析时应侧重于外汇储备的增减情况，并结合相关的资料，分析储备的规模是否适当、储备的结构是否合理等。

（四）对净误差与遗漏项目进行分析

由于经常项目和资本项目的差额往往与官方储备的增减额不符，因此，必须通过净误差与遗漏项目予以轧平。虽然造成上述不符的原因有技术上的，但最主要的是短期资本的大量和频繁移动。同时，也有某些国家出于某种考虑，有意扩大净误差与遗漏的发生额来掩盖其在国际金融关系中的许多真实收支情况。因此，在分析时，要综合考虑经济上和政治上的各种因素。

在国际收支平衡表分析中，除上述总量和结构相结合的分析方法外，一般还有静态分析法、动态分析法和比较分析法等。

静态分析法是指分析某国在某一时期的国际收支平衡表，通过计算和分析表中各个项目及其差额，以及各个项目差额形成的原因和对国际收支总差额的影响，从而找出国际收支总差额形成的原因。

动态分析法则遵循动态性原则，连续分析不同时期的国际收支平衡表，掌握其长期变化情况，从中得出正确的结论。因为当期的国际收支平衡表的情况，既是前一时期演变的结果，又是后一时期状况的原因。

比较分析法既包括对一国若干连续时期的国际收支平衡表进行比较分析，也包括对不同国家在相同时期的国际收支平衡表进行比较分析，即把纵向比较与横向比较结合起来。

单元三　国际收支不平衡的调节

课前思考

你了解国际收支的调节机制吗？国际收支不平衡的调节措施有哪些？

一、国际收支的调节机制

（一）汇率

一国或地区之间的国际收支自动调节可以通过汇率变化得以实现。汇率的波动一般是根据国际外汇市场的供求规律，而不是在受一国或地区中央银行行政干预的情况下自动发生的。如果一国或地区的外汇供给和需求都具有弹性，那么它的国际收支逆差可以通过货币贬值事后进行调节，而国际收支顺差也可以通过货币升值事后进行平衡。当一国或地区国际收支的经常项目发生大量逆差，因而外汇需求大于供给时，本币汇率便往下浮动，本币汇率下跌有利于刺激出口贸易、抑制进口贸易，使贸易收支的逆差状况有所改变，从而改善国际收支的不平衡。当一国或地区的国际收支出现巨额顺差，因而本币需求小于供给时，外汇收入增加，本币汇率便往上浮动。本币汇率上浮不利于出口贸易，将使国际收支状况发生新的变化。

假设英、美两国之间对外贸易关系密切。美国的国际收支存在40亿英镑的贸易项目逆差。在当时，外汇汇率为1英镑＝2.00美元，对英镑的需求大于对英镑的供给，差额为40亿英镑。由于上述原因，导致英镑相对升值，美元相对贬值。当美元对英镑贬值达20％，即1英镑＝2.40美元时，英镑的供给与需求曲线才能一致，即美国的出口贸易增加了20亿，进口贸易减少了20亿，英、美两国的国际收支趋于平衡。

（二）国民收入

一国或地区的居民在一定时期内创造出来的全部产品或价值中，扣除已消耗掉的生产资料或价值，就是国民收入。国民收入的增长是国民经济发展的一项主要指标。当一国或地区因出口规模减小而发生贸易逆差时，该国国内的投资规模和消费水平就要受到抑制，国民经济发展的速度也受其影响，国民收入也会因上述原因而减少。国民收入的减少，自然要影响到国际收支的平衡问题，影响到贸易出口、劳务进口。原来试图通过进口生产资料来扩大再生产的企业或公司，只能减少进口而维持原有的生产水平；原来想购买国外消费品的居民也会因收入的减少而紧缩日常生活开支。

一般认为，国民收入减少自然要影响到进口贸易，进口贸易减少将使贸易项目逆差程度缩小，进而促使国际收支趋于平衡。当一国或地区因出口规模增加而发生贸易项目顺差时，则其国民收入的水平得以提高。因而本国或地区的货币流通量将增加，并同时促使经常项目中的商品、劳务等进口贸易随之增加，继之利率下降，本国或地区资金外流，国际资本也流入到高利率的国家或地区，使原来的国际收支中的顺差逐渐减少，直至重新恢复其平衡（见图 4-1）。

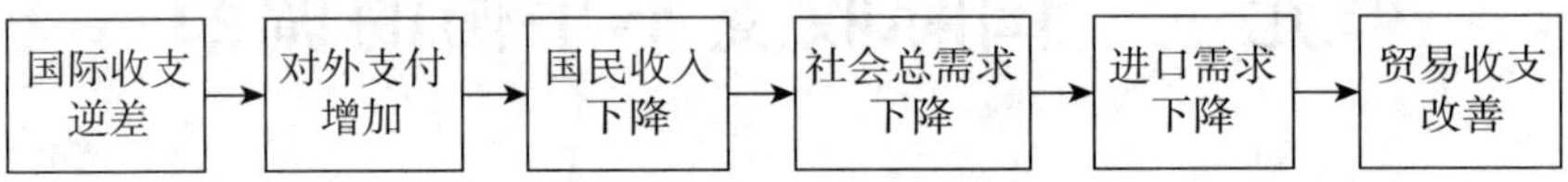

图 4-1　国际收支自动调节机制

（三）利率

一般认为，如果一国或地区的国际收支出现逆差，随之而来的是国内信贷规模的收缩。因为，进口贸易大于出口贸易，需要大量的资金支付进口货款，本国或地区所持有的外国货币和资产将减少，政府和中央银行不得不紧缩银根、提高利率。在开放的市场经济体系中，利率的高低直接影响到一国或地区投资规模的大小，影响到一国或地区消费和供给的增减，影响到一国或地区市场物价水平的涨跌，直至影响到进出口外汇收支的变化，使国际收支又开始新的调整并趋于平衡。利率的高低也可以起到促进国际资本流动的作用。例如，一国的利率高于其他国家，则其他国家的资本有可能为获得较高的收益流入这个国家，而本国资本则减少外流，从而使国际收支中的资本项目出现顺差，以调节经常项目的逆差，使国际收支趋于平衡。相反，本国利率低于其他国家，则可以调节国际收支的顺差。利率的变动引起国际资本的流动，主要是长期资本的流动。但是，长期资本的国际流动不如短期资本流动对利率变化这样敏感。即使短期资本流动，也要受其他因素制约，如汇率制度、市场机制和资本流动风险等。也就是说，利率变动对国际收支的调节作用是多种因素组合而成的。

（四）物价

当一国国际收支发生逆差时（顺差情况正好相反），意味着对外支付大于收入，货币外流，在其他条件既定的情况下，物价下降，贸易差额因此得到改善。价格自动调节机制的过程如图 4-2 所示。

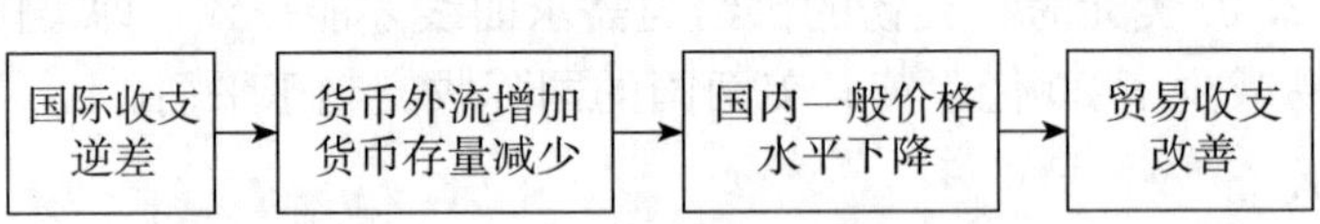

图 4-2　价格自动调节机制过程

价格自动调节机制的另一种表现形式是相对价格（而不是一般价格）水平变动对国际收支的影响。当国际收支发生逆差，对外支出大于收入，本国的货币汇率下降。由此引起本国出口商品价格相对下降，进口商品价格相对上升，从而出口增加、进口减少，贸易收支得到改善。这一过程如图 4-3 所示。

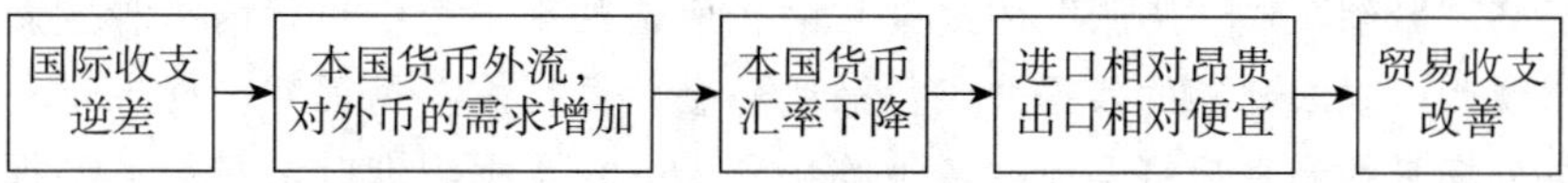

图 4－3　相对价格自动调节机制过程

二、国际收支不平衡的调节措施

一国国际收支出现不平衡，特别是长期性逆差会对一国经济发展产生不利影响，因此必须予以调节。一般来说，国际收支调节从三个方面着手：一是运用经济政策调节；二是实施直接管制；三是通过国际经济合作的办法调节。

（一）运用经济政策调节

1. 外汇缓冲政策

外汇缓冲政策是指运用官方储备的变动或临时向外筹措资金来抵消超额外汇需求或供给，从而改善国际收支状况。通过这一政策来融通一次性或季节性的国际收支赤字，是一种既简便又有益的做法。它能使国际收支失衡产生的消极影响止于国际储备，而不至于波及国内经济和金融。但实施外汇缓冲政策仅能解决国际收支短期性逆差，而不能解决那些巨额、长期的国际收支逆差。因为一国的官方储备毕竟是有限的。当那些长期性国际收支赤字出现时，调整政策的实施是不可避免的。但在调整期间，适当地运用这一政策作为辅助手段，放慢调整速度，就可以为调整创造宽松的环境，使国内经济避免因过于猛烈的调整所带来的巨大波动。

2. 财政政策

这是指通过财政开支的增减和税率的高低来实现国际收支调节。当一国国际收支出现逆差时，政府可以实施紧缩的财政政策即削减财政支出或提高税率，使国内经济处于紧缩状态，以降低国内总需求、降低物价，从而刺激出口、抑制进口，使国际收支恢复平衡；反之，当一国国际收支出现顺差时，则可采用扩张的财政政策，扩大政府支出、降低税率，以扩大国内总需求、提高物价，从而使进口增加、出口减少，国际收支恢复平衡。

3. 货币政策

这是指通过利率的调整来实现对国际收支的调节。当国际收支产生逆差时，政府可以采取紧缩的货币政策，即中央银行可以用提高再贴现率、提高法定存款准备金率或在公开市场卖出政府债券等手段减少国内货币供应，提高利率，抑制国内总需求，从而增加出口、减少进口，以达到消除逆差、恢复国际收支平衡的目的。

相关链接

货币政策

货币政策亦称金融政策，是西方普遍、频繁采用的调节国际收支的政策措施，其主要手段是贴现政策、改变存款准备金比率政策、公开市场操作活动等。

(1) 贴现政策。这是各国政府通过其中央银行对本国经济进行干预的主要手段之一。因为中央银行提高或降低原贴现率，会影响各商业银行及其他金融机构贷放款利率的提高或降低，从而达到使经济“紧缩”或“膨胀”的政策目的。所谓贴现，是指银行的一种放款业务，工商业企业为取得现款，以未到期的票据向银行融通资金，银行按票据面额、据市场利息率扣除自贴现日至票据到期日的利息后将票面余额付给持票人。当票据到期时，银行凭票据向债务人兑取现款。当商业银行由于存款减少、放款又未能及时收回造成银根紧缩时，则将贴现所得的票据转向中央银行再行贴现。中央银行据银根松紧情况，扣除再贴现的利率，给商业银行兑付现款。这就是所谓的再贴现或转贴现。再贴现率以中央银行公布的利率为准。中央银行在贴现票据时，所收取的官定最低利率称为再贴现率（有时简称贴现率）。所谓贴现政策，就是指中央银行以提高或降低再贴现率的办法，借以紧缩或扩充货币投放与信贷规模，吸引或排斥国际短期资本的流出流入，以达到调节经济与国际收支的目的。当一国国际收支发生逆差，该国中央银行就调高再贴现率，从而使市场利率提高，外国短期资本为获得较多的利息收益就会流入，且本国资本也不外流，这样在资本项目下，流入增加，流出减少，可降低国际收支逆差。此外，提高贴现率，意味着对高层资金供应采取紧缩的货币政策，会使投资和生产规模缩小，失业增加，国民收入减少，消费缩减，在一定程度上可促进出口增加、进口减少，从而降低经常项目的逆差。至于在顺差情况下，则由当局采取调低再贴现率和放宽货币政策，从而起到与上述情况相反的作用，以压缩顺差的规模。

(2) 改变存款准备金比率政策。存款准备金是银行为应付储户提取存款而保留的现金准备。它分为两部分：一是各银行自己保留的库存现金，称为银行自存准备；二是按照所吸收存款的一定百分比转存在中央银行的活期存款，称为法定准备。中央银行常用调整法定准备金比率（法定准备金与存款的比率）的办法来影响银行信用的规模。准备金比率的高低，决定商业银行可用于贷放资金的规模大小，因而决定着信用的规模与货币量，影响总需求和国际收支。当一国国际收支处于逆差时，可提高准备金比率，从而缩减贷放规模，减少总需求，同时可提高利率、吸引国外资本流入、改变国际收支。过去，这种政策措施主要服务于国内经济目标，对国际收支只是一种间接的影响。但从20世纪60年代末开始，这项政策措施也被一些发达国家直接用于调节国际收支。

(3) 公开市场操作活动。这是西方国家中央银行控制信用的一种重要方式。由于欧美证券市场比较发达，因此中央银行可以通过在公开市场买卖有价证券来影响其信用。若一国处于国际收支顺差，其政府要实行扩张性的信用政策，则中央银行就在公开市场上大量买进各种有价证券，于是大量资金注入资金市场，这也就相当于向商业银行投入了货币，使商业银行的信贷规模扩大、利率下降，引起资本外流；反之，若一国国际收支处于逆差，政府要实行紧缩性的信用政策，则中央银行在公开市场上抛售有价证券，从而减少市场货币流通量，使商业银行信用收缩、利率提高，吸引外资流入。

4. 汇率政策

汇率政策即运用汇率的变动来平衡国际收支。

在固定汇率制度下，如果一国国际收支发生持久的、根本性的不平衡，原有的汇率水平难以维持时，国家可以通过将货币法定贬值来降低本国汇率、提高外汇汇率。这样一方面可以使本国产品在国际市场上以外币表示的价格下跌，从而使商品富有竞争力，有利于扩大出口；另一方面可以使外国商品在本国市场上以本币表示的价格相对提高，可以抑制进口。如果一国国际收支发生顺差，国家可以通过将货币法定升值来提高本国货币汇率、降低外汇汇率，由此扩大进口、抑制出口、减少顺差。

在浮动汇率制度下，虽然汇率变化一般会对国际收支失衡起到一定的自动调节作用，但由于影响外汇供求的因素是复杂多变的，市场汇率变动不一定总是符合调节的需要。因此国家也要采用各种手段影响与干涉汇率变化的方向和幅度，以有利于本国国际收支改善。例如，当国际收支发生逆差时，就应买进外汇、提高外汇汇率、扩大出口、抑制进口。反之，当国际收支发生顺差时，就应卖出外汇来降低外汇汇率、扩大进口、抑制出口。因此，在浮动汇率制度下，国家通过公开市场业务人为地使本国货币币值上浮或下跌，以达到平衡国际收支的目的。

（二）实施直接管制

直接管制是指一国政府用行政命令的方法，通过外汇管制和外贸管制来达到调节国际收支的目的。

1. 外汇管制

外汇管制是为了限制商品进出口和资本流动而对外汇买卖实行的控制，旨在促进外汇收入、限制外汇支出、影响供求。一般来说，外汇管制是对贸易外汇收支、非贸易外汇收支、资本输出输入等采取一系列管制措施。例如，对外汇收支实行统购统销，收入的外汇全部卖给中央银行，需要外汇支付时从中央银行购入，通过这种方式控制进口用汇和出口结汇，限制资本流动，使外汇供求基本平衡。

2. 外贸管制

外贸管制即对商品输出输入的管制，是直接管制的重要内容。其主要措施包括：（1）对商品输入实行进口许可证制和进口配额制。进口许可证制是指进口商品必须向有关机构提出申请，经批准取得进口许可证后，方能进口某种商品；进口配额制是指有关政府机构在一定时期规定的进口数量，按地区或进口商品的种类分配给本国的进口商或外国的出口商。（2）对某些商品输出实行出口许可制度。出口许可制度只有在下述情况下使用：一是某些商品关系国计民生，国内需求较多，且价格供给弹性较小，若过多出口对国内经济会产生不良影响；二是某些商品国内供给丰富，而且是国外市场的主要供给者，但国外市场狭窄，需求弹性较小，若过多出口会导致厂商竞相降价、“肥水外流”，故规定必须经过批准并取得许可证后方可出口。（3）其他奖出限入手段的运用。例如，对进口商品提高关税和信贷利率；对出口商品则由政府发给出口补贴，给予免税、退税优惠，降低出口信贷利率等。

实施直接管制的好处在于措施有力、见效快，在应付突发的逆差问题以及结构调整的过渡措施中常被采用，而且直接管制还可以起到有选择性控制的作用。一些商品的进出口应予管制，一些可以放开，对整个经济有较好作用，尤其是对局部性失衡的调节更为快捷和有效，而不像财政货币政策那样波及整个国民经济。但是，直接管制的弊病也是很大的。外汇管制可能导致黑市猖獗，对经济产生不利影响，使资金的流动受到阻碍。贸易管制也会造成保护落后、限制资源合理配置的后果。直接管制还会导致官僚主义、行贿受贿现象的发生，在国际上还会影响到与之相联系国家的经济利益，进而可能招致贸易伙伴的报复。从长期来看，直接管制会抵消预期效果。因此，在国际上，直接管制是不得已的行为，国际货币基金组织和世界贸易组织都不提倡采用此方法。

（三）通过国际经济合作调节

通过国际经济合作调节的具体措施包括：（1）协调经济政策。近年来，西方工业国家定期召开首脑会议、财长会议等，对各国的财政、金融、贸易政策、外汇市场干预等进行协调。(2) 提倡自由贸易。即废除形形色色的贸易壁垒，使商品能在国际自由流动，使国际贸易得以顺利进行。如订立各种贸易协定，推行经济一体化，越来越多的国家加入世界贸易组织等。(3) 促使生产要素自由流动。即通过推行区域经济一体化、全球经济一体化，促使生产要素能在国际自由流动，使生产资源在国际重新配置，提高各国的生产水平，以彻底解决国际收支的不平衡问题。

总之，上述政策措施在一定程度上有助于平衡国际收支，但都有局限性，具体表现如下：

首先，它们存在种种矛盾。比如，调整经济政策往往同国内经济目标相冲突，为解决国际收支逆差而实行紧缩的财政金融政策可能导致经济增长放慢甚至是负增长和失业率加大；为解决国际收支顺差而实行扩张性的财政政策和货币政策又会导致通货膨胀和物价上涨，从而使一些国家在政策选择上顾此失彼、左右为难。又如，向国外借款则有牺牲未来支出和生活水平之虞，如果掌握不好还可能发生债务危机。例如，外汇政策中建立外汇平准基金的措施，要求中央银行拨出一笔相当数额的外汇，但这对国际收支陷入困境的国家来说实属无力，即使能够做到，其效果也是有限的。实行管制政策，既为国际经济组织所反对，又会引起他国的反抗和报复。

其次，它们不能从根本上消除资本主义国家的国际收支不平衡与国际收支危机。国际收支危机是指一国的国际收支长期、持续地出现巨额逆差而得不到改善。其不能从根本上消除的原因在于：私有制是国际收支不平衡的基础，资本主义基本矛盾决定了其经济呈周期性波动，进而导致国际收支不平衡；发展不平衡是国际收支不平衡的又一重要基础，发展中国家的国际收支危机，在很大程度上是由于不合理的国际经济秩序造成的。

正因如此，我们在选择国际收支失衡的调节政策措施时，首先，要根据导致国际收支失衡的主要原因有针对性地选择恰当的调节措施；其次，还应注意综合考虑本国的经济发展和有关的社会问题，达到国内平衡与对外平衡的协调；最后，要从加强国际经济、金融合作的角度出发，避免各国之间的摩擦和冲突。

做一做

下面的资料是一个假想的发展中国家A在2018年与世界其他国家的交易项目：

(1) A国政府获得价值50亿美元的国外援助。

(2) 进口价值300亿美元的大豆。

(3) 在A国经营的跨国公司的利润为50亿美元。

(4) 英国银行向A国政府贷款总额200亿美元。

(5) 出口创汇200亿美元。

(6) A国购买外国不动产150亿美元。

(7) A国中央银行卖出30亿美元储备资产以干预外汇市场。

依据以上资料，请回答下列问题：

(1) 2018年A国的贸易差额、经常项目差额各是多少？

(2) 资本项目账户是盈余还是赤字？

(3) 针对以上的结果，应如何进行调节？

拓展阅读

我国国际收支的特点、目标及调节

一、我国国际收支的特点

我国国际收支的特点主要有：国际收支呈波浪式的发展上升趋势，一般一个阶段的变化周期为3～4年，且变化随着时间的推移而延长，这说明我国国际收支更加适应国内外经济环境的变化；经常项目收支状况不稳定，呈上下波动的态势，没有明显的改善迹象；资本项目收支状况则表现出强劲的上升势头；经常项目中的有形贸易与无形贸易对收支平衡的贡献具有很强的互补性；资本项目中长期资本顺差且规模不断扩大，短期资本往来存在逆差；国际收支平衡表中错误与遗漏数额过大，且出现不断扩大的趋势；外汇储备持续增长，尤其是1994年以后呈现快速增长之势；自1994年以后，国际收支中经常项目与资本项目出现“双顺差”，且资本项目顺差始终大于经常项目顺差。

二、我国国际收支的目标与原则

（一）目标

我国国际收支的长远目标是保持国际收支自主性交易的基本平衡。

（二）原则

（1）要立足于现实，展望未来，即按我国经济发展的要求或发展的进程以及现有的金融、货币制度，对国际收支进行调节。

（2）调节政策必须具有阶段性特点，即根据不同的发展阶段，实施不同的调节政策。

（3）调节政策必须进行搭配组合，以期产生预期效果。

（4）根据需要加强国际合作，彻底消除国际收支的过度失衡。

三、我国国际收支调节的具体措施

近几年我国主要运用以下措施调节国际收支：实行适度扩张的财政政策和货币政策；保持稳定或略有上升的汇率水平；加大对外投资力度，同时保持一定规模的外资流入；加强国际协调与合作。

知识要点

国际收支是在一定时期内（通常为一年），一国（或地区）居民与非居民之间所发生的所有国际经济交易的系统记录。国际收支平衡表也称国际收支差额表，是系统地记录一国在一定时期内（一年、半年、一季或一月）各种国际经济交易项目及其金额的一种统计报表。它综合地反映了一国国际收支的具体构成及全貌，其中既包括由纯粹经济交易引起的货币收支，也包括其他方面的货币收支。国际收支平衡表是按照会计学的复式簿记原理编制的，即以借、贷作为符号，以“有借必有贷，借贷必相等”来记录每一笔国际经济交易。国际收支平衡表的主要项目有：经常项目、资本项目、平衡项目。判断一国国际收支是否平衡，主要是看其自主性交易是否均衡。导致国际收支不平衡的因素主要有周期性因素、结构性因素、货币性因素、收入性因素等。国际收支的调节机制有汇率、国民收入、利率、物价，国际收支失衡的调节措施主要有运用经济政策调节、实施直接管制、国际经济合作。

问题讨论

要求：收集最新的我国国际收支的相关资料，谈谈我国国际收支的现状。

活动安排：分组讨论，各组派代表上台发言。

达标检测

一、基本概念

国际收支	国际收支平衡表	经常项目
资本项目	自主性交易	调节性交易

二、填空题

1. 国际收支平衡表的内容有（　　）、（　　）和（　　）。

2. 居民是指在某个国家或地区永久或长期居住（　　）的本国境内的自然人以及外国人、机构、团体和法人企业。

3. 国际经济交易活动是在居民与（　　）之间的国际舞台上完成的。

4. 信用货币制度下的国际收支调节机制通过四个因素来发挥作用：（　　）、（　　）、（　　）、（　　）。

5. 国际收支平衡表是按照（　　）原理编制的。

三、判断题

1. 所有居民与非居民不包括法人和自然人。（　　）

2. 国际收支是一个国家经济交易的流量。（　　）

3. 一国或地区的国际收支略有顺差或逆差，就是实现了国际收支的平衡。（　　）

4. 一国国际收支不平衡是不需要调节的。（　　）

四、简答题

1. 如何理解国际收支的概念?

2. 国际收支平衡表的内容有哪些?

3. 如何调节国际收支失衡?

五、选择题

1. 一国自主性交易的收入大于支出，称为国际收支（　　）。

A. 逆差　　B. 顺差　　C. 平等　　D. 不平衡

2. 从国际收支不均衡产生的原因来考察，国际收支不平衡可分为（　　）。

A. 收入性因素　　B. 货币性因素　　C. 利率性因素　　D. 周期性因素

3. 国际收支逆差的情形是指（　　）。

A. 调节性交易的收入小于调节性交易的支出

B. 自主性交易的收入小于自主性交易的支出

C. 事前交易的支出大于事前交易的收入

D. 事前交易的收入小于事后交易的支出

E. 事后交易的支出大于事后交易的收入

4. 国际收支调节机制需要（　　）来发挥作用。

A. 国民收入　　B. 利率　　C. 汇率　　D. 物价

5. 国际收支中经常项目中的内容包括（　　）。

A. 贸易收支　　B. 转移收支　　C. 劳务收支　　D. 投资收支

六、技能训练

1. 某国某年第一季度的国际收支状况是：贸易账户差额为逆差583亿美元，劳务账户差额为顺差227亿美元，单方转移账户差额为顺差104亿美元，长期资本账户差额为顺差196亿美元，短期资本账户差额为逆差63亿美元。请利用这些资料回答以下问题：

（1）该国国际收支的经常账户差额为（　　）。

A. 252亿美元　　B. －252亿美元　　C. 706亿美元　　D. －706亿美元

（2）该国国际收支的综合差额为（　　）。

A. －119亿美元　　B. 119亿美元　　C. －385亿美元　　D. 385亿美元

（3）该国国际收支的总体状况为（　　）。

A. 顺差，且主要是由经常账户顺差所导致的

B. 顺差，且主要是由资本账户顺差所导致的

C. 逆差，且主要是由经常账户逆差所导致的

D. 逆差，且主要是由资本账户逆差所导致的

（4）该国对其国际收支不均衡可以采取的调节措施是（　　）。

A. 扩张性的财政政策或紧缩性的货币政策

B. 紧缩性的财政政策或提高外汇汇率的政策

C. 紧缩性的货币政策或降低外汇汇率的政策

D. 紧缩性的货币政策或提高外汇汇率的政策

（5）在该国的外汇市场上，会出现这样的情况：（　　）。

A. 外汇供过于求，本币汇率上涨

B. 外汇供不应求，外汇汇率上涨

C. 外汇供不应求，本币汇率下跌

D. 外汇供过于求，外汇汇率下跌

2. 表4－1是某国某年简化的国际收支平衡表，概括了该国主要国际收支项目收支情况。

表4－1　　单位：亿美元

项目	金额
商品出口	1 948
商品进口	1 585
劳务收入	344
劳务支出	598

单方面转移收入 单方面转移支出	53 42
长期资本流入 长期资本流出	433 109
短期资本流入 短期资本流出	484 631
储备项目	

试问：

1. 该国国际收支的总体状况是（　　）。

A. 经常账户和资本账户收支双顺差

B. 经常账户和资本账户收支双逆差

C. 经常账户顺差、资本账户逆差

D. 经常账户逆差、资本账户顺差

2. 该国出现逆差的国际收支项目有（　　）。

A. 商品　　B. 劳务收支　　C. 单方面转移

D. 长期资本流动　　E. 短期资本流动

3. 反映该国国际收支基本状况的基本差额是（　　）。

A. 297 亿美元逆差　　B. 297 亿美元顺差

C. 444 亿美元顺差　　D. 444 亿美元逆差

4. 反映实际资源跨国转移状况的国际收支局部差额是（　　）。

A. 贸易差额　　B. 经常账户差额

C. 基本差额　　D. 综合差额

5. 已知该国第二年度发生了严重逆差，第三年度可能采取的政策调节措施有（　　）。

A. 本币贬值的汇率政策

B. 本币升值的汇率政策

C. 中央银行在公开市场上卖出政府债券，提高贴现率

D. 中央银行在公开市场上买进政府债券，提高贴现率

模块五

国际储备

案例导入

新加坡对外汇储备进行管理与投资的原则，概括起来有以下几个方面：

(1) 稳中求高。新加坡根据自身资源缺乏、对外资依存度较大等情况，始终维持较高的外汇储备水平。新加坡的外汇储备约相当于其7个月的进口水平，而发达国家该比例平均为2.8个月，发展中国家和地区平均为5.2个月，“特里芬”标准平均为3个月左右。

(2) 严格控制。新加坡政府认为，外汇储备是“防止经济崩溃的唯一资源”，因此，对动用外汇储备十分谨慎，亦即外汇储备只能在规定的范围内使用。一旦政府越出“规定范围”动用外汇储备（如为完成某个项目或计划时）而被总审计长发现，总审计长有职责向总统反映，以阻止该行为。总审计长还必须在每个财政年度开始与结束时，审计储备金的状况及运作，保证其使用的合法与安全。

(3) 作为货币发行的后盾。新加坡政府规定，货币发行必须有100%的外国资产作为后盾，从而使国家对外汇储备的管理与本币发行挂起钩来。

(4) 作为干预市场的工具。新加坡政府为了稳定本国货币价值和汇率，也会根据经济发展与市场变化的需要把一部分外汇储备作为干预市场的工具。

(5) 外汇储备随整体经济的发展而增加，即把外汇储备看成一个变动的量，随国民生产总值、进出口贸易、人民生活水平等的扩大和提高而相应增加，使它始终维持在国家经济发展所需要的水平上。据统计，新加坡外汇储备在1965年为10.69亿新元，1970年为30.98亿新元，1994年约为570亿新元。

(6) 适度投资。新加坡对累积的外汇储备通过适度投资达到保值、增值的目的，为此，政府授权金融管理局和新加坡政府投资公司专门开展投资活动。实行稳中求高的储备政策和对外汇储备进行适度投资，是新加坡政府管理外汇储备的两大特点。

资料来源：http：//wenku.baidu.com/view/47aa9c4e852458fb770b567b.html.

学习目标

一国政府在一定时期持有一定金额的国际普遍接受的流动资产，其主要目的是弥补国际收支赤字，保持汇率稳定，以及应付其他紧急支付的需要。这些在国际上被普遍接受的一定金额的流动资产称为一国的国际储备。通过本模块的学习，你应该达到以下目标：

（1）了解国际储备的概念、应具备的条件。

（2）理解国际储备的构成（形式）、作用。

（3）领会影响国际储备需求的主要因素。

（4）掌握适度国际储备量的意义和判断标准。

（5）熟悉我国国际储备的特点和管理。

单元一　国际储备概述

课前思考

什么是国际储备？一国持有一定数量的国际储备主要基于哪些方面的考虑？国际储备可以采取什么样的形式？这些形式都具备哪些共同的特点？

一、国际储备与国际清偿力

（一）国际储备的概念

国际储备的概念有广义和狭义之分，通常所讲的国际储备是狭义的国际储备，即自有储备。各国际性金融组织对国际储备做出的解释也是基于狭义的国际储备含义的。如，世界银行（World Bank，WB）对国际储备所下的定义为："国家货币当局占有的那些在国际收支出现逆差时可以直接或通过有保障的机制兑换成其他资产以稳定该国汇率的资产。"

国际储备（International Reserve）是指各国政府为了弥补国际收支赤字，维持本国货币汇率稳定，以及应付其他紧急支付的需要而持有的国际普遍接受的所有流动资产的总称。

作为国际储备资产，一般必须同时满足以下四个基本条件：第一，官方持有性，即一国金融当局必须具有无条件地获得这类资产的能力；第二，高度的流动性，即该资产变为现金的速度和能力；第三，普遍接受性，即该资产必须得到各国的普遍接受；第四，无条件获得性，即作为国际储备的资产必须由一国货币行政当局能够无条件地获得，为此，该国政府对该类资产不但要具有使用权，而且要具有所有权。

当然，国际储备资产还有一些其他的特性，如稳定性（储备资产的内在价值必须相对稳定）、适应性（储备资产的数量必须能适应国际经济活动和国际贸易发展的要求）等，但上述四点是国际储备最基本的条件。

（二）国际清偿力的概念

与国际储备相关的一个概念是国际清偿力。国际清偿力是一国平衡国际收支和干预外汇市场的总体能力，是一国官方所能动用的一切储备资产的总和。通常所讲的国际储备是狭义的国际储备，即自有储备；国际清偿力是广义的国际储备，是一国的自有储备和借入储备之和。即国际清偿力＝自有储备＋借入储备。自有储备包括货币性黄金、外汇储备、在IMF的储备头寸和特别提款权四种形式；借入储备由备用信贷、借款总安排、互惠信贷协议和一国商业银行的对外短期可兑换货币资产组成。参照国际货币基金组织关于国际储备的划分标准，国际清偿力除了包括国际储备的内容之外，还包括一国政府向外借款的能力，即向外国政府或中央银行、国际金融机构和商业银行借款的能力，因此，可以这么说，国际储备仅是一国具有的现实的对外清偿能力，其数量的多少反映了一国在涉外货币金融领域中的地位；国际清偿力则是该国具有的现实的对外清偿能力与可能具有的对外清偿能力的总和，它反映了一国货币当局干预外汇市场的总体能力。

国际清偿力包括 L_1、L_2 和 L_3 三个组成部分，其中：L_1 为一国货币当局自有的国际储备，主要指国际储备中的黄金和外汇储备；L_2 为一国货币当局的借款能力；L_3 指一国商业银行所持有的外汇资产。

因此，国际清偿力、国际储备与外汇储备的关系可表述如下：

（1）国际清偿力是自有国际储备、借入储备及诱导储备资产的总和。其中，自有国际储备是国际清偿力的主体，因此，国内学术界亦把国际储备看成狭义的国际清偿力。

（2）外汇储备是自有国际储备的主体，因而也是国际清偿力的主体。

（3）可自由兑换资产可作为国际清偿力的一部分，或者说包含在广义国际清偿力的范畴内，但不一定能成为国际储备货币。只有那些币值相对稳定，在经贸往来及市场干预方面被广泛使用，并在世界经济与货币体系中地位特殊的可兑换货币，才能成为储备货币。

正确认识国际清偿力及其与国际储备的关系，对一国货币当局充分利用国际信贷或上述筹款协议，迅速获得短期外汇资产来支持其对外支付的需求，具有重大意义；对理解国际金融领域中的一些重大发展，如欧洲货币市场对各国国际清偿力的影响、一些发达国家国际储备占进口额的比率逐渐下降的趋势，都是十分有帮助的。

相关链接

外汇储备再度减少，人民币贬值压力加剧

2018年4月，国家外汇管理局公布的官方数据表明，我国外汇储备总额为3.12万亿美元，比上个月累计减少了180亿美元，进一步证实了2月份的判断，外汇储备的回升已经到头了。

外汇储备是汇率的基础。我们看到的汇率下跌，本质上是外汇储备流出造成的，而造成外汇储备流失的，是汇率贬值的预期，而不是汇率本身，这是一个正向反馈的过程，虽然互为因果，但是外汇储备是根本。

尽管人民币对美元的汇率从6.9的水平回升到了6.25，但汇率是否能够依然坚挺仍受

到质疑，因为我们的外汇储备只回升了不到 2 000 亿美元，而且我们还增加了 2 984 亿美元的外债，再加上约 3 000 亿美元的贸易顺差。现在 3.12 万亿美元的外汇储备中，预计外债水平已经达到了 1.8 万亿美元，也就是说，实际上能够用的也就 1 万亿美元。

目前，在中美贸易争端的背景下，我们的贸易顺差应该会继续缩小，那么外汇储备估计会进一步下降。如果在美元反弹过程中，我国的汇率不能维持在 6.6 以上，那么汇率贬值的预期将再度回来，但我国已经没有多少外汇储备的“弹药”可以用了。

资料来源：https：//www.toutiao.com/a6553374809118474759/.

二、国际储备构成的历史回顾

国际储备构成的具体内容，在不同的历史时期有所不同。在国际金本位制时期，黄金是一国国际储备的主要内容；随着英镑地位的加强，英镑逐渐成为各国国际储备的主要组成部分，形成了黄金—英镑储备体系。第二次世界大战后，根据布雷顿森林会议建立的国际货币基金组织的协定规定，黄金是国际储备的基础，美元按照黄金官价自由兑换黄金，并赋予其国际储备货币的特殊地位，形成了黄金—美元储备体系。20 世纪 70 年代初期，布雷顿森林货币体系崩溃后，美元继续作为国际储备货币，但由于浮动汇率制取代固定汇率制，美元汇率极不稳定，世界各国为减轻持有单一货币外汇资产的风险，逐步代之以采取分散持有几种相对稳定的货币作为外汇储备，从而进入了一个国际储备货币多元化的时期。

国际储备货币构成出现多元化局面的根本原因是由于世界各国经济发展的不平衡，国际储备货币多元化对世界经济的发展既带来了有利的一面，同时又产生了诸多的负面影响。

想一想

结合所学世界历史的相关知识，考虑国际储备的历史构成为什么会出现黄金—英镑—美元—国际储备货币多元化的发展历程？

分析： 主要考虑货币形式的发展过程（金属货币—纸币）及世界各国经济实力在不同历史阶段的消长情况。

相关链接

多元化国际储备体系产生的主要原因

“特里芬难题”的出现

“特里芬难题”的出现及其补救措施的失败，是促使国际储备体系多元化的一个重要原因。“特里芬难题”描述了这样一个难以两全的矛盾现象：一方面，储备货币发行国即美国要满足世界各国对储备货币的需求，其国际收支就会发生逆差，而国际收支逆差又会降低该储备货币的信誉，导致储备货币危机；另一方面，储备货币发行国美国要维持储备货币信誉，则必须保持国际收支顺差，而国际收支顺差又会断绝储备货币的供给，导致他国国际储备的短缺，最后影响国际清偿力。由于最初揭开这个矛盾现象的是美国经济学家罗伯特·特里芬，因此这一矛盾现象被称为“特里芬难题”。为解开这个难题，国际货币基金组织于1969年10月创设了特别提款权，试图以此作为国际储备资产的补充，减轻不断增长的国际储备需求对美元的压力，缓和美元危机，并最终取代黄金和美元而成为中心储备货币。但由于特别提款权的“纸黄金”性质以及其他局限性，这一措施未能从根本上解决这个“难题”，美元危机仍不断产生。据统计，从1960年10月爆发第二次世界大战后第一次美元危机，至1973年2月美元第二次贬值为止，全球先后共发生了10次美元危机。美元危机又反过来削弱了美元的信用，进一步加剧了人们对美元储备的心理预期，只要外汇市场一有风吹草动，人们就会抛售美元，去寻找新的国际储备来源。

日元、马克等货币地位的上升

随着第二次世界大战后日本、西欧经济的恢复与发展，这些国家的货币也被人们不同程度地看好而成为硬通货。当美元信用逐渐削弱而使美元危机迭现时，这些硬货币也就成了人们作为中心储备货币的最佳选择。因此，许多国家在预期美元贬值时，就纷纷将美元储备兑换成日元、瑞士法郎等硬货币，甚至还抢购黄金，从而使国际储备资产分散化和多元化。

西方主要国家国际储备意识的变化

一个储备体系的建立，除必须具备一定的客观条件外，还必须具备一定的主观条件，这个主观条件主要是指各国对国际储备的意识。多元化国际储备的形成很大程度上是受这一意识的变化推动的，表现在：

(1) 美国愿意降低美元的支配地位。

(2) 日本等硬货币国家愿意把本国货币作为中心储备货币。

保持国际储备货币的价值

从1973年开始，浮动汇率制成了国际汇率制度的主体，随之而来的是汇率剧烈波动，且波幅很大。为了防止外汇风险，保持储备货币的价值，各国就有意识地把储备货币分散化，以此分散风险、减少损失。这种主观保值行为也推动了国际储备体系走向多元化。

三、国际储备的形式

(一) 国际储备资产的概念和特点

国际储备资产（International Reserve Assets）是指一国官方持有的用于国际支付和维持本国货币汇率的流动性资产。这些流动性资产就是国际储备外在表现的具体形式。

国际储备资产应具备以下特点：

(1) 它必须为一国货币当局所持有，而不是为其他机构或经济实体所持有。

(2) 它必须具有流动性，即能够进行转移和转换。

(3) 它必须能为各国所普遍接受。

(二) 国际储备的四种形式

根据国际货币基金组织的规定，一国的国际储备主要由四种形式的储备资产构成：黄金储备，即由货币当局持有的储备黄金；外汇储备，即货币当局所能控制的国外可兑换货币存款和其他短期金融资产；在国际货币基金组织的储备头寸；国际货币基金组织分配给成员未动用的特别提款权。

1. 一国货币当局持有的黄金储备

黄金是世界货币，黄金储备“天然”地具备国际储备的主要特点，因而是最早也是最重要的实际储备资产。尤其在金本位制时代，黄金是最理想的国际流通手段和国际储备资产。第二次世界大战后，随着以美元为中心的国际货币制度的建立，美元、英镑和西方其他自由兑换货币相继成为各国储备的主要对象，从而导致黄金在各国储备资产中所占的比重不断下降。20 世纪 70 年代后，随着美元与黄金脱钩及黄金非货币化程度的加大，黄金的地位进一步被削弱。

但是，黄金作为国际储备的历史使命还将持续相当长的一个时期，目前世界各国仍把黄金作为国际储备构成的重要组成部分，这主要是因为它有高于其他任何储备资产的安全性。这表现在两个方面：一方面，在纸币本位制下，黄金是一种最可靠的保值手段，因为它可以避免通货膨胀带来的贬值风险，每当国际金融市场上某种货币疲弱或危机时，有关国家都争相抛售疲弱的货币而购进黄金或其他较坚挺的国际货币进行保值。另一方面，黄金直接就是一种价值实体，可以完全不受任何超国家权力的支配和干扰，所以持有黄金储备就成为维护本国主权的一个重要手段，这就是所谓的“弹药库”动机（“War-chest” Motive）。

2. 一国货币当局持有的外汇储备

外汇储备主要是指成员货币当局持有的流动性较高的自由外汇资产，具体包括一国货币当局所持有的可以自由兑换的外币及其短期金融资产，而不是政府持有的一切外币资产。能够成为外汇储备的货币称为储备货币。在历史上被最广泛地用作储备货币的是英镑和美元，20 世纪 70 年代后，储备货币走向多样化，如美元、日元、瑞士法郎、欧元等成为主要的国际储备货币。

3. 储备头寸

储备头寸（Reserve Position）是指成员在 IMF 中的债权头寸，等于成员以外汇储备资产向 IMF 认缴其份额的 25%部分而产生的对 IMF 的债权，以及 IMF 用去的本国货币持有量部分。按照 IMF 的规定，加入 IMF 的国家须按一定份额缴纳一笔钱，称为份额。份额中 25%用可兑换货币和特别提款权（《牙买加协议》生效前是黄金）缴纳，另外 75%用本国货币缴纳。当成员发生国际收支困难时，有权向 IMF 申请可兑换货币贷款，称为普通贷款，即成员拥有普通提款权。贷款最高限额可达成员所缴份额的 125%，分为五档，每档 25%。第一档由于是成员认缴的可兑换货币，因此条件较宽松，成员只要提出申请便可提用，是一种无条件贷款，这一档称为储备部分提款权。其余四档使用条件逐渐严格，称为信用提款权，是成员以本国货币为抵押，在 IMF 借入储备。储备头寸等于成员以可兑换外汇资产向 IMF 认缴其份额的 25%部分而产生的对 IMF 的债权，再加上 IMF 用去的本国货币持有量部分而产生的对 IMF 的债权。

正是因为储备头寸是成员在 IMF 中的债权头寸，具有债权性质，因此，IMF 各成员可以无条件地提取以用于弥补国际收支逆差。一国若要使用其在 IMF 的储备头寸，只需向 IMF 提出要求，IMF 便会通过提供另一国的货币予以满足。

4. 特别提款权

特别提款权（Special Drawing Rights，SDRs）是相对于普通提款权而言的，是 IMF 创造的无形货币，是 IMF 分配给成员的一种用来补充现有储备资产的手段，是成员在

IMF的账面资产。因为它是普通提款权即储备头寸以外的一种特别使用资金的权利，故称特别提款权，又名纸黄金（Paper Gold）。它也是一国国际储备的重要组成部分。

IMF于1969年创设特别提款权，并于1970年按成员认缴份额开始向参加特别提款权部的成员分配特别提款权。迄今为止，IMF已分配约214亿特别提款权。特别提款权作为各国国际储备资产的补充，与其他储备资产相比，具有以下几个特点：第一，特别提款权获得更为容易。普通提款权的获得要以成员的缴足分摊额（份额）为条件，而特别提款权是由IMF按参加成员的分摊额予以“分配”的，不需要缴纳任何款项，且这项权利的动用也不必事先定什么协议或事先审查。第二，普通提款权的融通使用需要按期偿还，而特别提款权无须偿还，是一种额外的资金来源。第三，特别提款权是一种有名无实的资产，虽然被称为“纸黄金”，但不像黄金那样具有内在价值，也不像美元、英镑那样以一国政治、经济实力作为后盾，而仅仅是一种用数字表示的记账单位。第四，特别提款权仅仅是一种计价结算工具，不能直接作为流通手段。

根据以上分析可知，特别提款权是一种依靠国际纪律创造出来的储备资产，它的分配是无偿的，它具有价值尺度、支付手段、储藏手段等职能，但不具备流通手段的职能，不能被私人直接用于国际商品的流通，因此，它还不是一种完全的世界货币，至今未能成为国际货币制度中的主要储备资产。

当某一成员发生国际收支逆差时，可以动用特别提款权，把它转让给另一成员，换取可兑换货币，弥补逆差，并且可直接用特别提款权偿还IMF的贷款。

想一想

2016年10月1日，人民币正式进入国际货币基金组织（IMF）特别提款权（SDR）货币篮子，人民币正式加入了SDR货币篮子，成为第三大权重货币——美元（41.73%）、欧元（30.93%）、人民币（10.92%）、日元（8.33%）、英镑（8.09%）。人民币加入SDR既是国际社会对中国改革开放成就的认可，也是我国推进人民币国际化、积极融入国际经济金融体系的重要里程碑。特别提款权货币篮子的扩大对于特别提款权、基金组织、中国和国际货币体系都是一个重要的、历史性的里程碑。对基金组织来说，这也是一个重大变化，因为这是自欧元采用以来第一次将一种货币增添到篮子中。

1. 什么是SDR

SDR是特别提款权（Special Drawing Rights）的缩写，其含义是兑换“可自由使用”货币的权利。它是国际货币基金组织（IMF）于1969年创设的一种补充性储备资产，与黄金、外汇等其他储备资产一起构成国际储备。SDR也被IMF和一些国际机构作为记账单位。

在创设之初，SDR与美元等价。布雷顿森林体系崩溃后，IMF于1974年启用SDR货币篮子。2015年审查前，SDR货币篮子包括美元、欧元、英镑和日元四种主要国际货币。2015年11月30日，IMF执董会认定人民币为可自由使用货币，决定将人民币纳入SDR货币篮子。由于这是历史上第一次增加SDR篮子货币，为给SDR使用者预留充裕时间做好会计和交易的准备工作，新的SDR篮子生效时间被定为

2016年10月1日，新的SDR汇率计算方法在2016年9月30日开始执行。根据2016年9月30日的汇率，1单位SDR相当于1.395 810美元。

2. 成为SDR篮子货币的标准是什么？人民币达标情况如何？

当前SDR审查包括两个标准：一是出口，即某个国家或地区在考察期前5年中的货物和服务出口量居世界前列；二是该货币“可自由使用”，即在国际交易支付中被广泛使用和在主要外汇市场上被广泛交易，实践中主要通过货币在全球外汇储备、国际银行业负债、国际债务证券、跨境支付、贸易融资中的比重及在主要外汇市场的交易量等指标来衡量。

2010年SDR审查时中国已满足出口标准。过去几年中，人民币国际化迅速发展，可自由使用程度不断提高。基于各项评估指标，基金组织执董会决定将人民币纳入SDR货币篮子。

3. 什么是“可自由使用”货币？

“可自由使用”是指在国际交易支付中被广泛使用和在主要外汇市场上被广泛交易，实践中主要通过货币在全球外汇储备、国际银行业负债、国际债务证券、跨境支付、贸易融资中的比重及在主要外汇市场交易量等指标来衡量。

货币的“可自由使用”和资本项目可兑换是有关系但不同的两个概念。货币的“可自由使用”关注的是货币的国际使用和交易，只要求满足“广泛使用”和“广泛交易”两个标准，与资本项目的开放与管制无关，也并没有对IMF资本项目分类中的7大项40小项的开放程度提出具体要求。但是一国货币存在的资本管制过多，势必会影响该国货币在国际上使用和交易的范围。因此，“可自由使用”的标准实际上隐含了对一定水平的资本项目可兑换的要求。

4. 新SDR篮子的货币权重是多少？

IMF计算SDR篮子货币权重的公式由贸易和金融变量组成，以反映货币在世界贸易和金融体系中的相对重要性。新SDR货币篮子中，人民币权重为10.92%，美元、欧元、日元和英镑的权重分别为41.73%、30.93%、8.33%和8.09%。

5. SDR汇率是如何确定的？

SDR的价值一般表示为其对美元的汇率，该价值每天确定一次，在基金组织网站公布。根据基金组织规定，SDR汇率由伦敦市场每日中午12点篮子货币对美元的市场汇率与篮子货币的数量相乘之和计算得出。SDR对其他货币的汇率则由SDR对美元的汇率和美元对该种货币的代表性汇率套算得出。其中人民币代表性汇率是中国外汇交易中心公布的下午4点人民币对美元的参考汇率。

6. SDR利率是怎么确定的？

IMF每周五计算和发布SDR利率，计算方法是SDR篮子货币的货币市场三个月期债务工具代表性利率的加权平均。人民币入篮后，中国三个月期国债收益率作为人民币代表性利率参与SDR利率计算。基金组织同时规定SDR利率的下限为0.05%，即如加权计算得出的SDR利率低于该值，则采用0.05%的利率。

7. 现有SDR的规模和使用情况如何？

IMF按成员国份额对所有成员分配SDR，以补充成员的储备资产。IMF曾于1970—

1972 年、1978—1981 年进行过两次 SDR 普通分配。2007 年全球金融危机爆发后，为更好应对危机，IMF 于 2009 年分配了 1 826 亿 SDR。

SDR 主要用于 IMF 成员与 IMF 以及国际金融组织等官方机构之间的交易，包括使用 SDR 换取可自由使用货币、使用 SDR 向 IMF 还款、支付利息或缴纳份额增资等。

问：人民币加入 SDR 对人民币国际化有哪些影响？

四、国际储备的作用

（一）弥补国际收支逆差

理论与经验证明，当一个国家在国际交易中出现出口减少或因特大自然灾害以及战争等突发情况而造成临时性国际收支逆差，而这部分逆差又无法依靠举借外债来平衡时，人们首要的选择就是动用国际储备来弥补此逆差。这样，既可维护本国国际信誉，又可避免事后被迫采取诸如限制进口等“削足适履”的措施来平衡逆差而影响本国经济的正常发展。此时，运用部分国际储备来平衡逆差，会减轻逆差国政府为平衡国际收支而采取的一些剧烈的经济紧缩政策对国内经济所产生的负面影响，国际储备在此可以起到缓冲作用。但是，如果一国国际收支出现根本性的不平衡，动用国际储备并不能彻底解决问题，相反，会导致国际储备的枯竭。因此，当一国经济因政策失误或经济结构不合理而造成国际收支持续性逆差时，对包括外汇储备在内的储备资产的动用必须谨慎进行。

（二）支持本国货币汇率

许多国家专设了外汇平准基金，持有一定量的国际储备，以保证干预外汇市场的资金需要。外汇平准基金一般由外汇、黄金和本国货币等构成，当某一时期外汇汇率持续上升、本币汇率持续下跌时，就通过平准基金在外汇市场上卖出外汇、买进本币；反之则卖出本币、买入外汇，以此稳定汇率。由于外汇平准基金也并非取之不尽，因此，当一国国际收支发生根本性或长期性失衡并使汇率持续升跌时，对平准基金的运用必须谨慎进行。

（三）提高本币地位

一般来说，一国包括外汇储备在内的国际储备充足，表明该国弥补国际收支逆差、维持汇率稳定的能力强，国际社会对该国货币的币值与购买力也充满信心，因此，在国际外汇市场上愿意持有该国货币，该国货币会走向坚挺，成为硬货币，该国货币的地位和信誉也会因此而提高。例如，第二次世界大战后美国的黄金储备多达 245 亿美元（约70 000万盎司），约占西方各国黄金储备总额的 3/4，在其支持下，美元地位十分坚挺，美元成为当时货币体系下的中心货币。但随着美国国际收支不平衡的加剧，美国的黄金储备逐渐减少。在 1971 年美元第一次贬值后，美国黄金储备更是缩减至仅剩 102 亿美元（约 29 142 盎司），而同期美国的对外短期债务猛增至 678 亿美元，黄金储备还不到对外短期债务的 17%，远远不能满足其他国家官方美元储备向美国兑换黄金的要求。黄金储备的逐渐流失，不但使布雷顿森林货币体系的主要根基发生了动摇，而且也使其他国家对美国是否有能力维持美元的地位和稳定美元的购买力产生了怀疑，人们对美元的信心不足，美元信誉下降。当然，这里必须注意，国际储备是否充足是影响一个国家货币地位的一个因素，但不是唯一的因素。

（四）增强国际清偿力，提高向外借款的信用保证

一国所拥有的国际储备数量的多少，是一个国家国际清偿力强弱的一个重要体现。国际储备多，就意味着国际清偿力高；国际清偿力高，该国向外借款的保证就得到加强，同时也表明该国金融实力和国际地位的提高。尽管从理论上讲，一国国际清偿力高就无须向外借款，但由于各种资金用途的不同以及借款者的看法不同，一个国家不管其国际清偿力是高还是低，都会或多或少地向外借款。事实上，一国持有的国际储备尤其外汇储备的状况，一直是评定一个国家偿债能力和资信的重要指标之一。

（五）获取国际竞争优势

国际储备是国家财产，是国际清偿力的象征，因此一国持有比较充裕的国际储备，就意味着这个国家有力量左右其货币的对外价值，即有力量使其货币汇率升高或下降，由此获取国际竞争优势。如果是中心储备货币国家，拥有较充分的国际储备，对支持其货币的国际地位至关重要。

做一做

黄金除作为国际储备资产构成的重要组成部分外，其主要需求和作用还有哪些？

分析：黄金的主要需求和作用还有以下三方面：

第一，保值与避险需求。在通货膨胀上升的时期（负利率时代），为了避免货币购买力的损失，实物资产包括不动产、贵金属（黄金、白银等）、珠宝、古董、艺术品等往往会成为资金追逐的对象。由于黄金价值的永恒性和稳定性，作为实物资产即成为货币资产的理想替代品，发挥着保值的功能。另外，在局势动荡、政局不稳的时期，必然伴随着该地区国家货币的贬值；在政局更替的情况下，手中持有的货币甚至会变得一文不值。因此黄金价值高、易储存、流动性高和被普遍接受的特点使其替代货币成为财富的理想载体，发挥着避险的功能。比如在美国入侵伊拉克前夕，中东地区掀起了抢购黄金的浪潮。但单纯存储黄金的行为没有利息收益，而且还需要支付存储保管费用，因此众多黄金衍生工具随之诞生。

第二，用作珠宝装饰。黄金历来是财富和身份的象征，近年来，黄金在珠宝装饰领域的需求呈快速增长的趋势。随着亚洲国家人民生活水平的提高，亚洲成为黄金消费增长最快的地区。据世界黄金协会的统计数据，2004 年黄金消费需求大幅上升 7%，其中全球最大的黄金市场印度的消费需求增长 17%，中国的消费需求上升 13%，主要是珠宝商和零售投资的需求。

第三，在工业与科学技术上的应用。黄金具备独一无二的完美的性质，它具有极高的抗腐蚀性、良好的导电性和导热性；金的原子核具有较大的捕获中子的有效截面，对红外线的反射能力接近 100%；合金具有各种触媒性质；金还有良好的工艺性，极易加工成超薄金箔、微米金丝和金粉；金很容易镀到其他金属和陶器及玻璃的表面上；在一定压力下金容易被熔焊和锻焊；金可制成超导体与有机金等。正因为有这么多有益性质，使它有理由被广泛应用到最重要的现代高新技术中去，如电子技术、通信技术、宇航技术、化工技术、医疗技术等。

拓展阅读

外汇储备的负面影响和国际储备资产的来源

一、外汇储备的负面影响

外汇储备是指由各国官方持有的，可以自由支配和自由兑换的储备货币，是一国国际储备的主要组成部分和国家宏观调控实力的重要标志。外汇储备除发挥正面作用外，其规模的急剧扩大对经济发展会产生许多负面影响。

（一）损害了经济增长的潜力

一定规模的外汇储备流入代表着相应规模的实物资源的流出，这种状况不利于一国经济的增长。如果我国外汇储备的超常增长持续下去，将损害我国经济增长的潜力。

（二）带来了较大的利差损失

据保守估计，以投资利润率和外汇储备收益率的差额即2%来看，若拥有6 000亿美元的外汇储备，年损失高达100多亿美元。如果考虑到汇率变动的风险，这一潜在损失会更大。另外，很多国家外汇储备构成中绝大部分是美元资产，若美元贬值，则该国的储备资产也将严重缩水。

（三）存在高额的机会成本损失

我国每年要引进大约500亿美元的外商投资，为此国家要提供大量的税收优惠；同时，我国又持有6 000多亿美元的外汇储备闲置不用。这样，一方面国家财政收入会减少，另一方面老百姓省吃俭用借钱给外国人花，其潜在的机会成本不可忽视。

（四）削弱了宏观调控的效果

在现行外汇管理体制下，央行负有无限度对外汇资金回购的责任，因此随着外汇储备的增长，外汇占款投放量不断加大。外汇占款的快速增长不仅从总量上制约了2004年以来宏观调控的效力，还从结构上削弱了宏观调控的效果，并进一步加大了人民币升值的压力，使央行调控货币政策的空间越来越小。

（五）影响对国际优惠贷款的运用

外汇储备过多会使我国失去国际货币基金组织的优惠贷款。按照国际货币基金组织的规定，外汇储备充足的国家不但不能享受该组织的优惠低息贷款，还必须在必要时对国际收支发生困难的其他成员提供帮助。这对我国来讲，不能不说是一种浪费。

二、国际储备资产的来源

（一）收购黄金

收购黄金包括两个方面：(1) 一国从国内收购黄金并集中至中央银行；(2) 一国中央银行在国际金融市场上购买黄金。不过，因黄金在各国日常经济交易中使用价值不大，加上黄金产量也有限，因此，黄金在国际储备中的比重一般不会增加。

（二）国际收支顺差

国际收支顺差也包括两个方面：(1) 国际收支中经常项目的顺差。它是国际储备的主要来源。该顺差中最重要的是贸易顺差，其次是劳务顺差。目前，劳务收支在各国经济交往中的地位不断提高，许多国家的贸易收支逆差甚至整个国际收支逆差都利用劳务收支顺差来弥补。在不存在资本净流出时，如果一国经常项目为顺差，则必然形成国际储备；在不存在资本净流入时，如果一国的经常项目为逆差，则必然使国际储备减少。(2) 国际收支中资本项目的顺差。它是国际储备的重要补充来源。目前国际资本流动频繁且规模巨大，当借贷资本流入大于借贷资本流出时，就形成资本项目顺差。如果这时不存在经常项目逆差，这些顺差就形成国际储备。这种储备的特点是由负债所构成，到期必须偿还。但在偿还之前，可作储备资产使用。当一国的借贷资本流出大于借贷资本流入时，资本项目必然发生逆差，如果这时有经常项目逆差，则国际储备将会大幅减少。

(三) 中央银行干预外汇市场取得的外汇

中央银行干预外汇市场的结果也可取得一定的外汇，从而增加国际储备。一方面，当一国的货币汇率受供求的影响而有上升的趋势或已上升时，该国的中央银行往往就会在外汇市场上进行公开市场业务，抛售本币，购进外汇，从而增加本国的国际储备；另一方面，当一国的货币汇率有下浮趋势或已下浮时，该国就会购进本币、抛售其他硬货币，从而减少本国储备。一般来说，一个货币汇率上升的国家，往往是国际收支顺差较多的国家，因此，没有必要通过购进外汇来增加已过多的外汇储备，但由于共同干预的需要，各国会自觉或不自觉地增加本国的外汇储备。

单元二　国际储备管理

课前思考

国际储备的最优数量应如何确定？如何进行管理？

一、国际储备水平管理

国际储备水平管理，是指一国根据自身经济发展的需要，确定一个包括黄金、外汇及其他资产在内的储备总量。这个总量的确定，既要满足国际支付、干预市场等方面的需要，又不至于过多而造成储备资产浪费或低效运行。也就是说，国际储备水平管理的核心，是确定一国一定时期最适度的国际储备量。一国国际储备过多或过少均会带来不良后果，一国必须果断采取措施予以调整。

(一) 影响适度国际储备量的主要因素

1. 经济活动规模

经济活动规模可用国民生产总值来体现。从理论上讲，如果一国的经济活动规模大，而该国又不是储备货币发行国，则其会增加国际储备需求；反之，如果一国的经济活动规模小，就会减少国际储备需求。一般来说，国际储备多少与一国经济活动的规模成正比。

2. 国际收支差额

国际储备的主要作用之一是弥补国际收支逆差，因此，一国的国际收支状况对该国的储备需求具有决定性的影响。一方面，一国国际储备需求与其国际收支逆差呈正方向变化：逆差出现的频率越高，数额越大，对国际储备的需求量也就越大；另一方面，一国国际储备需求与其国际收支顺差呈反方向变化：一国若出现持续性顺差，对国际储备的需求就相应地逐渐减少。如果一国国际收支平衡，则国际储备维持正常状况即可。多数发展中国家因受经济结构不平衡、经济政策失当以及不合理的国际经济秩序的影响，国际收支出现逆差，迫使它们提高国际储备需求水平。

3. 外汇管制与汇率制度的安排

如果一国经济开放度低，对外实行严格的外汇管制，一切外汇收支都按计划或须经批准，则用汇量必然受到限制，在这种情况下，对外汇储备的需求一般会小些；反之，对外汇储备的需求会大些。与外汇管制相关的措施，便是一国对汇率制度的安排。

前已述及，外汇储备的一个主要作用是平衡国际收支，另一个主要作用是干预汇率，因此，储备需求与汇率制度是密切关联的。即一国无论是实行固定汇率制，还是实行浮动汇率制，都会影响到国际储备需求水平。例如，在一国实行固定汇率制的情况下，由于汇率的波动受到事先约定的波幅的限制（波幅较小），且一国不愿意经常性地改变汇率水平，则该国金融当局就有干预外汇市场的义务。如果一国实行管理浮动汇率制，则政府的灵活性较大。但若此制度下汇率波动次数过多、幅度过大，一国货币当局为了不让汇率变动伤及本国的经济，也会进行干预。实际上，迄今为止，世界上还没有一个国家真正实行过彻底的自由浮动汇率制，当今世界汇率制度的主流是管理式浮动汇率制，加上现实中汇率频繁波动，因此各国对市场的干预时时存在，并且因“热钱”（Hot Money）等投机的全球化，单靠某个国家已无法对外汇市场进行有效的驾驭，因此一个国际性的干预机制——联合干预逐渐形成并日趋成熟。可见，即使在较为灵活的汇率制度下，保持适度的外汇储备也是必需的。

4. 对外资信与融资能力

一般来说，一国有良好的对外信誉和形象，可以在必要时较容易或迅速地筹措到各种外汇资金，那么，该国对储备的需求会小些；反之，对储备的需求会大些。与此相关，一国在国际金融市场上的融资能力与储备需求也存在密切关系。如果一国有能力通过各种方式（借款、发行债券、设立基金、争取国际金融组织优惠贷款等）获得所需的资金，就可补充其国际清偿力、抵消可能出现的资金缺口，从而对储备的需求减少；反之，对储备的需求相应增加。可以说，储备需求与对外资信及融资能力呈负相关关系。从发展中国家来看，由于其对外资信较差、融资能力较弱，因此其对储备的需求是主动而强烈的，但是正因为其资信较差、融资能力较弱，其在国际金融市场上并不容易获得所需要的资金，因此，对储备的需求更多的是“一厢情愿”，这是制约发展中国家发展的一个重要问题。至于解决的措施，目前在发展中国家有三条途径：一是吸收外商直接投资；二是签订区域性或多边互惠信贷协议；三是尽量争取国际货币基金组织和世界银行的支持。

5. 国际收支调节政策的成本和效果

弥补国际收支逆差的措施是多方面的。例如，在逆差时，可向外部融资，也可实行系列调节政策，即支出转换政策和支出削减政策，或者说通过紧缩的财政、货币政策（包括汇率政策）和贸易政策来平衡国际收支。

6. 持有储备的机会成本

持有储备实际上是成本与收益的统一。持有储备显然具有持有效益，如弥补国际收支逆差、干预汇率等，而且储备资产首先是一种外汇资产，存放在外国银行也有利息收入。但同时，储备资产又是一种外国实际资源的象征，不“贮藏”它而及时予以运用就可用于向国外购买生产必需品或消费品，也可用于进口物资推动经济增长与提高投资收益，而“贮藏”它就等于这段时间放弃对这种实际资源的使用权，丧失由此带来的效益。这就是持有储备的机会成本。可见，若一国持有储备的机会成本相对较高，则储备的需求量就应低些；反之，储备的需求量可相应高些。总之，一国储备需求与持有储备的成本呈负相关关系。

7. 金融市场的发达程度

金融市场是储备的重要来源渠道，发达的金融市场使得金融当局可通过市场操作获取所需的储备，也可以通过金融机构迅速地“借入储备”，即发达的金融市场存在一种迅速地把民间资金或社会资金转换为中央银行直接持有的机制，我们姑且称之为储备转换机制。因此，金融市场越发达，储备转换机制越完善，货币当局对储备的需求“冲动”就越弱；反之，货币当局对储备的需求“冲动”就越强。

8. 对外汇储备的经营与管理水平

一国如果具有系统和专业的经营与管理机构，就可以根据市场变化的要求，快速地决定某一时期本国需要的主要储备货币或对储备货币进行转换、组合，并确保储备在保值的基础上增值。该国的储备经营与管理水平较高，则该国可相对减少储备需求；反之，可相应地增加储备需求。

9. 与他国政府或国际性金融组织的协调程度

如果一国与他国或国际性金融组织在经济、金融、货币等方面的协调合作较好，可通过订立某些协议（如互惠信贷协议、备用信贷协议等）互相支持，则可减少储备需求；反之，会增加储备需求。例如，过去的欧共体（现称欧盟）各成员由于在关税、金融、货币等方面的政策与合作较为协调一致，不少国际收支和汇率上的问题可通过协商来解决，因此，它们的外汇储备并不多。

10. 是否为储备货币发行国

如果一国是储备货币发行国，则该国可直接用本国货币来支付短期逆差，也可对外直接投资去获取更高的投资报酬，从而降低对储备的需求；反之，则要增加储备需求。当今世界最重要的国际储备货币是美元、欧元、日元、英镑、瑞士法郎等。美国是世界上最重要的储备货币发行国，美元是 21 世纪最重要的储备货币，是关键货币，因此，尽管美国的国民生产总值最高、开放度与市场化极高，但其外汇储备并非最多。

此外，一定时期的偶发或突发事件的频率与重要程度，如战争、自然灾害、外交风波、贸易制裁以及重大的政治经济体制改革等，也会对储备需求产生不同程度的影响。对经济增长与当期收入水平的偏好、财富效应的高低、一国承受国际收支政策调节的能力以及与之相关的政府采用调节政策的意愿等因素，同样会对储备需求产生或多或少的影响。

（二）确定适度国际储备量的方法与模型简介

适度国际储备量是受多重因素影响的。在西方国际储备理论中，对储备需求的定量测算方法主要有三种，即利用经验法则的比例分析法、利用多元回归与相关分析建立的储备需求函数，以及确定适度储备量的成本-收益分析法。此外，还有货币学派分析法、标志分析法等。

1. 比例分析法

比例分析法（Ratio Approach）是一种简单的测量储备需求量的方法。该分析法的特点是把储备与某一个或某些数量相比，得出一个比例结果。此结果可以作为衡量储备是否适度的一个标准。早在 19 世纪初，人们就已运用该法来探讨储备需求的若干问题了，一些著名的经济学家亦从该法入手创立了影响颇为深远的储备需求理论。其典型代表人物是美国的经济学家罗伯特·特里芬，他认为储备需求会随着国际贸易的发展而增加，由此推导出储备对进口的比例可作为衡量国际储备充分性（Reserve Adequacy）的标准。1960 年，特里芬在其著名的论著《黄金与美元危机》中再次强调了该论点，提出了迄今仍有广泛影响的“一国储备量应以满足三个月的进口为宜”的结论，即被人们所称道的“特里芬法则”。该法则的特点是把储备与进口这个变量挂起钩来，因此，亦被称为储备-进口比例计算法。

比例分析法的最大优点是简便易行，但因选择的变量有限，因而计算的结果准确性不足，因此，该法可作为一种参考，不能作为唯一的衡量适度储备的标准。

2. 储备需求函数

从 20 世纪 60 年代后半期开始，一些西方经济学家广泛采用各种经济计量模型，对影响储备需求的各种因素进行回归与相关分析，构成储备需求函数，用以确定一国的储备需求量。其特点是系统考察影响储备的各因素及其对储备需求的作用力的大小。储备需求函数有三个模式，一是弗兰德斯（M. J. Flanders）模式，二是弗伦克尔（J. A. Frenkel）模式，三是埃尤哈（M. A. Iyoha）模式。

3. 成本-收益分析法

成本-收益分析法是 20 世纪 60 年代以来西方一些学者用以研究适度储备需求量的一种新方法。该法可以从全球的角度和一国的角度来分析储备的适度水平，一般情况下常用于后者。其特点是通过对一国持有储备的成本和收益进行分析，进而根据储备持有成本和收益的均衡求出储备的适度水平。它的主要代表人物是海勒（H. R. Heller）和阿加沃尔(J. P. Agarwal)，并形成了两种主要的分析模式：海勒模式和阿加沃尔模式。

4. 货币学派分析法

该分析法的主要观点是：国际收支不平衡本质上是一种货币现象，当国内货币供应量超过国内需求时，货币就会流向国外，从而引起国内现金余额的减少。由此推得，储备的需求主要取决于国内货币供应量的增减。该分析法在解释长期储备行为方面具有参考价值，但无法说明现实的储备水平。

5. 标志分析法

该分析法的主要观点是：储备短缺或过剩将对某些关键经济变量产生影响，这种影响通过国内货币供应量或通过特定的政策发生作用，因此，人们观察所执行的政策或某些关键性的经济变量，就可得出储备是否充分的结论。一般认为，紧缩性需求政策、利率上升、汇率下跌、进口限额和出口补贴等现象，是储备不充分的标志；反之，扩张性需求政策、利率下跌、汇率上升、进口自由化和控制资本内流的现象，是储备过剩的标志。国际货币基金组织也曾提出过储备不充分的客观指标。但要在实践中运用这些指标，并且使其数量化，是一个难题。该分析法所论的储备充分性和适度性的标志亦非由严格的理论模型导出，因而缺乏严密性。

二、国际储备结构管理

国际储备资产的构成是多种多样的，包括黄金、外汇、储备头寸以及特别提款权等。国际储备资产的结构管理，就是指对这些资产的管理，即确定这些资产之间的最佳构成比例，以应付各种国际支付，避免动荡多变的国际金融市场带来的风险。

（一）黄金储备比例的确定

黄金相对于其他储备资产有保值、安全可靠的优点：（1）黄金是唯一具有内在价值的储备资产。在纸币本位制条件下，以黄金作为储备资产，可以避免因通货膨胀而可能带来的贬值风险。有时，黄金价格随着通货膨胀而相应上升，从而保持原有的实际价值。因此，在世界性通货膨胀日趋严重或主要国家货币贬值日趋严重时，黄金储备是唯一的可靠的保值手段。这也是黄金储备的主要作用。（2）黄金是唯一可称为"社会的一般财富"的储备资产。（3）一国的黄金储备属于国家主权范围，可以自由支配，不受任何外国或超国家权力的干预。因此，持有黄金储备是维护本国主权的一个重要手段，人们称之为"弹药库"动机。20世纪60年代戴高乐执政期间，法国曾用美元向美国大量兑换黄金正是出于这种动机。其他储备资产，都是当作一种对外债权而用于国际支付，而且必须受债务国或负债的金融机构的信用和偿付能力的制约，因此，具有"内在的不稳定性"。在国际政治经济局势动荡时，这种不稳定性将十分突出。（4）黄金始终是唯一的最终国际支付手段。因此，各国都持有一定量的黄金储备。

黄金与其他储备资产相比，也有不足：（1）黄金不便用作日常的清算支付手段。因用黄金结算还要连带现金输送或拍卖等过程，远不如非现金结算迅速、方便。（2）黄金储备盈利性较低。黄金的主要作用是保值，缺乏盈利能力。与外汇相比，黄金自身不会增值，相反，持有黄金还需要支付贮藏费用。如果黄金要保值，只能依靠金价的上升。（3）黄金储备流动性弱。从20世纪90年代起，黄金已逐渐蜕化为一种缺乏流动性的资产，尤其在黄金非货币化后，如果想利用黄金干预市场，还必须"转弯抹角"——把黄金转换为外汇。这种转换既麻烦又增加转换费用，会形成额外的负担。

由于黄金储备有着上述三个缺点，因此，各国货币当局持有黄金的比例总的来说有下降的趋势。展望未来，估计各国货币当局仍会执行稳定或略有下降的黄金储备政策。

（二）外汇储备比例的确定

外汇储备比例的确定包含两重含义：一是外汇储备与黄金储备及其他储备资产的比例的确定；二是外汇储备中各种货币构成比例的确定，即最优结构的确定。前者在黄金储备比例确定后，也就基本上确定下来了；后者则较为复杂，尤其是储备货币多元化以来，美元、日元、欧元、英镑等各种储备货币并存，因此，怎样安排最佳比例的储备货币组合、避免遭受汇率变动可能带来的损失，就变得至关重要了。

1. 储备货币的品种选择

在一般情况下，应尽可能地增加硬货币的储备量、减少软货币的储备量。但还必须注意，并非硬货币保持得越多越好。这是因为：（1）硬货币的利率一般比软货币低，保持硬货币可避免汇率风险，但要损失一定的利息收入。因此，一国应先权衡"利息"与"风险"的得失，然后再确定持有何种货币及其量的大小。（2）一国储备货币中总是有"软"、有“硬”，如果是清一色的硬货币，到了支付时，还得兑换成软货币，这既会碰到汇率风险，也会增加一定的兑换费用。(3) 硬货币与软货币的区分又是相对的，即硬货币在某一时期可能会变“软”，如果全部保持硬货币，一旦硬货币变成软货币时，就要承受汇率损失了。因此，软、硬货币如何组合，还得以辩证的观点、运动的眼光，根据长期与短期的汇率波动状况作全面考察与选择。

2. 储备货币的汇率选择

各国货币当局应根据各种储备货币汇率变动的幅度进行选择。一般来说，应尽可能增加汇率波动幅度较小的货币储备量，减少汇率波动幅度较大的货币储备量。由于在短期内国际金融市场汇率变动频繁，加之政府的干预，因此汇率的变动趋势很难预测，这时，可以比较各种储备货币长期内汇率波动的平均幅度来选择，以减少汇率波动所带来的贬值风险。

3. 储备货币的需求选择

它包括两方面内容：一是指根据本国对外贸易结构和其他金融活动对储备货币的支付需求进行选择。对某种储备货币需求大，就尽可能增加其储备量；反之，就减少其储备量。二是指根据本国干预外汇市场、维持本国货币汇率稳定对储备货币的需求进行选择。一种货币用于干预市场多的话，就需多储备；反之，则少储备。一些储备货币发行国尽管能用本国货币支付逆差，但还要选择其他国家的货币作为国际储备，以备随时干预外汇市场之需。

由于外汇储备能够克服黄金储备的弱点，流动性大，盈利性高，因此，世界各国持有的外汇储备较之其他储备资产比例都较高，其中，仍以美元占最高比例，以下依次为欧元、日元、英镑等，只是美元的比例有不断下降的趋势，而其他货币则有上升之势。

（三）储备头寸和特别提款权比例的确定

各成员国分到的储备头寸和特别提款权的数量都取决于各国向国际货币基金组织缴纳的份额，且受国际货币基金组织的分配安排或控制，不能随意变更。20 世纪 80 年代以来，这两种储备资产在各成员储备资产总额中所占的比重始终未突破 9%，而黄金储备与外汇储备则达 90%以上。

三、我国的国际储备

（一）我国国际储备的构成及特点

我国于 1980 年正式恢复了在国际货币基金组织和世界银行的合法席位，和世界大多数国家一样，目前我国的国际储备资产同样由黄金、外汇储备、特别提款权和在国际货币基金组织的储备头寸四个部分组成。由于我国在国际货币基金组织中所占份额较低，特别提款权和储备头寸仅占我国国际储备的极小比例。在储备资产管理中，这两类资产各国都无法主动调整。整体来看，我国国际储备呈现以下特点。

1. 黄金储备的数量稳定

我国实行的是稳定的黄金储备政策，一定时期内的黄金储备数量也是比较稳定的。近年来，我国黄金储备有所下降。

2. 外汇储备的增长既迅猛又曲折

1979 年至 1992 年，我国的外汇储备由国家外汇库存和中国银行外汇结存两部分构成。

国家外汇库存是指国家通过中国银行兑进与卖出外汇相抵后的余额。中国银行外汇结存，实际是中国银行的运营资金，即中国银行的自有外汇资金，加上它在国内外吸引的外汇存款与对外借款，再减去它在国内外的外汇贷款与投资之后的余额。国家外汇库存实际上是我国货币当局持有的对外债权，而中国银行的外汇结存实际上是该行的对外负债。这与国际货币基金组织的统计口径有差距，因为一般国际上在计算一国的外汇储备时，通常不包括国家指定的商业银行在经营外汇业务时所形成的营运外汇结存，其原因在于这些国家的货币当局对这部分外汇资金无权进行无条件的使用。此后，我国的外汇储备增长迅猛。

3. 在国际货币基金组织中的储备头寸和特别提款权在我国国际储备中不占重要地位

这是因为，第一，外汇储备在我国国际储备中占有特别重要的地位；第二，我国经济实力不够强大，向国际货币基金组织缴纳的份额也不多，从而决定了我国持有的储备头寸与分配的特别提款权数量均不大。

4. 我国国际储备的作用正日益全面化

长期以来，我国国际储备的作用只限于弥补国际收支逆差和充当偿还外债的保证，而不具有充当干预资产的作用。从 1994 年 1 月 1 日开始，我国实行以市场供求为基础的、单一的、有管理的浮动汇率制度，中央银行通过向外汇市场吞吐外汇来保持人民币汇率的基本稳定。如 2003 年 1—2 月，人民银行每个交易日平均买进 7.2 亿美元。这表明，我国的国际储备也具有了充当干预资产的作用。当前巨额的外汇储备，也增强了人民币汇率稳定的预期。

（二）我国国际储备的水平管理

根据国际储备管理的普遍原理，我国国际储备的水平管理就是确定我国国际储备的适度规模并把国际储备控制在这一规模。理论上，国家外汇储备规模由外汇储备的需求与供给两方面决定。

由于我国国际收支中双项顺差（尤其是资本项目顺差）的持续性，外汇储备供给在相当长一个时期内是绝对充裕的。我国外汇储备供给曲线呈水平走势，即在外汇储备价格（相当于国内投资收益率）不变的情况下，外汇储备供给可以持续增加。而外汇需求又处于动态的发展进程中。较为全面地考察我国国际储备的适度规模，要考虑如下问题。

1. 在今后相当长的一段时期内，我国的外汇储备将保持较高水平

我国现行的有管理的浮动汇率制度虽然改变了过去在固定汇率制下汇率难以针对我国国际收支的日常变化做出自动经常性调整和浮动的状况，但由于外贸在我国经济发展中占有重要位置，而汇率水平对外贸的影响又较大，故相当长的时期内，我国将努力维持一个合理且相当稳定的汇率水平。但我国国际地位的不断提高及我国出口贸易的不断发展，加之外资进入我国的数量呈快速增长趋势，人民币面临的升值压力越来越大，人民银行通过外汇市场干预汇率的可能性亦大幅增加，从而外汇储备增加的趋势亦将维持一段时间。若人民币完全自由兑换后，在升值压力加大的情况下，人民银行通过外汇市场购进的外汇亦可能大幅度增加，从而为外汇储备的增加提供市场基础。

2. 我国外汇储备的合理规模是一个动态概念

外汇储备的合理规模随国家宏观经济运行相应变化。每年进口额、外债余额和对外直接投资（FDI）余额各不相同，导致外汇储备规模的基准值不断变动。实际上，对不同国家而言，由于其货币在不同国家的地位不同，以及所采取的汇率制度、面临的问题不同，

外汇储备的合理规模也不尽相同。就日本而言，日元升值使其面临巨大压力，日本货币当局频频干预外汇市场，导致其储备迅猛增长，即便日元是世界上的主要储备货币，其外汇储备量也是高居世界首位。而美国却仅有与其经济实力不相称的少量外汇储备。我国开放程度不断提高，经济规模与经济实力亦不断扩大，加之还处于市场经济发展与完善时期，因此，需要从动态的视角来看待中国的外汇储备。

3. 我国持有较大规模的外汇储备有利于经济发展

我国持有较大规模的外汇储备有以下几个原因：

（1）我国国际收支的不稳定性需要较高的外汇储备。随着中国经济的发展，能源进口将继续上升，而国际市场能源价格涨落不定，限制了我国对国际收支经常项目不平衡的调节能力，我国将更多地求助于资本项目和动用国际储备进行综合调节。因此，在我国外贸结构尚未发生根本性改善之前，保持较高的国际储备水平是必要的。

（2）为吸引外资、维持人民币汇率的稳定，需要较高的国际储备水平。目前利用外资在我国经济发展中占有重要的地位。为增强外资的信心，维持人民币汇率的稳定成为较为迫切的任务，而保持稳中有升的人民币汇率显然有利于外资的流入。随着资本市场的逐步开放、合格的境外机构投资者（Qualified Foreign Institution Investor，QFII）制度的推行，外资流入中的游资（短期资本）将增加，这部分资金可能对我国经济造成重大影响。这就决定了我国在制定今后的国际储备政策时，必须考虑到上述不利的影响，适当增加国际储备数量。

（3）祖国的完全统一需要较高的国际储备。香港回归之后，维持香港金融中心的繁荣稳定，既是一个经济问题，也是一个政治任务。香港与内地经济联系日益紧密，保持良好的国际收支状况、维持人民币汇率的稳定对于香港联系汇率的稳定是至关重要的。当金融市场出现剧烈动荡时，中央政府应香港特区政府要求可进行直接干预，这就要求有充足的国际储备做后盾。

此外，随着经常项目管制的大幅放松乃至取消，资本项目也在逐步放松管制，这使我国国际储备的需求不断增加。虽然我国已多次表示，人民币自由兑换没有时间表，但从长远发展来看，人民币自由兑换是大势所趋。由于我国是发展中大国，人民币的国际化将使我国面临许多未曾遇到的经济问题，较高的外汇储备持有量有助于人民币自由兑换的顺利实行。

4. 不能低估国际储备过高的负面影响

我国是一个发展中国家，目前面临的主要任务是加速经济发展。对于发展中国家而言，保持较大规模的国际储备等于放弃了相应的投资和消费需求，因而持有国际储备的机会成本比发达国家高，而国际储备对国际收支调节的边际效用却逐渐降低。因此，不适当地盲目扩大我国国际储备规模，不但会增加持有储备的机会成本，而且会在一定程度上限制我国经济的发展。此外，世界主要储备货币币值的大幅波动亦增大了我国的外汇储备风险。

总之，国际储备的适度规模是一个动态指标，其具体数量取决于一个国家不断变化着的国际收支的实际运行状况及决定国际收支变化的一切因素，故在考察和确定特定时期我国国际储备的适度规模时，必须充分考虑到同期我国国际收支的运行状况及变化趋势。

（三）我国国际储备的结构管理

1. 管理的对象

我国的国际储备包括黄金储备、外汇储备、特别提款权和在国际货币基金组织中的储备头寸，其中黄金和外汇储备是我国国际储备的主要构成要素。由于黄金储备相对稳定，不是导致我国国际储备总体规模和结构变化的主要因素，所以从一般意义上说，我国国际储备结构管理的对象仍是黄金、外汇、特别提款权和在国际货币基金组织中的储备头寸四个部分之间的构成比例和运行安排问题，但外汇储备的管理是结构管理的核心。当前我国外汇储备结构管理的对象主要是指对外汇库存的管理。

我国目前执行的是较为严格的结汇、售汇制，这使我国外汇储备结构管理具有一定的特殊性。按现行的外汇管理规定，我国绝大部分的贸易、非贸易外汇收支必须直接通过国家办理。在这种结汇制度下，我国外汇储备中的国家外汇库存部分实际上是我国国际收支的结余，它的变化包含了国家主动的对外汇储备的调节以及收汇、用汇部门被动的经常性外汇收支变化两个方面的因素，即我国经常性外汇收支的变化，直接表现在外汇储备数量的增减上。受经常性外汇收支变化因素的直接作用，我国外汇储备的变化幅度一直较大，国家主动调节的余地则较小。相对而言，西方国家没有严格的外汇管制，也不实行国家结汇制度，其经常性的外汇收支，一般是通过国内商业银行进行的，结余并不构成国家外汇储备。这些国家的外汇储备通常是指官方持有的、用于调节国际收支逆差的官方储备，其变化与国际收支差额没有直接的因果关系，而是官方主动调节的结果。

2. 管理的内容

（1）外汇储备的安全性管理。这主要是指为了防止外汇储备所面临的各种风险和实现外汇储备的保值而对以货币形式和投资形式所持有的外汇储备资产的币种结构进行管理。

（2）外汇储备的流动性管理。这主要是指为了保证国际收支的正常进行，同时防止外汇储备所面临的短期风险，而对各种形式的外汇储备资产期限结构进行组合管理，主要包括外汇债券和外汇存款的期限结构管理，以及在总体外汇储备资产币种结构一定的条件下，根据我国国际收支的变动情况、国际贸易方向和国际金融市场的变化，对储备资产的币种结构和债券一外汇存款结构进行适当的调整。

（3）外汇储备的盈利性管理。这主要是指在确定外汇储备总的币种结构和期限结构时，通过对外汇储备资产的各种形式（债券投资或存款）的收益率或利率进行分析比较，在保证外汇储备必要的安全性和流动性的基础上，适当考虑储备资产的收益结构或利率结构，使外汇储备资产能够在保值的基础上实现一定的盈利。

3. 管理的原则

（1）币种多元化，分散风险。必须保持多元化的货币储备，密切注意汇率变动的趋势，随时调整各种储备货币的比例，以分散汇率变动的风险。2001 年以来，我国逐步加大了欧元的比重，这是主动分散汇率风险的措施。2002 年以来，欧元逐步升值，体现了我们选择的明智。

（2）与所需相匹配。根据支付进口商品所需货币的币种和数量，确定该货币在储备中所占的比例。

（3）资产的安全性、收益性、流动性相结合。在选择储备货币的资产形式时，既要考虑它的收益率，又要考虑它的流动性和安全性。

拓展阅读

我国外汇储备过大可能带来的风险

一、承担高额的外汇储备成本

外汇储备是一种实际资源的象征，它的持有是有机会成本的。持有外汇储备的机会成本等于国内资本生产率减去持有外汇储备的收益率。由于官方储备资产的安全性是第一位的，各国的外汇储备一般投资于储备货币国家的短期国债，其收益率较低（第二次世界大战后平均为1%～2%），这相当于经济发展水平较低的国家（通常是大量储备外汇的国家）向经济发展水平较高的国家（储备货币的发行国）输出资本。如果中国在借入大量外债的同时持有巨额外汇储备，等于是以高价从国外借入资金，同时以低价将国内资金转到国外给外国人使用，其潜在的损失是明显的。进入21世纪以来，全球主要经济体进入低利率周期，全球金融市场投资收益率也处于低迷期，这些都使我国外汇储备的投资收益降低。同时，持有外汇储备表示暂时放弃了一定量实际资源的使用，从而也就丧失了将这些资源投入国内所引起的经济增长和收入水平的提高。

二、容易引发通货膨胀

外汇储备作为一种金融资产，它的变化自然会对国内的金融运行产生重大影响。由于我国事实上实行的是盯住美元的固定汇率制度，作为央行的中国人民银行担当了外汇市场上最终的市场出清者的角色。外汇储备的增多，使人民币的发放增多，因为官方储备是由货币当局购买并持有的，其在货币当局账目上的对应反映就是外汇占款，外汇占款是我国基础货币的主要构成部分。1994年汇率并轨以来，外汇储备的持续、快速增加，使得外汇占款成为央行投放基础货币的主要途径。外汇占款使央行投放基础货币相应增多，导致货币供应量增长过快，这对宏观经济运行和金融形势构成不利影响，给我国带来了中长期的通货膨胀压力。

三、加大人民币的升值压力

在现有的人民币汇率制度下，如果央行没有有效的资产来对冲过多的外汇占款，外汇储备的迅速增加会推动人民币不断升值。近段时间以来，不仅日本、美国等国家正在极力地鼓吹人民币升值，而且过去外逃的资金也有回流的迹象，甚至有国际游资"潜渡"中国，人民币面临升值压力。在目前出口是中国经济增长较大动力的情况下，出口竞争力的弱化会直接影响到国民经济增长速度，影响中国经济的可持续发展，所以人民币目前不宜大幅升值。从这个角度看，外汇储备也不宜过多。

四、增加储备资产管理的难度和风险

在金融全球化的今天，由于国际资本大规模地迅速流动，金融市场的利率与汇率波动十分剧烈，作为国家财富的外汇储备，它的规模过大也就会使国家财富处于巨大的风险之中，高额的外汇储备给储备资产的保值、增值管理带来了难度。因为我国外汇储备有相当部分以美元资产的形式存在，美元价值持续走低，会使较大比例持有美元的中国外汇储备缩水不可避免。外汇储备资产规模越大，其保值增值管理的难度就越大。

知识要点

国际储备是一国货币当局为弥补国际收支逆差、维持本国货币汇率稳定以及应付各种紧急支付而持有的、能为世界各国所普遍接受的资产。通常所讲的国际储备是狭义的国际储备，即自有储备。广义的国际储备由自有储备和借入储备构成。自有储备包括货币性黄金、外汇储备、在国际货币基金组织的储备头寸和特别提款权四种形式；借入储备由备用信贷、借款总安排、互惠信贷协议和一国商业银行的对外短期可兑换货币资产组成。由于资本主义发展的不平衡规律，国际储备货币出现了多元化局面，对世界经济的发展既带来了有利的一面，又产生了诸多的负面影响。国际储备的管理包括水平（量的）管理和结构（质的）管理两个方面，其中水平管理又包括需求和供给两方面。需求管理反映的是一国持有储备资产的愿望，其核心是确定适度的储备需求水平，这既要综合考虑影响一国国际储备需求的各种因素，如一国的国际收支调节机制、持有储备的机会成本、汇率制度的安排、金融市场的发达程度等因素，又要配合运用各种测算储备水平的方法。国际储备的供给管理，从根本上说，就是使国际储备的供给保持在最适度国际储备需求量的水平上。国际储备结构管理主要是指黄金储备与外汇储备的结构管理、外汇储备的币种管理与外汇储备的资产形式的管理三个部分。一国进行国际储备资产的结构管理时，应以统筹兼顾各种资产的安全性、流动性与盈利性为基本原则，重点在于外汇储备的币种管理与外汇储备的资产形式管理。我国的国际储备资产由黄金储备、外汇储备、特别提款权和在国际货币基金组织的储备头寸四个部分组成，外汇储备在我国储备资产中占绝对比例。我国储备资产的管理也包括规模管理和结构管理两个方面。

问题讨论

要求：一种观点认为：目前我国国际储备在规模上能够满足我国经济改革开放的要求，能够保证国际收支、汇率、国际支付的稳定，能够满足宏观调控和政治的需要，总体上是比较适宜的。另一种观点认为：不合理。中国目前最主要的国际储备是美元外汇，政府又用这些美元购买了美国国债，另外中国有600多吨的黄金储备，是否合理，需要从国际储备的作用和给中国带来的影响来看。请同学们分析目前我国的国际储备合不合理。

活动安排：分组讨论，各组派代表上台发言。

达标检测

一、基本概念

国际储备　国际清偿力　外汇储备　国际货币基金组织的储备头寸　特别提款权

二、填空题

1. 广义的国际储备可以用（　　）来表示，主要包括自有储备和（　　）两部分。

2. 按照国际货币基金组织的表述，一国的自有储备包括黄金储备、（　　）以及（　　）和（　　）四个部分。

3.（　　）作为国际储备资产已经有较长的历史，并经历了一个由盛转衰的过程。

4.（　　）是当今国际储备中的主体，是国际储备中最活跃的部分，同时也是各国国际储备资产管理的主要对象。

5. 各国对储备资产的管理主要包括（　　）管理和（　　）管理两个方面。

三、判断题

1. 国际储备的持有是以牺牲储备资产的流动性为代价的，因此一国持有适度国际储备是一种非理性的行为。（　　）

2. 国际清偿力是指自有储备与借入储备之和，即在自有储备的基础上加上一国的对外融资能力。（　　）

3. 国际货币基金组织中份额的25%应用本国货币缴纳，存放于本国中央银行。（　　）

4. 我国外汇储备币种构成不合理，其中美元储备量过大。（　　）

四、简答题

1. 简述国际储备与国际清偿力的关系。

2. 简述国际储备的作用。

3. 国际储备资产需要具备哪些特征？

五、选择题

1. 能够反映一国货币当局干预外汇市场的总体能力的是（　　）。

A. 自有储备　B. 国际清偿力　C. 借入储备　D. 狭义储备

2. 在国际金本位制时期，各国国际储备的主要内容是（　　）。

A. 美元　B. 英镑　C. 特别提款权　D. 黄金

3. 当今国际储备中的主体是（　　）。

A. 黄金　B. 外汇

C. 特别提款权　D. 国际货币基金组织的储备头寸

4. 目前各国外汇储备中最主要的储备货币是（　　）。

A. 英镑　B. 欧元　C. 美元　D. 法郎

5. 作为国际储备资产，必须具备的基本条件有（　　）。

A. 盈利性　B. 官方持有性　C. 高度流动性　D. 无条件获得性

E. 普遍接受性

模块六

国际信贷

案例导入

某省部分地市获得了大量日本政府贷款（日本国际协力银行贷款），然而由于该贷款资金前期的申请、审核和签约过程耗时较长，导致贷款资金到位时，工程已大部分完工。而根据日元贷款的相关规定，项目单位需要以有关的采购合同为依据申请提款，且资金会直接支付给供货单位。于是，项目单位与有关供货单位签订虚假采购合同，并以此合同申请提取贷款资金，供货单位收到款项后扣除约定的提成后将余款返还项目单位。由于原来的工程已基本完工，上述贷款资金被项目单位用于其他工程或者被当地政府部门调剂用于其他市政工程。上级有关主管机关发现该类问题后，根据《财政违法行为处罚处分条例》的有关规定，将该问题定性为“以虚报、冒领等手段骗取政府承贷或者担保的外国政府贷款”和“挪用政府承贷或者担保的外国政府贷款”，并将贷款资金收缴至省级财政。收缴上来的贷款资金存放在财政部门却不能用于其他任何项目，只用于到时还本付息。上述情况导致这部分日元贷款未能发挥应有的效用，也不利于地方政府利用外国政府贷款的积极性。

资料来源：http：//www.audit.gov.cn/n1992130/n1992150/n1992561/2507275.html.

学习目标

国际信贷是一国的银行、其他金融机构、政府、公司企业以及国际金融机构在国际金融市场上，向另一国的银行、其他金融机构、政府、公司企业以及国际机构提供的贷款。国际信贷反映了国家之间借贷资本的活动，是国际经济活动的一个重要方面。通过本模块的学习，你应该达到以下目标：

（1）具有国际信贷的理论素养，能够办理国际信贷业务。

（2）掌握国际金融机构贷款、政府信贷、国际商业银行信贷、对外贸易信贷基本知识。

（3）具有能够和国际信贷机构开展合作并取得贷款的能力。

单元一　国际金融机构贷款

课前思考

国际金融组织主要包括哪些？各自贷款的种类和特征有哪些？

国际金融组织在国际信贷活动中发挥着日益重要的作用。国际金融组织是指许多国家共同兴办的，为了达到某项共同目的在国际上进行金融活动的机构。

一、国际货币基金组织贷款

（一）国际货币基金组织贷款的特点

根据国际货币基金组织协定的规定，当成员发生国际收支不平衡时，国际货币基金组织对成员提供短期信贷。这些贷款具有下列特点：（1）贷款对象限于成员政府，国际货币基金组织只与成员的财政部、中央银行及类似的财政金融机构往来；（2）贷款只限于解决短期性的国际收支不平衡，用于贸易和非贸易的经常项目的支付；（3）贷款期限限于短期，属短期贷款；（4）贷款额度是按各成员的份额及规定的各类贷款的最高可贷比例，确定其最高贷款总额；（5）贷款方式是根据经磋商同意的计划，由借款成员使用本国货币向国际货币基金组织购买其他成员的等值货币（或特别提款权），偿还时，用特别提款权或国际货币基金组织指定的货币买回过去借用时使用的本国货币（一般称为购回）。

（二）国际货币基金组织贷款的分类

国际货币基金组织贷款的种类是有所发展的。国际货币基金组织早期的贷款一般推行“一个窗口”的办法，到1963年推出了补偿贷款，1969年又打开了第三个贷款窗口——缓冲库存贷款，1974年再设立中期贷款，创办石油贷款等第四个经常性窗口；20世纪80年代后，除了1979年设立了补充贷款外，从1981年起，不但着手制定并推行扩张信贷政策、扩大补偿贷款的范围，而且改进贷款条件，新增“储备份额”贷款（不必购回）优惠，将成员借债限额扩大到了该成员份额的200%等。

国际货币基金组织的贷款分为以下几种。

1. 普通贷款

普通贷款（Normal Credit Tranches）亦称普通提款权，是国际货币基金组织最基本的贷款，期限不超过5年，主要用于成员弥补国际收支逆差。贷款最高额度为成员所缴份额的125%。贷款分两部分，即储备部分贷款和信用部分贷款。前者占成员份额的25%，成员提取这部分贷款是无条件的，也不需要支付利息，但须用外汇或特别提款权缴纳的份额作保证；后者占成员缴纳份额的100%，共分四个档次，每档为份额的25%，成员申请第一档贷款比较容易获得，一般只需要制订出借款计划便可得到批准，而第二档至第四档属高档信用贷款，贷款条件较严格，成员要借取就必须提供全面、详细的计划，而且在使用时还必须接受国际货币基金组织的监督。

2. 中期贷款

中期贷款（Extended Credit）亦称扩展贷款，是1974年设立的，用于成员因在生产、贸易等方面存在结构性问题而进行较长期调整的一项专用贷款。其最高贷款额度为借款成员份额的140%，备用期3年，提款后第4年开始偿还，10年内还清。

3. 出口波动补偿贷款

出口波动补偿贷款（Compensatory Financing Facility 或 Compensatory Financing of Export Fluctuations）设立于1963年2月，最初规定，当成员因自然灾害等无法控制的客观原因造成初级产品出口收入下降从而发生国际收支困难时，在原有的普通贷款以外，可另行申请此项专用贷款；1981年5月又规定，当成员粮食进口价格超过前5年的平均价格而造成国际收支困难时，也可申请补偿贷款。该贷款最高限额为成员份额的100%，贷款期限为3～5年。1988年8月，国际货币基金组织再次通过了一个修改方案，将应急机制结合进原来的补偿贷款，并把贷款名称更改为补偿与应急贷款。成员在执行国际货币基金组织支持的经济调整计划中，如遇突发性、临时性的经济因素而造成经常项目收支偏离预期调整目标时，可申请该项贷款。这里突发性的经济因素主要是指出口收入、进口价格及国际金融市场利率等。该贷款最高限额为份额的95%，如果成员仅具备申请补偿性融资的条件，则最高限额为份额的65%，仅具备申请应急融资的条件，则最高限额为份额的30%。

4. 缓冲库存贷款

缓冲库存贷款（Buffer Stock Financing Facility）设立于1969年6月，是一种为帮助初级产品出口国家维持库存从而稳定物价而发放的贷款。贷款的额度最高为成员份额的50%，期限为3～5年。

5. 石油贷款

石油贷款（Oil Facility）是1974年6月至1976年5月期间，专门为解决因中东战争后石油涨价而引起的国际收支困难的资金需要而设立的一种临时性贷款。

6. 信托基金贷款

信托基金贷款（Trust Fund）设立于1976年1月，用于援助低收入的发展中国家。低收入发展中国家的标准是：1973年人均国民收入不足300特别提款权单位。此项贷款现已结束。

7. 补充贷款

补充贷款（Supplementary Financing Facility）设立于1977年4月，目的是帮助成员解决庞大的、持续的国际收支逆差。贷款期限为3年半至7年，最高借款额为成员份额的140%。1981年4月，该贷款全部承诺完毕。1985年5月，国际货币基金组织实施扩张借款政策，提供扩大贷款，其目的和内容与补充贷款相似。该政策规定，贷款额度最高为一年不超过份额的 95%～115%或 3 年不超过份额的 280%～345%。

8. 结构调整贷款

结构调整贷款（Structural Adjustment Facility）于 1986 年 3 月设立，旨在帮助低收入发展中国家通过宏观经济调整解决国际收支长期失衡的问题。该贷款条件优惠，年利率仅为 0.5%～1%，期限一般为 10 年，且有 5 年宽限期，贷款最高额为份额的 70%。成员要获取该贷款，必须有详细的经济调整计划，并且由国际货币基金组织或世界银行工作人员参与计划的制订，最后由国际货币基金组织核定批准。为了增强对低收入成员的资金援助，国际货币基金组织于 1987 年 12 月增设了“扩大的结构调整贷款”，其目的和条件与上述结构调整贷款基本一致，但贷款额扩大了，贷款最高额可达份额的 250%，在特殊情况下还可提高到份额的 350%。不过，国际货币基金组织对借款成员经济结构改革的计划要求较高，对贷款效果的监督也较严格。低收入成员最终能否获得此项贷款及贷款数额的大小，除取决于本国国际收支和收入水平外，还取决于该国本身与国际货币基金组织的合作程度以及对本国经济调整做出的努力。

9. 制度转型贷款

制度转型贷款（Systemic Transformation Facility）于 1993 年 4 月设立，其主要目的是帮助苏联和东欧国家克服从计划经济向市场经济转变过程中出现的国际收支困难，包括：（1）由计划价格向市场价格转变引起的收支困难；（2）由双边贸易向多边贸易转化引起的收支困难；（3）由游离于国际货币体系之外到融入该体系之内引起的收支困难。此项贷款最高额为份额的 50%，期限为 4～10 年。成员要想获取该项贷款，必须制订一项经济稳定与制度改革方案，内容包括财政货币制度改革和货币稳定计划、控制资本外逃计划、经济结构改革计划以及市场体系培育计划等，而借款国要想取得全部贷款，需要与国际货币基金组织充分合作，并做出切实有效的努力。

二、世界银行贷款

（一）世界银行贷款的原则

世界银行贷款遵循以下原则：（1）只贷给会员；（2）一般用于银行批准的特定项目；（3）只贷放给有偿还能力的国家；（4）申请国确实不能以合理条件从其他来源得到资金。

（二）世界银行贷款的特点

世界银行贷款具有如下特点：（1）贷款期限较长，短则数年，最长可达 30 年，平均约 17 年，宽限期 4 年左右。世界银行把借款国按其人均国民生产总值分为四类：第一类国家的人均国民生产总值在 410 美元以下。第二类国家的人均国民生产总值在 411～730 美元。这两类国家得到贷款期限为 20 年，宽限期 5 年。第三类国家的人均国民生产总值在 731～1 170 美元，贷款期限为 17 年，宽限期 4 年。第四类国家的人均国民生产总值在 1 171～1 895 美元，贷款期限为 15 年，宽限期 3 年。在实际执行中，可根据具体情况酌加调整。（2）贷款利率比较优惠。世界银行贷款利率参照资本市场，但一般低于市场利率，且实行的是固定利率。另外，世界银行对贷款收取的杂费很少，只对签约后未支用的贷款额收取 0.75%的承诺费。（3）借款国要承担汇价变动的风险。世界银行的贷款协定一般以美元为货币单位。当借款者提取贷款时，银行以它所持有的某种货币支付，按支付日的适用汇率折合成美元，从贷款承诺额中减除；借款者必须按原来提款时所使用的货币归还，并要承担这种货币与美元之间的汇率风险。(4) 贷款一般须与特定的工程项目相联系。(5) 贷款必须如期偿还，不能拖欠或改变还款日期。(6) 贷款一般只提供项目所需的外汇资金，占项目总投资额的 30%～40%，个别项目也可提高到 50%。(7) 手续严密，费时很长。从提出项目，经过选定、评定等阶段，到取得贷款，一般需要一年半到两年。

(三) 世界银行贷款的种类

1. 具体的投资贷款，即项目贷款

项目贷款是世界银行业务的主要组成部分，这类贷款占世界银行提供贷款的一半以上，通常用于发展中国家经济和社会发展的基础设施以及大型生产性投资。世界银行在农业和农村发展、教育、能源、工业、交通、城市发展和供水等方面的大部分贷款属于这一类，并由世界银行工作人员负责评估和监督完成。

2. 部门贷款

部门贷款又称行业贷款，包括部门投资贷款、金融中介贷款和部门调整贷款三种。这三种贷款的使用重点各有侧重。(1) 部门投资贷款的使用重点是改善部门政策和投资重点，以及增强借款国制订和执行投资计划的能力，如交通运输部门贷款、教育部门贷款、农业部门贷款等。其在项目安排、资金使用等方面比较灵活，贷款金额较高，支付速度较快，一般用款周期为 3～5 年。(2) 金融中介贷款的使用重点是面向开发金融公司和农业信贷机构的贷款，使用前提是双方必须就转贷对象的选择标准、转贷利率和加强组织机构的具体措施达成协议。世界银行十分强调金融机构在服务质量、转贷利率、机构建设等方面的竞争。(3) 部门调整贷款的使用重点是专门为支持某一具体部门进行全面政策和体制改革的贷款，但比结构调整贷款涉及的范围要窄，其前提是当借款国总体经济管理和改革状况或经济规模不允许进行结构调整时，可选用这类贷款。与前两种贷款不同，部门调整贷款的主要目的是支持某一部门的政策改革，通常为特定部门的进口提供所需外汇，并预先确定受益人或按双方商定的标准选择受益人，一般用款周期为 1～4 年。

3. 结构调整贷款

结构调整贷款又称纯政策性贷款，旨在支持和帮助借款国在宏观经济、部门经济和机构体制方面进行全面的调整和改革，以克服经济困难，特别是在国际收支不平衡时使用。这类贷款的使用有严格、苛刻的条件，若借款国未能按预定的条件执行，第二批贷款就停止支付。这类贷款执行期短，一般为 1～2 年。

4. 技术援助贷款

技术援助贷款旨在支持借款国有关制定和执行政策、参与经济发展战略规划的机构，或为大型投资项目准备实施和管理的机构用于咨询服务、研究课题和人员培训。这类贷款占世界银行贷款的 3%左右，一般用款周期为 2～5 年。

5. 紧急重点贷款

紧急重点贷款旨在帮助借款国应付自然灾害或其他灾难。贷款用于灾后的重建工作，以恢复生产、安定人民生活。

（四）世界银行贷款的程序

世界银行对借款国的贷款业务是从对借款国的经济考察工作开始的。根据《世界银行贷款协定和担保协定通则》的规定，世界银行有权对要求借款的会员的经济情况进行全面的考察。通过经济考察和与借款国政府的商讨，形成世界银行对该借款国全面的、长期的发展援助战略，包括援助的规模、条件以及援助的领域和部门等。

世界银行贷款有一套比较严格的程序，称为项目周期，共分六个阶段：

1. 项目的选定

在选定项目时，先由有关单位按其权限向国家计委报送项目建议书，经核定后报国务院审批立项，然后由国家发改委和财政部提出一批项目目录，与世界银行共同商定。

2. 项目的准备

项目的准备工作主要由借款国或借款机构负责进行，世界银行不参与准备工作，只提供指导和财政援助，或帮助借款人从别的来源取得帮助。

3. 项目的评估

项目的评估工作由世界银行工作人员根据借款人的项目可行性研究报告，对项目的各个方面进行全面系统的审查，并提出贷款额度、贷款条件建议。由世界银行工作人员写出书面报告，征求借款人意见后进行修改。这个报告是谈判的基础。

4. 谈判和报执行董事会批准

借款人代表与世界银行代表就贷款协定草案进行讨论，取得一致意见后报执行董事会讨论通过。

5. 项目的执行与监督

由借款人负责项目的执行，世界银行通过借款人报送的项目执行报告和定期到现场考察对项目实行监督。

6. 项目的评价

项目完成后，由世界银行负责这项业务的工作人员帮助借款人（或项目执行人）编写一份项目完成报告，由世界银行的业务评估总局进行审查评价。

三、国际开发协会贷款

国际开发协会贷款是指协会对其贫穷的成员政府提供的长期性贷款。其一般期限可长达 50 年，利率低，只收 0.75%的手续费。

国际开发协会的贷款往往是与世界银行的贷款联合发放的。在实际工作中，为界定这两个机构的贷款，一般把世界银行有息贷款称为“硬贷款”，把国际开发协会无息贷款称为“软贷款”。

（一）国际开发协会贷款的特点

国际开发协会贷款具有如下特点：

（1）贷款是无息的，即软贷款。

（2）贷款对象为发展中国家。其中年人均国民收入在 410 美元以下的发展中国家可充分借用协会贷款，年人均国民收入 410～805 美元的发展中国家可部分享受协会贷款。

（3）贷款期限一般为 40 年，第一个 10 年为宽限期，第二个 10 年每年还本 2%，第三个 10 年和第四个 10 年每年还本 4%。

（二）国际开发协会贷款的用途

国际开发协会贷款主要用于对低收入国家具有优先发展意义的基础项目，如农业、基础工业、电力、运输、城市供水、教育、卫生、计划生育等，其用途和投资领域与世界银行基本一致。

（三）国际开发协会贷款的条件

国际开发协会贷款的对象只限于最贫穷的会员，这些会员必须具有以下四项条件，才符合得到贷款的标准：

（1）按年计算的人均国民收入低于 730 美元。

（2）凡是在资本市场上借债信誉较低又不能够通过其他途径取得合理条件贷款的国家，才能得到协会的贷款。

（3）经济建设成就的大小，是取得协会贷款的一项条件。

（4）协会贷款十分重视项目的经济效益，因此借款国有无足够的吸收能力以及产生经济效益的项目都是贷款前要考虑的问题。

相关链接

国际开发协会在 2008—2009 财年最后一个季度内向巴基斯坦提供了 3 亿美元贷款，其中 1 亿美元用于发展高等教育事业，2 亿美元用于社会保障等项目。

该贷款是国际开发协会对巴基斯坦减贫和经济支持行动的一部分，系无息贷款，偿还期 35 年，宽限期 10 年，提款部分的年服务费率为 0.75%，未提款部分的年承诺费率为 0.5%。

世界银行希望巴基斯坦政府能借助这笔贷款，通过调整燃料价格、电费价格、改善公共支出效益、加强债务管理、提升产品竞争力和保护贫困与弱势群体等措施，稳定宏观经济，并最终实现经济高速发展的目标。

2011 年 8 月 25 日，喀麦隆总统保罗·比亚发布总统令，授权经济、计划与领土整治部长路易·保罗·莫塔泽代表喀麦隆政府与国际开发协会签署一份贷款协议，贷款 7 070 万特别提款权，约合 1.12 亿美元，用于实施中部非洲经济与货币共同体地区交通与过境便利项目。

四、国际金融公司贷款

国际金融公司贷款的主要对象是欠发达成员中的私营企业贷款，贷款不要求成员政府担保。贷款的资助部门主要为制造业、加工业和开采业，每笔贷款的额度在 200 万～400 万美元。贷款的期限一般为 7～15 年，还款时需用原借款货币支付。贷款的利率依据投资对象而定，一般都高于世界银行的贷款利率。对贷款未提用部分每年收取 1%的承诺费。

国际金融公司在提供贷款时，通常采用与私人投资者、商业银行和其他金融机构联合投资的方式。这种方式的投资不仅扩大了国际金融公司的业务范围，也促进了私人资本向发展中国家的投资。

想一想

据乌克兰媒体报道，2018 年 7 月 20 日，世界银行所属机构——国际金融公司（IFC）已决定向乌克兰直接投资 1 500 万美元，用于扶持当地中小企业发展，资金主要投向 IT、轻工业和农业贸易等行业快速发展的出口型公司。

国际金融公司乌克兰和白俄罗斯地区负责人别尔马尔指出："这些投资将保障乌克兰中小企业资本增长需求，创造就业岗位，拉动创新。"

世界银行所属机构——国际金融公司（IFC）是世界上发展市场私有经济的最大机构，与世界 2 000 多家企业合作，在世界最复杂的地区利用自有资本、经验和影响建立市场、创造机会。

试分析国际金融公司对外投资的要求有哪些？

五、亚洲开发银行贷款

（一）亚洲开发银行贷款的条件

相对于商业贷款而言，亚洲开发银行（以下简称"亚行"）提供的贷款总体来说都具有一定的优惠性。亚行贷款的优惠性主要表现在贷款时间长、利率低、其他费用少。亚行贷款分为硬贷款和软贷款。

硬贷款期限为 10～30 年，宽限期为 2～7 年。利率是浮动利率，每半年浮动一次。对于硬贷款，自贷款协定正式签字两个月后计收承诺费，计收基数不是承诺额全额，而是承诺额全额的一定百分比：第一年的基数是 15%，第二年是 45%，第三年是 85%，三年过后是承诺余额的全额，每年的基数减去累计支付金额构成承诺的计收基数。年承诺费率为 0.75%。承诺费按天计算。

软贷款是用亚洲开发基金提供的贷款，仅提供给人均国民收入低于 670 美元（1983 年价格）而且还款能力有限的发展中成员。软贷款期限为 40 年，软、硬混合贷款的期限为 35 年，含 10 年的宽限期。软贷款不收取利息，只收取 1%的手续费。不管是硬贷款还是软贷款，一般都直接贷给发展中成员政府或在成员政府的担保下贷给成员的其他机构。

（二）亚洲开发银行贷款的方式

亚行是以项目贷款开始其贷款业务的，虽然也开展了其他形式的贷款，但迄今都保持着以项目贷款为主的贷款业务方式。除项目贷款以外，还开展了规划贷款、行业贷款以及其他特殊形式的贷款。

1. 项目贷款

项目贷款是以具体的项目为基础提供的贷款，主要用于固定资产投资。所谓项目或发展项目，包括为实现预期的目标而制订的行动方案或设计。它可以根据地点、机构、行动等来命名，如广梅汕铁路、上海杨浦大桥、中国农业银行转贷项目，等等。项目贷款的特点是对项目进行全面的分析。这包括对项目进行技术、机构、财务以及经济方面的评估。财务和经济分析都涉及内部收益率的计算。财务内部收益率着重评价项目的商业可行性并估算项目所产生的收入能满足其偿还债务的程度。经济内部收益率评价项目对实现国家经济目标的整体影响。在可能的条件下，对整个项目的评估还要注意减少贫困、环保以及妇女在发展中的作用。为了保证项目的质量，亚行比较注重以下几个方面的工作：

（1）根据借款成员的发展规划和重点以及亚行对借款成员的业务战略选定项目。

（2）亚行可为项目的构思和设计提供项目准备技术援助，使项目更可行。

（3）及早发现涉及行业和项目的问题并及早解决。

（4）充分借鉴对已完成项目的后评价经验。

（5）与其他国外资助进行协调。

2. 规划贷款

亚行在1978年开始采用规划性贷款的方式。这种贷款的目的起初是为保证和发挥现有生产行业的生产能力所需的物资设备进口而提供资金，后来是支持发展中成员改善行业发展的政策、机构和投资环境。因此，规划贷款具有很强的政策性，故又称政策性贷款或政策调整贷款。这种贷款也涉及结构调整，也称结构贷款。

规划贷款的特点是：支付快，一般分期拨款；贷款期限短，一般为2～3年。

3. 行业贷款

行业贷款也称部门贷款，这种贷款是为一个行业或分行业的一批项目提供资金。项目可以按地区划分，也可以按时间划分。

行业贷款的目的是集中力量发展一个行业或分行业，提高该行业或分行业管理机构的管理和技术水平，改善行业政策。

亚行对行业贷款的要求是：

（1）要有行业的计划，特别是投资计划，有关的项目应能满足行业重点发展的需要。

（2）要有有能力执行行业发展计划和项目的机构。

（3）要有正确的行业政策。

如果达不到上述要求，亚行可考虑为项目准备和行业研究提供技术援助，也可考虑提供机构建设技术援助。

4. 中间金融机构转贷款

中间金融机构转贷款是通过中介金融机构向中小企业提供的贷款。转贷机构负责选择、评估子项目，具有批准子项目的一定权限。转贷机构收取高于贷入的利率，贷款期可短于我国从亚行贷入的贷款期。

在我国，中国投资银行、中租、中创、中科信、中国工商银行、中国农业银行和中国光大银行都转贷过亚行贷款。

5. 综合项目贷款

综合项目贷款是为经济规模较小的发展中国家提供的一种特别形式的项目贷款。其子项目不是来自同一行业，而是来自不同的行业，由政府部门负责组织子项目。

6. 救灾贷款

救灾贷款主要用于灾后的重建，特别是基础设施的恢复以及生产的恢复。一旦发生自然灾害，亚行会采取非常措施，迅速办理和执行救灾贷款。

7. 技术援助贷款

技术援助贷款可用于可行性研究、工程设计、技术援助综合项目等。

8. 无政府担保的私营部门贷款

亚行不通过政府担保而对私营部门直接贷款的目的是：(1) 协助私营部门参与对大中型项目的投资和执行；(2) 引导国内外资金投资于私营部门项目；(3) 协助发展中成员促进私营部门资金的使用效益。

(三) 亚洲开发银行贷款的周期

1. 选项

亚行选项的标准有两条：一是被选项目应该是申请借款成员优先发展的项目；二是被选项目应符合亚行的贷款原则。因此在选择项目之前要了解和研究亚行的政策，诸如行业政策、作业政策、国别业务战略等，保证所选项目符合上述政策的要求。同时，还应认真收集有关的基本资料和经济数据，其目的是从技术、经济角度对这些资料、数据进行综合分析和比较研究，以初步确定拟选项目的可行性。

2. 立项

每年亚行都派遣团组同成员的有关当局进行规划磋商，了解成员的经济发展状况和未来的经济发展计划及政策，确定本年度的亚行贷款规模及贷款项目，并初步拟定未来三年的贷款计划。规划磋商之后，列入贷款计划的项目便完成了项目立项手续。

3. 实地考察

在项目立项以后，亚行便组织人员对项目进行实地考察，收集有关项目的基本数据，审查项目可行性研究报告，了解行业政策，同政府有关部门进行政策性对话。亚行团组在结束实地考察之后，通常会与项目执行机构及有关部门进行一次总结性会谈，并写出考察备忘录作为今后工作和项目讨论的重要依据。

考察组返回亚行总部后写出项目简介，送主管部门征求意见，然后由亚行当局召开审查会议，专门讨论和审查项目。如果审查通过，便开始下一步的工作——项目评估。

4. 评估

评估实际是更深入、更全面地审查项目的必要性和可行性。亚行派出的评估小组由各类专家组成，人数视项目的需要而定，时间需要 2～3 周。评估小组到达申请借款国后，与该国政府的有关部门和项目执行机构就项目的技术、经济、组织、财务、生产、销售、管理以及人员培训、国际招标、设备采购等一系列问题进行深入细致的磋商，尤其是对项目的技术、经济、组织和财务四个方面进行严格的审查并做出全面客观的评价。这样做的目的是再一次证实项目的可行性，同时使双方进一步明确项目上马后的各个具体步骤，以保证项目顺利有效地实施。在项目评估结束时，亚行的项目评估小组将与借款成员当局签署评估谅解备忘录。在谅解备忘录内，将载明被评估项目的贷款总额、偿还期限、项目范围等条款，以为日后正式起草贷款协定和项目协议书奠定基础。

5. 谈判

在进行项目贷款谈判之前，亚行将准备一系列文件，其中包括亚行行长拟向董事会提交的项目建议报告和项目评估报告，贷款协定草案和项目协议草案。经亚行内部有关机构审阅后，这些文件将以快邮方式寄送给申请借款成员当局和项目执行机构。

经过双方充分准备，在项目评估的 2～3 个月后，亚行将正式发电邀请申请借款成员当局派出代表团赴亚行总部就项目的贷款协定和项目协议书进行谈判。谈判的内容大致包括：贷款总金额、贷款期限、还款方式、双方的权利和义务以及为保证项目顺利实施双方应共同遵守的各项规定、相应采取的各项措施。所有在谈判中共同协商一致的意见都将作为法律条文载入贷款文件中。事实上，凡在项目评估中提出的各种问题都将在贷款文件中具体载明。

亚行的贷款项目谈判一般需要 1 周左右。只要项目评估工作做得比较细致，并且谈判前的各项准备工作做得充分全面，那么贷款谈判就能较顺利地完成。贷款谈判结束时，双方除需要草签贷款协定和项目协议书外，还需要共同签署一份贷款谈判的会谈纪要。

6. 批准和生效

全部贷款文件在亚行董事会成员中传阅 21 天后即举行董事会会议，会上各位董事将对项目细节以及该申请成员的经济形势进行审查和讨论。项目贷款经董事会批准后，亚行通知申请借款成员当局。

经亚行董事会批准的贷款文件将由申请借款成员的中央银行或财政部的授权代表和项目执行机构的授权代表与亚行的授权代表共同签署。贷款协定和项目协议书在签署 90 天后开始生效，此后项目进入执行阶段。

7. 项目的执行

项目进入执行阶段后，项目执行机构负责项目的实施和管理，亚行和借款成员政府的有关部门负责项目的执行和监督。

在贷款项目的所有法定审批手续完成之后，项目执行机构除配备必要的技术、经济和财务等管理专家，组织施工力量外，还应着手制订具体的项目执行计划和时间安排方案。亚行不定期地派遣有关专家到项目实施现场对项目的进展和施工情况进行了解和监督，并且向项目执行机构提出有关工程技术、施工进度、调整贷款额和拨付款方法等方面的意见。

8. 后评估

贷款项目完工后，亚行将派有关专家协助项目执行机构对项目进行系统调试并进行试运行，同时亚行的财会部门将终止拨付款并取消该项目贷款账户。在贷款完工 6 个月内，亚行的项目主管人员将提出一份“项目完工报告”，对亚行资助的项目进行全面总结。报告内容非常广泛，包括项目建设过程中的经验和教训、存在的问题和采取的措施等。这份报告将送交亚行的项目后评估办公室审阅。后评估办公室在此基础上在 1～2 年内提出一份“项目运行审核报告”，供亚行最高行政当局审核未来贷款项目时参考。

项目周期的各个阶段构成一个完整的整体——项目周期。相对而言，项目周期中两个持续时间较长的阶段——项目准备阶段和项目执行阶段是比较重要的。前者是项目成败的关键。如果项目准备不充分、论证不足，则很难成功地实现预期目标。反之，如果项目准备论证得很好，但执行不好，或者说执行偏离了原来的设计，那么也同样很难达到预期的目标，至少要大打折扣。因此，在项目建设中，既要注意项目的充分准备和论证，又要注意项目的严格执行，按计划、按设计目标行事，且借款成员要有高效率、高水平的管理机构和管理人员管理项目。只有这样，亚行贷款项目才能真正实现贷款的宗旨及其对于经济发展的促进作用。

相关链接

中国与亚行共完成19.8亿美元贷款项目谈判

2017年12月19日，据财政部相关数据表明，2017年以来中国与亚洲开发银行共完成19.8亿美元贷款项目谈判，创历史新高。

2017年以来，中国与亚洲开发银行共同规划，加强顶层设计，确定了重点支持中国全面深化改革重点领域和"一带一路"、京津冀协同发展、长江经济带发展三大重要战略实施的贷款合作方向，对华贷款规模稳步扩大，合作成果突出，共完成19.8亿美元的贷款项目谈判。

据了解，1986年以来，中国与亚洲开发银行已发展成为全方位、多层面的合作伙伴关系，各领域合作成效显著。亚洲开发银行在华实施了330多亿美元的200多个贷款项目和近5亿美元的800多个技术援助项目。

资料来源：http：//money.163.com/17/1219/16/D61K9H63002580S6.html.

单元二 国际商业银行信贷

课前思考

你知道国际商业银行贷款的条件吗？它和国际金融机构贷款有什么区别？

国际商业银行信贷是一国借款人在国际金融市场上向外国贷款银行借入货币资金。国际商业银行信贷的债务人是世界各国的借款人，包括银行、政府机构、公司企业、国际机构；债权人则是外国的贷款银行，主要是发达工业国家的大型商业银行。

国际商业银行贷款有的在提供贷款时指定用途，即与商品出口相联系，或与一定的工程项目相联系；有的在提供贷款时并不指定用途，通常称为自由外汇贷款。

一、国际商业银行信贷的表现形式

（一）国际商业银行信贷是在国际金融市场上进行的

金融市场是借贷资本的场所，有国内金融市场和国际金融市场之分。国内金融市场是在一国领土之内活动，借贷双方为同一国家的法人或自然人。国际金融市场是在世界或某一地区的资金市场上活动，借贷双方是不同国度的法人或自然人。在国际金融市场中，一些国家的中央银行、商业银行、其他银行和金融机构参加市场的金融活动，充当了最初存款者和最终借款者的中介机构角色。目前，欧洲货币市场已成为世界上规模最大的国际金融市场。

（二）国际商业银行信贷有债权和债务的双重性

虽然国际商业银行信贷是在一国借款者与外国贷款银行之间进行的，但作为银行信贷当事人，它占有债务和债权两个方面。对提供资金的外国银行或银团来说，国际商业银行是债务人；对世界各国的借款者来说，国际商业银行又是债权人。因此形成了最初存款者与国际商业银行之间和国际商业银行与最终借款者之间的双重债权、债务关系。

（三）国际商业银行的信贷关系表现为货币资本（借贷资本）的形态

目前，几乎每一个国家都发行自己的货币，在本国充当法定的流通手段。但是，大多数国家的货币不能自由兑换，因此无法充当国际信贷使用的货币。现今世界上可以自由兑换的国家货币有40多种，其中在国际经济往来中经常使用的有美元、欧元、英镑、日元等十几种。国际银行就是通过这些货币资本的交换来完成信贷过程的。

二、国际商业银行信贷的特点

（一）贷款利率按国际金融市场利率计算，利率水平较高

例如，欧洲货币市场的伦敦银行间同业拆放利率是市场利率，其利率水平是通过借贷资本的供需状况自发竞争形成的。

伦敦银行同业拆放利率可以用以下几种方法选择：

（1）借贷双方以伦敦市场主要银行的报价协商确定。

（2）按指定的两家或三家不参与此项贷款的主要银行的同业拆放利率的平均利率计算。

（3）由贷款银行与不是这项贷款的参与者的另一家主要银行报价的平均数计算。

（4）由贷款银行（牵头行）确定。

（二）贷款可以自由使用，一般不受贷款银行的限制

政府贷款有时对采购的商品加以限制；出口信贷必须把贷款与购买出口设备项目紧密地结合在一起，项目借款与特定的项目相联系；国际金融机构贷款有专款专用的限制。国际商业银行贷款不受银行的任何限制，可由借款人根据自己的需要自由使用。

（三）贷款方式灵活，手续简便

政府贷款不仅手续相当烦琐，而且每笔贷款金额有限；国际金融机构贷款由于贷款多与工程项目相联系，因此手续也相当烦琐；出口信贷受许多条件限制。相比之下，国际商业银行贷款比较灵活，每笔贷款可多可少，手续相对简便。

（四）资金供应充沛，允许借款人选用各种货币

在国际市场上有大量的闲散资金可供运用，只要借款人资信可靠，就可以筹措到自己所需要的大量资金。它不像世界银行贷款和政府贷款那样只能满足工程项目的部分资金的需要。

三、国际商业银行信贷的种类

（一）短期信贷

短期信贷通常指借贷期限在1年以下的资金。短期资金市场一般称为货币市场。借贷

期限最短为1天，称为日贷。还有7天、1个月、2个月、3个月、6个月、1年等几种。

短期信贷多数为1～7天及1～3个月，少数为6个月或1年。这种信贷可分为银行与银行间的信贷和银行对非银行客户（公司企业、政府机构等）的信贷。银行之间的信贷称为银行同业拆放。该种贷款完全凭银行间同业信用商借，不用签订贷款协议。银行可通过电话、电传成交，事后以书面确认。同业拆放期限从1天到6个月为多，超过6个月的较少。其每笔交易额在10亿美元以下。典型的银行间的交易为每笔1 000万美元左右。银行对非银行客户的交易很少。

（二）中期信贷

中期信贷是指1年以上、5年以下的贷款。这种贷款由借贷双方银行签订贷款协议。

由于这种贷款期限长、金额大，有时贷款银行要求借款人所属国家的政府提供担保。中期贷款利率比短期贷款利率高，一般要在市场利率的基础上再加一定的附加利率。

（三）长期信贷

长期信贷是指5年以上的贷款，这种贷款通常由数家银行组成银团共同贷给某一客户。

银团贷款的当事人，一方是借款人（如银行、政府、公司、企业等），另一方是参加银团的各家银行（包括牵头行、经理行、代理行等）。

四、国际商业银行信贷的费用

在国际金融市场上，借款人筹措中长期资金，除支付利息外，还要支付各种费用。费用的多少视信贷资金状况、信贷金额和信贷期限的不同而不同。银行中长期信贷费用主要有管理费、代理费、承诺费和杂费几种。

（一）利息

国际商业银行信贷的利率有固定利率和浮动利率两种。目前普遍采用的是浮动利率，每3个月或6个月调整一次。利率由伦敦银行同业拆放利率和加息率组成。伦敦银行同业拆放利率随国际金融市场资金供求状况的变化而上下浮动；加息率则是依据贷款期限的长短、贷款货币风险程度、资金数额的大小以及借款者资信的高低等综合情况所附加的利率。

（二）管理费

管理费的性质类似于手续费。管理费按贷款总额的一定百分比计算，一次或分次付清。

费用率一般为贷款总额的0.1%～0.5%，管理费的支付时间可采用签订贷款协议时一次性支付、第一次支用贷款时支付、在每次支用贷款时按支用额比例支付等方法。

（三）代理费

代理费是由借款人向银团代理支付的一种费用。因为代理行在联系业务中会发生各种费用开支，如差旅费、电报费、电传费、办公费等。代理费属于签订贷款协议后发生的费用，通常在整个贷款期内直至贷款全部偿清以前每年支付一次。

（四）承担费

贷方与借方签订贷款协议后，贷方银行就承担了全部贷款资金的义务。如借款人未能按期使用贷款，根据国际惯例，借款人要支付承担费。承担费率一般为0.125%～0.25%。承担费按未支用金额和实际未支用天数计算，每季、每半年支付一次。

(五) 杂费

杂费也是中长期银团贷款方式下发生的费用，主要指签订贷款协议前所发生的费用，包括牵头行的车马费、律师费等。这些费用均由借款人承担。

五、国际商业银行信贷的期限

贷款期限是指自贷款协议生效时起至还清全部本息止的整个时期，是连用带还的期限。中长期信贷贷款期限由三部分组成：(1) 宽限期。即借款人只提用贷款、利息照付但无须还本的时间。(2) 提款期。即提用贷款的期限，也称使用期。在提款期内，借款人可以一次提取，也可以分次提取，可以任意提款，也可以按规定的提款额提款。提款期满未提的余额自动注销。有宽限期的贷款，提款期可以就是宽限期，也可以在宽限期内另行规定。(3) 还款期，也称偿还期。宽限期结束即开始还款，如无宽限期，则在提款期结束后开始还款，一般是每半年还款一次。

六、国际商业银行信贷的货币

国际商业银行信贷中，借贷货币的选择直接影响着借贷双方尤其是借款人的经济利益。借贷货币都是可以自由兑换的货币。借贷货币可选用借款国货币，也可选用贷款国货币或第三国货币。从每笔具体借贷来看，借贷货币主要根据借款人需用什么货币、将来还款来源是什么货币、贷款人能借出什么货币以及各种货币的利率高低、汇率风险大小等由借贷双方共同商定。

七、国际商业银行信贷的安排

(一) 固定金额信贷

这是普遍使用的信贷安排方式，即在贷款协议中确定一个贷款金额，协议生效后一次贷出，但可分次提用，还本付息则按规定分期偿付。

(二) 循环信贷

循环信贷即贷款协议中并不确定固定的贷款金额，只规定最高的贷款限额，借款人在贷款期限内可根据资金需求情况多次提用和多次偿还先前的提用额；偿还提用额后，这笔还款仍作为未用贷款额加在贷款余额中，原规定的贷款限额仍然有效，借款人可循环使用这笔贷款，直至贷款期满为止。

(三) 备用信贷

备用信贷即借款人可根据其资金需求情况提用或不提用贷款。如在规定的备用安排期限内不提用贷款或少提用原来规定的贷款额，借款人应支付给贷款银行一定费用即承担费。

八、国际商业银行信贷的偿还

国际商业银行信贷的偿还方式有三种：(1) 到期一次还款。其适用于贷款金额不大、期限较短的中短期贷款。(2) 分次等额还款。其适用于贷款金额较大、期限较长的贷款，宽限期后开始还本，每半年还等额本息一次；宽限期内只付息不还本。(3) 逐年分次等额还款。其和第二种方式的不同仅在于没有宽限期。对借款人来说，此三种方式中，以第一种方式最为有利，因为实际贷款期限和名义期限相一致，资金占用的时间长，而以第三种方式最为不利。

单元三　政府贷款

课前思考

政府贷款与国际商业银行贷款有什么区别？

一、政府贷款的含义

政府贷款是由贷款国用国家预算资金直接与借款国发生的信贷关系。政府贷款多数是政府间的双边援助贷款，少数是多边援助贷款，是国家资本输出的一种形式。

政府贷款通常由政府有关部门出面洽谈，也有的是政府首脑出国访问时经双方共同商定签订贷款协议。例如：法国对外提供贷款时，其主管部门是法国财政部国库司。国库司代表法国政府对外谈判，签订贷款总协议，拟定贷款的额度、期限等一般条件，然后，还要听取法国国民议会有关机构的意见。日本政府贷款主要由外务省、财务省、经济产业省负责。每笔贷款由内阁总理大臣交给这三个部门协商提出贷款方案，由内阁会议决定。

许多西方国家为了扩大本国资本货物出口、增强本国出口商品竞争能力，还采用混合信贷方式，即为援助和用于资助贷款国专项出口的政府贸易信贷相结合的贷款。

二、政府贷款的特点

(一) 以政府名义进行

政府贷款是以政府名义进行的政府双边贷款，一般是在两国政治外交关系良好的情况下进行的，是条件优惠的贷款。

(二) 具有双边经济援助性质

政府贷款是具有双边经济援助性质的贷款，期限比较长，属于中长期贷款，一般为10～30年，有的甚至长达50年；利率比较低，一般在1%～3%，有的无息。除贷款利息外，有的贷款国政府规定借款国须向其支付费率很低的手续费。

有些国家为了援助最不发达国家和某些发展中国家，有时还向这些国家政府提供赠款，即受赠国政府无须还本付息。这种赠款形式不属于优惠性贷款，而属于国际经济援助范畴。

（三）政府贷款额一般不大

因其受到贷款国的国民生产总值、国际收支及财政收支的制约，政府贷款额不大可能像国际金融组织那样经常提供大额贷款。

（四）贷款与专门的项目相联系

这类贷款一般用于一国的交通、农业、卫生等大型开发项目。

三、政府贷款的种类

（一）纯软贷款

纯软贷款即纯贴息贷款，主要有德国财政合作资金，意大利环保贷款，科威特、韩国、波兰政府贷款。西班牙对一些项目也提供100％软贷款或纯赠款。

（二）混合贷款

混合贷款的优惠程度处于财政性贷款和一般商业贷款之间，是各国普遍采用的贷款方式。第一种是赠款加出口信贷。提供这类贷款的国家主要有荷兰和瑞士：荷兰政府提供35％的赠款加65％的出口贷款；瑞士政府提供40％的赠款加60％的出口信贷。这类贷款通常要签两个协议，即赠款协议和出口信贷协议。第二种是软贷款加出口信贷。

（三）特种贷款

特种贷款是指为某一领域或是特定项目的贷款。这种贷款在贷款用途、利息、贷款期限等方面有特别规定，如北欧投资银行应对气候变化框架贷款。

（四）促进性贷款

促进性贷款利率相对较高，但低于普通商业贷款利率，设备和服务通过国际竞争招标方式采购，项目列入双边政府财政合作计划。

相关链接

中国利用外国政府贷款始于1979年。目前中国同日本、德国、法国、西班牙、意大利、加拿大、英国、奥地利、澳大利亚、瑞典、科威特、荷兰、芬兰、丹麦、挪威、瑞士、比利时、韩国、以色列、波兰、俄罗斯、卢森堡及北欧投资银行、北欧发展基金共24个国家及机构建立了政府（双边）贷款关系。除英国、澳大利亚、俄罗斯三国外，上述其余国家及金融机构目前均有贷款余额。奥地利、荷兰、法国、意大利、芬兰、丹麦、西班牙、加拿大、韩国、以色列、科威特、北欧投资银行和北欧发展基金等国家及组织均支持农业及农产品加工项目。

四、政府贷款要考虑的问题

（一）利率

利率是借款国的成本，借款国筹措资金时首先要考虑利率的高低，因为它对借款国家的财政负担影响很大。

（二）币种选择

这是最关键的问题。选择的货币若是软货币，则借款负担较小；若是硬货币，则借款负担较重。借款国利用外国政府贷款所采用的币种有以下几种情况：使用贷款国货币即原币、全部使用美元、原币与美元混合使用。

（三）贷款期限

政府贷款的期限一般分为贷款使用期、偿还期和宽限期。贷款的使用期，一般规定在贷款协议当年或1～5年内按建设进度的实际需要提取贷款。偿还期一般规定开始偿还的年度和最后还清的年度日期，以及在偿还期内的年偿还次数与日期。宽限期一般包含在偿还期内，宽限期内只付利息不付本金。从整体来讲，外国政府贷款均属于中长期贷款。

（四）数额

外国政府发放贷款一般根据本国的财政收入、国民收入、国际收支的具体情况而定，同时还要取得贷款国立法机关或议会的批准。因此，优惠性政府贷款金额不太大。与政府贷款混合使用的出口信贷，各国的数额都有所不同，一般根据贷款对象如单机、成套设备或劳务多少而定。由于政府贷款的每批数量较小，所以在利用外资时可以考虑与其他类型的贷款相结合。

（五）还款

贷款的偿还有实物偿还和自由外汇偿还两种方式，通常都采用后者。

（六）赠与率

赠与率是经济合作与发展组织（OECD）为计算优惠贷款中赠与成分所占比重而设计出来的一种算法，其计算公式为：

$$GE=100\times\left(1-\frac{R/A}{D}\right)\left(1-\frac{1/(1+D)AG-[1/(1+D)AM]}{D(AM-AG)}\right)$$

式中：GE——赠与成分；

A——每年偿付次数；

M——偿还期；

R——年利率；

D——每期贴现率，一般按综合年率10%计算；

G——宽限期。

发展援助委员会的定义是第一次贷款支付期至第一次还款期之间的周期按该公式计算。例如年利率为3%的贷款，宽限期5年，偿还期20年，每年还款一次，其赠与成分是46.25%。

（七）采购

政府贷款往往以借款国向贷款国及与贷款国有关的国家购买商品为条件。采购方式大致有五种：(1) 自由采购。这一般仅仅适用于采购合同金额较小的商品，如日本规定为1亿日元。(2) 国际招标。(3) 从指定货源国采购。例如日本规定指定货源国为经济合作与发展组织所有成员，以及经济合作与发展组织发展援助委员会所规定的发展中国家。(4) 从贷款国采购。这种情况较为普遍。(5) 从国内采购。这在政府贷款协议中常附加一些条件。

（八）使用条件

贷款国在发放贷款时，常对借款国的经济政策的实施、某一特定产业或部门的经营以及项目方案的落实施加一些条件。谈判项目贷款时，贷款国还常常以复杂的合同和法律安排来保证债务偿还；另外还对使用政府贷款的项目所涉及的领域有所限制，如芬兰限制资助带有军事性质或商业性质的项目。

（九）费用收取

政府贷款附加费用低，主要有承诺费及手续费。承诺费是指借款人没有按协议如期使用定额，造成贷款人资金闲置而向借款人收取的一种补偿性费用。承诺费率一般按未提取贷款金额的0.125%～0.25%年率计算。手续费则是按贷款金额的一定比例向借款人收取。手续费率为贷款金额的0.25%～0.5%。总的说来，政府贷款收取费用较小，而且有些国家可以不收取附加费。

（十）服务质量

一般贷款国出于贷款的经济方面考虑，除了贷款以外，还提供其他服务。借款国也可以借此机会引进先进技术，学习一些行之有效的管理手段。

（十一）非财务代价

利用外国政府贷款，还需要付出非财务代价：(1) 政府贷款具有强烈的政治色彩。这种优惠贷款的分配更多是政治上的原因。因此，即使已达成的政府贷款协议甚至已开始动用款项，也会因双方外交关系的变化而减少甚至中断。(2) 政府贷款的申请程序复杂。这一点使项目筹集资金所需时间较长。

各国的政府贷款一般都由国家的财政部主管或通过财政部由政府设立的专门机构办理，如美国的国际开发署、日本的海外经济协力基金会、科威特的阿拉伯经济发展基金、德国经济合作部设立的复兴信贷局等。

各贷款引入国为了更加合理地引入和更加有效地使用外国政府贷款，也根据各自的国情特点制定了不同的管理规定。

想一想

国际金融机构贷款、国际商业银行贷款、政府贷款有何异同？

单元四　对外贸易信贷

课前思考

对外贸易短期信贷和对外贸易长期信贷主要有哪些形式？

对外贸易信贷是指出口国通过对本国出口商、外国进口商提供短期和中长期的资金融通，以增强本国出口商品的价格竞争力，从而达到占领世界市场之目的。

相关链接

国际贸易信贷的类型

1. 根据信贷主体，国际贸易信贷可分为商业信用和银行信用

赊销和预付款是国内贸易中商业信用的主要形式，但是在国际贸易中，商业信用更多地表现为国际贸易结算所包含的融资安排，主要是出口商对进口商提供的延期付款。

银行信用是指进口商或出口商获得银行等金融机构提供的融资便利。例如：银行承兑、贴现出口商向进口商签发的汇票、银行对进出口商提供进出口押汇等。

2. 根据提供信贷的期限，国际贸易信贷可分为国际贸易短期信贷和国际贸易中长期信贷

国际贸易短期信贷是指期限在1年以内的贸易信贷，主要是满足商品周转较为迅速、成交额不大的消费品进出口的资金需求。

国际贸易中长期信贷是指期限在1年以上的贸易信贷，主要是满足周转期长、金额大的大型成套设备等资本性商品进出口的资金需求。

与国际贸易短期信贷相比，国际贸易中长期信贷的突出特点是政府往往提供各种优惠支持，包括出口信贷利差补贴、担保和保险等形式，甚至成立专门的机构提供政策性信贷业务。

一、对外贸易短期信贷

（一）出口押汇

1. 出口押汇的定义

出口押汇（Outward Bills）是出口商将代表货权的单据及其他单据抵押给银行，从而得到银行扣除押汇利息及费用后的有追索权的垫付。

2. 出口押汇的优点

出口押汇有如下优点：（1）加快资金周转。在进口商支付货款前，出口商就可以提前得到偿付，加快了资金周转。（2）简化融资手续。（3）改善现金流量。（4）节约财务费用。

3. 出口押汇的分类

（1）信用证项下的出口押汇。信用证项下的出口押汇（Negotiation under Documentary Credit）是指卖方凭买方银行开来的信用证将货物发运后，按照信用证要求制作单据并提交其往来银行要求议付，即以出口单据为抵押，要求往来银行提供在途资金融通时，这种资金融通方式就是出口信用证押汇。做出口信用证押汇时的要求：1）出口商要求银行议付其出口单据时，应填写申请书，连同信用证正本和全套单据提交银行。2）银行核对

申请书印鉴，验收和审查单据，确定信用证条款与单据是否严格相符，同时，银行还要审查开证行的资信状况、信用证条款是否符合国际惯例、出口商的资信状况等。3）银行完成审查及审核单据后，如单证严格相符，就可立即议付单据，叙做出口押汇，从货款中扣除利息后付给出口商。由于银行通常仅对资信良好或能提供相当抵押品的受益人的信用证叙做担保议付，所以，对于受理押汇的银行来说，这种融资风险较小、收汇比较有保障，但如果出口商未能做到单据严格相符，则会失去开证行的信用保障。

（2）托收项下的出口押汇。出口商将代表货权的单据及其他单据提交银行，要求托收行先预支部分或全部货款，在托收款项收妥后归还银行垫款，这种融资方式就是托收项下的出口押汇（Advance against Documentary Collection）。在托收项下的出口押汇中，托收行以汇票和货运单据作为质押品，如果托收遭进口商拒付，托收行可向出口商索回货款，若出口商无力还款，银行有权处理货物。由于托收押汇属于商业信用，风险相对较大，所以，银行通常核对相应额度，只在额度内叙做出口托收押汇。

（二）进口押汇

1. 进口押汇的定义

进口押汇（Inward Bills）是银行向进口商提供的一种融资方式。它是由开立信用证的银行对作为开证申请人的进口商的一种资金融通，其实质是对进口商的一种短期放款。

2. 进口押汇的分类

（1）信用证项下的进口押汇。进口押汇是在开证行与进口商签订进口押汇协议的基础上，由开证行收到信用证项下单据后先行付款，然后根据与进口商之间的进口押汇协议以及进口商签发的信托收据将单据交进口商，进口商凭单提货并在市场销售后将货款连同这一期间的利息交还原开证行。进口押汇的具体步骤如下：1）申请审查，签订进口押汇协议。进口商首先向银行提出书面申请，银行对进口押汇进行严格审查，根据进口商的资信等情况确定押汇金额，并签订进口押汇协议。协议的基本内容包括：押汇金额及进口商的付款义务、押汇期限及利率、进口商的保证条款、延期还款条款、货权及其转移条款和违约条款。2）开证行对外付款。开证行在收到出口方银行寄来的单据以后严格审查，单证相符即对外付款。3）凭信托收据向进口商交付单据。在进口押汇业务中，信托收据是进口商在未付款之前向银行出具的领取货权单据的凭证。银行根据进口押汇协议凭信托收据将货权单据交付给进口商。4）进口商凭单据提货及销售货物。5）进口商归还押汇款项及利息，换回信托收据。

（2）托收项下的进口押汇。托收项下的进口押汇是银行以进口商提供的包括无追索权单据在内的托收单据为抵押，向进口商提供的一种垫款融资方式。在跟单托收业务中，出口商发货后委托银行向进口商收取货款，在付款交单方式下，托收行收到托收单据后即向进口商提示付款交单。当进口方的代收行收到托收单据以后，先行垫款对外支付，同时按照押汇协议将单据交给进口商，由其提货进行加工、转卖，然后用收回的货款归还银行的垫款。

（三）国际保付代理

1. 国际保付代理的定义

国际保付代理（International Factoring）又称保付代理或保理，是指出口商以商业信用形式出卖商品，在货物装船后立即将发票、汇票、提单等有关单据无追索权地卖断给保理商，收到全部或一部分货款，从而获得资金融通的一种短期对外贸易融资形式。

2. 当事人的权利义务

（1）出口商的权利义务。在保理业务中，出口商的权利义务主要体现在出口商与出口保理商签订的保理合同、与进口商签订的贸易合同中，主要包括：1）按时、按质、按量向进口商提供商品。2）转让应收账款给保理商。3）接受保理商的再转让。因出口商提供的货物与合同不符遭进口商拒付时，根据保理协议，保理商对这种不合格应收账款拥有追索权。4）向出口保理商支付约定的费用和贴息。

（2）出口保理商的权利义务。根据出口保理商与出口商签订的保理合同和与进口保理商签订的保理商代理合同，出口保理商的权利义务包括：1）信用销售额度。出口保理商在出口商提出保理申请后，应将出口商对进口商的信用额度要求，委托进口保理商对进口商的资信和经营状况进行调查和评估，并将进口商的信用额度通知出口商。2）坏账担保。出口保理商对已核准的应收账款向出口商提供全额坏账担保。3）贸易融资。向出口商提供不超过发票金额80%的无追索权预付款融资，这是保理业务的最大特点之一。4）结付货款。到付款到期时，出口保理商将其余货款付给出口商，无论货款是否收妥。5）向出口商提供账务管理服务。若出口商提出此项申请，出口保理商应向出口商提供售后账务管理服务。6）将应收账款转让给进口保理商。7）向出口商收取约定的费用和贴息，向进口保理商支付相关费用。8）对不合格应收账款向出口商行使追索权。

（3）进口保理商的权利义务。根据进口保理商与出口保理商签订的保理商代理合同，进口保理商的权利义务包括：1）对进口商进行资信调查评估，确定进口商的信用额度，并通知出口保理商。2）催收货款。3）承担坏账风险。对合格应收账款承担未按期支付造成损失的风险。4）转交货款。进口保理商收妥货款后，以一定方式将货款拨付给出口保理商。5）有权收取相关费用，对不合格应收账款不承担付款责任或拥有追索权。

（4）进口商的权利义务。根据进口商与出口商签订的贸易合同，进口商的权利义务包括：1）按时支付货款。2）若出口商违约，有权拒付和向出口商行使追索权。

3. 保付代理的好处

保付代理与赊账和承兑交单相比，保付代理服务收汇安全及时，能保证按期支付。但是，其手续费比承兑交单略高一些，大约是发票金额的1%，因为保理商提供的服务内容比承兑交单多。保理商不仅承担信贷风险，还承担资信调查、托收、催收账款，甚至代办会计处理手续。所以，保理业务是一种广泛的、综合的服务。在保理业务中，出口商得到安全收汇保证后，便可着手开拓新市场，扩大出口贸易量。由于保理商通常是银行，信誉高，实际上是在承兑交单和记账赊销的商业信用基础上加上了银行信用，减少了外汇风险。

保付代理对出口商的好处主要表现为：安全收回货款；加速资金周转，扩大业务经营规模；增加贸易机会；节省时间和费用开支；改善资产负债比率；转嫁汇率风险。

保付代理对进口商的好处主要表现为：降低进口成本；控制出口商的商业欺诈行为；减少流动资金占用，加速资金周转；增加营业利润。

二、对外贸易长期信贷——出口信贷

（一）出口信贷的定义

出口信贷（Export Credit）是出口商或出口商的往来银行向进口商或进口商的往来银

行提供的信贷，以帮助进出口商经营进出口业务，达到扩大出口的目的。出口信贷的特点是：出口信贷的期限较长，金额较大；出口信贷的利率较低；出口信贷的发放与信贷保险相结合。

国家对出口信贷制定了专门政策和指导准则，设立了专门出口信贷机构来管理和分配出口信贷资金，形成了一个完整的出口信贷体制。

（二）出口信贷的主要业务

1. 卖方信贷

（1）定义。卖方信贷又称延期付款，是出口商所在国商业银行向出口商提供的信贷。

（2）适用对象。大型机电设备、成套设备的出口。

（3）业务程序。1）由出口商与进口商签订延期付款或赊销付款的进出口合同。合同中规定：进口商订货时要支付合同金额的10%～15%的现金。2）出口商向其所在地银行商借贷款，签订贷款协议，以融通资金。3）进口商分期向出口商支付货款及其延期付款利息。4）出口商用进口商支付的货款分期偿还银行贷款。

（4）对进口商的评定内容。由于卖方信贷的风险性较大，出口商在采取这种信贷方式时，应对进口商性质、信誉、偿还能力以及进口商实施该项目的能力进行评定，评定的内容有：进口商的性质、信誉、商业道德、以往执行合同的情况、经济地位，其往来银行、银行咨询、担保人、支持者以及他们的地位和资信，其过去有无实施过该项目的经验，有何证明其有实施该项目并产生良好经济效益的能力。根据惯例，出口商还可要求一家可接受的银行为进口商担保，以确保收回贷款。若进口商是一个政府实体，则通常由财政部门出具期票作为担保。

2. 买方信贷

（1）定义。买方信贷又称设备贷款，是指出口银行直接向进口商或进口方银行提供的信贷。

（2）适用对象。大宗、复杂、信贷期限较长的资本货物、设备和成套设备项目的出口交易。

（3）业务程序。1）出口国银行直接贷款给进口商。第一，由进口商、出口商双方磋商各项交易条件，签订进出口合同，进口商先向出口商缴纳相当于货款15%的现汇定金（在合同订立后60天或90天内支付）。第二，在贸易合同签订后到预付定金前，进口商与出口商所在地银行签订贷款协议。第三，进口商以借得的款项，按进出口合同规定的时间和方式，以现汇付款条件向出口商支付。第四，进口商按与出口国银行签订的贷款合同的规定，分期偿还贷款本金与利息。出口商对银行贷款不负任何责任。2）出口国银行直接贷款给进口商银行。金额大、时间长的贷款多采取这种方式。第一，进口商与出口商洽谈各项交易条件，签订进出口合同，并由进口商向出口商先缴纳货款总值15%的现款定金（合同签订后60天或90天支付）。第二，进口商银行根据进出口合同，与出口商所在地银行签订贷款合同，并指定该项贷款只能用于购买出口国厂商产品。第三，进口商银行与进口商签订贷款协议，将其从出口商银行借来的款项转贷给进口商，而进口商则以现款方式向出口商支付货款。第四，进口商银行根据与出口商银行签订的贷款协议，分期向出口银行还本付息。第五，进口商与进口商银行的债权债务关系，按双方商定的办法在国内结清。

（4）买方信贷的贷款原则。由于买方信贷的贷款利率较低，利差由政府补贴，故提供的贷款只能用于购买贷款国的产品，不能用于第三国。买方信贷主要用于资本货物，对原材料、消费品一般不给予买方信贷。提供买方信贷国出口的资本货物限于该国制造的产品，非该国制造但由该国经销出口的资本货物不能获得买方信贷。买方信贷的金额一般为进出口合同金额的80%～85%，并且进口商只有在向出口商支付了合同金额的10%～15%的定金以后才能使用贷款。贷款期限视项目长短不一，但贷款的偿还方式均为分期偿还，一般规定每半年还本付息一次。

（5）买方信贷的作用。买方信贷是银行信用，能够提供更多的资金融通；买方信贷对进口商有利，可以得到清楚的报价，由此可以同其他国家同类商品进行比较，以便选择；对出口商也有利，可以收到现款，减少风险；买方信贷对银行也有利，为银行资金在国外的运用开拓了市场。

3. 混合贷款

混合贷款（Mixed Credit）是指由外国政府或商业银行联合起来向借款国提供贷款，用于购买贷款国的资本商品和劳务。外国政府提供低息优惠贷款或赠款和出口信贷或商业贷款结合使用，是出口方信贷的一种发展趋势。

（1）混合贷款的作用。一方面，混合贷款可降低贷款利率，增加其商品出口的竞争力；另一方面，混合贷款含有对外国政府赠款成分，贷款项目带有援助性质，可以扩大与借款国在政治、经济、技术和金融各个领域的合作，加强双方的友好合作关系。

（2）混合贷款的方式类型。在混合贷款中，赠款部分由贷款国无偿赠送，政府贷款部分利率低或无息，期限长，费用少或无费用，因此混合贷款比一般的出口信贷条件优惠。近年来，这种贷款已逐渐成为中国利用外资的一个新渠道。根据已签订混合贷款的情况，混合贷款方式可归纳为以下三种：1）外国政府和商业银行联合为某一项目贷款，但政府不出面签订贷款协议，而是利用两国银行间已有的买方信贷协议的额度和形式，在贷款条件上给予优惠。尽管项目的资金来源不同，但用款的渠道及方式相同，较为简便易行。2）外国政府和信贷机构分别为某一项目提供政府贷款和买方信贷。首先，由双方政府以议定书的形式，根据项目的具体情况，原则确定各类贷款的余额及比例。其次，由双方有关银行分别签订政府贷款的金融协议和买方信贷协议，按照各个协议规定分别用款。这种方式的特点是：项目的资金来源不同，批准贷款的渠道及用款的方式也不一样，很难保证同步用款。因此，要在项目合同生效条款中另外加列限制的条款。就是说，项目合同须在有关的政府贷款协议和买方信贷协议生效后才能生效。3）为向某一项目提供政府贷款和商业信贷，双方政府和银行分别签订贷款协议，两项贷款以相等比例用于同一项目。这种方式的特点是：项目资金来源不同，但批准贷款的渠道及用款的方式相同，两个协议同时生效，能够保证同步用款。商业贷款部分利率高且不固定，每次用款时均需要调整，银行手续比较复杂，但不借商业贷款就无法借到政府贷款，综合考虑，只有同时借进。

（3）混合贷款的特点。混合贷款的方式虽然不同，但一般做法与进口买方信贷业务基本相同。混合贷款涉及的各类资金均由银行作为借款人统一对外筹借，统一与外国政府银行签订借款协议。对国内则由银行作为债权人统一负责转贷、审批贷款，因此，各借款单位应按照外汇贷款办法和规定，向银行申请外汇贷款并负责自借自还。凡不符合贷款条件的，均不予对外申请贷款。另外，混合贷款是先有项目后有贷款，外国政府和银行是否提供贷款、金额多少、各种贷款的比重及采取的方式，要视借款国提供项目的情况而定。因贷款国国情不同，项目的侧重点和金额亦有所不同，借款国要事先选好一批适当的项目供贷款国选择，在此基础上才能谈及贷款和签约的问题。

4. 福费廷

（1）定义。福费廷（Forfeiting）指出口地银行或金融机构对出口商的远期承兑汇票进行无追索权的贴现，使出口商得以提前取得现款的一种出口信贷融资方式。其一般用于延期付款的大型设备贸易中。

（2）业务特点。融资期限较长，一般为 2～7 年；融资金额较大，通常为 100 万美元以上；债权凭证必须由进口方银行担保；无追索权。

（3）业务的基本程序。1）出口商向银行申请使用福费廷，内容包括：出口商的详细资料；融资币种、金额和期限；商品名称和类别；担保形式；票据的种类等。2）出口商与银行签订票据卖断合同。内容有：当事人的名称、地址；商品名称及详细资料说明；债权凭证种类、期限、每份面额及份数。3）进口商与出口商签订合同。4）出口商向进口商发货、寄单。5）进口商将债权凭证交担保行申请提供担保。6）担保行为进口商提交的债权凭证提供担保。7）出口商将经担保行担保的票据背书后卖断给银行。8）银行贴现票据，为出口商融资。9）银行将到期票据经担保行向进口商提示，分期收回票款。10）进口商经担保行向银行支付票款，担保行将票款划付给银行。

（4）对进出口商的作用。对出口商的作用：1）能立即获得现金，改善其资金流动状况，从而促进其出口的发展。2）票据托收的费用、汇价变化及进口商资信状况的变化等风险均转嫁给银行。3）在出口商资产负债表中，可以减少国外的负债金额，提高其企业的资信，有利于其发行有价证券。对进口商的作用：1）利息与所有费用负担均计入货价之内；一般货价较高，但与买方信贷相比，福费廷手续简便。2）要寻找担保行，进口商要向担保行支付一定的保费或抵押品，其数额视本身资信状况而定，这笔费用若利用买方信贷是无须支付的。

拓展阅读

国际贸易信贷的历史几乎与国际贸易本身一样久远。最初的贸易信贷是一种纯粹的商业信用，可以追溯到 5 000 多年前的古巴比伦时代。

在古罗马时代，地中海沿岸贸易活动已有相当的发展，开始出现使用各种票据结算的融资业务。

在 13～14 世纪，欧洲大陆出现了许多商品集散地和贸易交易所，集市贸易兴旺发达，使得贸易融资得到一定程度的发展。这一时期意大利人发明了汇票，在集市上，商人们用它相互冲账，使易货贸易和现金支付大为减少。汇票交易包含信用，即使即期汇票也是如此，因为当时邮寄需要时间，而且即期汇票大多规定习惯期限。

在 17～18 世纪，英国和欧洲大陆出现了现代形式的银行，在伦敦和阿姆斯特丹还出现了外汇市场，使得贸易融资开始进入规范化的发展阶段。这一时期，一些商人利用其在市场上的高信誉，从贸易转向贸易融资，并最终发展成为商人银行。这些商人银行向生产商提供预付款，承兑其他商人开具的汇票，或者直接买卖贸易产生的汇票，从而减少了国际贸易的风险。同时，外汇市场的出现也减少了汇兑的风险。

英国在19世纪首先完成了工业革命，英镑成为主要国际货币，伦敦成为国际贸易和国际金融中心，有国际声誉的商人银行云集于此，有力地推动了贸易融资，商业银行也开始大量涉足贸易融资业务。第一次世界大战导致金本位制崩溃，国际货币体系的混乱导致国际贸易和贸易融资的发展受阻。

第二次世界大战后，国际经济、贸易和金融格局发生了根本性变化，美元成为主要国际货币，成为国际融资的主要货币。随着国际商品市场的竞争加剧和金融放松管制，极大地刺激了贸易融资需求，出现了许多新的贸易融资形式。同时，各国政府也纷纷直接或间接为出口提供优惠信贷，以争夺国际市场。

资料来源：http：//baike.baidu.com/link? url＝NsMlBjvnvyGeNeBCF5U8iIgZn－iWtgbeE3lmrL wpJz_9R03EaDUGJCFb－2d1n2nV1uuK3ffatxYTW8bwe0qnfK.

知识要点

国际信贷是一国的银行、其他金融机构、政府、公司企业以及国际金融机构在国际金融市场上，向另一国的银行、其他金融机构、政府、公司企业以及国际机构提供的贷款。其主要包括：国际金融机构贷款、国际商业银行信贷、政府贷款、对外贸易信贷。

国际金融组织在国际信贷活动中发挥着日益重要的作用。其主要包括：国际货币基金组织贷款、世界银行贷款、国际开发协会贷款、国际金融公司贷款、亚洲开发银行贷款等。

国际商业银行信贷是一国借款人在国际金融市场上向外国贷款银行借入货币资金。国际商业银行信贷的债务人是世界各国的借款人，包括银行、政府机构、公司企业、国际机构；债权人则是外国的贷款银行，主要是工业发达国家的大型商业银行。

政府贷款是由贷款国用国家预算资金直接与借款国发生的信贷关系。政府贷款多数是政府间的双边援助贷款、少数是多边援助贷款，是国家资本输出的一种形式。

对外贸易信贷是指出口国通过对本国出口商、外国进口商提供短期和中长期的资金融通，以增强本国出口商品的价格竞争力，从而达到占领世界市场的目的。

问题讨论

要求：政府贷款除所贷的现汇外，通常还附带一些经济和政治条件，请问一般都有哪些条件？

活动安排：结合所学内容和查阅网络资料分组讨论。

达标检测

一、基本概念

国际金融机构贷款　　国际商业银行信贷　　政府贷款

对外贸易信贷　　出口信贷

二、选择题

1. 国际货币基金组织的贷款对象限于（　　）。

A. 政府机构　　B. 国有企业

C. 商业银行　　D. 合资企业

2. 世界银行的贷款主要是为发展中国家提供（　　）。

A. 短期贷款　　B. 中长期贷款

C. 中长期商业贷款　　D. 出口信贷

3. 1960 年成立的、专门向低收入贫穷的发展中国家会员提供无息贷款的国际经济组织是（　　）。

A. 世界银行　　B. 国际开发协会

C. 国际金融公司　　D. 国际货币基金组织

4. 国际金融公司的贷款对象主要是（　　）。

A. 发展中国家政府　　B. 发展中国家国有企业

C. 发展中国家私人企业　　D. 发展中国家公共事业部门

5. 保付代理有助于出口商（　　）。

A. 加强对进口商的调查　　B. 加速资金周转

C. 转嫁汇价风险　　D. 改善资产负债比率状况

6. 保付代理有助于进口商（　　）。

A. 减少资金积压　　B. 降低进口成本

C. 节省开证时间　　D. 简化进口手续

7. 出口信贷的类型有（　　）。

A. 买方信贷　　B. 卖方信贷

C. 混合信贷　　D. 福费廷

8. 对外贸易中长期信贷着重于（　　）。

A. 扩大出口　　B. 扩大进口

C. 吸引外资　　D. 平衡国际收支

三、判断题

1. 出口信用证押汇是一种国际贸易短期融资方式。（　　）

2. 卖方信贷是由出口商向本国出口信贷机构申请的。（　　）

3. 国际保理业务偏重于结算，而福费廷业务偏重于融资。（　　）

4. 使用福费廷进行融资时，进出口双方要事先协商好。（　　）

5. 世界银行贷款的贷款对象一般限于会员。（　　）

6. 国际商业银行信贷的成本除了利息之外，还有各项费用。（　　）

7. 买方信贷是出口国银行向本国的出口商提供的信贷。 （ ）

四、简答题

1. 简述国际货币基金组织贷款的分类。
2. 简述世界银行贷款的特点。
3. 简述国际开发协会贷款的条件。
4. 简述亚洲开发银行贷款的条件。
5. 简述国际商业银行贷款的种类和信贷费用。
6. 简述政府贷款的特点。
7. 简述对外贸易信贷的种类。

模块七

国际结算

案例导入

×月×日，我国A公司同南美客商B公司签订合同，由A公司向B公司出口货物一批，双方商定采用跟单托收结算方式了结贸易项下款项的结算。我方的托收行是A′银行，南美代收行是B′银行，具体付款方式是D/P 90天。但是到了规定的付款日，对方毫无付款的迹象。不仅如此，全部单据已由B公司承兑汇票后，由当地代收行B′银行放单给了B公司。于是A公司在A′银行的配合下，聘请了当地较有声望的律师对代收行B′银行，因其将D/P远期作为D/A方式承兑放单的责任向法院提出诉讼。

学习目标

国际结算的产生和发展源于国际贸易的产生和发展。国际结算方法主要有汇款、托收、信用证等。国际结算的业务流程因结算方式的不同而有所不同。因此，通过本模块的学习，你应该达到以下目标：

（1）了解国际结算的概念和特征。

（2）掌握国际结算工具和结算方式方面的知识。

（3）具有运用国际结算原理熟练进行国际结算操作的能力。

单元一 国际结算概述

课前思考

国际结算的产生和发展源于什么经济现象？国际结算与经济社会相互发展的关系如何？

一、国际结算的概念

随着国与国之间联系的加强，必然会发生各种各样的国际交往，如政治、经济、文化等。在这些交往中所产生的债权债务或其他资金受授必须在一定的时期内结清，如美国一商人向中国某公司出售一批货物，美国商人便成为债权人，中国某公司成为债务人，资金将从中国转移到美国。这种资金在国际的转移，都是通过专门的机构——银行来完成的。经营外汇业务的银行使用某些结算方式和特定工具，来实现跨国界的资金转移与支付，这就是国际结算。

引起国际结算的原因很多，如国际贸易、提供或接受劳务、对外投资或利用外资、政府间的资金收付、旅游、赠款、出国留学等，它们都需通过银行来结算。由于国际结算业务涉及面很广，所以能否做好这项工作，不但涉及银行自身的利益，而且直接关系到一国的对外关系。国际结算是银行的一项重要的中间业务。

二、国际结算的特征

国际结算与国内结算的主要区别在于：国际结算用于实现国际债权债务的清偿及货币资金的转移，而一国的国内结算一般只涉及该国境内的货币结算及相关事项。因此国际结算具有不同于国内结算的显著特征。

（一）以多种货币作为结算货币

国际结算实现的是国际的货币收付，因此，它不同于国内结算只收付单一的本国货币，而是要涉及多种可在国际流通领域自由兑换的外国货币，如美元、欧元、英镑、日元等。此外，国际结算中使用的票据、单据或凭证的金额也大都以外币表示，所以，国际结算比国内结算复杂，其业务将直接影响一国外汇资金的数量及使用效益。

（二）涉及多项国际法规、国际规则、国际公约及国际惯例

办理国际结算业务必然要涉及各有关当事国及当事人的权利和义务，因此要保障及推动国际贸易及其结算的顺利进行，各国当事人必须遵循各种国际公认的国际法规和惯例。例如：国际商会的《跟单信用证统一惯例》《托收统一规则》《国际贸易术语解释通则》，有关海洋运输的《海牙规则》《汉堡规则》《维斯比规则》等。

（三）需要国际银行界的合作

国际的非现金结算一开始与银行有着不可分割的联系，而银行在经营国际结算业务办理国外款项收付的过程中，离不开国外分支机构或代理行的合作。为此，银行一方面要在业务规模大的国家或地区设置分支机构，另一方面还要建立国外代理行网络。这些国外代理行有两种：一种是与本国银行建立了账户往来关系的代理行，称为甲种代理行；另一种是没有账户关系的代理行，称为乙种代理行。银行与甲种代理行业务往来中的货币收付，大都通过相互开立的账户直接办理。

单元二　国际结算工具

课前思考

国际结算工具有哪些？各自有什么特点？国际结算中的单据有哪些？

一、结算工具

票据是出票人签发的、承诺自己或委托他人在见票时或指定日期向收款人或持票人无条件支付一定金额、可以流通转让的一种有价证券。按照票据法的定义，它包括汇票、本票和支票。

（一）汇票

汇票（Bill of Exchange）是指出票人签发的、委托付款人在见票时或者在指定日期无条件支付确定的金额给收款人或者持票人的票据。汇票必须具有三个基本当事人：出票人、付款人、收款人。

（1）出票人。出票人（Drawer）是开立汇票并向付款人发出支付命令的一方。

（2）付款人。付款人（Payer/Drawee）又称受票人，是根据出票人的指示支付票款的当事人。

（3）收款人。收款人（Payee）即收取票款之人，是汇票的主债权人，其有权向付款人要求付款或承兑，若汇票遭到拒付时，有权向出票人追索票款。

根据《日内瓦统一法》的规定，汇票上必须记载以下几项内容：

（1）标明“汇票”字样。

（2）无条件的支付命令，凡是附带条件的支付命令将使汇票无效。

（3）出票地点和日期。

（4）付款期限及地点。

（5）载明一定的货币金额。

（6）付款人名称和付款地点。

（7）收款人名称。

（8）出票人名称和签字。

汇票的式样见表 7－1。

表 7－1　　汇票的式样

<table>
<tr><td></td><td>Dated
No. ....
Exchange for ....
At .... sight of this First of Exchange
(Second of the same tenor and date unpaid), pay to the Order of
.... the sum of</td></tr>
<tr><td>标

志</td><td>Drawn under
....
....
....
To ....
....
....
（签字）</td></tr>
</table>

（二）本票

本票（Promissory）是指由出票人签发的、承诺自己在见票时无条件支付确定的金额给收款人或者持票人的票据。根据《日内瓦统一法》的规定，本票上必须记载以下几项内容：

（1）标明“本票”字样。

（2）无条件的支付承诺。

（3）收款人姓名。

（4）一定金额。

（5）付款期限。

（6）出票日期及地点。

（7）付款地点。

本票的式样见表 7－2。

表 7－2　　本票的式样

<table>
<tr><td>Promissory Note
USD700.00　　　　　　XIAN
Ninety days after date I promise to pay ABC or order the sum of seven Hundred dollars.
DEFG</td></tr>
</table>

（三）支票

支票（Cheque）是指由出票人签发的、委托办理支票存款业务的银行或者其他金融机构在见票时无条件支付确定的金额给收款人或者持票人的票据。它是以银行为付款人的即期汇票。根据《日内瓦统一法》的规定，支票上必须记载以下几项内容：

（1）标明“支票”字样。

（2）无条件支付命令。

（3）出票人名称及签字。

（4）一定金额。

（5）出票日期及地点。

（6）付款银行名称和地点。

（7）收款人或其指定人。

（8）可标明“即期”字样，若未注明者仍被视为见票即付。

支票的式样见表 7－3。

表 7－3　　支票的式样

Cheque for ________　　　　Place date ________

Pay to the order of ________

the sum of ________________

To __________

For ____

(signed)

支票的种类有记名支票、不记名支票、划线支票、保付支票等。

（1）记名支票。记名支票是在支票上的收款人一栏写明收款人的姓名，取款时须由收款人签章方能支取。

（2）不记名支票。不记名支票又称空白支票，是支票上的收款人一栏只写“付来人”，而不载明具体的收款人。

（3）划线支票。为防止支票的遗失、被窃及冒领等意外情况的发生，出票人或持票人可在支票上划出两条横线。

（4）保付支票。保付支票是由付款银行对支票加盖“保付”印章并签字，保证持票人提示时一定付款。支票保付的目的在于避免出票人开出空头支票，保障持票人的取款权益。

做一做

甲开立100英镑的支票给乙，叫他向丙银行取款，乙拿到支票后拖延很久不去取款，恰在此时，丙银行倒闭，甲在丙银行的账户里的存款分文无着。乙在未获支票款项的情况下，找到了甲，要甲负责。甲以支票已过期为由拒绝对乙负责。请对此案例进行分析。

分析：甲可以对乙拒绝负责，但理由并不是因为支票过期。支票不同于即期汇票，即期汇票的持票人如不在合理的时间内向付款人提示付款，出票人和所有背书人均可解除责任。但支票的持票人如不在合理时间内提示付款，出票人仍必须对支票负责，除非持票人的延迟提示使出票人受了损失。在上例中，由于乙的晚提示致使甲受了损失。那么甲就可不对该支票负责，因为乙如果及时去取款，甲就不会受到损失，所以他可对支票不负责任。如果丙银行倒闭清理时，所有债权人尚能分到一定比例的偿付金，那么，甲作为存户债权人应把所分到的偿付金付给乙，如甲按30%的比例分到了偿付金，他应按同样的比例付给乙，而对其余的70%的支票金额可不负责任。

想一想

汇票、支票、本票的异同有哪些?

二、国际结算中的单据

国际结算中的单据按性质可分为商业单据、运输单据、保险单据、官方单据及金融单据（即票据）等。金融单据前面已介绍过。

（一）商业单据

商业单据主要是指描述商品品质或证明其状况的单据，包括发票、包装单、重量单、规格明细单、制造商或供货者的品质证书或检验证书、第三者出具的检验证及制造厂分析证书等。

（二）运输单据

运输单据是证明货物载运情况的单据，是出口商将货物交给承运人办理装运时由承运人签发给出口商的证明文件，证明货物已发运或已装上运输工具或已接受监管。由于运输方式不同，运输单据的种类有很多，主要包括：由船运公司或其代理人签发的海运提单；由航空公司或代理人签发的航空运单；由速递公司和邮局签发的快邮和邮寄收据；由铁路部门签发的铁路运单；由多式运输营运人签发的多式运输单据；由公路运输公司签发的公路运单等。

（三）保险单据

国际结算中的保险是指货物的运输保险，是一种财产保险，是对运输过程中的货物进行的保险，即一旦货物在保险期限内遇到事故、遭到损失，被保险人就可以从保险人那里得到经济上的补偿。国际货物运输保险依运输方式的不同可以分为海上运输保险以及陆路、航空、邮政货物运输保险等。

保险单据是保险人承保后向被保险人开具的证明保险合同的单据，是出险后被保险人索赔的依据。

（四）官方单据

有些国家的政府根据法令或需要，要求进出口货物必须缴验单证，我们统称这些单证为“官方单据”或“政府单据”。除进口许可证和出口许可证外，其主要有海关发票、领事发票、产地证、黑名单证书以及我国商检局出具的商检局证书等。

进口许可证（Import License）是国家有关当局批准的商品可以进口的证明文件。国家对某些商品禁止进口或控制进口时，常规定没有进口许可证不得进口。

出口许可证（Export License）是国家有关当局批准的商品可以出口的证明文件。对进口国有配额限制的商品、控制出口或不准出口的商品，均需申请出口许可证才能装船出口。

海关发票（Customs Invoice）是指进口国海关当局规定的商品进口报关时必须提交的特定格式的发票，要求国外出口商填写。

某些国家的进口当局需要在货物清点之前向其提供领事发票（Consular Invoice）。它是出口方根据进口国的规定，按固定格式填制或经进口国驻出口国的领事签发的发票。

产地证（Certificate of Origin）是产地证明书的简称，是一种证明货物原产地或制造地的证件，是出口商应进口商的要求提供的。

单元三　国际结算方式

课前思考

国际结算方式有哪些？选择国际结算方式需要考虑哪些因素？

一、汇款

（一）汇款的概念

汇款（International Exchange）也称国际汇兑或国外汇兑。它是付款人或债务人通过本国银行，运用各种结算工具，将款项付给国外收款人的一种结算方式，属于顺汇。从其发生的原因来说，汇款包括私人间债权债务的清算、政府或单位机构间债权债务的清算；有属于贸易方面的，也有属于非贸易方面的。汇款除平常概念的汇款（可分为电汇、信汇、票汇）外，一般不包括旅行支票、旅行信用证以及外币兑换等广义的汇款。

（二）汇款的当事人

1. 汇款人

汇款人（Remitter）是委托银行将款项汇付国外收款人的一方，在进出口业务中通常是买方。

2. 收款人

收款人（Payee or Beneficiary）即汇款的接受者，在进出口业务中通常是卖方。

3. 汇出行

汇出行（Remitting Bank）是接受汇款人的委托办理汇出汇款的银行。

4. 汇入行

汇入行（Paying Bank）是受汇出行的委托解付汇款的银行，即将款项交给收款人的银行，又称付款行或解付行。

（三）汇款的种类

1. 电汇

电汇（Telegraphic Transfer，T/T）是应汇款人的申请，由汇出行拍发电报或电传给在国外的汇入行，指示其解付一定金额给收款人的一种汇款方式。电汇的流程如图 7-1 所示。

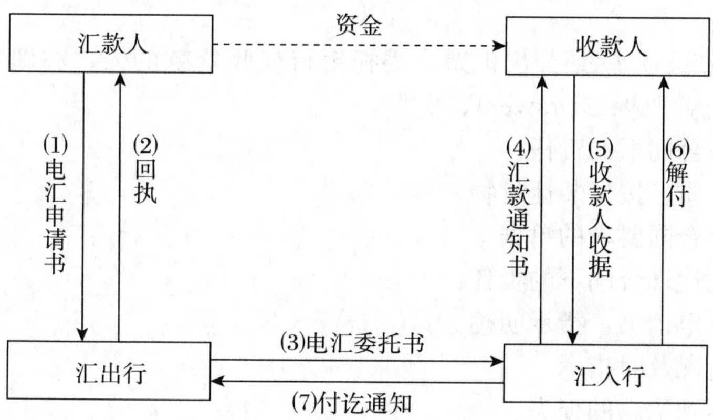

图 7-1 电汇的流程

2. 信汇

信汇（Mail Transfer，M/T）是应汇款人的申请，由汇出行将信汇委托书或支付委托书邮寄给汇入行，授权其解付一定金额给收款人的一种汇款方式。

3. 票汇

票汇（Demand Draft，D/D）是汇出行应汇款人的申请，代其开立以汇入行为付款人的银行即期汇票，由汇款人自行寄给国外收款人，由收款人到汇入行凭票取款的一种汇款方式。

由于汇款业务的资金负担和风险集中在付款方，因此在我国大多用于支付预付款或尾款，在国际结算中所占份额不大。在发达国家之间，由于大量的贸易是跨国公司的内部交易，而且外贸企业在国外也有可靠的贸易伙伴，所以汇款仍然是主要的结算方式之一。

二、托收

（一）托收的概念

托收（Collection）是债权人提供汇票及有关单据，委托本国银行向国外的债务人收取款项的一种结算方式。

（二）托收的特点

托收具有如下特点：

（1）托收是建立在商业信用基础之上的一种结算方式，其最大的特点就是“收妥付汇、实收实付”（对银行而言）。出口商与托收银行之间、托收银行与代收银行之间只是一种代理关系，银行并不承担付款的责任。因此，这种结算方式对进出口商双方来说，利益风险很不平衡。对出口商而言，其风险要更大一些。

（2）托收方式是逆汇方式即出票法，是出口方开出汇票（或发票），连同货运单据（也可不要，此时为光票托收），委托银行要求进口方付款，进口方经审单无误后通过银行对出口方付款。结算工具的走向与货款的流向是相反的。

（3）国际贸易项下的托收经常是跟单托收，即附有代表物权的货运单据的托收，有别于非贸易项下的光票托收。

（三）托收的当事人

1. 委托人

委托人（Principal）就是开出汇票、委托银行代收货款的人，亦即债权人、受益人、出票人（Beneficiary/Payee/Drawer）、卖方。

委托人在贸易合同下的责任：

（1）按时、按质、按量装运货物。

（2）提供符合合同要求的单据。

委托人在委托代理合同下的责任：

（1）填写托收申请书，指示明确。

（2）对意外情况及时指示。

（3）承担收不到货款的损失。

2. 托收行

托收行（Remitting Bank）又称委托行，它一方面接受委托人的委托代收款项，另一方面又委托国外的联行或代理行向债务人收款。托收行一般是委托人的开户行。

托收行的责任：

（1）审查托收申请书，核对单据。

（2）缮制托收委托书。

（3）按常规处理业务，并承担过失责任。

3. 代收行

代收行（Collecting Bank）又称受托行，是接受托收行的委托向债务人收款的银行，一般都是托收行的国外分行或代理行。

代收行的责任：

（1）审查委托书，核对单据。

（2）保管好单据。

（3）及时反馈托收情况。

（4）谨慎处理货物。

4. 付款人

付款人（Drawee/Payer）即进口商、买方，是代收行收款的对象。

付款人的责任：履行付款义务。

5. 提示行

提示行（Presenting Bank）是指跟单托收项下向债务人提示汇票和单据的银行。在一般情况下，向债务人提示汇票和单据的银行就是代收行本身。如果代收行与债务人无往来关系，为了便利如期收款，代收行也可主动或应付款人的要求委托付款人的往来银行充当提示行。

6. 需要时的代理

在托收业务中，如遇付款人拒付，委托人可指定在付款地的代理人代理在货物运出目的港时所有有关货物存仓、保险、重新议价、转售或运回等事宜。这个代理人必须由委托人在委托书中写明，称作"需要时的代理"（Customer's Representative in Case of Need）。

（四）托收的种类

托收方式分为光票托收和跟单托收。

1. 光票托收

光票托收是卖方开立汇票而不附带任何货运单据、委托银行收取款项的一种托收方式。

光票托收的汇票，在期限上也应有即期和远期两种。但在实际业务中，由于一般金额都不太大，即期付款的汇票较多。

光票托收的程序：（1）由委托人填写托收申请，开具托收汇票一并交与托收行。（2）托收行依据托收申请制作托收指示，一并邮寄代收行。（3）对即期汇票，代收行收到汇票后应立即向付款人提示付款，付款人如无拒付理由，应立即付款。付款人付款后，代收行将汇票交与付款人入账。（4）对于远期汇票，代收行接到汇票后，应立即向付款人提示承兑，付款人如无拒绝承兑的理由，应立即承兑。承兑后，代收行持有承兑汇票，到期再作付款提示，此时付款人应付款。（5）如遇付款人拒付，除非托收指示另有规定，代收行应在法定期限内作成拒绝证书，并及时将拒付情况通知托收行。

光票托收的程序如图 7-2 所示。

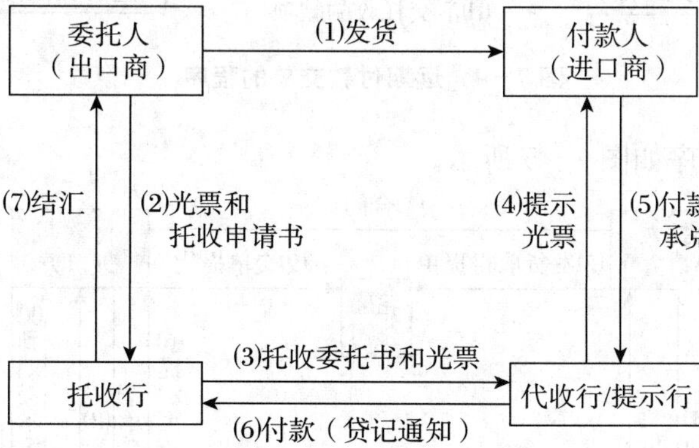

图 7-2 光票托收的程序

2. 跟单托收

跟单托收是卖方开立汇票，连同一整套货运单据一起交给国内的托收行，再委托国外的代收行代收货款。跟单托收中单据是非常重要的，根据向进口商交单条件的不同，跟单托收分为付款交单和承兑交单两种。

即期付款交单的程序如图 7-3 所示。

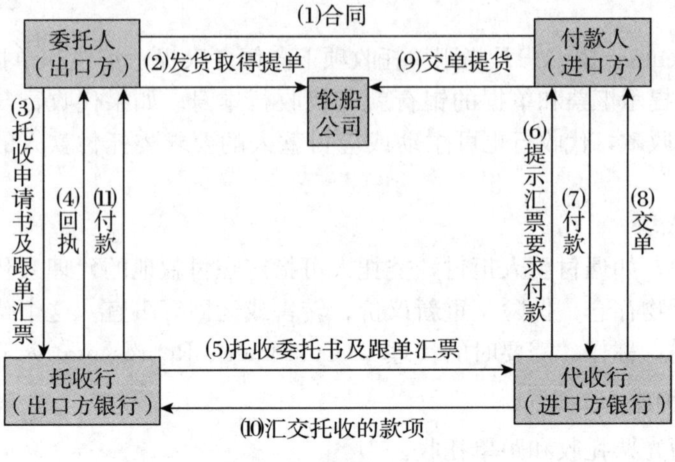

图 7-3　即期付款交单的程序

远期付款交单的程序如图 7-4 所示。

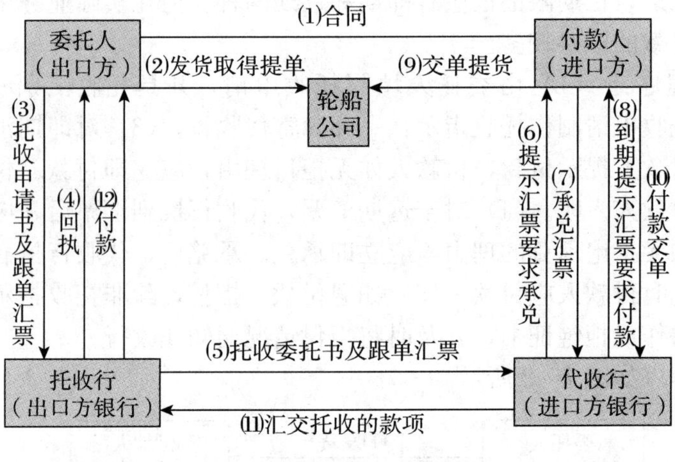

图 7-4　远期付款交单的程序

承兑付款交单的程序如图 7-5 所示。

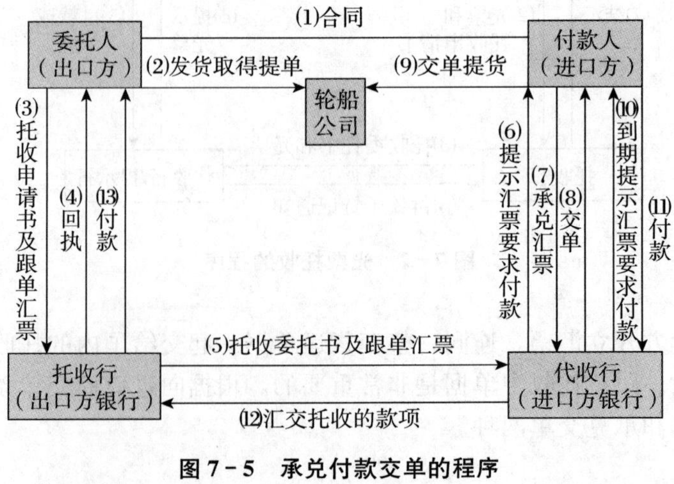

图 7-5　承兑付款交单的程序

做一做

某年6月6日，某托收行受理了一笔付款条件为D/P at sight的出口托收业务，金额为USD100 000，托收行按出口商的要求将全套单据整理后撰打了托收面函一同寄给英国一家代收行，单据寄出5天后，委托人声称进口商要求托收，将D/P at sight改为D/A at 60 days after sight，最后委托行按委托人的要求发出了修改指令，此后一直未见代收行发出承兑指令。当年8月19日，委托行收到代收行寄回的单据，发现三份正本提单只有两份。委托人立即通过英国有关机构了解到，货物已经被进口商提走。此时，委托行据理力争，要求代收行要么退回全部单据，要么承兑付款，但是代收行始终不予理睬。货款始终没有着落。试对此进行分析。

分析：托收是国际结算中常见的一种方式。其中跟单托收是最普遍的托收方式。应当注意，托收的性质为商业信用，银行不承担付款人必须付款的义务。出口人收款的保障取决于进口人的信用，因此，出口方在选择托收方式结算时，前提条件是买卖双方相互信任，只有在进口方信誉比较好的情况下，方能选择此方式。采用托收方式成交，提单不应以进口人为收货人，最后采用空白抬头和空白书，即“Made out to Order& /Blank Endorsed”提单，以避免进口方直接提货，便于银行处理提单的转让。另外，在出口业务中，使用托收方式进行的交易，原则上应由出口人办理保险，即争取以CIF或CIP条件成交，即便不能由出口方办理，也可要求加保“卖方利益险”，在买方不支付受损货物的价款时，保险公司对卖方利益承担责任，赔偿保险单载明责任范围内的货物损失。

托收方式有两种：一为D/P，付款交单，是指卖方的交单须以买方的付款为条件，即出口人将汇票连同货运单交给银行托收时，指示银行只有在进口人付清货款时才能交出货运单。二为D/A，承兑交单，是指出口人的交单以进口人的承兑为条件。进口人承兑后，即可向银行取得货运单据，待汇票到期后才付款。我们只要分析就可知道，承兑交单比付款交单的风险大。在承兑交单条件下，进口人只要在汇票上承兑后即可取得货运单据，以此来提取货物。如果进口人到期不付款，出口人便会遭到货物与货款全部落空的损失。本案中委托人应该意识到将D/P改为D/A的风险在于进口方将把付款赎单改为承兑交单，即进口人在不付款只承兑的情况下就可以取得货运提单、获得货物，并且提单是以进口方为收货人，使得进口方很容易提货。根据《托收统一规则》的有关规定，只要委托人向托收行做出了清楚明确的指示，银行对由此产生的任何后果不负责任，后果由委托人自行承担。此外还存在银行与外商相互串通、造成出口人货款与货物的双重损失。

（五）托收的风险及防范

1. 托收的风险

（1）付款交单。从跟单托收看，付款交单风险较小。因为付款交单条件下，只要进口商未付款，物权凭证仍掌握在代收行手中，仍属于出口商所有。

但是，这并不等于没有风险损失。如果进口商不来付款赎单，则出口商仍要负担以下诸多损失：出口商的卖方贷款利息（如果有）；双程运输费用（如果将货物运回本国处理）；在进口国港口存仓、保险、支付代理人的费用（如果货物寻求当地处理）以及货物临时处理所带来的价格损失、银行费用等。

（2）承兑交单。承兑交单风险最大。承兑交单对于出口商来说，在收到货款之前已经失去了对货物所有权的控制，将完全要依靠进口商的信用来收取货款了。承兑交单的风险损失有：货款的损失、出口商的卖方贷款利息（如果有）、运输费用、办理各种单证的费用、银行费用等。假如托收委托书允许远期付款交单凭信托收据借单，则风险损失如同承兑交单。光票托收的风险损失是托收款和银行费用。

2. 风险的防范

出口商可以通过以下方式防范托收的风险：

（1）了解进口国有关政策规定。这些政策与托收业务关系较密切的主要是进口国的银行（代收行）是否做远期付款交单业务以及如何处理这类业务；进口国海关方面在进口手续、港口管理等方面的有关规定；进口国外汇管制方面的有关规定。

（2）对进口商的调查，包括进口商的资信情况、经营规模等。

想一想

1. 国内某公司以D/P付款交单方式出口，并委托国内甲银行将单证寄由第三国乙银行转给进口国丙银行托收。后来得知丙银行破产收不到货款，该公司要求退回有关单证却毫无结果，请问托收银行应负什么责任？

分析：托收银行不负任何责任。理由如下：

根据《托收统一规则》的规定，在托收方式下，银行只作为卖方的受托人行事，为实现委托的指示，托收银行可选择委托人指定的银行或自行选择或由别的银行选择的银行作为代收行；单据和托收委托书可直接或间接通过别的银行寄给代收行。但与托收有关的银行，对由于任何文件信件或单据在寄送途中的延误和丢失所引起的后果，或由于电报、电传、电子通信系统在传递中的延误、残缺或其他错误，以及由于不可抗力、暴动、内乱、战争或其他所不能控制的原因致使业务中断所造成的后果，不承担义务或责任。

所以，在本案例中，托收银行只要尽到“遵守信用，谨慎从事”的义务，对托收过程中所发生的各种非自身所能控制的差错，包括代收行倒闭致使委托人货款无法收回且单据也无法收回的后果，不负任何法律责任。

2. 甲国的A公司出口机电设备给乙国的B公司。A公司为了收汇安全，希望B公司预付货款；而B公司为了保证能收到货物，希望采用托收的结算方式。双方需要寻找一种较为平衡的结算方式。考虑到信用证结算费用较高，他们不打算使用信用证结算方式。请分析在这种情况下，可以怎样结合不同的结算方式。

分析： 本案例可以采用托收与汇款相结合的结算方式。A公司为了收汇更有保障和加速资金周转，可以要求进口商在货物发运前使用汇款方式预付一定金额的定金作为保证，或预付一定比例的货款，在货物发运后，当出口商委托银行办理跟单托收时，在托收全部货款中将预付的款项扣除，如托收金额被拒付，出口商可将货物运回，以预收的定金或货款抵偿运费、利息等一切损失。关于定金或预付货款规定多少，可视不同客户的资信和不同商品的具体情况确定。

三、信用证

（一）信用证的含义

信用证（Letter of Credit）分为光票信用证和跟单信用证。在国际贸易中主要使用的是跟单信用证，以下叙述即指跟单信用证。

信用证是银行（开证行）根据买方（申请人）的要求和指示，向卖方（受益人）开立的在一定期限内凭规定的符合信用证条款的单据，即期或在一个可以确定的将来日期，支付一定金额的书面承诺。

简言之，信用证是一种有条件的银行付款承诺。

（二）信用证的特点

首先，从性质上讲，信用证结算是一种银行信用，开证银行以自己的信用作为付款保证。开证银行保证当受益人在信用证规定的期限内提交符合信用证条款的单据时履行付款义务。这与汇款、托收结算方式的商业信用性质不同，因而比汇款、托收结算收款更有保障。其次，信用证是一种独立的文件。信用证虽然以买卖合同为依据开立，但它一经开出，就成为独立于买卖合同之外的一种契约，不受买卖合同的约束，开证银行以及其他参与信用证业务的银行只按信用证的规定办理。此外，信用证业务是一种单据买卖，银行凭表面合格的单据付款，而不以货物为准。

与汇款和托收结算方式相比较，信用证结算方式具有如下特点。

1. 安全性高

由于信用证结算是一种银行信用，开证银行以自己的信用作为付款保证，因而对于出口商来说收汇就有了较高保障。

2. 手续繁、费用高

采用信用证结算方式，必须履行开证、通知、审证、交单、审单、垫付、偿付、赎单等一系列手续，较为复杂，而且对于进口商来说，需要支付较高的费用，需要交纳一定的押金等，费用比汇款、托收高得多。

3. 资金负担比较均衡

对于进口商来说，开证时只需要付出部分押金或者提供保证人作担保，收单时才支付全部货款，这比预付货款资金负担要轻得多。对于出口商来说，由于有信用证作保证，装运货物后可以把单据卖给出口地银行以提前获得款项，其资金负担自然比托收和货到付款轻得多。

4. 采用信用证结算容易产生欺诈

由于银行只管单据、不问事实，如果受益人不根据实际货物而伪造符合信用证条款的单据甚至制作根本没有货物的假单据照样能取得货款，这样进口商就会成为欺诈行为的受害人。

（三）信用证的当事人

信用证结算方式的当事人主要有以下几个。

1. 开证申请人

开证申请人一般是进口商或中间商，其依据贸易合同向银行申请开立信用证。

2. 开证行

开证行是应开证申请人的要求，向出口商开出信用证的银行。它一般是进口商所在地的银行。

3. 受益人

受益人即出口商，是信用证担保付款的直接受益者。受益人收到信用证后应及时与合同核对，如发现信用证条款与合同不符，须尽早提出修改要求或拒绝接受。

4. 通知行

通知行是开证行的代理人，多为出口商所在地银行。

5. 议付行

议付行是应开证行的邀请及受益人的要求，检验受益人提交的单据并确认无误后，向其垫付货款，再向开证行或其他指定银行索回垫款的银行。

6. 付款行

付款行是开证行指定的信用证项下汇票上的付款银行。

7. 保兑行

通知行或其他银行根据开证行的请求，可以在信用证上加具保兑，一旦加具保兑即为保兑行。

相关链接

保兑行的职责：甲国出口商出口一批货物到乙国，进、出口双方约定以信用证方式结算。于是乙国进口商委托其银行（乙银行）开立了一张不可撤销议付信用证，该证由丁银行保兑。在甲出口商根据信用证的规定完成了一切之后，其将全套单据在规定的信用证有效期内向丁银行提示，丁银行认为单据与信用证条款相符并对单据进行了议付。事后乙银行收单后经审核认为单据不合格而拒受。丁银行因此蒙受了巨大的损失。

分析：根据《UCP600》第8条的规定，保兑行已经接受单据，保兑行因此没有追索权。如果开证行因为不符点而拒受单据，那些不符点是被保兑行忽略的，这样的后果应由保兑行负责，保兑行不能反过来让出票人或善意持票人负责其在审核单据上的错误。本例中作为保兑行的丁银行因未发觉单据的不符点而错误地议付，其就丧失了对受益人（甲出口商）的追索权。同时，由于开证行的付款依据是单单、单证一致，所以，丁银行也无从获得偿付。最终遭受损失的只能是丁银行自己。

（四）信用证的内容

关于信用证的格式、内容和措辞，世界各地均无统一的标准，但其基本内容或必备条件却是一致的，主要是以下几项。

1. 关于信用证本身

开证行名称、地址；开证日期与地点；信用证号码；信用证种类；开证申请人；受益人；信用证金额；有效日期和有效地点；通知行。

2. 关于汇票内容

出票人；付款人；汇票期限；汇票金额；出票条款。

3. 关于单据

商业发票；提单或运输单据；保险单/证；海关发票；产地证明书；包装/重量单；其他单据。

4. 关于货物

商品名称；数量；规格；单价；价格条件；唛头；其他。

5. 关于运输

装运港；卸货港或目的地；装运期；可否分批装运；可否转船。

6. 其他事项

开证行对议付行等当事人的指示，如索汇方法、如何寄交单据、议付金额背书等；开证行承诺付款条款；开证行名称和签字；关于遵守国际商会《跟单信用证统一惯例》的条款；其他特别条款。

（五）信用证的业务流程

信用证的业务流程如图 7-6 所示。

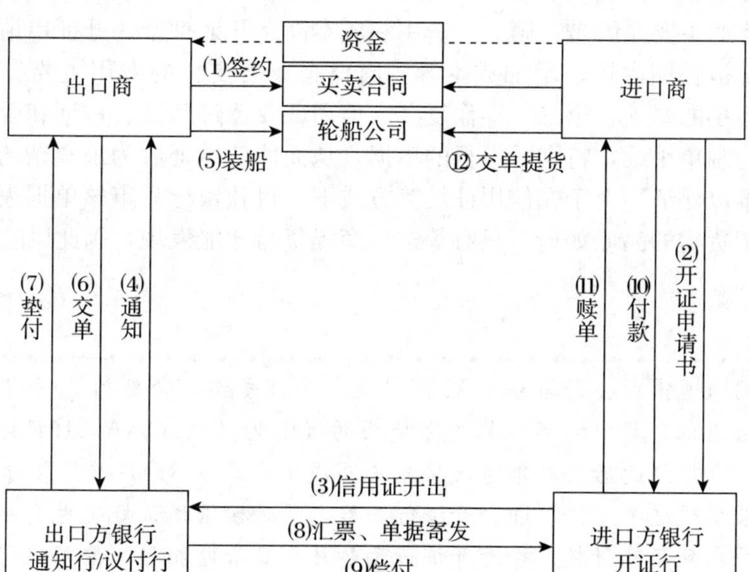

图 7-6 信用证的业务流程

（1）买卖双方经过磋商，约定以信用证方式进行结算。

（2）进口方向开证行递交开证申请书，约定信用证内容，并支付押金或提供保证人。

（3）开证行接受开证申请书后，根据申请开立信用证，正本寄给通知行，指示其转递或通知出口方。

（4）由通知行转递信用证或通知出口方信用证已到。通知行在开证行要求或授权下对信用证加以保兑。

（5）出口方认真核对信用证是否与合同相符，如果不符，可要求进口商通过开证行进行修改；待信用证无误后，出口商根据信用证备货、装运、开立汇票并缮制各类单据，船运公司将装船的提单交予出口商。

（6）出口商将单据和信用证在信用证有效期内交予议付行。

（7）议付行审查单据符合信用证条款后接受单据并付款；若单证不符，可以拒付。

（8）议付行将单据寄送开证行或指定的付款行，向其索偿。

（9）开证行收到单据后，应核对单据是否符合信用证，如正确无误，即应偿付，议付行代垫款项，同时通知开证申请人备款赎单。

（10）进口方付款赎单，如发现不符，可拒付款项并退单。进口方发现单证不符，也可拒绝赎单。

（11）开证行将单据交予进口商。

（12）进口商凭单据提货。

信用证是银行介入国际贸易的产物。它解决了进出口双方互不信任的矛盾，从而促进了国际贸易的发展；它以银行信用代替了商业信用，因此被视为可靠的国际结算方式，被广泛运用于国际贸易中，曾经占据国际结算主导地位达一个世纪之久。但进入 20 世纪 90 年代以后，国际结算方式发生了剧变，信用证的使用率迅速下降。信用证在国际结算中的运用呈下降趋势的主要原因是：第一，费用和成本高。开证押金、开证申请费和电报费致使进口方的资金被长期占用、增加成本等。出口企业需支付的费用主要有通知费和议付费，这是一笔不小的开支。第二，操作复杂。信用证要经过开证、审证和改证等烦琐的程序，还有复杂的制单手续，特别是银行的单据，从而使信用证成为最复杂的支付方式。第三，货物品质难以保证。由于在信用证结算方式下，付款银行只审核单据表面是否符合信用证条款，至于货物的品质如何，只有等进口商提货后才能发现，因此风险较大。

想一想

某年我国内地出口公司与香港 M 公司成交一批手钻，金额为 20 051 美元，香港 A 银行开来信用证，其中对运输标志即唛头的规定为 T—2684A/81M144。内地出口公司于 12 月 30 日装运后在制单时误将唛头写成 J—2684/81M144。议付行于 1 月 21 日审单时也未发现这个差错，即向开证行寄单，同时按信用证规定也向纽约偿付行进行了索偿，并收到了偿付款。香港开证行于 2 月 9 日来电拒付，要求议付行将偿付款退还，所有费用包括电报费及利息等均应由议付行承担。

问：（1）开证行拒付理由是否成立？

（2）我们应从本案例中吸取什么教训？

四、银行保函

（一）银行保函的概念

银行保函（Letter of Guarantee），是指银行及其他金融机构应申请人或委托人（合约、交易的一方）的要求向受益人（合约、交易的另一方）开出的书面付款保证。银行保证在申请人未履行某项义务或受益人已经履行了合同义务后支付一定款项给受益人。

保函就其所依附的合同关系来看，有从属性保函和独立性保函之分。

所谓从属性保函（Accessary Guarantee），是将保函置于基础合同的从属地位，以合同条款为中心来判断保函项下的索赔是否成立。

所谓独立性保函（Independent Guarantee），是指根据基础合同开具但又不依附于合同而独立存在、其付款责任仅以保函自身的条款为准的一种保函。在此种保函项下，担保银行大多承担第一性的付款责任。

从目前国际银行保函业务的实际情况来看，通过的多数为独立性保函。

（二）银行保函的特点

（1）以银行信用作为保证，易于被客户接受。

（2）保函是依据商务合同开出的，但又不依附于商务合同，是具有独立法律效力的法律文件。当受益人在保函项下合理索赔时，担保行就必须承担付款责任，而不论申请人是否同意付款，也不管合同履行的实际情况。即保函是独立的承诺并且基本上是单证化的交易业务。

（三）银行保函的当事人

银行保函的基本当事人有三个，即申请人、受益人和担保人，有时还会出现反担保人、通知行、保兑行等。

1. 申请人

申请人（Applicant）或称委托人（Principal），是向担保行申请开立保函的人（被担保人），有时是投标人，有时是买方、卖方或承租人等。

2. 受益人

受益人（Beneficiary）是接受保函并有权按保函规定向担保行索赔的人，一般是与申请人相对的基础合约的另一方当事人。

3. 担保人

担保人（Guarantor or Surety）也称担保行，是接受委托向受益人开立保函并承担申请人违约时付款责任的银行或金融机构。

4. 通知行

通知行（Advising Bank）也称转递行（Transmitting Bank），即受担保行的委托将保函交给受益人的银行。

5. 反担保人

担保行为了避免风险，常常要求除申请人以外的第三者对担保行进行再担保，一旦受益人向担保行索赔，担保行付款后，可按反担保协议向提供反担保的当事人索赔。提供反担保的当事人即为反担保人（Counter-Guarantor）。

6. 保兑行

保兑行（Confirming Bank）与信用证业务中的保兑行类似，当受益人对担保行的信誉和资力存疑时，就可要求另一家国际上公认的大银行或本国银行对保函加具保兑。

7. 指示行

指示行（Instructing Bank）：受益人有时只接受本国银行出具的保函，要求申请人到受益人所在地的银行去申请开具保函，该银行便是指示行。这种要求往往是不现实的，因为国际业务中的保函受益人和申请人处在不同的国家。

（四）银行保函的业务程序

一笔银行保函业务的基本程序大致有以下几个环节：申请人向担保行申请开具保函；担保行审查后开出保函；受益人凭保函索赔；担保行向申请人或反担保人追索；保函注销。

五、保付代理

（一）保付代理的概念

保付代理（Factoring）业务是在以赊销为支付方式的贸易中，由保理商（Factor）向出口商提供的一种集融资、结算、财务管理、信用担保为一体的综合性的贸易支付方式，简称保理业务。保理业务分国内保理业务和国际保理业务两种，我们在这里介绍的是国际保理业务。通常在赊销方式下，卖方根据合同或订单发货交单后，只能被动地等待买方到期时付款，因赊销是汇款方式中的货到付款，属商业信用，并不像信用证那样由银行来承担第一性的付款责任。由于各种原因，一些买方可能会一再拖延付款，而有一些买方可能永远也不会付款，除非买方的资信可靠，或者双方中的一方是另一方的子公司。如果出口商和保理商签订了协议，情况就会发生根本性的变化：保理商将负责对买方的资信进行调查，提供风险担保，并替出口商催收账款及进行有关账务管理和资金融通等，从而解除卖方的后顾之忧。

（二）保付代理的当事人

1. 出口商

在保理业务中，出口商又称销售商，由其向出口保理商提出叙做出口保理业务的申请，并与出口保理商签订保理协议。

2. 出口保理商

出口保理商位于出口商所在地，接受出口商的申请，负责向出口商提供包括预付款融资在内的全部保理服务，同时与国外的进口保理商签订代理协议，委托后者提供相应的服务并将卖方出售给他的所有应收账款转让给进口保理商。

3. 进口保理商

进口保理商位于进口商所在地，是向出口保理商提供信用额度以及负责债款回收和坏账担保的保理商。

4. 进口商

在保理业务中，进口商又称债务人，是指对提供货物或服务所产生的应收账款负有付款责任的一方。

（三）保付代理的业务流程

以双保理为例，其业务流程如图 7－7 所示。

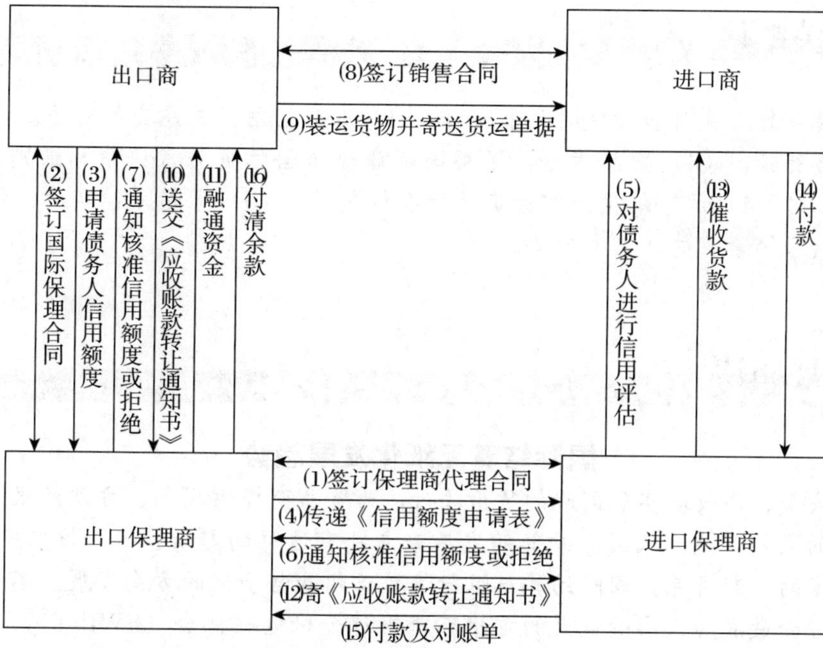

图 7－7　以双保理为例的业务流程

（1）出口保理商和进口保理商是委托代理关系和应收账款转让关系，这种关系是通过双方签订保理商代理合同加以确定的。

（2）出口商与出口保理商签订保理合同。

（3）出口商向出口保理商申请进口商的信用额度，具体要填一份《信用额度申请表》。

（4）出口保理商将出口商填具的《信用额度申请表》传递给进口商所在国的进口保理商。

（5）进口保理商对进口商的资信进行调查和评估，并确定进口商的信用额度。

（6）进口保理商将其对进口商核准的信用额度或拒绝核准信用额度通知出口保理商。

（7）出口保理商将进口保理商核准或拒绝的信用额度通知出口商。

（8）出口商与进口商签订销售合同。

（9）出口商装运货物，将全套单据的正本邮寄进口商，而将发票的副本及合同副本交给出口保理商，或将全套单据的正副本都交给出口保理商，由出口保理商再转交单据。

（10）出口商填具《应收账款转让通知书》并附发票副本两份送交出口保理商。

（11）出口保理商向出口商提供资金融通。

（12）出口保理商签署《应收账款转让通知书》，并在发票上盖上“再让渡”的印章寄送给进口保理商，表示出口保理商将该笔应收账款再转让给进口保理商。

（13）进口保理商在应收货款到期日没有得到进口商的付款，就应催收。

（14）进口商到期向进口保理商付款。

（15）进口保理商将款项转付给出口保理商。

（16）出口保理商扣除预付款项和银行的费用，将余款付给出口商。

相关链接

选择国际结算方式时应考虑的几个因素：（1）客户信用：关注交易对手。（2）货物销路：关注市场行情。（3）贸易术语：了解国际商会《国际贸易术语解释通则》（INCOTERMS 2000）。（4）运输单据：掌握货物所有权凭证。（5）承运人：实力、信誉、管理水平。（6）货币因素：关注汇率走势。

拓展阅读

国际结算无纸化发展趋势

快捷、安全、高效地实现国际的货币收付，为贸易商提供周到、方便的服务，是国际结算要研究的主要课题。从国际结算的发展来看，有这样的趋势：（1）推广采用新技术。随着电子技术的日新月异，国际结算与银行清算正朝着电子化的方向发展。不过，在国际结算电子化方面最成功、影响最大的首推环球银行金融电信协会（SWIFT），简称环银电协。SWIFT 是世界各国银行间的高速电信网络，它每周 7 天、每天 24 小时连续运行。它对收发电信规定了一整套标准化统一格式，使用统一的货币符号。SWIFT 码的采用，使国际结算更加快捷、保密和安全。SWIFT 在国际上的影响正在逐步扩大，在我国的国际结算中，使用 SWIFT 的银行和进出口公司也在不断增多。今后的国际结算将朝票据、单据乃至货币电子化的方向发展，一切业务都由计算机处理，一笔结算业务瞬间即可完成。（2）采用简便而可靠的支付方式。信用证结算虽然是全球使用最广泛的一种方式，但并不是在所有的国家和地区都是如此。较多地采用手续比较简单的 O/A、D/P（付款交单）、D/A（承兑交单）等支付方式是国际结算发展的趋势。不过，这些方式的基础是商业信用，对卖方风险较大，必须辅之以其他方式，如要求买方提供银行保函等，才能保障卖方收回货款的权益。

知识要点

经营外汇业务的银行使用某些结算方式和特定工具，来实现跨国界的资金转移与支付，就是国际结算。

国际结算的特征：以多种货币作为结算货币；涉及多项国际法规、国际规则、国际公约及国际惯例；需要国际银行界的合作。

国际结算工具有汇票、支票、本票。

按单据的性质，可将单据划分为商业单据、运输单据、保险单据、官方单据及金融单据（即票据）等。

国际结算方式有汇款、托收、信用证、银行保函、保付代理等。

问题讨论

资料：天津M出口公司出售一批货给香港G公司，价格条件为CIF香港，付款条件为D/P见票30天付款，M出口公司同意G公司指定香港汇丰银行为代收行，M出口公司在合同规定的装船期限内将货装船，取得清洁提单，随即出具汇票，连同提单和商业发票等委托中行通过香港汇丰银行向G公司收取货款。5天后，所装货物安全抵达香港，因当时该商品的行市看好，G公司凭信托收据向汇丰银行借取提单，提取货物并将部分货物出售。不料，因到货过于集中，货物价格迅速下跌，G公司以缺少保险单为由，在汇票到期时拒绝付款。

要求：你认为M公司应如何处理此事？并说明理由。

达标检测

一、基本概念

国际结算	汇票	本票	支票
付款交单	远期付款交单	承兑交单	信用证
汇款	托收	信用证	银行保函
保付代理			

二、选择题

1. 甲国向乙国提供援助款100万美元，由此引起的国际结算是（　　）。

A. 国际贸易结算　　B. 非贸易结算

C. 有形贸易结算　　D. 无形贸易结算

2. 公司签发一张汇票，上面注明“At 90 days after sight”，则这是一张（　　）。

A. 即期汇票　　B. 远期汇票

C. 跟单汇票　　D. 光票

3. 审核单据，购买受益人交付的跟单信用证项下汇票，并付出对价的银行是（　　）。

A. 开证行　　B. 保兑行

C. 付款行　　D. 议付行

4. 通知行是（　　）。

A. 开证行的代理人　　B. 承兑行的代理人

C. 付款行的代理人　　D. 保兑行的代理人

5. 以下关于承兑信用证的说法，正确的是（　　）。

A. 在该项下，受益人可自由选择议付的银行

B. 承兑信用证的汇票的期限是远期的

C. 其起算日是交单日

D. 对受益人有追索权

三、判断题

1. 一张汇票出票后付款人总是主债务人。（　）
2. 不可流通转让海运单除了单据上写明的收货人外，他人不能提货。（　）
3. 票据当事人的权利与义务受票据原因的影响。（　）
4. 信汇、票汇、电汇三种汇款方式中解付行查验汇款真实性的方法相同，都是查验汇出行的签字。（　）
5. 售定属于货到付款的一种方式，它是进出口方达成协议所进行的一种“先出后结”的结算方式。（　）
6. 可转让信用证只可以转让一次，所以，第二受益人将可转让信用证再转让给第一受益人是不被允许的。（　）
7. 光票托收中没有货运单据，只有金融单据。（　）
8. 信用证的基本当事人包括出口商、进口商、开证行。（　）
9. 保兑行付款后，还可向出口商追索款项。（　）
10. “单单一致”对于大小写不予以限制。（　）

四、简答题

1. 本票与汇票有什么区别?
2. 什么是信用证?信用证当中的契约及其当事人是怎样的?

五、技能训练

1. 甲国的A公司出口农产品给乙国的B公司。双方商定用信用证方式结算。由于商品的数量不易控制，B公司在申请开证时难以确定金额。在这种情况下，可以怎样结合不同的结算方式，既可以保证收汇，又有数量和金额变化的灵活性?

2. 甲国的A公司出口机电设备给乙国的B公司。由于货款金额大，B公司在申请开证时，银行要求其支付较高的押金。B公司的流动资金比较紧张，觉得支付该数量的押金比较困难。B公司转而与A公司商量采用托收的结算方法，但A公司基于收汇安全的考虑，认为全额托收不可接受。在这种情况下，可以怎样结合不同的结算方式，既可以使B公司少付押金，又可以保证A公司的收汇安全?作为B公司的开证行，应该在信用证中怎样注明?在出口合同中，又应怎样反映?

3. 甲国的A公司出口农产品给乙国的B公司。双方商定用信用证方式结算。由于商品的数量不易控制，B公司在申请开证时难以确定金额。在这种情况下，可以怎样结合不同的结算方式，既可以保证收汇，又有数量和金额变化的灵活性?

模块八

外汇风险管理

案例导入

浙江某鞋业集团是我国知名的鞋类企业，除国内业务外还经营鞋类进出口业务，2012年其出口业务量已达到3 000万美元。该企业出口收入通常以美元结算，从与外商谈判签约，到生产发货，再到收汇结算，通常需要4～6个月的时间，有的甚至达到1年。由于长期以来人民币与美元的汇率基本保持固定，因此企业对外汇风险问题比较忽视，也没有采取避险措施。后来，人民币与美元汇率发生很大波动，使得该企业遭受了比较大的损失。在此后的交易中，该企业加强了外汇风险管理，采取远期外汇交易等措施尽可能避免外汇风险。

学习目标

实行浮动汇率制以后，汇率波动幅度变化无常，这样就给经营国际业务的经济主体带来很大的外汇风险，如果不采取有效的防范措施，就会给其造成不同程度的损失。所以，通过本模块的学习，你应该达到以下目标：

（1）了解外汇风险、交易风险、经济风险、会计风险、BSI和LSI等概念。

（2）领会各种外汇风险管理措施所要求的条件。

（3）理解防范外汇风险管理的一般方法。

（4）掌握外汇风险管理的基本手段。

单元一　外汇风险概述

课前思考

如果某公司3个月后要收入100万美元的出口货款，同时需要支付80万美元的进口货款，则该公司将面临什么样的风险？

一、外汇风险的概念

当今世界各国间的经济、贸易联系日益密切。一个国家不可能闭关锁国而独立于世界之外，一个企业也无法闭门造车。国际经济和国内经济通过货币这一特殊的纽带紧密地联系起来。一国货币相对于另一国货币的汇率变动，给从事国际经济活动、贸易活动的经济实体或个人带来了经营结果的不确定性，即外汇风险。

外汇风险（Foreign Exchange Risk）是指一定时期的国际经济交易当中，以外币计价的资产（或债权）与负债（或债务），由于汇率的变动而引起其价值涨跌的不确定性。

这种风险概念的表述强调以下几个观点：风险是资产或负债变化的不确定性；这种不确定性是由于汇率的频繁变化引起的；风险是损失（Loss）与收益（Gain）的统一；风险的承担者包括直接和间接从事国际经济交易的企业、银行、个人和政府及其他部门，即国际收支当中所说的居民。间接风险是指因汇率变动，通过经济状况变化及经济结构变化的间接影响使那些不使用外汇的部门及个人也承担风险，承担风险的金额是不确定的。

二、外汇风险的构成因素

一个国际企业在它的经营活动中所发生的外币收付，如应收账款、应付账款以及货币资本的借出或借入等，均需用本币进行结算，并考核其经营成果。本币是衡量一个企业经济效益的共同指标。从交易达成到应收账款的实际收进、应付账款的实际付出、借贷本息的最后偿付均有一个期限，这个期限就是时间因素。在确定的时间内，外币与本币的折算比率可能发生变化，从而产生外汇风险。外汇风险一般包括三个因素：本币、外币与时间。这三个因素在外汇风险中同时存在，缺一不可。

一笔应收或应付外币账款的时间长短对外汇风险的大小具有直接影响。一般来说，时间越长，在此期间汇率波动的可能性就越大，外汇风险相对就大；时间越短，在此期间汇率波动的可能性就越小，外汇风险相对就小。从这个角度看，外汇风险包括时间风险和价值风险。时间风险取决于时间结构，价值风险取决于币种的转换。

三、外汇风险的类型

下面以企业为例对外汇风险进行分类，并做适当的分析。

（一）交易风险

交易风险（Transaction Exposure）亦称交易结算风险，是指以外币进行计价收付的交易，由于该币与本国货币的比值发生变化即汇率变动而引起的损益的不确定性。

交易风险的特点是：具有要么损失、要么获益的或然性，即依一定条件可互相转化。

1. 贸易结算风险

以即期或延期付款为支付条件的商品或劳务的进出口，在装运货物或提供劳务后至费用收支时这一期间，由于外汇汇率变动使出口商收入减少或进口商支付增加，这种风险构成了对外贸易的结算风险。

2. 国际信贷风险

以外币计价的国际信贷活动，在债权债务产生至清偿债权债务时的这一时段，由于外汇汇率变动使债权人收入减少或债务人支出增加，这种风险构成对外债权债务的清偿风险。例如：美国某企业 2008 年借入 100 万欧元两年期的国际商业贷款，当时的市场汇率为 USD1＝EUR1.025 5，但是，还款时的市场汇率变为 USD1＝EUR0.923 5，由于国际信贷汇率风险，该企业损失了 10.77(100÷0.923 5－100÷1.025 5) 万美元。

3. 外汇买卖风险

待交割的即期或远期外汇合同的一方，在该合同到期时，由于外汇汇率变化，交易的一方可能要拿出更多或更少的货币去换取另一种货币，这种风险构成了外汇的买卖风险。例如：某客户与银行在当天以 EUR1＝USD1.150 0 卖出美元，买入 100 万欧元，次日交割；若第二天汇率变为 EUR1＝USD1.140 0，则由于外汇买卖风险，该客户将损失 1 万美元。

（二）会计风险

会计风险（Accounting Exposure）亦称折算风险。它是根据会计制度的规定，在公司全球性的经营活动中，为适应报告需要而出现的风险，即因汇率的变化，引起资产负债表上某些项目价值的变化。

会计风险的特点是：发生折算风险时，用外币计量的项目（资产、负债、收入和费用）的发生额必须按本国货币重新表述，且必须按母公司所在国的会计规定进行。公司在报告时，为了把原来用外币计量的资产、负债、收入和费用合并到本国货币账户内，必须把上述用外币计量的项目的发生额按本国货币重新表述，亦称折算的重新表述，它必须按母公司所在国政府或公司自己确立的规定进行。

例如：海尔公司（美国）于 5 月 15 日在当地购入一批价值 20 万美元的零部件，至今仍未出库使用。其购入时汇率 USD1＝CNY8.27。由于人民币汇率改革，第三季度会计决算日汇率 USD1＝CNY 8.09。母公司合并报表时该笔存货少了 3.6 万元人民币。

又如：我国某公司因业务需要在美国的银行中存放了 1 000 万美元，当时存放时美元与人民币的汇率是 USD1＝CNY8.270 0，则在该公司的会计账目上，其存款值折算成人民币为 8 270 万元。如果一段时间后，美元与人民币的汇率变为 USD1＝CNY8.280 0，则在该公司的会计账目上，其存款值折算成人民币就会变为 8 280 万元。这意味着该公司的国外存款按人民币计算在账目上多增加了 10 万元人民币。反之，如果一段时间后，美元与人民币的汇率变为 USD1＝CNY8.260 0，则在该公司的会计账目上，其存款值折算成人民币就会变为 8 260 万元。这意味着该公司的国外存款按人民币计算在账目上减少了 10 万元人民币。在这种情况下，就会对企业的盈利和账目平衡等产生很大影响。

(三) 经济风险

经济风险（Economic Exposure）是指由于突然的汇率波动，引起公司或企业的未来一定期间的收益发生变化。它是一种潜在性的风险，其程度大小取决于汇率变动对产品数量、价格及成本的影响程度。

经济风险的特点是：第一，带有主观意识。因为它取决于在一定时期内公司预测未来现金流量的能力，而公司预测这种能力是千差万别的。第二，它不包括预测的汇率变动。因为公司管理当局或广大投资者在评价预期收益或市场价值时，已把预期汇率变动考虑进去了。第三，其风险影响比交易风险和折算风险大。此外，企业面临的风险还有税收风险（Tax Exposure）。它是指因汇率的变动而引起的应税收益或减税损失，是一种范围较小的风险，因国而异，但亦不可忽视。

做一做

下面的几个案例中，收付各方在实际收付时金额上发生了什么变化？有没有外汇风险？如果有，属于哪一种风险？

(1) 英国某公司从德国进口一批医疗设备，双方商定以美元计价，总价值 USD100 万，3 个月后付款。签约时市场汇率为：GBP1＝USD1.752 0，以此汇率计算，英国进口商需支付 GBP57.08 万（100 万÷1.752 0＝57.08 万）。但 3 个月后，英国某公司办理支付时，美元升值，汇率变为：GBP1＝USD1.652 0。

问题 1：在这一交易过程中，外汇风险是否存在？如果存在，存在于哪一方？

问题 2：在此情况下，属于哪一种类型的外汇风险？

问题 3：英国某公司需支付多少英镑？

问题 4：存在风险的一方，损失的金额是多少？

分析：从案例来看，英国进口商从医疗设备的进口到办理支付的时间是 3 个月，计价货币美元在此期间汇率上升，所以在付款时，英国进口商需用 60.53 万（100 万÷1.652 0＝60.53 万）英镑，比签订合同时多支付了 3.45 万（60.53 万－57.08 万＝3.45 万）英镑。因此，在这一交易过程中，英国进口商蒙受了对外贸易结算中汇率升值的风险。

(2) 我国某金融机构在日本筹集一笔金额 100 亿日元的资金，以此向国内某企业发放 10 年期美元固定利率贷款，贷款利率为 8%。当时美元兑日元的汇率为：USD1＝JPY200，该金融机构用 100 亿日元兑换 5 000 万美元。但 10 年后美元兑日元的汇率为：USD1＝JPY110，届时应偿还 100 亿日元。

问题 1：在此情况下，属于哪一种类型的外汇风险？

问题 2：该金融机构需用多少美元才能偿还 100 亿日元的借款？

问题 3：该金融机构在筹资过程中承担的风险金额是多少？

分析： 此案例中，属于债权债务的清偿风险。由于我国某金融机构在日本筹资100亿日元，其形式是在国内向某企业发放美元贷款，按当时汇率计算，只需5 000万美元即可兑换100亿日元。到期收回本金和利息共计9 000万美元（5 000万＋5 000×8%×10＝9 000）。但是，10年以后，美元与日元的汇率发生较大变化，美元大幅度贬值，而该金融机构需要9 090.9万（100亿÷110＝9 090.9万）美元就能偿还100亿日元的本金，由此可见，该金融机构连借款的本金都难以弥补。这就是该金融机构因日元汇率上浮所蒙受的损失。

（3）我国某公司与银行签订协议，购买3个月远期100万美元，用于支付进口货款，协定汇率为：USD1＝CNY8.276 0，3个月后，该公司需支付827.60万元人民币买入100万美元，以支付进口所需要的货款。此时汇率已变为：USD1＝CNY8.282 0。

问题1：在这一交易过程中，外汇风险是否存在？如果存在，存在于哪一方？

问题2：在此情况下，属于哪一种类型的外汇风险？

问题3：蒙受损失的一方，损失的金额是多少？

分析： 从案例中，我们不难看出，美元汇率较3个月前上涨了。由于该公司事先与银行签订了3个月远期外汇买卖合同，所以应按合同中的汇率交割，该公司支付827.6万元，可获100万美元。而此时的汇率为：USD1＝CNY8.282 0，作为银行来说，少收人民币0.6万元，银行遭受了外汇买卖的风险。

（4）某公司在美国的分公司于5月15日在当地购入一批价值20万美元的零部件，至今仍未出库使用。其购入时汇率USD1＝CNY7.27。由于人民币汇率改革，第三季度会计决算日汇率USD1＝CNY 7.09。请计算母公司合并报表时该笔存货的折算风险。

分析： 20万美元×(7.27－7.09)＝3.6万CNY。母公司合并报表时该笔存货账面上少了3.6万元人民币。

（5）我国某外贸公司从美国进口一批机械设备，双方约定以信用证方式结算，付款日期为出票后90天，货款为250万美元。当时美元与人民币汇率为：USD1＝CNY8.253 0，但90天后，美元汇率上浮，USD1＝CNY8.263 0，此时外贸公司要购买250万美元，向美国出口商付款。外汇风险是怎样形成的？

分析： 在这个案例中，外汇风险明显存在时间风险和价值风险。时间风险是由结算方式和付款日期产生的，出票后90天付款，就构成了90天汇率变动的时间风险；在合同达成到实际支付这两个时间上，美元与人民币汇率确实发生了变化，美元汇率上浮，作为进口商，进口购汇费用增加了2.5（250×8.263 0－250×8.253 0＝2.5）万元，构成了美元与人民币转换的价值风险。

拓展阅读

银行经营外汇业务的风险

一、外汇买卖风险

银行在外汇买卖即把本币兑成外币或把一种外币兑成另一种外币的过程中所产生的风险，就是外汇买卖风险。

（一）外汇银行与外汇买卖业务

外汇银行是进行外汇买卖的重要金融机构，银行在外汇买卖当中是作为中介而存在的。外汇银行在整个对外金融活动中都积极参与，并成为一切外汇业务交易的中心。外汇买卖是外汇银行的基本业务，包括卖汇和买汇。

外汇银行买卖的结果会导致其国内或国外账户存款的增加或减少。在国内，银行买进或卖出外汇即付出或收进本币；在国外，则把买进或卖出的外汇，经在国外开立的账户办理收付活动。银行通过买卖不同货币、不同金额、不同支付时间的汇票等外汇支付凭证，把居民或非居民的结算转变为银行之间账户的冲销，以结清国际债权债务。

（二）外汇头寸

外汇银行所持有的各种外币账户余额状况，称为外汇头寸（Foreign Exchange Position）。

银行买卖外汇经常处于不平衡之中，某种外币头寸卖大于买（不论即期或各种期限的远期，买卖合并轧抵计算），称“空头”（Short Position）或超卖（Oversold）；反之，买大于卖，称“多头”（Long Position）或超买（Overbought）；买卖持平而不增不减则称“轧平”（Square）。各种外汇各种期限的头寸汇总计算的净余额，即为人们所称的外汇“总头寸”（Overall Position）。

如果买卖外汇不平衡程度较小，银行可用手头资金来抵补；如果差额过大，由于汇率变化莫测，银行有可能会遭受损失。因此，为避免这种风险，银行一般都要执行“买卖平衡”原则。

一般来说，当某个国家对外出现逆差时，则意味着外汇的卖出必超过买进，这时银行的外汇资金或外币就会大量集中于国内银行，银行的国外资金势必紧缩；相反，当一个国家出现顺差时，则外汇的买进必超出卖出，银行的国内资金必然紧缩。银行为了调节资金盈虚、轧平资金，必须预先作反向的买卖予以补进或抛出。当地国外分行或代理行资金过少时，就需要将其他地方多余的资金调拨到该地以补其不足。这种业务是在银行同业之间进行的，又称为“银行同业外汇交易”。

值得注意的是，“轧平”并不意味着所有银行在买卖外汇后都需立即进行平衡，而是根据国际金融的发展情况、银行本身资力的大小以及对汇率变动趋势的预测，来决定是立即轧平还是推迟。如果推迟，实质上就是进行投机。投机有好有坏，当今西方国家的银行，在经营外汇业务中常要掺进投机因素。各国的外汇管理机构（大都为中央银行）为了防止外汇银行在外汇业务中大量投机，有时就根据各外汇银行资力的大小，分别规定银行买卖外汇时多头和空头的额度予以限制。

二、外汇信用风险

外汇信用风险是指在外汇交易中由于当事人违约而给银行带来的风险。其主要有：(1) 与同业交易中，对方到期资力不足或破产倒闭造成的风险；(2) 代客买卖中，客户不能或不愿履行期汇合约的交割而造成的风险；(3) 外汇贷款中，客户不能如期还本付息而带来的风险。

从某种程度上讲，外汇信用风险比外汇买卖风险更具"风险"，因此，详细考察对方资信、加强风险防范十分重要。

三、清算风险

清算风险亦称交割风险，指外汇交易未能按规定时间履行付款责任所形成的风险。

按照惯例，在外汇买卖中，当事人应于到期日或交割日把自己卖出的货币如数付至对方指定的收款银行（代理行）。若其中一方由于各种原因未能履行付款责任，则另一方有可能蒙受损失。

单元二　防范外汇风险的一般方法

课前思考

如果某公司 3 个月后要收入 200 万美元的出口货款，则该公司将面临多大的外汇风险？在风险来临前或产生风险后，该公司可采取哪些防范措施？

一、选好或搭配好计价货币

（一）选择本币计价

选择本币计价结算，实际上是将外汇风险构成因素中的外币因素去掉了，不管汇率如何变动，出口商将来以本币收进货款或进口商以本币支付货款都是确定的，不存在任何不确定因素。因此，采用此方法，可以完全防范外汇风险。

本币计价方法一般有两种形式：一种是以出口商所在国货币作为计价货币；另一种是以进口商所在国货币作为计价货币。此方法的优点是：简便易行，效果明显。但是它受本国货币的国际地位和贸易双方交易习惯的制约。

相关链接

在进出口贸易过程中，如果以出口商所在国货币作为计价货币，由于不涉及外币与本币的兑换，所以，对于出口商来说根本就没有外汇风险，但对于进口商来说仍然存在外汇风险。反之，如果以进口商所在国货币作为计价货币，对于进口商来说也没有外汇风险可言，出口商的外汇风险仍然存在。

采用本币计价法，对于贸易一方总存在外汇风险，买卖双方会因计价货币的确定产生矛盾，如果因此而影响贸易的进行就得不偿失了，进出口商可以根据自己在贸易中的地位来考虑接受何种计价货币。若处于买方市场的环境下，进口商可以考虑坚持用本币作为计价货币，出口商做出让步；若处于卖方市场环境下，出口商可以考虑坚持用本币作为计价货币，进口商做出让步。有外汇风险的一方可以在商品价格上做文章，或采取转嫁外汇风险的方法，以达到实现进出口贸易的目的。

（二）选择可自由兑换货币计价

可自由兑换货币，是指对国际经常往来的付款和资金转移不施加限制、不施行歧视性货币措施或多种货币汇率，在另一国要求下随时有义务换回对方在经常往来中所结存的本国货币。选择可自由兑换货币作为计价结算货币，便于外汇资金的调拨和运用，一旦出现外汇风险可以立即兑换成另一种有利的货币。

（三）选择有利的外币计价

注意货币汇率变化趋势，选择有利的货币作为计价结算货币，这是一种根本性的防范措施。一般的原则是“收硬付软”。出口商在以硬币作为计价结算的货币时，由于硬币不断升值，将来当出口商收到货款时，就可以将这笔货款兑换回更多数额的本币；同样的道理，进口商在以软币作为计价结算的货币时，由于软币不断贬值，将来当进口商支付货款时，就可以用较少的本币兑换到这笔货款。此方法的实质在于把汇率变动所带来的好处留给自己，损失推给对方。采用此方法时，一方面要受到贸易双方交易习惯的制约，另一方面由于各种货币的“硬”或“软”并不是绝对的，有时会出现逆转。所以，此方法并不能够保证进出口商完全避免外汇风险。

（四）选用“一篮子”货币

选用“一篮子”货币即通过使用两种以上的货币计价来消除外汇汇率变动带来的风险。

一篮子货币的创造：

假如签约日：USD/JPY：105，EUR/USD：1.15，则

$$C = 1USD + 100JPY + 1EUR = 1 + 100/105 + 1.15 = 3.102USD$$

即　C/USD：3.102。

签约时：出口合同价格 3.102 万 USD，以综合货币单位 C 来保值，合 1 000 万 C。

支付日：USD/JPY：98，EUR/USD：1.36，则：

$$C = 1USD + 100JPY\ 1 + 100/98 + 1.36 = 3.380\,4USD$$

即　C/USD：3.380 4。

应该收取：3.380 4×1 000 万 C=3 380.4（万美元）。

例如，德国进口商从美国进口设备，价值 1 000 万美元，1 年后以美元支付货款。又知签合同时的两种即期汇率分别为 USD1= EUR 1.351 0，SDRs=USD1.228 0。1 年以后，美元升值，欧元与特别提款权相对贬值，汇率变为：USD1= EUR 1.751 0，SDRs=USD1.100 0，则：

（1）若以美元计价，1 年后多支付 400 万欧元：

1 000 万×(1.751 0－1.351 0)＝400 万 EUR

（2）若以特别提款权计价，1 年后仅多支付 216.85 万欧元：

美元升值前货款为：

(1 000 万÷1.228 0)＝814 万 SDRs

美元升值后多支付欧元为：

814 万×1.100 0×1.751 0－1 000 万×1.351 0＝216.85 万 EUR

（五）软硬货币搭配

软硬货币此降彼升，具有负相关性质。二者进行合理搭配，能够减少汇率风险。交易双方在选择计价货币难以达成共识时，可采用这种折中的方法。机械设备的进出口贸易，由于时间长、金额大，也可以采用这种方法。

企业如何避免国际贸易中产生的外汇风险是一个很重要的问题，企业必须从自己的利益出发，通过选择适当的方法来避免或减少外汇风险。外汇风险的防范方法主要有两种：一种是在外汇风险发生之前就采取某种相应的措施，称为外汇风险的防止；另一种是在外汇风险发生之后采取某种相应的措施，称为外汇风险的转嫁。

该法具体搭配有三种形式：一是软硬货币对半；二是软或硬货币多些；三是把软硬货币与介于软硬货币之间的另一种货币进行组合，使三者各占一定的比例。同时，在该法中，一般还应在合同中标明计价货币、支付货币的币种及当时软硬货币之间的汇率，一旦软硬货币汇率发生变化，就可按变化后的汇率调整支付货币的数量。只有这样，才能避免或减少风险。

二、价格调整法

价格调整法是指当出口用软币计价结算、进口用硬币计价结算时，企业通过调整商品价格来防范外汇风险的方法。由于在进出口贸易中，“出口用硬币计价结算、进口用软币计价结算”的原则往往受交易意图、市场需求、商品质量、价格调整条件等因素的制约而不能如愿以偿，有时出口不得不用软币成交、进口不得不用硬币成交，这就加大了外汇风险，这时可采用价格调整法来抵消一部分风险。其主要有加价保值和压价保值两种方法。

（一）加价保值

加价保值主要用于出口贸易中。在出口商接受软币计价成交时，将汇价损失摊入出口商品的价格中，以转移外汇风险。加价的幅度相当于软币预期贬值的幅度。根据国际惯例，加价有固定的公式：

加价后的商品价格＝原单价×(1＋预期货币贬值率)

例如，某厂家出口商品以美元计价结算，现在成交，1 年后结汇。美元为软货币，年贬值率预计为 5%，每单位商品的原价格为 500 美元，加价后的商品价格为：

500×(1＋5%)＝525(美元)

（二）压价保值

压价保值用于商品进口交易中。进口商在进行硬币计价的国际贸易中，通过压低进口商品的价格来减少硬币升值可能带来的损失。压价的幅度相当于硬币预期升值的幅度。根据国际惯例，压价也有固定的公式。

压价后的商品价格＝原单价×(1－预期货币升值率)

相关链接

如果实际升值率大于预期升值率，进口商仍会承担外汇风险。如果进口商坚持以本币计价，出口商就会存在外汇风险。为此，在卖方市场条件下，出口商可以适当提高出口货价；在买方市场条件下，货价则不易提高。反之，如果出口商坚持以本币计价，进口商就会存在外汇风险。为此，在买方市场条件下，进口商可以适当压低进口货价；在卖方市场条件下，货价则不易压低。

应当注意的是，价格调整法不能消除外汇风险，只能转移外汇风险，实际上风险依然存在，只不过当事人承担的风险减少了而已。运用价格调整法必须把市场供求因素以及双方的购销意图结合起来考虑，在双方共同承担外汇风险的前提下提出适当的进出口价格。

三、货币保值法

货币保值法是指选择某种与合同货币不一致的、价值稳定的货币，将合同金额转换为所选货币来表示，在结算或清偿时，按所选货币表示的金额以合同货币来完成收付。常用的货币保值法有两种：一种是硬币保值法；另一种是“一篮子”货币保值法。

（一）硬币保值法

硬币保值法一是双方在合同中规定，以硬币保值，用软币支付，记录两种货币当时的汇率，在执行合同时，如果这一汇率发生变化，则原货价按这一汇率的变动幅度进行调整，这样就保证了出口商收到的软货币的货款折合成硬货币的金额等于签订合同中硬货币的计价金额；二是双方在签订合同时，确定一个软币与硬币的“商定汇率”，并规定其波动幅度，如支付时超过“商定汇率”一定幅度时，则对原货价进行调整。软币与硬币汇率变动幅度较小则不调整货价，以示给予对方的折让与照顾，只有软币与硬币汇率变动超过规定的波动幅度时才对原货价进行调整。

例如：签约时，合同价格为 10 万美元，以瑞士法郎保值，即以瑞士法郎为计价货币。

美元/瑞士法郎：1.55，合同总额为 15.5 万瑞士法郎。

支付时：美元/瑞士法郎：1.45。

应支付：15.5/1.45＝10.69 美元。

又如：某公司有一笔货款为 1 000 万日元的进口合同，以日元支付，以美元保值，并规定美元与日元波动幅度达到 5%时，要对货款进行调整。

假设合同签订时汇率为 USD1＝JPY100，支付货款时的汇率为 USD1＝JPY110，美元升值 10%，波动幅度已经超过 5%，所以，货款应进行调整，调整后的货款应为 1 100

（1 000÷100×110）万日元。

假设支付货款时的汇率为 USD1＝JPY103，美元升值只有 3%，波动幅度没有超过 5%，则货款不做调整，仍为 1 000 万日元。

（二）“一篮子”货币保值法

“一篮子”货币保值条款，就是选择多种货币对合同货币保值，即在签订合同时确定好所选择的多种货币与合同货币之间的汇率，并规定每种所选货币的权数，如果汇率发生变动，则在结算或清偿时，根据当时汇率变动幅度和每种所选货币的权数，对收付的合同货币金额作相应调整。货币保值法是指在交易谈判时，采取货币保值措施，经过双方协商，在订立合同时加入适当的保值条款，以防止外汇风险的方法。

例如：某笔货款为 500 万美元，贸易合同中规定用美元、日元、英镑组成“一篮子”货币来对货款进行保值。

其中：美元占 30%，日元占 30%，英镑占 40%。

假设签订合同时的汇率为：USD1＝JPY120，USD1＝GBP0.666 7，则 500 万美元折成保值货币就为：

500×30%＝150（万美元）

500×30%×120＝18 000（万日元）

500×40%×0.666 7＝133.34（万英镑）

若货款支付日的汇率变为：USD1＝JPY130，USD1＝GBP0.700 0，则各保值货币折算成美元应为：

150 万美元

18 000÷130＝138.46（万美元）

133.34÷0.700 0＝190.49（万美元）

合计：

150＋138.46＋190.49＝478.95（万美元）

所以，到货款支付日时，进口商应向出口商支付 478.95 万美元的货款。

由于“一篮子”货币当中，各种货币的汇率有升有降，汇率风险能够得到分散，并能够把最大的风险限制在规定的幅度内，避免了外汇风险。在目前的国际支付中，特别是对一些金额较大、期限较长的合同，使用这种方法比较普遍，能够起到分散外汇风险的作用。

四、配对管理

配对管理是使外币的流入和流出在币种、金额和时间上相互平衡的做法。配对管理分为平衡法和组对法两种。

（一）平衡法

平衡法是指在同一时期内，创造一个与存在风险相同货币、相同金额、相同期限的资金反方向流动。

例如，A 公司在 3 个月后有 100 000 美元应付货款，该公司为防止美元汇率上浮，设法出口同一货币计价、同等金额的货物，使 3 个月后有一笔同等数额美元应收货款，以此抵消 3 个月后的美元应付货款，从而消除外汇风险。这一流程如图 8－1 所示。

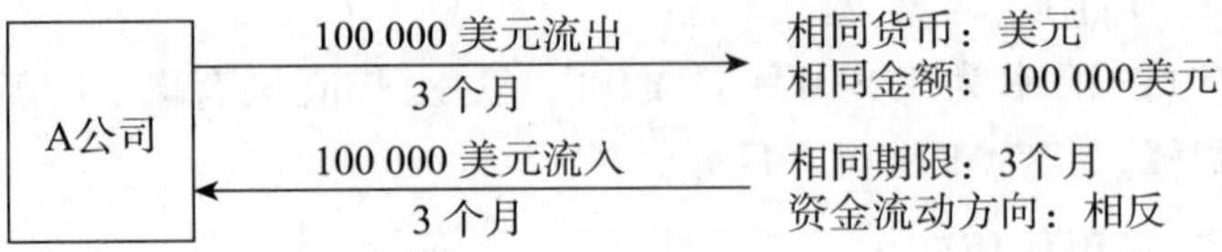

图 8-1　平衡法的流程

在一般情况下，一个企业要做到应收款和应付款完全平衡是很难的，采用这种方法还有赖于企业的采购部门、销售部门和财务部门的密切配合。不过，在实践中还有另外一种意义上的平衡法，就是在对外交易中收与付的币种一致，借、用、收、还的币种一致，同样可以避免或减少外汇风险。例如，某企业进口合同于1月1日签订，6月30日需付100万英镑货款。企业也可以在4月1日签订一个出口合同，同样用英镑收汇，付款时间仍定于6月30日。到6月30日，100万英镑一付一收，正好相抵。无论英镑汇率上浮还是下浮，风险就在这一付一收中消失了。

（二）组对法

组对法是指收入和支出的不是同一种货币，但这两种货币的汇率通常具有固定的或稳定的关系。

例如：某日本公司出口100万美元的产品，3个月后收款，该公司创造一笔进口业务，进口金额778万港元，3个月付款。因为香港实行的是盯住美元的联系汇率，美元/港元汇率为7.78，基本不变，同升同降。

组对法比平衡法灵活性大，易于采用，但却不能消除全部风险，而只能减缓货币风险的潜在影响。借助于“组对法”，有可能以组对货币（第三种货币）的得利来抵消某种具有风险外币的损失。但是，如果选用组对货币不当，也会产生两种货币都发生价值波动的双重风险。

五、提前收付或拖延收付法

此方法是指在国际支付中，通过预测支付货币汇率的变动趋势，提前或拖延收付有关款项，也就是通过更改外汇资金的收付日期来抵补外汇风险的一种方法。具体来说，当预计货币将升值或汇率上浮时，所欠债务提前偿还，应收款项逾期接收；反之，预计货币将贬值或汇率下浮时，则将债务支付推迟，应收款项则要提前收回。但是，这种方法要在企业内部或母子公司之间才能进行，若与别的企业用这样的方法需要对方认可，实行起来不一定会顺利。

在提前支付货款的情况下，就一般情况而言，负有债务的公司可以得到一笔一定金额的折扣。从这一意义上讲，提前付出货款等同于投资，而提前收取货款类似于借款。根据对汇率波动情况预测的结果，选择适当的时机提前结汇，可以减轻因汇率剧烈变化所受的损失。

延迟收付是指公司推迟收取货款或推迟支付货款。尽管拖延收付与提前收付是反方向的行为，但它们所起的作用是一样的，都是为了改变外汇风险的时间结构。

假定将来美元上升、人民币疲软，出口商以及将来有外币收入的人会尽可能推迟收汇日期，以得到更多的人民币。为此，出口商会尽可能推迟履行出口合同，或延长出口汇票期限，推迟结算日期。相反，进口商以及将来发生支付外币的人在预测到人民币汇率疲软时，就会尽可能提早支付，加速履行进口合同，并缩短出口商提供的短期信用期限，以加快结汇，付清外汇。

假定将来美元下跌、人民币升值，上述活动则完全相反，即成了：出口商加速履行合同，提前收汇；进口商则想推迟履行合同，延期付汇。

上述活动简单归纳，如表 8－1 所示。

表 8－1　提前或拖延结汇

汇率预测 企业行为	预测外汇汇率上升、本币贬值	预测外汇汇率下跌、本币升值
出口商或债权人（收进外币）	推迟收汇	提前付汇
进口商或债务人（支付外币）	提前收汇	推迟付汇

六、选择适当的结算方式，防止外汇风险

为使进出口企业加速资金周转、扩大进出口贸易，选择和灵活运用国际贸易中惯用的外汇结算方式是非常必要的。

要使对外贸易中选择的外汇结算方式不给企业、国家带来损失，并让贸易双方都感到满意，需要熟练掌握国际上常用的结算方式和尽快掌握外汇市场的行情，只有这样才能做出外汇结算方式的最佳选择。

在决定结算方式之前，需要注意以下几点：

（1）调查了解贸易伙伴的资信状况和经营情况，掌握市场的商品供求状况和价格行情变化趋势。如果国际市场商品需求和价格行市看好，在出口该类商品时，则可以要求采用不可撤销的即期信用证方式支付，做到比较安全、迅速地收汇；在进口该类商品时，可采用信用证方式支付，以保证付款后取得货运单据，也可采用付款交单或承兑交单的托收方式。

（2）调查了解贸易伙伴国家的商业惯例、贸易和外汇管理制度，以免双方在决定支付方式时不易达成一致意见，或造成收汇过程中不应有的损失。如按拉美一些国家的商业惯例，进口商不论对即期汇票还是远期汇票，均要在进口货物到达目的港后才办理付款或承兑手续，或一概办成承兑交单方式，因此，在向拉美这些国家出口货物时要尽量采用信用证方式收汇，在采用托收方式时不必坚持即期付款交单方式。

（3）调查了解外汇市场行情及发展趋势。如果外汇市场利率看涨，进口时应争取采用即期信用证方式或承兑交单方式，以尽早付款提货或尽早承兑提货转售支付货款，而不应采用远期付款交单或远期信用证的支付方式。因为远期付款交单或远期信用证都是在未来的到期日付款后才能获得货运单据，在货物销售前，如果货款的资金不是自有资金，就要支付额外的利息。如果外汇市场汇率波动不定，在出口时就要尽量多收硬币，进口时尽量支付软币。

相关链接

在我国的出口贸易中，考虑到安全、及时的收汇原则，一般多采用不可撤销的即期信

用证支付方式；考虑到适应国外市场的特点及扩大出口销路，对资信好的客户采用付款交单的托收方式；考虑促进某些积压商品、库存大的商品的对外成交，搞活资金，可采用承兑交单的托收方式；对鲜活商品的出口，可采用汇付方式；对于同一对外成交、分口岸交货的合同，可采用不可撤销的可转让信用证支付方式；对于长期供货、分批交货的合同，可采用循环信用证的方式。总之，即期信用证是最安全、最迅速的支付方式，其次是远期信用证、付款交单、承兑交单和汇付。出口商在选择出口收汇方式时，应首先考虑出口收汇的安全性。

在我国的进口贸易中，多数采用信用证支付方式，对于一些小额的交易也采用托收和汇付的方式，有时还可根据具体情况采取信用证和托收支付方式结合、信用证和汇付支付方式结合、汇付与银行保函结合的方法。如在进口成套设备和船舶、飞机等需要分期付款的交易中，常常使用汇付与银行保函结合的付款方式，它的做法是：在贸易合同中规定，买方在卖方开始生产和生产告一阶段时，预先交付一部分定金或根据卖方提供的证明文件，用汇付方式交付一部分货款，最后的一部分货款在货物装船后卖方提供货运单据时付清。这种情况通常是卖方通过银行对买方出具一份银行保证函，保证卖方最后不能履约时，银行将退回已交的货款和利息。

做一做

(1) 某外贸公司与美商达成一笔交易，合同规定我方出口某商品500吨，每吨450美元，合同签订时的汇率为USD1＝CNY8.282 0，出口人民币收入应为1 863 450（450×500×8.282 0＝1 863 450）元。但合同同时规定，货物出运后两个月付款，所以结算应以结算时银行挂牌的汇率办理，而两个月后的汇率已经变为USD1＝CNY8.275 0，试分析出口商与进口商在交易过程中的外汇风险。

分析：由此可以看出：对于美国进口商来说，计价货币选择的是本币，所以不论汇率怎样变化，进口该批货物只需支付225 000（450×500＝225 000）美元，没有外币与本币的兑换问题，故也就没有外汇风险。对于出口商来说，由于汇率的变化，使得他的最终收入折算成本币也发生了变化，外汇风险确实存在。

案例中，两个月后的汇率变为USD1＝CNY8.275 0，此时出口上述货物实际收到的货款为1 861 875（450×500×8.275 0＝1 861 875）元，比签订合同时预计收入少了1 575（1 863 450－1 861 875＝1 575）元。

(2) 日本商人从美国进口小麦10 000吨，100美元/吨，3个月远期付款，当时东京外汇市场3个月远期汇率为USD1＝JPY115.50，预计支付115 500 000（100×10 000×115.50＝115 500 000）日元。但是，3个月后，美元与日元的汇率为USD1＝JPY120.00，试分析出口商与进口商在交易过程中的外汇风险。

分析：由此可以看出：作为美国出口商来说，计价货币选择的是本币，所以无论汇率怎样变化，出口该货物都可以得到1 000 000美元，在贸易过程中不涉及本币与外币的兑换问题，没有外汇风险。但对于日本进口商来说，汇率的变化使得他拿出了更多的本币去兑换外币，以支付进口所需的货物，承担了汇率变化带来的风险。

由于3个月后美元与日元的汇率变为USD1＝JPY120.00，日商需购买1 000 000（100×10 000＝1 000 000）美元支付进口小麦的货款，在兑换美元时，日本商人应付给银行120 000 000（1 000 000×120.00＝120 000 000）日元。比预计多付出4 500 000（120 000 000－115 500 000＝4 500 000）日元。

（3）美国出口商向日本出口一批商品，计价150万日元，即期汇率为USD1＝JPY150，到期应收回10 000（1 500 000÷150＝10 000）美元。然而到期支付时，汇率变为USD1＝JPY125，美国出口商收到的外汇并没有变，仍是150万日元，但是，按结汇时的汇率折算，可以换回12 000（1 500 000÷125＝12 000）美元，比签订合同时多收入2 000（12 000－10 000＝2 000）美元。

分析：在这个案例中，计价货币是日元，日元汇率升值，美元汇率贬值，出口商选择的是硬币，符合“收硬付软”原则，所以出口商最终换回的本币比签订合同时多2 000美元。

（4）我国某轻工公司按CFR向瑞士某客户出口一批磁化杯，原报价即期付款每箱85英镑，共100箱，现该客户要求我公司改用瑞士法郎报价，并给予1个月延期付款的优惠。当时法兰克福外汇市场的牌价的即期汇率为GBP1＝ CHF 2.432 0～2.437 0，且瑞士法郎汇率有下浮趋势。出口商如何采用平衡法消除外汇风险？

分析：上述案例中，对于瑞士进口商来说，要求将英镑报价改为瑞士法郎报价，即采取了本币报价的方法，所以，无论汇率如何变化，进口商都没有外汇风险。但是，对于我国出口商来说，在瑞士客户的要求下，将英镑报价改为瑞士法郎报价，应为每箱20 714.5（85×2.437 0×100＝20 714.5）瑞士法郎。另又从法兰克福外汇市场牌价得知，瑞士法郎1个月汇率有下浮趋势，即瑞士法郎趋软，给出口商带来汇率风险。在此情况下，出口商采用平衡法来抵消由于出口所带来的汇率风险。其具体做法是：出口商可以与另外一国外公司签订一笔相同数额的进口合同，做到付款时间与收款时间一致，这样一收一付就可使外汇风险抵消。

（5）某跨国公司的母公司在美国，一个子公司在英国，一个子公司在德国，现预测欧元对美元的汇率将上浮，英镑对美元的汇率将下浮。为消除外汇风险，跨国公司之间在进口与出口业务中将如何运用提前结汇和推迟结汇呢？

分析：前面的知识告诉我们，如果计价结算货币汇率下浮，出口商应提前收汇，进口商应推迟付汇；如果计价货币汇率上浮，出口商应推迟收汇，进口商应提前付汇。

根据案例中所给条件，欧元对美元的汇率将上浮，英镑对美元的汇率将下浮，所以，欧元最硬、英镑最软。跨国公司内部贸易的做法是：（1）若是用英镑作为结算货币：美国母公司向英国子公司出口时，美国母公司应提前收汇；美国母公司从英国子公司进口时，美国母公司应推迟付汇。德国子公司向英国子公司出口时，德国子公司应提前收汇；德国子公司从英国子公司进口时，德国子公司应推迟付汇。（2）若是用美元作为结算货币：英国子公司向美国母公司出口时，英国子公司应推迟收汇；英国子公司从美国母公司进口时，英国子公司应提前付汇。德国子公司向美国母公司出口时，德国子公司应提前收汇；德国子公司从美国母公司进口时，德国子公司应推迟付汇。（3）若是用欧元作为结算货币：英国子公司向德国子公司出口时；英国子公司应推迟收汇，英国子公司从德国子公司进口时，英国子公司应提前付汇。美国母公司向德国子公司出口时，美国母公司应推迟收汇；美国母公司从德国子公司进口时，美国母公司应提前付汇。上述活动可归纳如表 8-2 所示。

表 8-2　提前或推迟结汇情况

计价货币＼国家	英国	美国	德国
英镑计价（对英国收付）		进口：推迟付汇 出口：提前收汇	进口：推迟付汇 出口：提前收汇
美元计价（对美国收付）	进口：提前付汇 出口：推迟收汇		进口：推迟付汇 出口：提前收汇
欧元计价（对德国收付）	进口：提前付汇 出口：推迟收汇	进口：提前付汇 出口：推迟收汇	

（6）我国某出口企业预定在 3 个月后收进出口货款 1 000 000 美元，为防止 3 个月后美元汇率下跌而遭受损失，该企业与进口商在合同中加注保值条款，规定将美元作为计价货币，人民币作为保值货币，并把计价货币（美元）与保值货币（人民币）之间的汇率固定为 USD1＝CNY8. 275 0，美元与人民币的汇率的波动幅度为 1%（即 USD1＝CNY8. 265 0），若 3 个月后，支付时汇率变动超过这一幅度，则按商定汇率对原货价进行调整。

分析：在本案例中，由于合同附加了保值条款，出口商就不会因为美元（软币）汇率下浮而遭受更多损失。若 3 个月后的汇率在 USD1＝CNY8. 265 0 之下，如 USD1＝CNY8. 260 0，美元与人民币的汇率的波动幅度为 1%，则按商定汇率对货价进行调整，货价就应调整为 1 001 211（1 000 000×8. 270 0÷8. 260 0＝1 001 211）美元。若 3 个月后的汇率波动幅度没有超过 1%，如 USD1＝CNY8. 269 0，则不调整货价，视为给予对方的折让。

拓展阅读

银行在经营中的外汇风险管理

外汇银行是外汇市场的主要参与者，不但可为客户买卖充当经纪人，还可自营买卖，赚取差价利润。因此，银行加强外汇风险管理十分重要。

一、内部限额管理

这种管理主要是为了防止外汇买卖风险，包括自营外汇业务风险和代客户买卖风险。当银行代理客户买卖中形成敞口头寸时，风险也随之降临。

（一）银行在制定限额时影响限额规模的因素

1. 外汇交易的损益期望

在外汇交易中，风险与收益成正比。银行最高领导层对外汇的业务收益的期望越大，对外汇风险的容忍程度就越强，其限额也就越大。

2. 亏损的承受能力

在外汇交易中，控制亏损程度要比达到盈利目标容易一些。银行亏损承受能力取决于资本规模的大小。亏损的承受能力越强，则交易额就可以做得越大。

3. 银行在外汇市场中扮演的角色

银行参与外汇市场活动，可以是一般参与者（Ordinary Participant），也可以是市场活跃者（Jobber），甚至可以是市场领导者（Market-Leader）。银行在市场中扮演的角色不同，其限额大小也不同。

4. 交易的币种

交易的币种越多，交易的笔数和交易量自然也越大，容许的交易额度也越大。

5. 交易人员的素质

交易人员的水平越高、经验越丰富，容许的交易额也应当越大。

（二）确定交易限额的种类

1. 即期外汇头寸限额

即期外汇头寸限额（Spot Foreign Exchange Position Limit）一般根据交易货币的稳定性、交易的难易程度、相关业务的交易量等因素确定。

2. 同业拆放头寸限额

同业拆放头寸限额（Money Market Position Limit）的制定要考虑交易的难易程度、拆放期限长短、拆放货币利率的稳定性等。

3. 掉期外汇交易限额

掉期外汇交易限额（Swap Position Limit）的制定，必须考虑期限长短和利率的稳定性。同时，还应制定不对称远期外汇买卖限额（Gapping Limit）。

4. 敞口头寸

敞口头寸（Open Position Limit）是指由于没有及时抵补（Covered）而形成的某种货币买入过多（Long Position）或某种货币卖出过多（Short Position）。敞口头寸限额一般需规定敞口头寸的金额和允许的时间。

5. 止蚀点限额

止蚀点限额（Cut-Loss Limit）是交易室对交易员所规定的最大亏损额。这是银行对外汇交易员、交易主任、首席交易员和资金部主管的最高损失的容忍程度。一旦达到止蚀点，不问情由，一律斩仓，以避免更大的亏损。止蚀点的控制可分为两个部分：一是外汇部门整体止蚀点的控制；二是交易员止蚀点的控制。

二、外部限额管理

外部限额管理主要是为规避交易中存在的清算风险、信用风险和国家风险而采取的管理措施。其具体措施有以下几种。

（一）建立清算限额

这是指银行为了防范清算风险和信用风险，根据同业银行、客户的资本实力、经营作风、财务状况等因素，制定能够给予的限额，并根据情况变化对该限额进行周期性调整。

（二）建立拆放限额

这是指银行根据同业银行的资产和负债、经营状况、财务状况，确定拆放额度。对于不同的同业银行，拆放的额度是不一样的。拆放额度应根据情况的变化进行调整，交易员必须根据规定的额度进行拆放，超额拆放则视为越权。

（三）建立贷款限额

这是指银行一般根据不同的地区、国家银行同业设立限额，使信贷资金有一个合理的分布比例。除了对贷款总额控制外，银行还应调整贷款费用来进行风险补偿，即对不同的对象采用不同的贷款利率和费用。

单元三　外汇风险管理的基本方法

课前思考

某日本公司向美国进口100万美元的货物，货款6个月后支付，如何利用远期合同法、BSI法、LSI法消除外汇风险？

一、远期合同法

远期合同法是指具有远期外汇债权或债务的公司与银行签订卖出或买进远期外汇的合同，以消除外汇风险。其具体做法是：出口商在签订贸易合同后，按当时的远期汇率把与远期收入相同金额的外币卖给银行，交割期限与收到货款的期限一致，届时可把从进口商处得到的货款与银行办理远期外汇交易的交割。

例如：一家意大利企业向美国某公司出口货物，该企业3个月后将从美国获得80 000美元的货款。为了防范3个月后汇率价格的波动风险，意大利企业可与该国外汇银行签订出售80 000美元的3个月远期合同。假定签订此远期合同时美元对欧元的远期汇率为USD1＝EUR0.890 0，3个月后，意大利公司履行远期合同，与银行进行交割，将收进的80 000美元售予外汇银行，获得本币71 200欧元；如此操作就消除了时间风险与货币风险，最后得到了本币的流入。

进口商在签订贸易合同后，则预先买进所需的远期外汇，到支付货款时，进口商可以先按原定汇率进行外汇交易的交割，再用买入的外汇来支付货款。

例如：德国E公司从美国进口USD50 000的商品，90天后付款。为防止90天后美元升值带来风险损失，该公司在外汇市场上签订购买90天远期USD50 000的合同，3个月远期汇率为USD1＝ EUR 0.828 5～0.830 0。3个月后远期合同交割，E公司支付EUR 41 500（EUR 0.830 0÷USD1×USD50 000），买进USD50 000，向美国公司支付。由于做了远期外汇业务，E公司把进口成本固定在本币41 500 EUR的水平上，防止了风险损失。90天后从银行购入美元付给出口商，创造了相反的外币流动。

二、BSI 法

BSI（Borrow - Spot - Investment）法是指企业通过借款、即期外汇交易和投资的程序，以消除外汇风险的一种管理方法。其具体做法是：拥有应收账款的出口商为了防止汇率变动，先借入与应收外汇等值的外币（以此消除时间风险）；同时，通过即期交易把外币兑换成本币（以此消除价值风险）；然后，将本币存入银行或进行投资，以投资收益来贴补借款利息和其他费用。届时应收款到期，就以外汇归还银行贷款。可见，利用 BSI 法，从理论上讲，可完全消除外汇风险。

例如：德国 C 公司在 90 天后有一笔 USD100 000 的应收款。为防止将来收汇时美元贬值带来损失，该公司向银行借入 90 天期限的 USD100 000 借款。设外汇市场的即期汇率为 USD1 = EUR0.887 0～0.888 0，该公司借款后用美元在外汇市场兑换成本币 EUR88 700，随即将所得欧元进行 90 天的投资。90 天后，C 公司以收回的 USD100 000 应收款归还银行贷款。

拥有应付账款的进口商在签订贸易合同后，为防止应收外币的汇价波动，进口商借入相应数量的本币，同时以此购买结算时的货币，然后以这笔外币在国际金融市场上做相应期限的短期投资。付款期限到期时，进口商收回外币投资并向出口商支付货款。当然，若进口商进行外币投资的收益低于本币借款利息成本，进口商则付出了防范风险的代价，但这种代价的数额是极其有限的。在这种方法中，企业把借来的本币兑换成外币，消除了价值风险，而把未来的外币应付账款用于投资，又改变了外汇风险的时间结构。

三、LSI 法

LSI（Lead - Spot - Investment）法是指企业通过提前收付、即期外汇交易、投资或借款的程序，以消除外汇风险的一种管理方法。其具体做法是：具有应收外汇账款的出口商在征得债务方同意后，以一定折扣为条件提前收回货款（以此消除时间风险），并在即期外汇市场上将外汇兑换成本币（以此消除价值风险），然后用换回的本币进行投资，所获的收益用来抵补因提前收汇造成的折扣损失。

例如，德国的 D 公司 90 天后有一笔 USD100 000 的应收货款。为防止届时美元贬值给公司带来损失，该公司征得美国进口商的同意，在给其一定付现折扣的情况下，要求其在两天内付清款项（暂不考虑折扣数额）。D 公司提前取得美元货款后，立即进行即期外汇交易，外汇市场的即期汇率为 USD1 = EUR 0.867 0。随即 D 公司用兑换回的本币 EUR 86 700 进行 90 天的投资（暂不考虑利息因素）。

具有应付外汇账款的进口商在签订贸易合同后，为防止应付账款升值的风险，先向银行借入相应数额的本币，然后通过即期外汇交易换成外币，从而消除货币风险；经与对方协商，最后将买得的外汇提前支付给对方。

做一做

某出口企业预定在3个月后收到进出口货款1 000 000美元，为防止3个月后因美元汇率下跌而遭受损失，该企业与银行预先约定在3个月以后卖出1 000 000美元，汇率约定为USD1＝CNY7.270 0。3个月后，美元货款一经收到，便以约定的汇率卖给银行，换成本币，3个月后即期汇率为USD1＝CNY7.275 0。试对该过程进行分析。

分析：从本案例中可以看出，出口商通过运用远期合同法有效地防范了外汇风险，使不确定的汇率变动因素转化为可计算的因素，防范外汇风险的成本也固定在一定范围内。本案例中，弥补1美元外汇风险的单位成本是0.005（8.275 0－8.270 0＝0.005）元，总成本是5 000（7 275 000－7 270 000＝5 000）元。

拓展阅读

管理外汇风险的其他方法

一、即期合同法

即期合同法指具有近期外汇债权或债务的公司与外汇银行签订出卖或购买外汇的即期合同，以消除外汇风险的方法。即期交易防范外汇风险需要实现资金的反向流动。企业若在近期预定时间有出口收汇，就应卖出手中相应的外汇头寸；企业若在近期预定的时间有进口付汇，则应买入相应的即期外汇。

二、期货合同法

期货合同法与远期合同法相似，区别在于后者通常用于数量、金额较大的交易，而前者较适合于数量较少的交易活动。企业购买期货合约是为了在特定的日期按确定的价格收进特定货币的确定数量。持有这种合约可以锁定企业应支付的本币数量。使用期货合约可以减少企业的交易风险，但有时也会产生相反的情况。

三、货币市场保值

货币市场保值是指利用货币市场头寸来抵消企业未来应收账款或应付账款头寸的保值技术，即用两种不同的货币同时进行借贷，以锁定未来现金流量的本币价值。

四、货币期权保值

货币买进期权是赋予期权合同购买者在规定时间内，按特定的价格（执行价格）购买特定货币数量的权利。货币卖出期权是赋予合同购买者在规定的时间内按合同价格出售特定货币数量的权利。企业常常将买进期权用于应付账款的保值，用卖出期权对应收账款进行保值。该法与远期外汇合同法相比，更具有保值作用。因为远期合同法届时必须按约定的汇率履约，保现在值、不保将来值。但期权合同法可以根据市场汇率变动作出选择，既可履约，也可不履约，最多损失期权费。

五、货币互换保值

货币互换保值是一种对汇率波动引起的长期交易风险进行保值的措施，常常用于有不同长期资金需求的企业，是用双向交易的货币保值抵消外汇风险的保值技术。货币互换一般用于回避各种国际经营结算业务所伴随的汇率风险，赚取利润，调整外汇资金的构成和外汇头寸的不平衡等。

六、掉期合同法

掉期合同法指具有远期的债务或债权的公司，在与银行签订卖出或买进即期外汇的同时，再买进或卖出相应的远期外汇，以防范风险的一种方法。它与套期保值的区别在于：套期保值是在已有的一笔交易的基础上所做的反方向交易，而掉期则是两笔反方向的交易同时进行。掉期交易中两笔外汇买卖币种、金额相同，买卖方向相反，交割日不同。这种交易常用于短期投资或短期借贷业务外汇风险的防范上。

知识要点

外汇风险是指一定时期的国际经济交易当中，以外币计价的资产（或债权）与负债（或债务），由于汇率的变动而引起其价值涨跌的不确定性。外汇风险一般包括三个因素：本币、外币与时间。外汇风险的类型有交易风险、会计风险和经济风险。外汇风险管理的一般方法主要有选好或搭配好计价货币、价格调整法、货币保值法、配对管理、提前收付或拖延收付法等。外汇风险管理的基本方法有远期合同法、BSI 法、LSI 法。

问题讨论

资料：

现有一家香港贸易公司，日常资金以美元形式持有，由于经营需要，每年要在欧洲国家选购贸易产品及其他用品，年支出约 1 亿美元，所购产品在中国内地及香港地区销售和贸易。在欧洲进货时以欧元结算，而销售则以美元结算，因此每次的进货和销售都要经历一次以下两种货币之间转换的循环：

以美元现金兑换欧元→在欧洲购货以欧元支付货款→在中国香港或中国内地进行商品交易→最后仍结算成美元。

如果美元对欧元货币汇率在上述循环过程中（存货周转天数假设为 120 天）波动较大，尤其是如果欧元升值，那么这家贸易公司将会在每一次的业务循环中都面临着巨大的汇兑损失的风险。

要求：

试运用所学汇率风险回避和防范知识做以下探讨：

（1）该公司所面临的是何种外汇风险？

（2）防范这类风险有哪些办法？

（3）在上述业务循环中，什么环节最有可能发生外汇风险？你有何具体办法应对？

（4）综上所述，你对该公司的业务循环与公司资金组合有何建议？

达标检测

一、基本概念

外汇风险　　交易风险　　BSI 法　　LSI 法

二、填空题

1. 外汇风险可分为（　　）、（　　）和（　　）三种。

2. 外汇风险一般包括三个因素，即（　　）、（　　）和（　　）。

3. 为减少汇率波动的风险，在出口业务中应选择（　　）货币计价，而在进口业务中应选择（　　）货币计价。

4. 为防止外汇风险，在出口收汇时应贯彻（　　）原则。

5. 当出口商预测应收货币的汇率将（　　）时，应提前收汇；反之，当预测应收货币的汇率将（　　）时，应推迟收汇。

三、判断题

1. 某公司有一笔 30 天期的美元应付款，若预测英镑对美元的汇率将上浮，该公司应提前结汇，以减少外汇风险。（　　）

2. 一些出口商在出口商品时，常要求使用本币计价，其目的是避免汇率风险。（　　）

3. 出口货物装船后，货款尚未收回前，因汇率变动所发生的风险称为经济风险。（　　）

四、简答题

1. 试述减缓或消除外汇风险中的本币计价法与平衡法的局限性。

2. 为防止外汇风险，在出口收汇时应贯彻什么原则？

五、技能训练

1. 我国某公司从德国进口一批设备，以欧元计价结算，货价为 500 万欧元，签订合同时欧元与人民币的汇率为 1 欧元＝7.977 5 元人民币，延期付款 3 个月。3 个月后付款时，欧元与人民币的汇率变为 1 欧元＝8.082 5 元人民币。问：

（1）在这一交易过程中，外汇风险是否存在？如果存在，哪一方蒙受损失？

（2）在此情况下，属于哪一种类型的外汇风险？

（3）我国某公司需支付多少元人民币？

（4）存在风险的一方，损失的金额是多少？

2. 假如一出口企业与外商签订一批商品出口合同，外币计价的出口合同金额是 100 万美元。装船时收到外商的即期汇票 100 万美元，出口企业按当时汇率（USD1＝CNY8.285 4）将即期汇票卖给银行，收到人民币 828.54 万（100 万×8.285 4）元。如果装船时，采用托收方式收取货款，则需要两个月的时间，如果收到货款时的汇率是 USD1＝CNY8.275 6。

问：出口商面临的外汇风险的时间风险和价值风险分别是什么？

3. 我国某公司向德国出口一批机床，每台单价 600 欧元，当时汇率为 EUR1＝

CNY8.098 0，结汇时汇率为 EUR1=CNY8.089 0。问：

（1）此计价法是本币计价法吗？

（2）此计价法对哪一方有利？为什么？

（3）出口商的最终收益比以前多了还是少了？具体金额是多少？

4. 美国某公司 3 个月后要向日本出口商支付货款 1 亿日元，假设美元与日元的汇率如下：

即期汇率：USD1=JPY100

3 个月远期汇率：USD1=JPY95

在此条件下，为防止日元汇率上涨，进口商如何采用远期合同法来防范外汇风险？

5. 我国某公司向德国出口 50 万欧元的商品，预计 3 个月后收回货款，现从外汇行市中得知欧元汇率趋跌，欧元与人民币的汇率如下：

即期汇率：EUR1=CNY8.934 0

3 个月远期汇率：EUR1=CNY8.930 0

在此条件下，为防止欧元汇率下跌，出口商如何采用远期合同法来防范外汇风险？

6. 某跨国公司的母公司在美国，一个子公司在英国，一个子公司在日本，现预测日元对美元的汇率将上浮，英镑对美元的汇率将下浮。为消除外汇风险，跨国公司之间在进口与出口业务中将如何运用提前结汇和推迟结汇呢？请说明理由，并填表 8-3。

表 8-3　　提前或推迟结汇情况

国家 计价货币	英国	美国	日本
英镑计价 （对英国收付）		进口： 出口：	进口： 出口：
美元计价 （对美国收付）	进口： 出口：		进口： 出口：
日元计价 （对日本收付）	进口： 出口：	进口： 出口：	

7. 我国某出口企业预定在 3 个月后收进出口货款 50 万美元，为防止 3 个月后美元汇率下跌而遭受损失，该企业与进口商在合同中加注保值条款，规定将美元作为计价货币，人民币作为保值货币，并把计价货币（美元）与保值货币（人民币）之间的汇率固定为 USD1=CNY8.275 0，汇率的波动幅度为 1%（即 USD1=CNY8.265 0），若 3 个月后支付时美元与人民币的汇率变为 USD1=CNY8.262 0，原货价是否需要调整？为什么？若需要调整，应为多少美元？

8. 假定一价值 90 万美元的出口合同以日元、英镑、欧元保值，它们所占的权数均为 1/3，和美元的汇率定为 USD1=JPY115、USD1=GBP0.5、USD1=EUR0.95。到结算时三种货币的汇率变为 USD1=JPY125、USD1=GBP0.45、USD1=EUR0.9。问：

（1）根据所给条件，分别计算出保值货币的价值。

（2）在执行合同时，按当时的汇率变动情况，重新调整后的货价是多少？

模块九

国际金融市场

案例导入

股市竞争错综复杂，要想取胜，投机是一种常用的技巧。这里所说的投机是指在公平、公正的环境下，利用公开的信息、合法的手段去抓住潜在的时机，获得尚未被人发觉的机会。美国的乔治·索罗斯就是这样一位投机大师。索罗斯的投资范围遍及全球的每个角落，他的投资方向是全方位的：股票、房地产、铁路、债券期货、商品期货、外汇等都是他的盈利工具。风险最大的衍生金融交易，他亦敢作敢为，以少量保证金做大量的期权买卖，买空卖空是他的拿手好戏。他的投资运作中的投机手段套数多变、技巧复杂，一般人望尘莫及、难以捉摸。索罗斯管理的“量子基金”在1992年9月的一个月里就赚了15亿美元，创投资基金成绩的世界纪录。如果你在1969年向他投资1万美元，24年后的1993年，他将交还给你1 000万美元。索罗斯的理财术使他拥有的个人资产增至10亿美元以上。

学习目标

国际金融市场是国际资本流动、黄金交易、外汇交易、证券交易、资金借贷等国际金融业务活动的场所，是国际金融体系的重要组成部分。国际金融市场的各种交易活动直接反映世界经济活动的变化，国际金融市场的运转变化对世界经济运行的影响日益显著。通过本模块的学习，你应该达到以下目标：

（1）了解国际金融市场的概念。

（2）理解国际金融市场的类型和经济影响。

（3）领会国际金融市场的功能。

（4）掌握国际金融市场业务经营的内容与方式。

（5）具备用所学理论解释当今国际金融市场发展的一系列新特点的能力。

单元一 国际金融市场概述

课前思考

既然各国都有国内的金融市场，为什么在国际金融活动中还会产生“离岸金融市场”？

一、国际金融市场的概念

金融市场是指各种金融交易发生的场所，即资金融通双方集中交易的场所或机制。金融市场根据活动范围和地点的不同，可分为国内金融市场和国际金融市场：如果金融市场上的资金融通发生在本国居民之间，则为国内金融市场；如果资金融通业务范围跨越国境，涉及其他国家，则为国际金融市场。因此，国际金融市场是居民与非居民或非居民相互之间进行国际性金融业务活动的场所。根据传统的定义，非居民相互之间进行国际性金融业务活动的场所又称“离岸金融市场”，换言之，其是指在原货币发行国境外进行各种金融交易的场所。据此，金融市场可分为国内金融市场、在岸金融市场和离岸金融市场三部分。其中，后两部分统称为国际金融市场。国际金融市场是实现国际资金融通的场所或机制，是所有国际资金交换关系的总和。其交易对象不仅有本国货币，而且包括了以主要国际货币表示的金融资产和金融工具。

国际金融市场有广义和狭义之分。广义的国际金融市场是指在国际范围内，进行长短期资金的借贷、外汇与黄金的买卖等国际金融业务活动的场所或领域，包括国际资金市场、外汇市场和国际黄金市场；狭义的国际金融市场是指在国际经营长短期资金业务的市场，亦称国际资金市场，包括货币市场和资本市场。

二、国际金融市场的形成条件

在现代，国际金融市场的形成必须具备一些基本条件，主要有下述几项。

（一）稳定的政局

这是最基本的条件。只有一国或地区政局稳定，资本交易等国际金融活动才有安全感，国际资本才会流向那里，才能积聚向外国借款者提供贷款所需的资金，才会形成国际金融市场；相反，如果一国或地区政局不稳或动荡不定，国际资本就不会流向那里，因而不会形成国际金融市场。

（二）健全的金融制度和发达的金融机构

这是指一国或地区既有完备的金融机构网络，又有发达的国内金融市场，还有能从事国际金融活动的专门人才，以及组织起相当规模的金融资产交易的能力。同时也要求信用制度比较完善、金融管理制度及法律法规比较健全。

(三) 现代化的国际通信设施和完善的金融服务设施

国际金融市场业务一般通过银行等金融机构进行，交易的双方主要是通过电话、电报、传真和电子计算机等电信设备和邮政设施进行联系，并展开货币买卖、融资、票据及有价证券的发行、承购、转让或交易等业务活动。

(四) 宽松的金融政策与优惠措施

这主要包括自由、开放的经济政策和宽松的外汇管制。例如，不实行或较少实行外汇管制，货币能自由兑换，没有资金流动和信贷控制；金融管理较松，在存款准备金、税率、利率等方面的待遇较优惠。这就能充分保证国际资本的自由输出输入，容易形成国际资本的集散地，进而形成国际金融市场。

(五) 优越的地理和时区位置

所处的地理位置在一个适宜的时区，这也是一个重要的条件。因为良好的地理位置容易吸引各种参与者，使其便于交易，从而增加各种国际金融业务。

从第二次世界大战后的情况来看，如果一国（或地区）具备了上述条件，即使本身没有巨额资金的积累，也能形成重要的国际金融市场。

三、国际金融市场的产生与发展

国际金融市场是在国际贸易发展、世界市场形成以及国际借贷关系扩大的基础上形成和发展的。资本主义进入垄断阶段后，生产国际化趋势增强，商品输出扩大，资本输出也随之迅速增长起来，从而使各国金融市场之间加强了相互联系，由此国际金融市场空前发展起来。国际金融市场的发展大致经历了以下几个阶段。

(一) 萌芽与初步形成阶段

19 世纪以前，国际金融市场是随国际贸易的发展而产生的。这一时期的市场交易主要集中于同实物经济发展紧密联系的国际结算、货币兑换、票据贴现等业务领域，外汇市场成为最早的国际金融市场。17 世纪和 18 世纪，在伦敦和阿姆斯特丹相继出现了银行、股票交易所和外汇市场。

(二) 国际金融中心涌现阶段

第一次世界大战以前，英国经济实力居世界首位，建立了当时的现代银行制度。在此基础上，英国成为世界上最大的资本输出国，伦敦因政治稳定、经济繁荣并具备较完备的金融制度而率先发展成为当时世界上最主要的国际贸易和国际金融中心。除伦敦之外，当时其他资本主义国家的国内金融市场也在不同程度上发展成为国际金融中心，如美国的纽约、瑞士的苏黎世、法国的巴黎、德国的法兰克福和意大利的米兰等。

(三) 两次世界大战之间的调整阶段

第一次世界大战爆发至结束，英国伦敦作为国际金融市场的地位趋于衰落。在此期间，英国经济遭受重创，英国放弃了金本位制，英镑地位不断下降。1925 年英国虽然恢复了金本位制，实行了金块本位制，但由于 1929 年的经济危机，英国无法维持这个变相的金本位制，不得不于 1931 年 9 月宣布放弃，随即实行外汇管制，组成了一个排他性的英镑集团。

第二次世界大战爆发至结束，英国用法律形式把英镑集团成员之间的关系固定下来，改成英镑区，进一步加强了外汇和外贸管制，伦敦的国际金融市场的地位更是大不如前。与此同时，美国的经济迅速发展，凭借巨额资本成为世界上最大的资金供应者，控制着整个西方经济。美元在国际结算货币和国际储备货币中的比重大幅度上升，纽约国际金融市场迅速崛起并取代伦敦成为最大的国际金融市场。在此期间，由于瑞士经济环境良好，未受战争损害，瑞士法郎币值稳定且能兑换，所以在苏黎世市场上外汇和黄金交易非常活跃。因此，这一阶段，纽约、伦敦、苏黎世成为世界三大金融市场。

（四）欧洲货币市场兴起与发展阶段

20 世纪 50 年代末期，欧洲货币市场产生，标志着金融国际化的最新发展，其突出特点是信贷交易的国际化代替了金融中心必须是国内资本供应者的旧传统，这个市场上的关系，是外国贷款人与外国借款人之间的关系。20 世纪 60 年代以后，东西方“冷战”的升级、美国金融管制措施的严格以及战后欧洲地区经济的恢复，均从不同侧面促成了美元资金向欧洲市场聚集，美国的国际收支出现持续巨额逆差，黄金流失，美元信用动摇，结果使大量美元流到国外，美国境外的金融市场因此迅速膨胀起来。同时，不仅在欧洲形成了规模巨大的“欧洲美元市场”，而且在亚洲和世界其他地区也开始出现亚洲美元市场乃至欧洲其他货币的国际金融市场，后来逐渐转变为由多种境外货币组成的“欧洲货币市场”。

欧洲货币市场的出现，突出表现为信贷交易的国际化，破除了金融中心必须是国内资本供应者的旧传统。从此，国际金融市场不再局限于少数的传统中心，而是迅速并广泛地分散到巴黎、法兰克福、布鲁塞尔、阿姆斯特丹、米兰、斯德哥尔摩、东京、蒙特利尔等市场，它们成为境外货币市场。

想一想

设有三位美国客户甲、乙、丙，三位客户均在美国境内一家银行存款，其资金分别来源于东京、纽约和伦敦。甲存了 200 万美元、乙存了 100 万美元、丙存了 60 万美元。由于客观原因，甲、乙将全部存款转存于苏黎世银行，请回答：此时上述三位客户，谁的美元变成了欧洲美元？

（五）20 世纪 80 年代以来国际金融市场发展的新阶段

20 世纪 80 年代，国际经济形势动荡，利率和汇率的频繁波动使国际融资风险剧增，国际金融领域的竞争日益剧烈。各国政府为提高本国在金融市场上的国际地位，纷纷放松管制，积极推行金融自由化。这些因素使国际金融市场创新活动持续而广泛地开展起来。其主要特点表现为以下几个方面。

1. 金融市场全球化、一体化

国际金融创新和计算机网络技术的发展加速了国际金融市场的一体化进程。过去在地理上和技术上彼此分割的国际金融市场日益紧密地联系在一起，形成了一个统一的全球性国际金融市场。国际金融交易者可以通过网络全天候 24 小时不间断地在世界各主要金融市场进行金融活动。

2. 国际融资证券化

第二次世界大战后，国际银行贷款一直是国际融资的主渠道。但进入20世纪80年代后，国际融资格局发生了重大变化。传统的国际融资方式——国际银行贷款呈下降趋势，在国际融资总额中所占的比重逐渐下降。1985年银行辛迪加贷款只占国际金融市场借贷总额的8.11%，尽管1986年后这一比重有所上升，但国际银行贷款在国际融资格局中的主导地位已不复存在，取而代之的是国际证券融资。20世纪80年代后出现的融资证券化主要体现在三个方面：一是证券市场作为融资渠道的重要性相对上升，国际银行作为融资主渠道的地位不断下降，这表现在国际债券发行额不断增加，国际银行贷款比重不断下降；二是国际银行本身也积极参与证券市场业务，并逐渐成为证券市场的主要发行者和投资者；三是发展中国家的部分银行借款债券化或股权化。

3. 金融业务创新化

随着西方各国普遍放松金融管制，国际金融市场上的创新浪潮也一浪高过一浪。这些新业务的推出为各国的市场参与者提供了令人眼花缭乱的新交易工具。这些新业务可归纳为四类：一是风险转移型创新，如金融期货交易、金融期权交易、互换交易等；二是增加流动型创新，如发行大额可转让存单（CD）、可转让贷款证券等；三是信用创造型创新，如票据发行便利；四是股权创造型创新，如发行可转换债券、附有股权认购证的债券等。

拓展阅读

金融创新本身也是金融危机的真正根源之一

在美国次贷危机爆发前，巴林银行的倒闭等事件就已经使人们注意到金融创新的风险问题了。对于这些风险，有人将其细分为不可分散的市场风险、信用风险、操作风险、监管风险、法律风险和制度风险，也有人将其归纳为表外业务风险、伙伴风险、创新工具风险、操作风险、泡沫风险、信息化风险、清偿力风险和法律风险。美国次贷危机的爆发也使人们意识到，贷款发放机构通过打包方式转嫁给其他金融机构的风险，在交易对手面临经营危机、风险加大时会通过利益链条的传递危及自身。

有学者甚至认为，金融创新使金融风险更为集中和隐蔽，增强了金融风险对金融体系的破坏力。其理由是，金融创新工具在为单个经济主体提供市场风险保护的同时却将风险转移到了另一经济主体身上。也就是说，对整个经济体系而言，风险只发生了转移，并没有被消除，仍然存在于经济体中。当市场主体都想转移同一方向的风险时，风险出售者就无法找到风险承担者，金融创新工具提供的保险功能将不复存在，风险在此时会集中暴露，给金融体系和经济体系造成沉重打击。

尽管注意到了这些风险，一些学者仍然强调金融创新有利于分散和化解风险，甚至认为我国的商业银行这次之所以躲过了美国次贷危机，不是因为银行自身经营稳定、风险管理能力高，而是因为金融创新的能力低、过于保守。在他们看来，金融创新之所以会带来风险，只不过是因为监管不及时和制度老化。还有学者认为，就中国当前的金融安全问题而言，金融创新是最优的选择，政府部门应放松对金融创新的管制，建立风险转移、转嫁、分担、分散机制，实现金融资产的安全性和流动性的最优组合；否则，一旦人民币自由兑换，缺乏金融创新的避险工具将使国内资本市场岌岌可危，国际投行可以借助丰富的创新工具在中国资本市场攻城略地，无论多空，均能占得先机。

但是，除非我们使用国际投行的金融创新工具，否则，国际投行是不可能用这些工具对我们进行掠夺的。当年，日本的保险公司如果不购买美国投行的日经指数“股指认购期权”，即便日本股市崩溃，美国投行也难以获利，日本经济也不会陷入长达十几年的衰退。

四、国际金融市场的经济影响

国际金融市场的形成和发展，无论对西方发达国家，还是对发展中国家，甚至对整个世界经济都具有举足轻重的影响。

（一）正面影响

1. 提供融通资金，促进资源合理配置

国际金融市场为国际贸易提供了结算与进口融资便利，为国际闲散资金提供了投资获利渠道和机会，促进了国际贸易、国际投资的发展。例如：欧洲货币市场带动了日本和联邦德国的经济复兴；亚洲美元市场对亚太地区经济建设起了积极作用，特别是许多发展中国家，其经济发展中也纷纷利用国际金融市场进行融资。国际金融市场发达程度越高，国际调拨的成本就越低，这对优化国际分工、使世界经济资源合理配置起到了一定作用。

2. 调节国际收支

第二次世界大战后，国际金融市场已成为各国外汇资金的重要来源。一方面，不仅私营企业、跨国公司经常在国际金融市场筹措资金，而且国际收支逆差的国家也越来越多地利用国际金融贷款来弥补赤字。另一方面，国际金融市场还可以通过汇率变动来影响国际收支。顺差国可以通过在国际金融市场上发放贷款、购买有价证券或直接投资等方式使多余的资金得以利用，国际金融市场成为平衡世界各国国际收支的重要环节，促进了世界各国经济的正常发展。

3. 推动国际贸易和国际投资的发展

第二次世界大战后，跨国公司业务经营活动要求在全球范围内得到资金供应和进行资金调拨，又要求在国际范围内为闲散资本提供储存生息和投资获利的机会。第二次世界大战后，国际金融市场的迅速发展和向全球扩展，为跨国公司实施全球战略提供了良好的金融服务。国际金融市场能在国际范围内把大量的闲散资金聚集起来，以满足国际经济贸易发展的需要，从而加速了生产和资本的国际化。

4. 促进金融业的国际化

国际金融市场吸引了无数跨国银行，通过各种业务活动把各国的金融机构有机地联系起来，使各国银行信用发展为国际银行信用，国际金融市场成为国际大银行的集散地，从而促进了金融业务国际化。

（二）负面影响

1. 引起国际金融市场动荡

西方主要国家的资本大量流入国际金融市场，会导致流入国家的货币供给量增加，引发通货膨胀，大量资本流动往往会影响一些国家国内货币政策的执行效果，从而引起国际金融市场动荡。

2. 增加了发生金融危机的可能性

国际金融市场一体化增加了金融危机在国际传递与扩散的可能性。1994 年爆发的墨西哥比索风暴，1997 年出现的东南亚金融危机，美国的次贷危机引发的国际经济危机，都是国际金融市场消极影响的反映。

3. 增加了国际债务危机的概率

国际金融市场融资的便利性与无限性，在某种程度上增加了国际性债务危机的概率。

相关链接

国际金融市场剧烈动荡对我国证券市场的影响途径

一、通过人民币汇率预期影响证券市场

汇率对证券市场的影响是多方面的。一般来说，一国的经济越开放，证券市场的国际化程度越高，证券市场受汇率的影响就越大。这里汇率用单位外币的本币标值来表示。

一般来说，汇率上升，本币贬值，本国产品竞争力强，出口型企业将增加收益，因而企业的股票和债券价格将上涨；相反，依赖于进口的企业成本增加，利润受损，股票和债券价格将下跌。同时，汇率上升，本币贬值，将导致资本流出本国，资本的流失将使得本国证券市场需求减少，从而市场价格下跌。

另外，汇率上升时，本币表示的进口商品价格提高，进而带动国内物价水平上涨，引起通货膨胀。通货膨胀对证券市场的影响须根据当时的经济形势和具体企业以及政策行为进行分析。为维持汇率稳定，政府可能动用外汇储备，抛售外汇，从而将减少本币的供应量，使得证券市场价格下跌，直到汇率回落恢复均衡，反面效应可能使证券价格回升。如果政府利用债市与汇市联动操作达到既控制汇率的升势又不减少货币供应量，即抛售外汇，同时回购国债，则会使国债市场价格上扬。

由于我国人民币实行贸易项下的自由兑换和对资本项目的严格控制，因此，官方的人民币汇率不容易受到国际金融市场的冲击。但由于贸易项下的自由兑换、心理恐慌形成汇率预期、人民币“黑市”交易的活跃，造成实际汇率的波动，从而影响证券市场。

同时，即使人民币汇率保持稳定，但由于国际金融市场的动荡，导致周边国家（地区）或其他重要贸易伙伴国家货币的贬值，使人民币汇率相对这些货币的汇率升值，也会影响我国证券市场。

二、通过宏观面和政策面间接影响我国证券市场

国际金融市场动荡加大了我国宏观经济增长目标的执行难度，从而在宏观面和政策面上间接影响我国证券市场的发展。

改革开放以来，我国国民经济的对外依存度大大提高，国际金融市场动荡导致出口增幅下降、外商直接投资下降，从而影响经济增长率，失业率随之上升，宏观经济环境的恶化导致上市公司业绩下降和投资者信心不足，最终使证券市场价格下跌。其中，国际金融市场的动荡对外向型上市公司和外贸行业上市公司的业绩影响最大，对其股价的冲击也最大；同时，有关政府部门将吸取国际金融市场动荡的教训，采取降低证券市场的风险、加强监管、提高上市公司的素质等积极措施，促使证券市场的稳健发展。

从我国目前的市场结构来看，国际金融动荡对于A股市场的影响比较小，或者说在分析A股市场的运行趋势时可以忽略不计，但对于以境外投资者为投资主体的B股市场来说影响比较大。因此，在对B股市场进行分析时，这是一个必须予以特别重视的基本因素。因为B股市场的投资者主要是境外投资者，所以国际金融市场的动荡必然通过影响境外投资者的投资行为而对我国B股市场产生影响。如境外投资者调整原有投资组合、改变投资方向、套现资金等投资行为的改变，都将影响B股市场。

单元二　国际金融市场的构成

课前思考

国际金融市场如何构成？其对世界经济发展有何积极作用？

一、国际金融市场的分类

国际金融市场作为国际多种金融业务活动的领域，根据金融交易的内容、性质和特点，可从下列不同角度进行分类。

（一）按资金融通期限划分

按此划分，国际金融市场可分为货币市场与资本市场。前者是指短期资金交易市场，即资金借贷期限为1年以下的交易市场，如跨国发行商业票据融通资金；后者是指长期交易资金市场，即资金借贷期限在1年以上的交易市场，如跨国发行外国债券或欧洲债券融通长期资金。

（二）按市场业务活动的类型划分

按此划分，国际金融市场可分为货币市场、资本市场、外汇市场和黄金市场。因为国际资金借贷活动以至国际黄金买卖离不开外汇买卖，因此比较完整的国际金融市场是由上述四个市场组成的，它们的专门性业务构成广义的国际金融市场金融交易活动的基本内容。我们主要根据这种划分对国际金融市场结构进行分类介绍。

（三）按金融市场所在地域划分

此划分即以金融市场所在国家和地区来划分，称为国际金融中心（以各个地名命名的金融市场）。目前世界上主要的国际金融中心可划分为五个区域：（1）西欧区，包括伦敦、苏黎世、巴黎、法兰克福、布鲁塞尔和卢森堡等国际金融中心；（2）亚洲区，包括新加坡、东京和香港等金融中心；（3）北美洲区，包括纽约和加拿大的多伦多、蒙特利尔金融中心以及美国所有设有国际银行设施的州；（4）中美洲和加勒比海区，包括开曼群岛和巴拿马金融中心；（5）中东区，包括巴林和科威特金融中心。

（四）按金融业务涉及的交易主体划分

按此划分，国际金融市场可分为在岸金融市场和离岸金融市场。在岸金融市场是从国内金融市场延伸发展而来的，是从纯粹本国居民之间的金融业务发展到居民与非居民之间的国际金融业务，并能接受当地政府法令所管辖的金融市场。在岸金融市场是办理居民和非居民之间的交易，而且受市场所在地国家法令管制的市场。离岸金融市场专指办理非居民之间金融业务的市场，是国际金融市场的核心部分，是从事境外金融业务的境外市场。其显著特征有两个：第一，市场参与者限定于非居民；第二，交易的货币排除市场所在国家发行的货币，如“欧洲美元”“欧洲日元”等。

二、国际货币市场

（一）国际货币市场概述

国际货币市场是指通过资金融通业务和借贷期限在1年以下（含1年）的短期金融工具进行交易的场所，即短期资金市场。这个市场的短期资金包括通货、活期存款、短期政府债券、商业票据、银行承兑票据、可转让银行定期存单等。国际货币市场融资具有期限短、资金周转速度快、数额巨大、金融工具流动性强、货币性较强、价格波动小、投资风险较低等特征。

国际货币市场的主要功能和作用如下：

（1）为短期资本的国际流动提供便利。例如，在国外银行存款、购买外国短期票据和政府债券、购买外汇和黄金，在国际短期资金市场作短期拆放等。

（2）促进短期国际交易。这包括促进遍布全国的国际贸易和其他政治、经济、文化交流活动，促使国际资本流动，为套汇、套利业务提供资金融通，也包括刺激国际资本的投机活动。

（3）为各国银行同业间资金融通提供便利。这是指各国银行为政府、中央银行、工商企业以及个人等参与货币市场交易的各方调节短期资金余缺，解决临时性资金周转困难。

（4）是缓解财政紧张的市场。政府可以通过货币市场发行各种国库券和短期债券。

（5）是中央银行实施货币政策的主要工具。各国中央银行能否有效执行货币政策、调控金融市场，很大程度上取决于货币市场能否提供高效的传导机制。

（二）国际货币市场的构成

国际货币市场一般包括银行短期信贷市场、短期票据市场和票据贴现市场，其参与者包括商业银行、票据承兑公司、贴现公司、证券交易商、证券经纪商等。

1. 银行短期信贷市场

银行短期信贷市场是指国际银行同业间的拆借或拆放，以及银行对工商企业提供短期信贷资金而形成的场所。该市场的功能在于解决临时性的短期流动资金不足，调节一定时点上的资金余缺，以平衡资金头寸。

银行同业拆借业务是大规模或批发式的资金往来业务，具有以下特点：（1）交易期限短、交易金额大。如最短的仅仅是隔夜，多则1周和3个月，最长不超过1年。以英国伦敦同业拆借市场为例，每笔交易数量以25万英镑为最低限额，超过百万英镑和百万美元的交易是常见的。（2）交易方式简便。存放业务由货币经纪人每日通过电话相互联系进行交易，贷款也不需要担保和抵押。期限一般都在7日内或1个月、3个月、6个月，最长期限不超过1年。(3) 交易利率具有非固定性和双向性。交易利率的非固定性是指银行同业拆借的利率随市场利率的变化而变化，不采取固定利率；交易利率的双向性是指银行同业拆借利率有拆出利率和拆进利率之分，拆进利率通常低于拆出利率。

目前，伦敦银行同业拆借市场是国际上影响最大的市场之一，伦敦银行同业拆借利率(London Inter-bank Offered Rate) 是制定国际贷款利率的基础，即从伦敦市场上业务量较大的30家主要银行中选出6家主要银行，根据上午11时相互拆放利率的算术平均数报出基准利率。伦敦同业拆放利率有两种：一是贷款利率；二是存款利率。两者一般相差0.25%～0.5%。

2. 短期票据市场

短期票据市场也称短期证券市场，主要指以各种短期信用票据的流通为基础，在国际进行短期证券发行和交易的融资场所。这个市场的信用票据种类很多，主要包括以下几种：

(1) 国库券。国库券是政府为了满足财政短期需要和弥补财政赤字去筹措资金而发行的短期政府债券。它是一种不记名、不附有期票的短期债券，票面只记载本金金额，而不注明利率，而且其利率在一般情况下是货币市场各种利率中最低的，这是因为政府信用高于银行信用和商业信用。投资国库券最安全、无风险，且国库券流动性强、可随时在市场上交易。此外，对国库券利息不征所得税。正因为如此，美国政府国库券不仅是本国投资者，而且是外国政府、银行和个人的重要投资对象。

国库券期限均在1年内，美国的国库券主要有3个月、6个月和1年期的，英国的国库券主要是91天期的。它根据票面金额以折扣方式发行，在市场上以投标方式进行交易，到期按票面金额偿还。国库券在到期之前，可以在市场上自由流通转让，因此，形成了交易量很大的国库券市场。

(2) 银行定期存款单。银行定期存款单也称大额可转让定期存单。这是一种商业银行和金融公司发行的大额可转让定期存单，最早于1961年由美国花旗银行发行。伦敦票据交换银行直到1971年才开始发行银行定期存单。在美国，该存单标准定额为100万美元或100万美元以上。这种存单不记名，可在市场上自由流通转让。因此，投资存款单，既可获得定期存款利息，又可随时转让变为现金，很受投资者欢迎。发行定期存单是银行获取短期资金的稳定来源。定期存单的期限一般在1～12个月，其中以3～6个月为最多。它到期还本并按约定利率支付利息，利息率一般高于活期存款，也高于同等期限的国库券。银行定期存款单是目前国际货币市场发行量和交易量很大的信用工具。

(3) 商业票据。商业票据是非银行金融机构和商业企业为筹措短期资金而发行的短期金融工具。商业票据是由信誉良好的大工商企业和商业银行或证券公司等中介机构发行的有固定到期日的短期借款票据，采用间接发行方式出售。这是一种无抵押担保的借款，票面金额无严格限制，期限一般为30天至1年不等，其中以30～60天的为最多。商业票据到期前可以流通转让。商业票据多数以折价发行，到期时按票面金额偿还，有的也附利率或息票。发行商业票据的企业需要有良好的信誉，如英国，发行商业票据的公司股票必须在伦敦股票交易所公开上市交易，其资产净额必须在5 000万英镑以上。

(4) 银行承兑汇票。银行承兑汇票通常是指在国际贸易中由出口商签发，由银行背书承兑、保证到期付款的票据。在众多的商业票据中，银行承兑汇票的信用程度最高。商业票据通常需要企业拥有较高的信誉，这就使一些中小企业无缘涉足；银行承兑汇票由银行保证支付，为中小企业筹集资金打开了方便之门。在美国有经营银行承兑汇票的专业市场，在这个市场上进行交易的主要是票据经纪人和票据商，因此又被称为经纪人市场。这个市场没有买卖成交的中心地点，是通过电话、电传、通信、计算机互相联系的。这种汇票的期限一般为30～180天，最长可达270天，但以90天为最常见，面值不限。银行承兑票据在到期前可以到承兑银行贴现，也可以在二级市场上转售，转售时的价格按面值打一定折扣，买价与面额之间的差额是持票人的收益。

3. 票据贴现市场

票据贴现市场就是指以经营贴现业务为主的短期资金市场。票据贴现市场由贴现行、商业票据行、商业银行和最后贷款者中央银行组成。贴现交易的信用工具除政府国库券、短期债券外，主要是银行承兑汇票和部分商业票据。贴现行及其他办理金融业务的金融机构在买入票据后因尚未到期而资金不足时，可持票据向中央银行办理再贴现。通过贴现，持票人可以提前获得现款，贴现行等于是向持票人提供了一笔事先收取利息的贷款。中央银行通过改变贴现率控制市场流通量，所以贴现率是西方国家实施货币政策的重要工具，也是短期资金市场上融通资金的一种重要方式。美元、日元、英镑等主要国际货币贴现率的调节对国际短期资金市场汇率与利率水平会产生重大影响。

三、国际资本市场

（一）国际资本市场的概念和特点

国际资本市场（International Capital Market，ICM）是国际长期资金融通的市场，即借贷经营期限在1年以上的中长期国际资金市场。国际资金市场的重要职能是融通中长期资本，为中长期资本的国际转移提供便利。在国际资本市场上筹借中长期资金的有各国政府、大型国际企业和国际金融机构等。各国政府为开发本国重点建设项目而筹借中长期资金，国际企业筹借中长期资金用于长期投资，国际金融机构在资本市场上筹资补充资金不足。国际资本市场的特点是：（1）通过市场机制吸收、组织国内外资金，对其进行资金中长期的分配和再分配；（2）交易注重安全性、盈利性和流动性，借贷双方都重视双方稳定的长期合作关系；（3）有政治风险、违约风险、利率风险、汇率风险、经营风险、价格风险等多种风险，使市场的不确定性因素更为复杂，需要采取多种避险措施。

（二）国际资本市场的构成

国际资本市场按业务方式可分为两大类：银行中长期信贷市场和国际中长期证券市场。

1. 银行中长期信贷市场

银行中长期信贷市场是国际资本市场的传统组成部分，主要业务是借款人为了投资或其他用途向国际银行筹措资金。

银行中长期贷款中，通常1～5年为中期信贷，5年以上为长期信贷。借款方大多是世界各国私营企业、社会团体、政府机构或国际组织，贷款方主要是商业银行。依据洽定的贷款条件，借贷双方一般都要签订贷款协议，有的贷款还要借方国家的主要金融机构或政府担保。

银行中长期贷款采用浮动利率。由于中长期贷款期限较长，利率的趋势较难预测，借款人和贷款人都不愿承担利率变化的风险，因此，通常采用浮动利率，即每3个月或半年根据市场利率的变化进行一次调整。双方确定利率时，大多以伦敦市场银行间同业拆借利率（LIBOR）为基础，再加一定的加息率为计算标准。贷款利率的具体确定有以下几种方法：(1) 借贷双方以同业拆借利率为基础，进行讨价还价，自行确定；(2) 以指定的两三家伦敦市场的主要银行的同业拆借利率的平均利率来计算；(3) 由贷款银行与另一家主要银行的利率报价平均计算；(4) 由贷款银行或牵头银行确定。加息率的确定，对借款双方也十分重要。加息率的大小，一般因贷款金额的大小、期限长短、市场资金的供求及借款国和借款人的资信状况而有所不同。

银行中长期贷款的贷款费用通常包括以下几种：承担费、管理费、代理费、杂费等。

承担费（Commitment Fees）是指贷款银行已按贷款协议筹措了资金准备交付借款人使用，而借款人没有按期使用，使贷款资金闲置，因而借款人应向贷款银行支付的赔偿性费用。承担费的费率为0.125%～0.5%，按承担期间未提取的金额计算。

管理费（Management Fees）是指借款人向贷款银团的牵头银行支付的组织银团贷款的报酬或手续费。管理费一般按贷款总额的0.5%～1.0%计收。

代理费（Agent Fees）是指借款人付给直接管理贷款的代理行的报酬。代理费通常按每年商定的固定金额付给代理行，在整个贷款期内，每年支付一次。代理费标准不一，最高每年可达5万～6万美元。

杂费（Out of Pocket Expense）是指贷款的牵头银行与借款人联系协商、完成贷款协议前所发生的费用，包括牵头银行的差旅费、延聘律师费、宴请费等。这些费用均应由借款人负担，杂费按牵头银行提出的账单一次付清。其收费标准不一，多者可达10万美元。

因此，在筹措中长期银行贷款时，不能只考虑利率的高低，还要考虑综合成本，也就是利率加费用成本。

银行中长期贷款有两种方式：独家银行贷款和银团贷款。独家银行贷款又称双边中期贷款。它是指一国贷款银行对另一国银行、政府、公司企业提供的贷款，每笔贷款少则几千万美元，多则上亿美元，期限3～5年。独家银行贷款既可以用于固定资产投资，也可以用于维持正常营运的产销周转。其贷款利率属于市场利率，贷款手续比较简便，且无各种限制。银团贷款亦称辛迪加贷款。它是指多家商业银行组成一个集团，由一家或几家银行牵头联合向借款人共同提供巨额资金的一种贷款方式。银团贷款在国际上始于20世纪60年代，流行于70年代，80年代有了较大的发展。银团贷款的主要特点是融资量大、风险小、专款专用。在此种方式下，贷款方往往需要由几家、十几家甚至几十家不同国家的银行组成银行集团，贷款对象大部分是各国政府机构或跨国公司；贷款货币大部分使用欧洲货币，一般采用浮动利率；贷款人除收取利息外，还要收取管理费、代理费、前期杂费和承担费等。目前，银团贷款已成为国际中长期信贷的主要方式。

2. 国际中长期证券市场

国际中长期证券市场是指各种中长期有价证券（包括政府债券、公司债券、股票等）的发行和买卖的场所。随着第二次世界大战后经济和金融国际化程度的提高，证券市场逐渐走向国际化，形成了国际证券市场，并成为国际资本市场的重要组成部分。国际证券市场一般可分为国际债券市场和国际股票市场两类。

（1）国际债券市场。国际债券市场是专门从事国际债券发行和买卖交易的场所。该市场债券的期限一般在1年以上，是中长期融资工具，其中1～5年（含5年）期限的为中期债券，5年以上期限的为长期债券。

债券的发行者或中长期资金的需要者，有中央政府、地方政府、银行和非银行金融机构、工商企业，还有国际金融机构等。它们利用资本市场发行债券是为了获得中期或长期的生产发展资金。债券的购买者或资金的供给方，主要是人寿保险公司、年金基金、信托公司、各种投资公司和其他储蓄机构。此外，有些国家政府机构和个人，也可能选择债券方式进行长期投资，获取收益。

债券的新发行市场又称一级市场（初级市场）。在大多数国家，债券的发行都没有固定的场所，而是通过证券投资机构或大型商业银行和信托公司等金融机构进行的。这些机构承购新发行的债券，然后投向二级市场转售给一般投资者。这种承购和分销债券的业务也称投资银行业务。发行的方式可以是公开发行，称为“公募”（Public Issue）；也可以是私下发行，称为“私募”（Private Issue）。

债券的交易市场又称为二级市场（次级市场），即已发行的债券在不同投资者之间转手交易的市场。一般情况下，债券的转手交易也要通过证券交易的投资机构，由其向出售债券的资金需求者及购买债券的投资者提供有关债券的买卖行情，以供他们选择。

由于债券市场的国际化程度越来越高，特别是欧洲债券市场迅速发展，债券发行者的资信或债券的风险程度对投资者越来越重要。美国和日本出现了一些专门评定债券和股票信用等级的金融服务公司。在国际资本市场上，应用最广泛、最具权威性的是美国的“标准普尔公司”（Standard and Poor）和“穆迪投资服务公司”（Moody's Investment Service Company），这两家公司按债券发行人的要求对债券进行评级，评定的等级直接关系到债券的发行状况。

（2）国际股票市场。目前世界上主要的股市都是高度国际化的，这一方面体现在各主要股票交易所之间通过现代化的通信设备进行联系，任何一个股市的行情可以迅速传递到其他股市；另一方面，世界上主要的股票交易所已不仅是国内公司的股票交易市场，它们都有大量的外国公司的股票上市交易，外国公司上市的数量有的甚至接近或超过了本国公司的数量。股票交易市场已经成为国际金融市场的重要组成部分，它对投资者和筹资者都具有国际性。

四、外汇市场

外汇市场是国际金融市场的重要组成部分，是国际债权债务清算或转移的重要渠道。外汇市场是伴随着国际经济往来中非现金结算的发展而发展起来的。早期外汇市场以办理本币与外币的国际汇兑而得名，现代外汇市场则是广泛进行国际货币交易的市场。

外汇市场大多无固定交易场所，属抽象市场或无形市场，即外汇交易是通过电话、电传等现代电信工具进行的。目前，世界各大金融中心的外汇市场已由国际卫星通信网络连成一体，形成了昼夜营业的全球性外汇交易体系。

五、黄金市场

（一）黄金市场概述

黄金既是国际结算的最终手段、具有世界货币性质，又是一种商品、具有非货币性质。同其他商品一样，作为非货币性质的黄金是通过黄金市场以买卖形式在世界各地进行流通或转移的。因此，黄金市场是国际金融市场的一个组成部分，也是世界各地黄金买卖的交易中心。

黄金市场是国际金融市场中最早出现的部分，是世界各国集中进行黄金交易的场所。黄金市场具有悠久的历史，并经历了很多变迁。目前国际上有40多个黄金市场，分为主要黄金市场和地区性黄金市场。前者是指价格影响较大、交易盘比较集中并且是起主导作用的国际性黄金市场，如伦敦、苏黎世、纽约、芝加哥、香港的黄金市场，号称五大主要黄金市场。后者是指随着黄金交易的扩大和地区性交易的需要而分散发展起来的规模不等的地区性黄金市场。欧洲地区有法兰克福、巴黎、布鲁塞尔、日内瓦等，亚洲地区有东京、贝鲁特、澳门、新加坡等，北美洲地区有多伦多、温尼伯、旧金山等，拉丁美洲地区有布宜诺斯艾利斯、墨西哥城等。目前世界黄金市场交易基本上是24小时连续不断进行的。

（二）黄金市场的供求

1. 世界黄金的供给

世界黄金市场供应主要有以下几个来源：（1）金矿的开采是黄金供应的主要来源。1493年—1978年的485年间，黄金生产量约为95 600吨，其中84.7%是在20世纪生产的。黄金年产量从1945年的761.5吨逐渐上升到1970年的1 511.32吨，其后的平均增长率则呈现逐渐下降趋势，直到20世纪80年代初为960吨，到1991年为1 740吨。但从长期趋势来看，黄金产量年平均增长率从20世纪80年代的5.5%下降到了90年代的2.6%。世界主要产金国南非约占总产量的50%，独联体国家产金量占23%，此外加拿大和美国各占8.4%。（2）各国政府出售的黄金。（3）国际金融机构抛售的黄金。（4）集团和个人出售的黄金。

2. 世界黄金的需求

世界黄金市场对黄金的需求主要有以下几个方面：（1）官方储备用途。据国际货币基金组织的资料，世界各国中央银行的黄金储备总额为10亿盎司，约3.1万吨。（2）工业用途。主要是高技术工业、医疗器械业、首饰业等占相当大的比重。（3）投资与投机用途。这是指私人储藏、集团购进黄金以保值和增值，包括金块、金币、黄金纪念物品等。由于历史原因及具有不易变质、易于折现的特点，黄金被公众视为信心与财富的象征，因此它仍是一种被广泛接受的投资工具。

（三）黄金市场的交易方式

1. 按交割时间划分

按交割时间，黄金市场的交易方式可分为现货交易、期货交易和期权交易。

（1）黄金现货交易。黄金现货交易是指双方黄金成交后在两个营业日内进行交割的业务。伦敦黄金市场的现货交易具有代表性。现货黄金交易分定价交易和报价交易。定价交易只有单一价格，无买卖差价，成交后经纪人只收取少量佣金。报价交易时同时报买卖价，只限在规定的时间内有效。伦敦市场每个营业日进行两次定价交易，上午为10：30，下午为15：00；报价交易则在定价交易时间外进行。

（2）黄金期货交易。黄金期货交易和其他期货交易一样，交易双方预先签订期货交易合同，规定买卖的黄金数量、到期日，交付保证金，到了约定的交割日再进行实物交割，但一般并不真正交货，绝大多数合同在到期前就被对冲掉了。黄金期货交易的每一标准化合同量均为100盎司，基本单位为金衡盎司。黄金现货交易可以用于保值，并可以减轻金价波动的风险，也可以为投资者提供盈利的机会。

（3）黄金期权交易。黄金期权交易是指按事先商定的价格、期限，买卖数量标准化黄金权利的一种黄金业务。黄金期权分为买权和卖权，即看涨黄金期权和看跌黄金期权。黄金期权交易是20世纪80年代以来出现的一种黄金交易。最早开办这种业务的是荷兰的阿姆斯特丹交易所，1981年4月开始公开交易期权以美元计价，成色为99%的10盎司黄金合同。之后，加拿大的温尼伯交易所引进黄金期权交易。后来，瑞士、英国、美国等都开始经营黄金或其他贵金属的期权交易。

2. 按交易对象划分

按交易对象，黄金市场交易方式可分为账面划拨交易、实物交易和黄金券交易。

（1）账面划拨交易。账面划拨交易是指在大宗交易时，只需在存单上划拨，把存在某金库的属于某国家或集团的黄金改变一下所有者的交易方式。这种交易既节省了运费，又避免了风险。

（2）实物交易。黄金市场上交易的实物形式主要有金块、金条、金币三种。金块：中央银行的黄金交易对象一般重量为400盎司、成色为99.5%的大金锭。金条：常见的重量为32.151盎司（1千克），成色为99.5%。99.9%是私人储藏者交易的主要对象。金币：是私人保值的最好手段，因稀有而成为收藏家购买的对象。金币不仅有纪念意义，而且发行量有限，储藏时间越长，价值越高，一般比金条价格高出3%～5%。

（3）黄金券交易。黄金券交易近几年发展很快，中小投资者持有黄金券比持有黄金更安全和方便。黄金券面额有多种，最小的仅半盎司；黄金券有编号和姓名，不得私自转让，可挂失，可随时兑现。

（四）黄金市场的价格

从布雷顿森林体系瓦解以来，黄金的价格波动很大，各国的黄金储备价值也就随之波动。第二次世界大战后一直到1968年，黄金市场价格被维持在每盎司35美元的官价上。1968年，黄金价格实行双价制，其官价继续为35美元1盎司，但市价却随供求关系波动。1971年12月和1973年2月，美元先后贬值7.8%和10%，黄金官价也相应地提高到每盎司38美元和42.22美元。随着1971年8月美国宣布不再承担以官价向各国中央银行用美元兑换黄金的义务，黄金官价名存实亡。1976年，国际货币基金组织正式废除黄金官价，会员政府之间以市价相互买卖黄金。从此，随着主要国家通货膨胀的加剧，自由市场的黄金价格猛烈上涨。20世纪80年代初，金价曾一度突破每盎司800美元的大关，但之后又大幅下降。

（五）世界主要黄金市场

1. 伦敦黄金市场

伦敦黄金市场历史悠久。早在金本位制时期，伦敦就已经是金条的精炼、销售和金币兑换的中心了。1919 年 9 月，伦敦黄金市场开始实行按时计价制度，成为一个组织比较健全的世界黄金市场。第二次世界大战爆发后，伦敦黄金市场受战争影响而关闭，直到 1954 年 3 月又重新开放。由于伦敦具有国际金融中心的各种便利条件，加上英国长时期基本上掌握着西方黄金主要产地南非黄金的产销，因而起着世界黄金产销、转运、调剂的枢纽作用，交易量曾经达到世界黄金交易总额的 80%。在 1968 年美元危机时期，西欧掀起抢购黄金的风潮，伦敦黄金市场的金价无法维持，以致一部分黄金交易转移到苏黎世市场，使其地位受到一定的影响。目前伦敦黄金市场仍是世界主要的现货黄金市场，其快捷便利的交易形式吸引着全球投资人士参与买卖，成为最有代表性的市场。此外，伦敦市场上实行每日定价制度，每日 10：30 和 15：00 的两次定价成为全球黄金市场的参考价格。

2. 苏黎世黄金市场

苏黎世黄金市场是在第二次世界大战爆发后，因伦敦黄金市场受战争影响关闭而逐渐发展起来的世界性自由黄金市场。苏黎世黄金市场以瑞士三大银行为中心，联合进行黄金交易。瑞士因其永久中立国地位而成为西方游资的避风港，每逢国际政局和金融动荡之时，世界各地资金便涌入瑞士。苏黎世是通过给予南非储备银行以优惠的信贷融通，借以同伦敦黄金市场争夺优势地位而发展起来的，是仅次于伦敦的重要国际黄金市场。

3. 纽约、芝加哥黄金市场

美国的黄金市场是黄金期货交易中心。纽约商品交易所和芝加哥国际货币市场都是重要的黄金期货市场。虽然这两个黄金市场是 20 世纪 70 年代中期才发展起来的，但其后的成长非常迅速，并改变了传统的国际黄金市场的格局，每年约有 2/3 的黄金期货合同在纽约成交。1980 年，纽约商品交易所的交易量为 8 亿盎司，约合 25 000 吨，芝加哥国际贸易市场约为 8 000 吨，但到期真正实行交割的却很少，绝大部分属于买空卖空的投机交易。黄金期权交易也是美国黄金市场重要的黄金交易方式。

4. 香港黄金市场

香港黄金市场已有 80 年的历史了，目前是东南亚最大的黄金集散地，也是世界五大黄金市场之一。1974 年 1 月，香港政府撤销黄金进口管制以后，黄金市场获得迅速发展，目前是远东主要的黄金分销和结算中心。对于中东和远东的交易者来说，当纽约市场已关闭而伦敦市场和苏黎世市场还没有开张时，香港是唯一重要的黄金市场。伦敦五大金商、瑞士三大银行等先后参与香港黄金交易。香港市场的黄金大多来自欧洲等地，主要买主则是东南亚国家。黄金交易集中在香港金银贸易市场进行。这个市场有正式会员 195 家。香港黄金市场期货交易居首位，业务量增长迅速。因其期货交易同纽约黄金市场的关系日趋密切，已形成纽约-香港黄金市场集团。

相关链接

纽约美联储银行地下金库

世界黄金协会的相关数据显示，截至 2018 年 1 月 4 月，全球官方黄金储备共计 33 726.2 吨，中国官方黄金储备 1 842.6 吨，中国官方黄金储备约占全球官方黄金储备的 5.6%。据悉，目前世界官方持金量前三位的国家分别是美国、德国及意大利，其持有黄金量分别是 8 133.5 吨、3 373.6 吨、2 451.8 吨，分别约占全球官方黄金储备的 24.79%、10.21%、7.47%。

纽约美联储银行地下金库是世界上最大的金库，位于纽约曼哈顿岛地下 20 米，整个地下金库约有半个美式足球场那么大。这个大金库里存放着 60 多个国家的 8 300 多吨黄金（占全球官方黄金储量的 30%），以金砖形式堆放在钢制栅栏里，地下金库存放的金砖有两种形状，长方形的是 1986 年以前铸造的，梯形的是 1986 年以后铸造的。金砖上刻有铸造地点、编号和纯度，所有金砖的纯度都控制在 99.5%～99.9%，没有百分之百的纯金，这主要是因为纯金太软，不利于保存和运输。为了增加硬度，金砖内添加了铜、银等金属，因此金砖并不都是金灿灿的颜色，有点泛红或泛白，冷冰冰的金子就像砖块，有的金砖表面上还有砸过的凹洞。

纽约联邦储备银行的大金库外门由 290 吨的钢制成，内侧钢门则重达 90 吨，金库防盗、防火、防水甚至防核战。银行官员曾自豪地表示，“此金库是目前所知全世界最安全的地方”。

资料来源：http：//wemedia.ifeng.com/45218517/wemedia.shtml.

拓展阅读

外国债券的主要种类

国际债券市场上有外国债券和欧洲债券之分。外国债券是指一国借款人到另一国债券市场发行的、以市场所在国货币为面值的债券。

伦敦曾经是最大的外国债券市场，第二次世界大战后，英国实行的外汇管制使英国的外国债券市场一落千丈。苏黎世、纽约、东京和法兰克福是目前的四大外国债券中心。

一、扬基债券

扬基债券是外国发行人在美国债券市场发行的债券。扬基债券市场多年来是最大和最重要的外国债券市场，后来被瑞士法郎外国债券超过。

外国借款人要进入扬基债券，必须按照美国有关法律法规办理各种手续。

首先，按美国 1933 年证券法向纽约的证券交易委员会申请注册登记，主要以书面报告的形式公布借款用途、自身财务经营状况和风险因素等，用于满足信息披露要求。如果要在纽约证券交易所上市，必须根据美国 1934 年证券交易法申请注册登记。注册登记大约需要四周的时间。借款人可以通过备案注册来缩短等待的时间，即提交在未来两年拟发行募集说明书，到真正发行时只需增加募集说明书附录，大约只需 1 周时间。

其次，借款人在获得纽约证券交易委员会的注册登记批准后，还要采取招标方式委托美国的投资银行机构承销债券。

最后，借款人还要向证券交易委员会申请承保，只有经过后者承保的扬基债券才发得出去。

扬基债券的期限为 5～25 年。外国投资者购买扬基债券获得的利息不征收预扣税，通常每半年付息一次。

二、武士债券

武士债券是外国借款人在日本发行的日元债券。武士债券对外国借款人的吸引力在于：日本债券市场是世界第二大债券市场，日本具有庞大的国民储蓄基础。

1970 年 12 月，亚洲开发银行在东京发行了 60 亿日元债券，从而拉开了发行武士债券的序幕。

武士债券既可以是记名债券形式，也可以是不记名债券形式，并且两种形式可以自由转换。武士债券的利息收入均豁免预扣税，期限为 5～15 年。

外国金融机构可以参加武士债券的承销辛迪加，但主承销商必须是日本的证券公司。外国投资者在一级市场上购买的比例被限制在武士债券新发行额的 25%以内，但在二级市场上则没有这一限制。现在外国投资者持有的武士债券在东京证券交易所挂牌上市。

公募发行武士债券必须经过日本的债券评级机构评级。债券评级的结果不仅影响发行人的筹资成本，而且直接影响债券的发行规模。例如：对于 AAA 级债券，发行额不受限制；对于 AA 级债券，限制在 300 亿日元以内；对于 A 级债券，限制在 200 亿日元以内；对于评级在 A 级以下的，则限制在 100 亿日元以内。

三、瑞士法郎外国债券

瑞士是世界上最大的外国债券市场，这得益于瑞士的中立国地位和瑞士法郎币值的稳定。

瑞士法郎外国债券在瑞士发行时，投资者主要是外国投资者而不是瑞士投资者，瑞士法郎因其币值稳定而作为债券的记账单位。瑞士法郎外国债券的主承销商通常是瑞士三家大银行之一：瑞士银行公司、瑞士联合银行和瑞士信贷银行。

瑞士法律规定：外国投资者购买瑞士国内债券免征预扣税。这一规定刺激了外国投资者对瑞士法郎外国债券的需求。

瑞士法郎外国债券是不记名债券，每年付息一次，面额最低为 5 000 瑞士法郎。外国债券通常在瑞士的证券交易所挂牌上市和交易。

此外，还有英国的猛犬债券、西班牙的斗牛士债券、荷兰的伦勃朗债券。

单元三 欧洲货币市场

课前思考

第二次世界大战后，为什么欧洲货币市场在国际金融经济活动中会蓬勃发展？欧洲货币市场对世界经济发展有何积极作用？

一、欧洲货币市场的含义

欧洲货币市场（Euro-currency Market）即离岸金融市场，是指各种境外货币借贷和境外货币债券发行与交易的市场。欧洲货币市场是当代国际金融市场的核心，是经营欧洲美元和其他境外货币交易的国际资金市场，因其最早在欧洲出现，最早经营的是境外美元业务，因此惯称欧洲美元市场。欧洲货币市场是现代国际金融市场的典型代表。理解欧洲货币市场的含义时需要注意以下几点。

（一）货币概念的理解

从经营的对象来看，欧洲货币市场经营的是“欧洲货币”。所谓“欧洲货币”，是指在货币发行国境外流通的货币。它并非指欧洲国家的货币。在这里，“欧洲”不是一个地理概念，而是“境外”的意思。所以，欧洲货币实际上是境外货币，只是由于这种境外存放、借贷业务开始于欧洲，故习惯上称欧洲货币。实际上，将欧洲货币称为“离岸货币”（Offshore Currency）更为贴切。如在美国境外作为借贷对象的美元即为欧洲美元，在日本境外作为借贷对象的日元即为欧洲日元等。欧洲货币是对所有这些境外货币的总称。

（二）地域概念的理解

从地域上看，欧洲货币市场并不限于欧洲各金融中心，也不再限于以伦敦为中心的“欧洲市场”。20 世纪 70 年代以来，随着欧洲货币市场业务的发展，中东、远东、加勒比海地区以及加拿大、美国等地市场也开始经营境外货币业务，所以欧洲货币市场已经突破欧洲的地理概念而泛指世界各地的离岸金融市场。之所以称其为“欧洲货币市场”，是因为它起源于欧洲。

（三）市场概念的理解

从业务经营范围来看，欧洲货币市场并不仅限于货币市场业务。尽管欧洲货币市场是一个以短期资金借贷为主的市场，但其业务范围并不限于短期资金借贷，它还经营中长期信贷业务和欧洲债券业务，例如欧洲信贷市场、欧洲债券市场等。

总之，欧洲货币市场起源于欧洲、以伦敦为中心，今天已逐渐向亚洲、北美洲和拉丁美洲等地区扩散，成为跨越国界、遍布全球的市场。除了欧洲的伦敦、卢森堡、巴黎、法兰克福外，亚洲的新加坡、中国香港、东京、巴林，加勒比海地区的巴哈马、开罗，北美洲的多伦多，都是经营境外货币的市场。1981 年 12 月 3 日，美国政府批准“国际银行业务设施”（International Banking Facilities，IBFs）法案正式生效，允许美国银行在本国境内从事“欧洲货币”业务，纽约便成为美国境内第一个欧洲美元市场。这样，欧洲货币市场的含义便在原有基础上发生了扩展和变化：欧洲货币市场是新型的、独立的国际资金市场，市场交易使用主要发达国家的可自由兑换货币，各项交易在货币发行国境外或境内进行，该市场金融交易基本不受任何国家金融法规、税制、政策的约束和管制。

二、欧洲货币市场的形成和发展

欧洲货币市场的形成是在第二次世界大战后，世界经济和科技革命的迅速发展促进了国际分工的进一步加深，以及生产和资本国际化、金融国际化发展的结果。欧洲货币市场起源于欧洲美元市场。欧洲美元市场早在 20 世纪 50 年代初就出现了，这首先是因为第二次世界大战后建立的以美元为中心的布雷顿森林体系赋予了美元等同于黄金的优越地位，从而使其具有涌向国外、在世界范围流动的前提条件。此外，亦有多种其他因素的共同作用。

具体来讲，促成欧洲货币市场形成和发展的原因主要有如下几个方面。

（一）马歇尔计划的实施和东西方冷战

首先，在1947年，美国政府实施“马歇尔计划”的结果，使巨额美元资金流向欧洲。马歇尔计划的目的是给欧洲经济提供资本使其复兴，并在军事上同美国政府结成反苏联盟。再加上美国还要大量支付驻西欧美军的军费开支，这就使得巨额的美元资金不断地流入欧洲。这些美元主要存放在伦敦银行，形成了最早的欧洲美元。其次，20世纪50年代初，东西方冷战期间，苏联和其他东欧国家为防止美国政府冻结其存放在美国境内银行的美元资产，纷纷将持有的美元转存到欧洲国家的银行。此外，美国的海外企业及其他国家的资本为避开美国外汇和税收管制，也把美元存放到伦敦银行，即形成了最早的离岸美元。当时英国政府为维持英镑稳定，曾限制本国银行向英镑区外发放英镑贷款，刺激了伦敦商业银行办理美元存贷业务。于是首先在伦敦开始了以欧洲美元为主体的交易。不过当时的欧洲美元数目很小，总额只有10多亿。大规模欧洲美元的出现以及欧洲货币市场的迅速发展是在20世纪50年代后期到70年代，而且是由一系列国际经济、金融形势的发展和有关国家政府的政策促成的。

（二）主要西方国家的资本流动控制与调整

生产与资本的国际化是欧洲美元市场形成与发展的客观基础。第二次世界大战后，跨国公司和跨国银行的活动规模不断扩大，作为国际关键货币的美元必然在美国境外发生大规模的国际运作。生产与资本的国际化客观上促进了更加开放、自由的国际性货币市场的发展，欧洲货币市场则应运而生。

1.1957年英镑发生危机

英格兰银行为了保卫英镑，宣布把利率提高到7%，同时加强外汇管制；英国政府宣布禁止英国银行为非英镑区提供英镑的贸易信贷，英国商业银行便开始改用美元作为贸易融资货币。这一举措大大缩小了伦敦商业银行的业务范围，减少了它们的盈利。这些银行为了牟利，就开始经营起美元贷款业务，这样，伦敦便出现了境外美元信贷市场。

2.1958年年底，西欧各国放松外汇管制

在这期间，西欧主要国家先后放松外汇管制，实行货币自由兑换，实施金融自由化政策，这为欧洲货币市场营运提供了宽松的环境，使欧洲一些金融中心迅速发展成为新型的国际金融市场。对非居民恢复货币的自由兑换和资本的自由移动并免缴存款准备金，使这些国家的银行也开始经营起欧洲美元的存贷款业务，其他种类的离岸货币借贷业务也产生并发展起来，使欧洲货币市场向更深、更广的方面急剧扩张。

3.西欧一些国家为遏制通货膨胀对本币存款实施“倒收利息”的政策

20世纪60年代，西方各国通货膨胀日益严重，国际短期资金充斥。有关当局为减缓通货膨胀的压力，一般采取鼓励持有外币的金融措施，以减少本国的货币流通量。例如：瑞士和联邦德国货币当局曾规定对境外存户的瑞士法郎、联邦德国马克存款不仅不付利息，有时甚至倒收利息，或强制将新增加的存款转存至中央银行予以冻结，但如以外币开立账户则不受这一限制。为了获取瑞士法郎和联邦德国马克升值的利益，又逃避上述倒收利息的损失，一些资金拥有者将手中的瑞士法郎和联邦德国马克等欧洲货币存储于他国市场，从而促进了境外市场欧洲货币的存储与贷放的发展。

4. 美国纵容欧洲美元市场的发展

美国政府的放纵政策，也使境外美元得以持续广泛地融通周转。因为欧洲美元在美国境外辗转存储和贷款无须兑换成外国货币，也就不会流入外国的中央银行，从而减轻了外国中央银行向美国兑换黄金的压力。这不仅对美国日益减少的黄金储备产生了一些缓冲作用，也给美国政府转嫁通货膨胀开辟了一条新的途径，因此美国纵容欧洲美元市场的发展。

5. 美国政府的一系列金融管制措施推动了欧洲货币市场的发展

20 世纪 60 年代初，美国政府为改善国际收支长期逆差的状况，加强了对银行业的管制，采取了一系列限制美元外流的措施，如美国联邦储备法案的“Q 项条款”（Regulation Q）限制了美国银行在本土接受美元存款的最高利率，这使大量美元存款转向不受限制的欧洲各国。美国联邦储备局通过《M 项条例》，要求美国银行在本土接受美元存款后须缴纳存款准备金，跨国银行为逃避这项规定，便利用国外分支行吸收境外美元，用以满足国外筹资者对美元资金的借贷需求。此外，美国政府曾对美国企业在海外直接投资做出限制；对美国居民持有外国在美国发行的有价证券征收“利息平衡税”（Interest Equalization Tax）；颁布“自愿性信贷限制计划”，限制美国银行对外国贷款的规模。这些措施令想在美国本土集资的外国机构不得不转向美国境外寻求美元资金。美国政府的上述政策措施，刺激了境外美元供给和需求的急剧增长，从而推动了欧洲美元市场的发展。

（三）欧洲货币资金供求量的急剧扩大

20 世纪 70 年代以后，由于资金供应和资金需求的急剧增加，使得欧洲货币市场获得了进一步的发展。

从资金供给方面来看：（1）美国巨额和持续的对外军事开支和资本输出，增加了美元的境外供应；（2）石油输出国两次提高油价，其石油收入急剧增加，其中一部分存放于欧洲货币市场，使欧洲货币市场资金供应大大增加，进一步促进了市场的发展；（3）欧洲货币市场的金融管制较松、条件优越，各国商业银行将资金调整到该市场使用；（4）由于放款转为存款具有倍数效应，使欧洲货币的派生存款大量增加。

从资金需求方面来看：（1）1972 年，西方经济出现高涨态势，工商企业资金需求激增；（2）产油国两次提价，非产油国普遍出现国际收支逆差，增加了对境外资金的需求；（3）20 世纪 70 年代，一些发展中国家以及苏联和东欧国家为发展经济，纷纷到欧洲货币市场举债；（4）浮动汇率制度的实施，导致汇率波动频繁和汇率风险加大，为避险或牟利，外汇交易日趋频繁，进而刺激对外汇资金的需求增加。

三、欧洲货币市场的特点

欧洲货币市场是第二次世界大战后出现的一种新型的离岸国际金融市场，是一种自由的、完全国际化的金融市场。欧洲货币市场不同于传统的国际金融市场，它具有许多与各国国内金融市场以及传统的在岸金融市场不同的特点。

（一）市场范围广阔，不受地理限制

欧洲货币市场是一种超国家或无国籍的资金市场。作为离岸金融市场，欧洲货币市场既不受市场所在国金融法规的管辖，也不受交易货币发行国金融法规的约束，所以说它是一种超国家或无国籍的资金市场。

（二）经济环境高度自由

由于欧洲货币市场几乎不受任何国家的管制，所以经营非常自由，投资者和筹资者可以自由进出，而且贷款条件灵活、贷款期限多样、贷款用途不限。这也是欧洲货币市场能吸引大量的国际投资者和筹资者的重要原因。

（三）具有独特的利率结构体系

欧洲货币市场之所以能吸引大量的国际投资者和筹资者，除其经营非常自由的原因外，还在于它有独特的利率结构体系，即存款利率相对高于货币发行国国内的存款利率，而贷款利率则略低，存贷利差较小。一般来说，欧洲货币市场的存贷利差仅在0.25%～0.5%，这比各国国内市场存贷利差要小。此外，因为在欧洲货币市场上经营业务的欧洲银行可以免缴存款准备金和享受低税率乃至免税，从而可降低经营成本。再加之交易规模大、贷款客户信誉高，也可使欧洲银行相应降低贷款利率。

（四）经营大额交易的批发

欧洲货币市场是个“批发市场”。进入欧洲货币市场进行融资的基本都是一些大客户，主要有跨国公司、各国商业银行和中央银行、官方机构以及一些国际性组织。这些客户的每笔交易额一般都很大，少则几十万美元，多则数亿甚至数十亿美元，所以称其为“批发市场”。

（五）银行同业间的交易占主导

欧洲货币市场主要是银行同业市场。在欧洲货币市场上，银行同业间交易占整个市场交易的2/3以上，这使得欧洲货币市场成为一个以银行同业拆借业务为主的市场。欧洲货币市场上的银行同业拆借期限有长有短，最短为隔夜，最长不超过1年；拆借主要凭信用，一般不须签订合同；利率基本上是以LIBOR为基础；拆借金额多在100万美元以上。

（六）交易品种繁多、金融创新活跃

欧洲货币市场中既有银行短期贷款，也有中长期贷款；既有固定利率贷款，也有浮动利率贷款；既有短期证券交易，也有中长期证券交易。

四、欧洲货币市场的构成和基本业务

欧洲货币市场就其构成而言，可划分为几个既相互区别又相互联系的市场：欧洲短期资金信贷市场、欧洲中长期资金信贷市场和欧洲债券市场。

（一）欧洲短期资金信贷市场

欧洲短期资金信贷市场是接受短期外币存款并提供1年期以下短期贷款的市场。短期贷款多数为1～7天或1～3个月，少数为半年或1年。欧洲短期资金信贷市场与其他两个市场相比，产生得最早、规模最大，是欧洲货币市场的基础。在欧洲货币市场上，欧洲银行的负债约有95%是期限不超过1年的短期存款，80%左右的资产期限也在1年以内，这种格局至今也无多大变化。

1. 欧洲短期资金信贷市场的特点

欧洲短期资金信贷市场对各类国际客户都具有强大的吸引力，主要具有以下特点：

（1）期限短。存贷期限最长不超过1年，1天、7天、30天、90天期的最为普遍。

(2) 起点高。一般起点为100万美元，借贷金额高达1 000万美元甚至1亿美元也时有所见。由于起点较高，参与该市场者多为大银行和企业机构。

(3) 条件灵活，选择性强。举债借款期限、币种、金额和交割地点可由借贷双方协商确定，不拘一格，灵活方便，加上资金充足，借贷双方均有较大的选择余地。

(4) 存贷利差小。存贷利率相对高，放款利率相对低，两者差距一般为0.25%～0.5%。这是因为欧洲银行免税和没有存款准备金，成本低、批量大，可做到薄利多贷，有利于吸引顾客。

(5) 无须签订协议。短期借贷通常发生于交往密切的银行与企业或银行与银行之间，它们彼此了解，信贷条件相沿成习，双方均明晰各种条件的内涵与法律责任，无须签订书面贷款协议；双方一般通过电信方式联系确定贷款金额与主要贷款条件。

2. 欧洲短期资金信贷市场的基本业务

欧洲短期资金信贷市场的基本业务包括其资金来源和资金用途两方面。

(1) 欧洲短期资金信贷市场资金的主要来源：1) 银行间存款。一些欧洲的银行将多余的存款转存于其他银行以赚取利息，成为短期资金的来源之一。2) 非银行存款。跨国公司、其他工商企业、个人以及非银行金融机构的境外货币存款，是短期借贷资金的另一来源。3) 各国中央银行的存款。一些西方国家和发展中国家（主要是产油国）的中央银行想获取利息收入或保持储备货币的多样化，将其一部分外汇储备存入欧洲货币市场，构成短期借贷资金的另一主要来源。

(2) 欧洲短期资金信贷市场资金的主要用途：1) 商业银行。商业银行之间的借贷是欧洲短期借贷市场的最重要的贷放去向，也是该市场资金借贷的核心。由于大商业银行对这个市场的控制，中小商业银行一般不易直接获得条件优惠的短期贷款，它们常求助于大商业银行，从大商业银行获得贷款后再贷给最终用户。因此，大商业银行与中小商业银行之间的转贷款在短期资金借贷市场占有一定比重。2) 跨国公司和工商企业。由于这个市场资金供应充足，贷款条件方便灵活，贷款使用方向不受限制，筹资费用相对低廉，因而跨国公司和工商企业便成为这个市场的最重要的资金需求者，也是贷款投放的最终使用人。3) 西方国家的地方市政当局和公用事业单位。一些国家的地方当局为弥补财政收入的暂时短缺，公用事业单位和国有企业为筹集短期资金的需要，也从这个市场取得贷款，成为贷款的投放对象。

(二) 欧洲中长期资金信贷市场

欧洲中长期资金信贷是指期限在1年以上的欧洲货币放款业务，这是欧洲货币市场放款的重要形式，大部分为5～7年。

1. 欧洲中长期资金信贷市场的特点

由于中长期贷款的期限长、金额大，世界政治、经济变动对其影响较为敏感，贷款银行存在的潜在风险也较大，因此，欧洲货币市场中长期贷款与传统的国际金融市场中长期贷款具有相同的特点。

(1) 签订协议。由于金额大、期限长，一般均签订书面的贷款协议。

(2) 政府担保。中长期贷款如果没有物质担保，一般均由借款人所在国政府有关部门对贷款协议的履行与贷款的偿还进行担保。

(3) 联合贷放，银团贷款。由数家甚至数十家银行联合起来提供贷款，亦称辛迪加贷款。由于中长期贷款金额较大，一家银行无力提供，而且风险大，所以采取联合贷款的方式。

(4) 利率灵活。利率浮动，费用较高。在贷款期内，每3个月或半年根据市场利率的实际情况，随行就市，调整利率。

2. 欧洲中长期信贷市场的基本业务

中长期信贷市场的基本业务包括其资金来源和用途两方面。

(1) 欧洲中长期资金信贷市场的资金来源。商业银行贷款是欧洲中长期资金信贷市场的主要贷款形式，来源于中长期贷款的资金主要有：1) 短期欧洲货币存款。这部分存款包括石油输出国短期闲置的石油美元，跨国公司或一般企业在资本循环中暂时闲置的欧洲货币资金，以及一些国家中央银行的外汇储备。2) 短期欧洲票据。这是以发行欧洲票据(Euro-Notes)筹集短期资金的形式。欧洲票据的期限均在1年以内，票面利率略高于LIBOR。尽管票据期限短，但到期后可续发新的债票、偿还旧的债票。这种滚动发行保证了持续的资金来源，以用于中长期贷款。3) 发行大额银行存款单。这是欧洲银行发行境外货币的存款凭证，期限为1、3、6、9、12个月不等，持有者需要现款时，可在市场上转售，目前有美元、英镑、日元、科威特第纳尔等存单，以欧洲美元发行的数量最大。

(2) 中长期信贷市场的资金用途：1) 转期循环贷款。欧洲银行以境外货币发放贷款，期限为1～10年，可采取转期循环贷款的形式。银行同意在未来一段时间内，连续向借款客户提供一系列短期贷款。这种贷款形式的产生使短期贷款和长期贷款的界限变得模糊不清。比如，双方约定在3～10年内由银行连续提供6个月期限的贷款。国际组织、外国政府经营过程中若是资金不足，亦到中长期借贷市场来融资。2) 浮动利率贷款。这一类中长期贷款主要用于政府或企业进口成套设备或大型项目投资。为了弥补国际收支逆差或支持本国大型工程项目，一些国家政府常从欧洲货币市场筹措中长期外汇资金。在20世纪70年代以前，这类信贷主要用于发达国家；1975年后，发展中国家逐渐成为主要借款人。其利率一般在欧洲货币市场3个月或6个月存款利率的基础上浮动，故称浮动利率贷款。3) 辛迪加贷款方式。对于金额大、期限长的贷款，一般要签订借贷合同，有时还需要借方银行或官方机构提供担保。贷方为了分散风险，往往采取银团贷款，即辛迪加贷款方式。辛迪加贷款是欧洲中长期信贷的主要方式，占全部欧洲中长期信贷的50%左右。1982年国际债务危机爆发后，辛迪加贷款数额一度下降，但到1990年仍占30%以上。辛迪加贷款一般由一家或几家银行牵头。若由一家银行牵头，该银行被称为牵头银行(Lead Manager)；若几家银行牵头，则分别称为牵头银行、经理银行(Manager)和共同经理银行(Co-Manager)，由三方共同组成经理集团。对贷款银行来说，辛迪加贷款的优点是分散贷款风险，减少同业之间的竞争。对借款人来说，其优点是可以筹集独家银行所无法提供的数额大、期限长的资金。

(三) 欧洲债券市场

1. 欧洲债券市场的产生和特点

欧洲债券市场(Euro-Bond Market)是欧洲债券发行和交易的市场。它是在欧洲货币借贷市场的基础上发展起来的，产生于20世纪60年代初期，起初十多年发展速度不快，直到20世纪70年代后半期才获得快速发展。1974年，欧洲债券仅发行21亿美元，占国际债券发行比重的30%左右；从20世纪80年代中期以来，其占国际债券的比重一直是

80%以上。总之，作为欧洲货币市场重要组成部分的欧洲债券市场，已是国际债券市场的主体。

欧洲债券市场的特点：(1) 市场容量大，是国际上重要的资金筹集市场；(2) 发行手续简便，无须市场所在国批准，也不受任何国家法律的约束，且可自由选择市场通行货币；(3) 融资成本比较低，因为发行费用和利息成本都比较低；(4) 流动性比较强，它有一个富有效率和活力的二级市场；(5) 安全系数比较高，发行者主要是跨国公司、大企业集团、各国政府和国际金融组织，这些筹资者多是些规模巨大、实力雄厚、资质优良的经济实体，或是拥有国家主体的政府机构，或是根据国际协议、条约成立的国际组织，因而对投资者来说安全系数比较高；(6) 利息收入可免除所得税，对债券投资者很有利。

2. 欧洲债券的类型

欧洲债券可按照期限、利率、发行方式等分类。

(1) 按发行期限长短，欧洲债券可分为短期债券（一般是 2 年以内）、中期债券（2～5 年）和长期债券（5 年或 5 年以上）。

(2) 按利率规定，欧洲债券可分为固定利率债券、浮动利率债券和混合利率债券（即把债券的还本期限分为两段，一般前一段债券的计息按浮动利率，后一段债券的计息按固定利率）。

(3) 按发行方式，欧洲债券可分为公募债券和私募债券。前者是指公开发行，在证券交易所挂牌出售，并可上市自由买卖或转让的债券；后者是指不公开发行，不在市场上自由买卖或转让的债券。

3. 欧洲债券发行的程序

欧洲债券发行的大致程序：第一步，确定牵头经理机构、组建经理集团，由经理集团与借款人共同商定债券发行条件；第二步，组成承购辛迪加（即债券发行组织机构，包括牵头银行、代理机构、承购机构和销售机构），指定负责偿还本金和利息的支付代理机构，起草全部法律文件和债券发行说明书（Prospectus）；第三步，经理集团与借款人最后共同确定债券的定价条件，经包销商机构接受，即可正式签署认购协定；第四步，宣布发行债券，在一级市场销售；第五步，发行期（一般为两周）满，各辛迪加成员将销售债券的款项存入牵头经理所设的账户，借款人也根据认购协定获得资金，辛迪加包销集团即告解散。

4. 欧洲债券的发行费用

欧洲债券发行费用由管理费、包销费、销售费三种费用组成。管理费由经理银行获得；包销费由包销商获得；销售费由销售商获得。若包销商兼顾了销售商的作用，那其就应该得到包销费和销售费。若经理银行一身三任，那其应同时获得三种费用。一般发行费为债券总额的 2%～2.5%，费率的大小因借款人的资信高低、发行额度的多少和债券期限的长短不同而有所差异。

相关链接

欧洲货币市场的作用

欧洲货币市场自产生以来，在国际金融领域起着十分显著的作用。其作用有积极的，也有消极的。

一、欧洲货币市场的积极作用

（一）作为国际资本转移的重要渠道，促进了经济、生产、市场和金融的国际化

欧洲货币市场最大限度地解决了国际资金的供需矛盾。1973 年石油危机之后，欧洲货币市场的存在成功地完成了石油美元的回流，避免了世界范围的国际收支失衡。欧洲货币市场对于促进一些国家的经济发展具有一定的作用。例如，20 世纪 60 年代至 70 年代初，日本、联邦德国和意大利等国经济迅速发展时期，国内缺乏足够的流动资金，它们曾通过欧洲货币市场借取欧洲美元，极大地促进了生产的发展。一些发展中国家，如墨西哥、秘鲁等国，也利用欧洲货币市场资金，大量从西方工业国家进口生产设备与技术，推动了本国经济的发展。

（二）扩大了信用资金来源，扩充了商业银行贷款与外汇业务在国际移动

随着欧洲货币市场的发展，西方各国政府和非产油发展中国家政府也开始在欧洲货币市场大量借款，或用于平衡国际收支，或用于支持本国长期建设项目。

（三）降低了国际资金流动的成本，促进了国际金融市场有利因素的发挥

欧洲货币市场的产生和发展打破了各国际金融中心之间相互隔离的状态，使其间的联系不断加强，体现了国际金融的真正一体化，有利于沟通投资者和借款人之间的需求，便于资金的国际流动。

（四）对国际贸易的发展也起了不可忽视的作用

它为国际贸易筹措资金提供了方便，在一定程度上满足了对国际清偿能力日益增长的需要。自 1973 年以后，工业国家生产和外贸的增长率都有较大幅度的波动，但贸易的增长总是大于生产的增长。近年来，如果没有欧洲货币市场，西方国家对外贸易的迅速增长是不可能如此之快的。

（五）解决了国际支付手段不足的困难，弥补了国际收支逆差

欧洲货币市场方便了短期资金的国际流动，国际储备有余的国家和国际储备短缺的国家互通有无、进行调剂，使国际收支困难得以缓和。欧洲货币已成为弥补这些国家国际收支逆差的一个补充手段。

二、欧洲货币市场的消极作用

（一）欧洲货币市场资金的流动加剧了国际金融市场的动荡不安

欧洲货币市场由于金融管制松弛，因此对国际政治、经济动态的反应异常敏感，每当主要货币汇价发生升降变化时，国际资金持有者即将贬值货币调换成欧洲美元，或者用欧洲美元来抢购即将升值的货币。巨额资金四处流动，加剧了各国汇价的不稳定。在浮动汇率制度下，一体化的国际金融市场给跨国银行、企业以及证券投资者的经营活动增加了汇率波动的风险，巨额资金在不同金融中心、不同货币之间频繁地进行套汇、套利活动，这又反过来进一步加剧了外汇市场的投机性交易，加剧了外汇市场的动荡。

（二）欧洲货币市场加大了国际贷款的风险

欧洲货币市场国际信贷的主要方式是银行借短贷长。欧洲货币市场上的资金来源主要是短期的，然而自 20 世纪 70 年代以来，国际上对长期资金的需求增长很快，欧洲货币市场也随之增加了长期资金的贷放，而这种期限上的不匹配，显然增加了国际金融市场的脆

弱性。如果发生金融风潮，储户挤提存款，银行将难以应对。另外，欧洲货币市场上长期巨额信贷涉及众多的辛迪加成员银行，而银行之间的借贷关系连锁网络又遍布全世界各个主要金融中心。这样一来，虽然国际银行贷款的风险分散了，但是影响却更广泛了，一国银行发生危机极易产生“多米诺骨牌效应”。

（三）欧洲货币市场削弱了一国国内货币政策的有效性

由于欧洲货币市场的存在，各主要西方国家的跨国银行、跨国公司及其他机构都可以很方便地在世界范围内取得贷款资金和寻找投放场所，这样使得一国针对国内经济目标所采取的货币政策很难如愿以偿。例如，当国内为抑制通货膨胀采取紧缩的货币政策而提高国内金融市场利率时，国内的银行和企业可以很方便地从欧洲货币市场上获得低成本的资金；同时，欧洲货币市场上的国际游资也会因国内的高利率而大量涌入，这使得国内紧缩的货币政策无法达到预期效果。当国内为刺激经济增长而放松银根降低利率时，国内资金却会由于国外利率水平较高而流向国际资金市场，这使得国内放松的货币政策也无法达到预期效果。

知识要点

国际金融市场是指资金在国际流动或金融产品在国际进行买卖和交换的场所。我们可以从不同的角度将它分为几个市场。国际金融市场有广义和狭义之分。广义的国际金融市场，是指进行长短期资金的借贷、外汇与黄金的买卖等国际金融业务的场所。这些业务活动分别形成了货币市场、资本市场、外汇市场和黄金市场。狭义的国际金融市场是指在国际经营长短期资金借贷业务的市场，又称国际资金市场，仅包括货币市场和资本市场。

问题讨论

要求：结合实际谈谈国际金融市场的形成和发展对国际贸易、国际金融和各国经济发展做出的巨大贡献。

活动安排：分组讨论，各组派代表上台发言。

达标检测

一、基本概念

国际金融市场　　短期资金市场　　国际资本市场　　外汇市场
黄金市场　　欧洲货币市场　　辛迪加贷款　　欧洲债券市场

二、填空题

1. 金融市场根据活动范围和地点的不同可分为（　　）和（　　）。
2. 金融市场可分为（　　）、（　　）和（　　）三部分。

3. 国际金融市场按市场业务活动的类型划分，可分为（　　）、（　　）、（　　）和（　　）市场。

4. 国际货币市场一般包括（　　）、（　　）和（　　）。

5. 国际资本市场按业务方式可分为（　　）和（　　）两大类。

三、判断题

1. 欧洲货币市场是所有离岸金融市场的总称，是国际金融市场的核心。（　　）

2. 票据发行信贷是以短期市场利率取得中长期资金的筹资方式，降低了筹资成本。（　　）

3. 政府信贷的利率较低，期限较长，带有援助性质，但是有条件。（　　）

4. 亚洲货币市场是欧洲货币的一个组成部分。（　　）

四、简答题

1. 国际金融市场的形成条件有哪些?

2. 什么是离岸金融市场?

3. 促成欧洲货币市场形成和发展的原因主要有哪些?

五、选择题

1. 世界上最重要的银行同业拆放利率是（　　）。

A. 伦敦银行同业拆放利率（LIBOR）　B. 新加坡银行同业拆放利率（SIBOR）

C. 香港银行同业拆放利率（HIBOR）　D. 巴林银行同业拆放利率（BIBOR）

2. 欧洲货币市场产生和发展的原因有（　　）。

A. 东西方的冷战　B. 西方国家对资本流动的管制

C. 石油美元的回流　D. 欧洲货币市场的利率优势

3. 欧洲中长期借贷市场的主要贷款形式是（　　）。

A. 政府贷款　B. 银团贷款

C. 同业拆借　D. 国际金融机构贷款

4. 造成欧洲货币市场上利率优势的原因有（　　）。

A. 成本较低　B. 竞争非常激烈

C. 管制较少　D. 创新较多

5. 欧洲货币市场对世界经济的积极影响有（　　）。

A. 促进国际资本流动　B. 促进国际贸易的发展

C. 推动了国际金融市场一体化　D. 促进金融创新的发展

模块十

国际金融机构

案例导入

在2010年国际货币基金组织改革前，中国在该组织中的份额为33.853亿特别提款权，占总份额的2.34%；中国共拥有34 102张选票，占总投票权的2.28%。2010年国际货币基金组织改革，中国的份额由3.65%升至6.19%，超越德、法、英，位列美国和日本之后。改革后美国拥有17.67%的份额，依旧拥有“否决权”。中华人民共和国在1980年获得国际货币基金组织的席位后，单独组成一个选区并派一名执行董事。1991年，该组织在北京设立常驻代表处。2012年6月19日，中国宣布向国际货币基金组织增资430亿美元。

学习目标

国际金融机构是为了稳定和发展世界经济而从事国际金融事务的协调和管理，或开展国际金融业务的超国家的组织机构。国际金融机构在国际货币关系和世界经济的发展过程中发挥着越来越重要的作用，已成为国际发展援助的主体和国际融资的重要渠道。通过本模块的学习，你应该达到以下学习目标：

（1）了解国际金融机构在国际经济发展中的作用。

（2）掌握国际金融机构的结构、业务特点、服务范围、贷款条件和做法。

（3）熟悉会员的义务和权利，最终达到为我所用的目的。

单元一　国际货币基金组织

课前思考

你知道国际货币基金组织的宗旨、资金来源、贷款条件是什么吗?

一、国际货币基金组织的建立

国际货币基金组织（International Monetary Fund，IMF）于 1945 年 12 月 27 日正式成立，1947 年 3 月 1 日开始工作，同年 11 月 15 日成为联合国的一个专门机构，总部设在华盛顿。

国际货币基金组织是为协调国际货币政策、加强货币合作而建立的政府间的金融机构。它是根据 1944 年 7 月 44 个国家在美国新罕布什尔州的布雷顿森林举行的国际货币金融会议通过的《国际货币基金协定》而建立的。其成立初期有 39 个成员，到 1994 年底增加到 154 个。我国曾是国际货币基金组织的创始国之一，我国在国际货币基金组织的合法席位于 1980 年 4 月得以恢复。

（一）组织机构

国际货币基金组织的管理机构由理事会、执行董事会、总裁、副总裁和业务机构组成。

理事会是国际货币基金组织的最高权力机构，由成员各派一名理事和副理事组成。理事通常由各成员政府的财政部部长或中央银行行长担任。理事会每年召开一次年会。理事会的主要职责是：批准接纳新成员；批准修改基金份额；批准成员货币平价的普遍调整；决定成员退出基金组织及讨论并决定有关基金组织和国际货币制度中的重大政策问题。

执行董事会是国际货币基金组织负责处理日常业务工作的常设机构，初期由 12 人组成，目前由 22 名执行董事组成，其中 6 名是占基金份额最多的 6 个成员（美国、英国、法国、德国、日本和沙特阿拉伯）各派 1 名。中国由于份额大，得以一国单独组成一个选区选举执行董事。其余 15 名执行董事由按地区组成的选区选举产生。执行董事会的职责是：定期处理各种行政和政策事务；向理事会提出年度报告；对成员的重大经济问题特别是有关国际金融方面的重大问题进行全面研究。

总裁是执行董事会主席，是国际货币基金组织的最高行政领导人，下设副总裁协助工作。国际货币基金组织目前有 1 700 多名工作人员，他们来自成员中的 100 多个国家或地区，主要是经济学家，也有统计学家、公共财政和税务专家以及学者和其他辅助职员。

国际货币基金组织的重大问题都要由理事会或执行董事会通过投票表决的方式做出决定。每一个成员都有 250 票的基本投票权，在此基础上，按各成员在国际货币基金组织中认缴的份额，以每 10 万美元增加 1 票。成员投票权的多少基本上取决于该国所认缴份额的多少，美国占 20%的投票权。

（二）宗旨

国际货币基金组织的宗旨是：通过成员共同研究和协商国际货币问题，促进国际货币合作；增进国际贸易的扩大和发展，开发成员的生产资源，促进就业和扩大生产能力；促进国际汇兑，稳定货币汇率，避免竞争性货币贬值，维持成员之间有秩序的外汇安排；协助成员建立多边支付制度，消除妨碍世界贸易增长的外汇管制；协助成员克服国际收支困难；争取缩短成员国际收支失衡的时间，并减轻失衡的程度。

（三）资金来源

国际货币基金组织是以成员入股的方式组成的企业性金融机构。它的资金来源主要有以下三个方面。

1. 成员的基金份额

这是主要资金来源。每个成员所缴纳基本份额的多少，根据其外汇储备、对外贸易量和国民收入的多少而定。成员所缴纳的份额，原规定其中的 25%必须以黄金支付，1978 年以后改为成员新增加的份额可以全部由本国货币缴纳，也可以用本国货币缴纳 75%、用特别提款权或该组织规定的货币缴纳 25%。该组织成立时，成员缴纳的份额总计为 76 亿美元。1969 年改为以特别提款权为计算单位，到 1985 年时基金份额达到近 900 亿特别提款权。

2. 向成员借款

借款是国际货币基金组织的另一个主要的资金来源。这种借款是在国际货币基金组织与成员协商的前提下实现的。其主要形式有：（1）借款总安排。1962 年与“七国集团”签订，总额 60 亿美元，以应付成员临时性困难。（2）补充资金贷款借款安排。1979 年与 13 个成员签订。（3）扩大资金贷款借款安排。1981 年 5 月与一些官方机构签订。此外，国际货币基金组织还与成员签订双边借款协议，以扩大资金来源。

3. 出售黄金

国际货币基金组织于 1976 年 1 月决定将其所持有黄金的 1/6 即 2 500 万盎司分 4 年按市价出售，以获得的利润中的一部分作为建立“信托基金”的资金来源。

二、国际货币基金组织的主要业务

（一）汇率监督

为了保证有秩序的汇兑安排和汇率体系的稳定，取消不利于国际贸易的外汇管制，防止成员操纵汇率或采取歧视性的汇率政策以谋求竞争利益，国际货币基金组织对成员的汇率政策进行监督。这种监督有以下两种形式。

1. 在多边基础上的监督

国际货币基金组织通过分析发达国家的国际收支和国内经济状况，评估这些国家的经济政策和汇率政策对维持世界经济稳定发展的总体影响。

2. 在个别国家基础上的监督

这主要是检查各成员的汇率政策是否符合基金协定所规定的义务和指导原则。

近年来，随着成员经济往来中依赖性的增强、国际经济一体化和国际资本流动的加速以及国际金融市场的动荡，第一种形式显得越来越重要。

（二）磋商与协调

为了能够履行监督成员汇率政策的责任，了解成员的经济发展状况和政策措施，迅速处理成员申请贷款的要求，国际货币基金组织按基金协定的规定，每年原则上应与成员进行一次磋商，对成员的经济、金融形势和政策做出评价。这种磋商在国际货币基金组织专家小组与成员政府官员之间进行。其过程是专家小组首先了解有关的统计资料，如贸易收支、物价水平、失业率、利率、货币供应量等，然后与政府高层官员讨论经济政策的效果及欲进行的调整措施，预测国内外经济发展的前景。讨论后，专家小组写出报告，供执行董事会磋商、讨论与分析成员经济时使用，并发表在一年两期的《世界经济展望》和年度报告《国际资本市场》上。

（三）金融贷款

金融贷款是国际货币基金组织的一项主要业务活动，其形式多种多样，条件非常严格，特点十分明显。其具体内容在模块六中已述。

三、国际货币基金组织的议事规则

国际货币基金组织的议事规则很有特点，执行加权投票表决制。投票权由两部分组成，每个成员都有250票基本投票权以及根据各国所缴份额所得到的加权投票权。由于基本票数各国一样，因此在实际决策中起决定作用的是加权投票权。加权投票权与各国所缴份额成正比，而份额又是根据一国的国民收入总值、经济发展程度、战前国际贸易幅度等多种因素确定的。目前国际货币基金组织的投票权主要掌握在美国、欧盟和日本手中，中国的份额甚至不如比利时与荷兰的总和。国际货币基金组织以经济实力划分成员发言权和表决权的做法与传统国际法的基本原则显然是背离的，引起了不少国家尤其是发展中国家的不满。据统计，基本投票权曾经超过国际货币基金组织所有投票权的15%，但由于国际货币基金组织的扩大，现在只占总数的2%。

美国在国际货币基金组织中占有16.83%的投票权，中国现在增加后只占3.72%。国际货币基金组织重大议题都需要85%的通过率，因此美国享有实际否决权。即便中国向国际货币基金组织注资，对中国在国际货币基金组织中地位提升的作用也不大。

相关链接

一、国际金融机构的概念

国际金融机构指的是那些从事国际金融经营和管理等业务活动而又具有超国家性质的金融组织。这类金融机构大多以银行的形式出现，有的国际金融机构采用了基金组织、协会、公司等名称。

二、国际金融机构的产生和发展

国际金融机构的产生和发展是同客观的世界经济状况密切相连的。在第一次世界大战前，主要资本主义国家的货币信用和国际结算制度尚未真正建立起来，它们的国际收支又大多呈现顺差，加之外汇汇率一向比较稳定，彼此在国际金融领域的矛盾并不尖锐，所以当时尚不具备产生国际金融机构的基础和条件。

但是，第一次世界大战爆发使得世界货币金融局面发生了重大变化，帝国主义国家之间的矛盾和斗争开始尖锐，需要利用国际经济组织来控制或影响他国。伴随战争而来的通货膨胀和国际收支逆差的严重恶化，又导致不少资本主义国家面临国际金融的困难境地，它们希望借助国际力量来解决问题。在这一形势下，第一次世界大战的战胜国集团为处理战后德国赔款问题，由英国、法国、意大利、德国、比利时、日本 6 国的中央银行和代表美国银行界的美国摩根银行，于 1930 年 5 月在瑞士巴塞尔成立了国际清算银行，这是国际金融机构的重要开端。

20 世纪 30 年代的世界性资本主义经济危机和第二次世界大战的爆发，激化了资本主义基本矛盾，使世界金融状况陷入严重危机之中，信用混乱，国际收支恶化，众多国家迫切希望建立全球化的国际金融机构，以摆脱金融困境。在这种情况下，根据布雷顿森林协定的精神，国际复兴开发银行，即世界银行和国际货币基金组织于 1945 年 12 月正式成立。世界银行后来又设立了两个附属机构，即国际开发协会和国际金融公司，这三个机构统称为世界银行集团。

从 1957 年到 20 世纪 70 年代，欧洲、亚洲、非洲、拉丁美洲、中东等地区的国家为抵制美国对国际金融事务的控制和操纵，通过互助合作方式，建立起区域性的国际金融机构，以适应本地区的实际需要、谋求本地区的经济发展。

1957 年西欧共同体创立了欧洲投资银行。

1960 年以后，泛美开发银行、亚洲开发银行、非洲开发银行和阿拉伯货币基金组织先后成立。苏联、东欧国家于 1963 年成立了国际经济合作银行，后来又成立了国际投资银行。

想一想

在经历了一场较为严重的货币冲击后，为保护本国汇率的稳定，泰国政府决定向国际货币基金组织申请贷款。假如你是泰国中央银行的行长，你将有哪些事情要做？

单元二　世界银行集团

课前思考

请你试着画出国际货币基金组织和世界银行集团的组织结构图，并简要说明各部分的特征及性质。

一、世界银行集团概述

世界银行集团是联合国组织中经营国际金融业务的机构，由国际复兴开发银行、国际开发协会和国际金融公司三者组成。三者各自独立，业务上相互补充，领导层相对统一。它们备有自己的协定、法律和财务等。国际复兴开发银行和国际开发协会两个机构的经营管理人员是一套人马，国际金融公司则有自己的管理人员。这三个机构的共同目标是：帮助会员中的发展中国家和地区提高生产力，促进其经济发展和社会进步，减轻贫困，改善和提高人民生活。其任务是：提供资金，提供经济和技术援助，并促进其他方面对发展中国家的投资。在实现共同目标中，三个机构有其各自的职责：国际复兴开发银行主要向发展中国家提供中长期贷款，一般的利率低于市场利率；国际开发协会只向低收入的发展中国家提供长期无息优惠贷款；国际金融公司则负责向发展中国家的私人企业提供贷款或参与投资，利率一般较前二者要高。

此外，世界银行集团还有两个不经营贷款业务的机构：国际投资争端解决中心和多边投资担保机构。

想一想

你能不能说出国际货币基金组织和世界银行这两个国际金融机构在功能和地位方面的重要区别？

二、世界银行

世界银行是一个政府间的金融机构，由联合国的会员以认股的方式组成。它成立于1945年12月27日，1946年6月开始营业，从1947年起成为联合国的专门金融机构。其总部设在美国的华盛顿，是根据《国际复兴开发银行协定》建立的国际金融机构。按照规定，只有参加国际货币基金组织的国家才能申请加入世界银行。其刚成立时，只有33个会员，到1988年，会员增至151个。世界银行最大的股东是美国，历任行长都是美国人。中国是该行的创始国之一，1980年5月中国在该行的合法席位才得以恢复。

（一）组织机构

理事会是世界银行的最高权力机构，由各成员国选派理事和副理事各一名组成，任期5年，可以连任。理事会每年召开一次会议，一般在9月，必要时可召开特别会议。副理事没有投票权；如果理事缺席时，副理事才有投票权。理事会的主要职权是：批准接纳新成员国；决定股本的调整；决定银行净收入的分配；批准修改银行协定及决定其他重大问题等。

执行董事会由理事会授权，负责主持世界银行的日常业务，设执行董事22人，其中5人由持有股份最多的5国（即美国、英国、法国、德国、日本）指派。中国单独选派1人，其余16人由其他会员按地区分组联合推选。执行董事会选举产生执行董事会主席1人，并兼任世界银行行长，主持日常事务。行长下设副行长若干人，协助行长工作。行长是世界银行办事机构的首脑，可以任免银行的高级职员和工作人员。根据规定，世界银行的理事、副理事、执行董事、副执行董事不得兼任行长；行长无投票权，只有在执行董事会表决中双方票数相等时才可以投起决定作用的一票。

世界银行会员的投票权不是实行一国一票的原则，而是采取按股份额计算投票权的原则。与国际货币基金组织一样，会员均拥有基本投票权 250 票，另外每认购 10 万美元（后改为 10 万特别提款权）股金即增加 1 票。但与国际货币基金组织不同的是，有关决定一般只需简单多数表决通过。美国认购股份最多，占总投票权的 20%以上；中国约占总投票权的 3.47%，居第六位。

（二）宗旨

世界银行的宗旨如下：

（1）通过投资帮助会员境内生产事业的复兴和建设，包括受战争破坏的经济恢复以及鼓励发展中国家增加生产设施与资源开发。

（2）以担保或参加私人贷款及其他私人投资的方式促进外国私人投资，或利用银行的资本和筹集的资金为生产事业提供资金，以补充私人投资的不足。

（3）利用鼓励私人投资和以发展会员生产资源的方式，促进国际贸易的长期均衡增长，并维持国际收支平衡，以协助会员提高生产力、群众生活水平和改善劳动条件。

（4）就银行发放的贷款或担保的贷款和通过其他渠道的国际性贷款做出安排，以便使迫切需要的建设项目能够得到优先实施。

（5）在执行国际投资业务时，必须适当地照顾到会员境内的工商业状况。

（三）资金来源

1. 会员缴纳的股金

世界银行成立时，协定规定银行法定资本为 100 亿美元，分为 10 万股，每股 10 万美元。由于美元市值不稳，多次贬值，1978 年，世界银行法定资本每股改按 10 万特别提款权计算。会员缴纳的股金以它们在国际货币基金组织中分摊到的份额为准，其中的 20%在参加时缴纳，包括 2%的黄金或美元、18%的本国货币。2%的这一部分股金，银行有权自由使用；其余的 18%的会员用本国货币支付的，银行征得该会员同意才能将这部分股金用于贷款。未贷放出去的会员货币，或者存在该会员的中央银行，或者由会员开出一张即期无息票据，以世界银行名义存入该会员其他金融机构。世界银行因吸收股金而持有的会员货币发生贬值，该会员必须仍用本国货币补足按贬值汇率计算的差额；若发生升值，则银行应将溢出部分退还该会员。

2. 借入资金

借入资金是世界银行资金的主要来源，主要通过在各国和国际金融市场发行债券筹措。在银行提供的贷款总额中，约有 70%依靠发行债券借入。

3. 债权转让

世界银行采取将其贷出款项的债权转让给私人投资者（主要是商业银行）的办法收回一部分资金，以扩大银行贷款资金的周转能力。

4. 净收益

净收益主要来自利息收入和投资收益。

（四）业务活动

世界银行的主要活动是向发展中国家提供长期生产性贷款，促进其经济发展和生产率的提高。除此之外，世界银行还担负其他任务，如技术援助、国际联合贷款团的组织工作以及协调与其他国际机构的关系等。

三、国际开发协会

国际开发协会成立于 1962 年 9 月 24 日，是世界银行的附属机构。国际开发协会有自己的资金来源，是一个在法律上独立的单位，也是联合国的一个专门机构。按照规定，凡是世界银行的会员均可加入国际开发协会。会员分为两类：第一类是工业发达国家和石油输出国；第二类为发展中国家。国际开发协会在成立之初只有 15 个国家参加，截至 1987 年 6 月 30 日，共有 135 个会员，其中第一类国家 22 个、第二类国家 113 个。该协会总部设在华盛顿。中国是 1980 年 5 月恢复在国际开发协会的代表权的。

（一）组织机构

国际开发协会由世界银行的人员负责经营管理，在组织机构方面是两块牌子、一套人马，但两者在法律上和财务上相互独立，股本、资产和负债相互分开，业务分别进行。国际开发协会的组织机构在名义上也有理事会、执行董事会和经理、副经理。理事会是最高权力机构；执行董事会是负责组织日常业务的机构；以经理、若干副经理和工作人员组成的办事机构负责处理日常业务工作。但国际开发协会并不是一个独立的机构，它实际上是一笔由世界银行经营管理的资金，所以，国际开发协会的正、副理事由世界银行的正、副理事兼任，正、副执行董事也由世界银行的正、副执行董事兼任，世界银行的正、副行长兼任该协会的正、副经理。国际开发协会每年与世界银行一起开年会。

（二）宗旨

国际开发协会专门对发展中国家提供比世界银行的贷款条件更为宽松的长期信贷，以减轻发展中国家的国际收支负担，促进它们的经济发展，提高居民的生活水平，从而补充世界银行的作用，推动世界银行目标的实现。

（三）资金来源

国际开发协会的资金来源如下：

（1）会员认缴的股金。各会员认缴数均按其在世界银行的认缴比例确定。按规定，第一类会员认缴的股金必须全部以黄金或自由外汇缴纳，第二类会员认缴的股金 10%以自由外汇缴纳、其余 90%可用本国货币缴纳。协会要将这些货币用于贷款时，必须取得各会员政府的同意。

（2）会员和其他资助方的补充资金和特别捐赠。国际开发协会的会员认缴的股金数额极其有限，远远不能满足业务的需要，因而必须依靠各会员政府（主要是第一会员）定期提供补充资金。

（3）世界银行的赠款。从 1964 年开始，世界银行每年将净收益的一部分以赠款形式转拨给协会。

（4）协会本身业务经营的净收入。

（四）业务活动

国际开发协会的主要活动是向发展中国家的公共工程和发展项目提供比世界银行贷款条件较宽的长期贷款。贷款的发放主要考虑以下因素：（1）按人均收入衡量的受援国贫困程度。（2）受援国从传统来源借款的借款信誉。（3）受援国的经济发展水平，包括其有效利用资金的能力以及有无合适的项目。贷款免收利息，对未提用部分每年征收 0.75%的手续费。贷款期限可长达 50 年，头 10 年不必还本，第二个 10 年每年还本 1%，其余 30 年每年还本 3%。贷款可全部或部分用本国货币偿还。贷款对象虽规定是会员政府或公私企业，但实际上都是贷给会员政府。贷款范围主要有农业和农村发展、能源、工业、人口保健和营养、电信、旅游、运输等项目。接受贷款最多的国家是印度、孟加拉国、巴基斯坦等。

四、国际金融公司

国际金融公司成立于 1956 年 7 月 24 日，是世界银行的附属机构。1957 年成为联合国的专门机构。按照规定，只有世界银行的成员才能申请加入国际金融公司。其成立之初有 31 个国家，截至 1987 年，参加国共 132 个。其总部也设在华盛顿。中国在国际金融公司的代表权也是 1980 年 5 月恢复的。

（一）组织机构

国际金融公司与国际开发协会在组织机构方面不完全相同，它除一些机构、人员也由世界银行相应的机构和人员兼任外，还设有自己的办事部门和工作人员。

国际金融公司的组织系统同世界银行一样，包括：理事会——最高权力机构；董事会——负责组织日常业务的机构；以总经理、若干副总经理和工作人员组成的办事机构——负责处理日常业务工作。世界银行正、副理事及正、副董事分别兼任该公司的正、副理事和正、副董事。世界银行行长兼任该公司的总裁，也是其执行董事会的主席。该公司设执行副总裁 1 人，实际负责公司全面工作；另设有副总裁若干人，分工负责领导秘书处、法律部、资本市场部、工程部、财务部和各地区投资部的工作。该公司有独立的业务、财务和法律部门。

（二）宗旨

国际金融公司的宗旨是补充世界银行的业务活动，即通过向其成员，特别是向欠发达地区的重点私人生产性企业提供无须政府担保的贷款和投资，鼓励国际私人资本流向发展中国家以及支持当地资本市场的发展，推动上述私人企业的成长，促进成员经济的发展。

（三）资金来源

（1）会员认缴的股金。

（2）从世界银行和其他金融市场借入的资金。

（3）公司经营业务所得收益。

（四）业务活动

国际金融公司的主要活动是对成员的私人企业或私人和政府联合经营的企业提供贷款。国际金融公司对项目的投资一般不超过成本的 25%，金额最低为 100 万美元，最高可达 3 000 万美元；对大型项目，国际金融公司除本身投资外，还设法向外筹措大额资金。除提供贷款外，其还可通过认购股份等方式对企业进行资助。其贷款期限一般为 10～12 年，经过一段宽限期后，以一年 2 次或一年 4 次的方式分期偿还。贷款一般为美元，也用其他可兑换货币。利率在贷款期内固定不变，高低按照国际金融市场及每一笔交易的具体情况而定，对贷款的未提用部分每年收1%的承担费，还款须用原借入货币。其贷款主要用于制造业、加工业和开采业，如钢铁、建筑材料、纺织、采矿、肥料、化工以及公共事业和旅游。接受贷款最多的国家是巴西、墨西哥、土耳其、印度尼西亚等。其贷款条件是：投资项目必须有利于发展所在国的经济，有盈利前途，无法以合理条件获得私人资本，有本国政府的批准。公司审核项目考虑的因素是：政府对该项目的所有权和控制的程度，企业的性质和管理效率以及将来扩大私营所有权的可能性。

五、多边投资担保机构

多边投资担保机构是世界银行集团最新的成员，创建于1988年，该机构的任务是通过减少非商业投资障碍鼓励股本投资和其他直接投资流入发展中国家。为执行上述使命，多边投资担保机构向投资者提供非商业风险的担保，为设计和执行与外国投资有关的政策、规划以及程序提出建议，就投资问题在国际商业界与有关国家政府之间发起对话。

多边投资担保机构对以下四类非商业性风险提供担保：

（1）由于投资所在国政府对货币兑换和转移的限制而造成的转移风险。

（2）由于投资所在国政府的法律或行政行动而造成投资者丧失其投资所有权、控制权的风险。

（3）在投资者无法进入主管法庭，或这类法庭不合理地拖延，或无法实施已做出的对他有利的判决时，政府撤销与投资者签订的合同而造成的风险。

（4）武装冲突和国内动乱造成的风险。

多边投资担保机构政策与咨询服务的范围从研究和技术援助到与有关国家政府联合发起召开促进投资的会议。

拓展阅读

中国与世界银行的关系

世界银行建立时，中国也是创始会员之一。新中国成立后，直到1980年5月15日，世界银行才恢复了我国在世界银行的代表权，我国也向世界银行派出了理事与副理事。

我国与世界银行的业务往来要比与国际货币基金组织的业务往来多，这是由世界银行的业务性质所决定的。中国是迄今为止世界银行贷款项目最多的国家。世界银行贷款项目涉及国民经济的各个部门，遍及中国的大多数省、市、自治区，其中基础设施项目（交通、能源、工业、城市建设等）占贷款总额的一半以上，其余资金投向农业、社会部门（教育、卫生、社会保障等）、环保以及供水和环境卫生等项目。所有这些项目对于减少贫困都发挥着直接或间接的作用。中国也是执行世界银行贷款项目最好的国家之一。在2003财政年度（2002年7月1日—2003年6月30日），世界银行向中国提供贷款11.45亿美元用于6个项目，其中包括：新疆公路项目（帮助改善交通基础设施和加强交通部门管理）、湖北公路项目（支持建设从湖北孝感至襄樊全长243.5千米的高速公路，改善通往贫困县的支路，强化湖北省的公路管理能力）、宜兴抽水蓄能项目（基于中国政府电力行业的改革战略，具体制定和实施江苏电力体制全面改革方案，进一步推动发电领域竞争，试行大用户直接购电，从而提高江苏省电力行业的总体效益）、天津城市发展与环保项目（旨在提高天津市城市污水管理和交通系统的效率，从而促进天津市的可持续发展，使之成为中国其他城市的样板）、上海城市环境改善项目（旨在改善上海市的城市环境，提高居民生活质量）和安徽公路项目二期（目的是建设高效、安全、经济的公路基础设施、改善交通条件，从而支持安徽省的社会和经济发展）。

世界银行的中国业务由世界银行驻中国代表处负责管理，代表处现有工作人员 90 多人。世界银行在中国的业务主管部门是财务部，主管世界银行中国援助计划的制订和实施。

单元三　国际清算银行与巴塞尔委员会

课前思考

国际清算银行都开展哪些业务呢？它有哪些基本职能？

一、国际清算银行

国际清算银行成立于 1930 年 5 月，是西方主要工业化国家的中央银行和私营商业银行合办的世界上最早的国际金融机构，总行设在瑞士的巴塞尔。成立该行最初的目的是处理第一次世界大战后德国战败赔款和债务问题。

国际清算银行在国际金融活动中发挥着重要作用，它是西方国家中央银行行长和银行家们交换意见、举行重要会见的中心。它经常举行的重要会议有：董事会例会，每年召开 10 次；十国集团成员中央银行行长会议，每年召开 10 次，通常在董事会例会的前一天举行；股东大会，每年 6 月召开。它目前有 29 个股东，除美国外，都是各国中央银行。股东大会还向所有的存款者发出邀请书，存款者都是各国中央银行。另外，东欧国家都接受邀请参加股东大会。由于历史的原因，国际清算银行实际上是西欧各国的银行，董事会成员与历任总裁均为西欧人。美国的联邦储备局有资格参加该行董事会，但因美国国会反对而至今未曾赴会。股东大会一般在每年 6 月的第二个星期一召开，通过年度报告、资产负债表、损益计算书和利润分配办法。股东大会投票权的多少由所持有的股份多少决定。

（一）组织机构

国际清算银行的最高权力机构是股东大会。股东大会每年举行一次，由认购该行股票的各国中央银行派代表参加，实际权力则由董事会掌握。董事会由董事长、副董事长各 1 名及董事 11 名组成。其中 8 名由英国、法国、意大利、比利时、瑞士、荷兰、瑞典和德国的中央银行董事长或行长担任，其余的由上述 8 个国家提名产生。董事会是主要政策的制定者，每年召开会议10次左右。董事会下设经理部，有总经理和副总经理及正、副经理10余人，下设四个机构：银行部，主管具体银行业务；货币经济部，负责研究和调查工作；秘书处和法律处。该行雇员有300余人。

（二）宗旨

国际清算银行的宗旨是：促进中央银行之间的合作并向它们提供更多的国际金融业务的便利，在国际金融清算业务方面充当受托人或代理人。

（三）资金来源

1. 成员缴纳的股金

该行建立时，法定资本为5亿金法郎（Gold Francs），1969年增至15亿金法郎，以后几度增资。该行股份的80%为各成员的中央银行持有，其余20%为私人持有。

2. 借款

国际清算银行向各成员的中央银行借款，补充该行自有资金的不足。

3. 吸收存款

国际清算银行接受各成员中央银行的黄金存款和商业银行的存款。

（四）业务活动

国际清算银行主要是和各成员中央银行，包括成员和非成员的中央银行进行国际金融合作。此外，国际清算银行还和一些国家的商业银行有往来关系。它的主要业务是：办理存款、放款、贴现业务；买卖外汇、黄金和债券；和各国政府或中央银行签订特别协议，代办国际清算业务，协助各国中央银行管理货币储备与金融投资。该行办理黄金存款，并给予一定利息，因此有些国家的中央银行将一部分黄金储备存放该行以赚取利息。

二、巴塞尔委员会

（一）巴塞尔委员会概述

巴塞尔委员会全称巴塞尔银行监管委员会（Basel Committee on Banking Supervision），原称银行法规与监管事务委员会，是由美国、英国、法国、德国、意大利、日本、荷兰、加拿大、比利时、瑞典10大工业国的中央银行于1974年底共同成立的，作为国际清算银行的一个正式机构，以各国中央银行官员和银行监管当局为代表，总部在瑞士的巴塞尔。其每年定期集会4次，并拥有近30个技术机构，执行每年集会所制订的目标或计划。巴塞尔委员会本身不具有法定跨国监管的权力，所做结论或监管标准与指导原则在法律上也没有强制效力，仅供参考。但因该委员会成员来自世界主要发达国家，影响大，一般仍预期各国将会采取立法规定或其他措施，并结合各国实际情况逐步实施其所制定的监管标准与指导原则或处理相关建议事项。在“国外银行业务无法避免监管”与“适当监管”原则下，消除世界各国监管范围差异是巴塞尔委员会运作追求的目标。巴塞尔委员会制定了一些协议、监管标准与指导原则，如《关于统一国际银行资本衡量和资本标准的协议》《有效银行监管核心原则》等。这些协议、监管标准与指导原则统称为巴塞尔协议。这些协议的实质是为了完善与补充单个国家对商业银行监管体制的不足，减轻银行倒闭的风险与代价，是对国际商业银行联合监管的最主要形式。这些文件的制定与推广，对稳定国际金融秩序起到了积极作用。

除核心原则外，巴塞尔委员会还制定了评估各项原则达标情况的详细指导文件，即核心原则评估方法。该文件 1999 年第一次发布。2004 年 6 月，巴塞尔银行监管委员会公布了《新资本协议》框架。

（二）巴塞尔委员会的重要任务

巴塞尔委员会的一项重要任务是堵塞国际监管中的漏洞，它遵循着两项基本原则：没有任何境外银行机构可以逃避监管；监管应当是充分的。另外，近年来，巴塞尔委员会把主要精力投入在资本充足性的研究之上。为了强化国际银行系统的稳定性、消除因各国对资本充足率要求不同而产生的不平等竞争，经十国集团中央银行行长理事会批准，巴塞尔委员会于 1988 年 7 月公布了著名的《巴塞尔资本协议》，其中提出了统一的风险加权式资本衡量标准，并规定最迟于 1992 年年底开始实施。此后，巴塞尔委员会又多次发布资本协议的补充及修正协议，不断对该体系加以完善，逐步将结算风险和市场风险等纳入资本衡量系统。自 1998 年以来，这一协议不仅为各成员所采用，而且实际上已为几乎所有拥有国际性银行的其他国家所采用。

拓展阅读

中国与国际清算银行的关系

中国于 1984 年与国际清算银行建立了业务联系。中国人民银行自 1986 年起与国际清算银行建立了业务方面的关系，办理外汇与黄金业务。此后，中国人民银行每年都派代表团以客户身份参加该行年会。国际清算银行召开股东大会时，中国人民银行受邀列席，并以观察员身份多次参加该行年会，这为中国广泛获取世界经济和国际金融合作、发展与各国中央银行之间的关系提供了一个新的场所。中国的外汇储备有一部分是存放于国际清算银行的，这对中国人民银行灵活、迅速、安全地调拨外汇、黄金储备非常有利。自 1985 年起，国际清算银行开始向中国提供贷款。1996 年 9 月 9 日，国际清算银行通过一项协议，接纳中国、巴西、印度、韩国、墨西哥、俄罗斯、沙特阿拉伯、新加坡和香港地区的中央银行或货币当局为该行的新成员。香港回归中国之后，其在国际清算银行的地位保持不变，继续享有独立的股份与投票权。香港金融管理局与中国人民银行同时加入国际清算银行。我国中央银行加入国际清算银行，标志着我国的经济实力和金融成就得到了国际社会的认可，同时也有助于我国中央银行与国际清算银行及其他国家和地区的中央银行进一步增进了解、扩大合作、提高管理与监督水平。

中国参与情况：中国人民银行于 1996 年 11 月正式加入国际清算银行，中国人民银行是该行亚洲顾问委员会的成员。中国认缴了 3 000 股的股本，实缴金额为 3 879 万美元。

想一想

如何对国际银行业实施有效的监管？

单元四 洲际国际金融机构

课前思考

结合当今国际金融的发展，想一想洲际国际金融机构在这一过程中应如何发挥作用。

一、亚洲开发银行

亚洲开发银行（以下简称“亚行”）是由联合国所属机构——亚洲太平洋经济委员会创办的，是亚洲、太平洋地区的一个区域性金融机构，成立于1966年12月，总部设在菲律宾的首都马尼拉。该行是亚洲、太平洋国家（地区）以及西方发达国家政府出资开办的多边官方金融机构，联合国亚太经合委员会的成员和准成员以及联合国的亚太地区其他国家、非亚太地区的发达国家均可参加。中国政府于1983年4月申请加入该行，1986年3月10日正式成为该行的成员。

（一）组织机构

理事会是该行的最高权力机构，由每个成员选派一名理事和副理事组成，每年举行一次全体会议。理事会决定接受新成员、确定银行股本额、修改银行章程等。执行董事会是银行的执行机构，主持银行的日常工作，有执行董事12人，其中8人从本地区成员中推选，其余4人从非本地区成员中推选。美、日两国因认缴股本额最大，可各单独指派1名执行董事，其他成员则自愿组成投票小组选出各自的执行董事。执行董事会主席由行长担任，行长由理事会选出。执行董事任期2年，行长任期5年，均可连选连任。该行的主要职能部门有农业和乡村发展部、基本建设部、工业和开发银行部、预算部、人事管理部及司库等。

成员投票权由基本投票权和比例投票权两部分构成。前者根据各成员权力相等的原则，以投票权总数的1/5平均分配给每个成员；后者按各成员认股的多少确定，每认缴1股10 000美元可增加1票。日本和美国拥有的股本最多，投票权也最多。

（二）宗旨

该行的宗旨是筹集官方及私人资金，向本地区的发展中国家提供贷款和技术援助，以促进本地区的经济发展与合作。

（三）资金来源

该行自身开展业务的资金分为三部分：一是普通资金，用于该行的硬贷款业务；二是亚洲开发基金，用于该行的软贷款业务；三是技术援助特别基金，用于技术援助业务。此外，该行于1988年建立了日本特别基金，用于赠款性质的技术援助业务。

1. 普通资金

普通资金是亚行开展业务活动的主要资金来源，它由股本、储备、净收益以及从国际资本市场的借款构成。

亚行建行时法定股本为10亿美元，后来经过多次增资，截至1996年底，核定股本增至501.3亿美元，其中493.68亿美元已被各成员认缴。其认缴股本的7.03%为实缴股本，92.97%为待缴股本。实缴股本可用于普通资金贷款的拨付，而待缴股本则作为亚行从国际资本市场筹集资金的后盾。日本和美国是亚行最大的出资国，其认缴股本额相等，均占亚行总股份的16.054%。中国认缴额在亚行总股份中占6.628%，居第三位。

2. 亚洲开发基金

亚洲开发基金始建于1974年6月28日，专门对亚太地区贫困成员发放优惠贷款。该基金主要由亚行发达成员捐赠，并经常得到补充。除捐赠外，亚行理事会还根据亚行章程的规定，从各成员缴纳的未核销实缴股本中拨出10%的款项作为亚洲开发基金的一部分来源。

3. 技术援助特别基金

亚行于1967年建立了技术援助特别基金，用于资助发展中成员聘请咨询专家，培训人员，购置设备进行项目准备、项目执行，制定发展战略，加强技术力量，从事部门研究并制订有关国家和部门的计划和规划等。技术援助特别基金的资金来源为亚洲成员的捐款、亚洲开发基金拨款、普通资金贷款净收益拨款、日本特别基金捐款以及多边和双边来源赠款。

4. 日本特别基金

1987年，日本在亚行第20届年会上表示，愿意出资建立一个特别基金，用于加速亚行发展中成员的经济增长。1988年3月10日，亚行和日本政府正式签署成立日本特别基金的协议。

日本特别基金旨在帮助亚行发展中成员调整经济结构，以适应整个世界经济环境的变化、开拓新的投资机会，在此基础上使本地区资本富裕成员和地区的资本回流到发展中成员和地区。

5. 联合融资

亚行除了用自己筹集到的资金从事贷款和技术援助以外，还通过联合融资这一形式为本地区的经济发展筹集更多的开发资金。亚行的联合融资是指一个或一个以上的外部经济实体与亚行共同为某一开发项目融资。亚行最大的融资伙伴是官方机构。

6. 日本扶贫基金

2000年5月23日，亚行决定建立“日本扶贫基金”，用以资助亚行的扶贫项目。

该项基金是根据日本大藏大臣宫泽喜一在亚行第33届年会上的提议建立的。日本计划向亚行捐款100亿日元，用于帮助亚行发展中成员的扶贫项目和其他社会发展项目。

基金重点支持那些直接向贫困人口提供经济和社会服务的项目，帮助贫困人口获得自我发展的能力，使亚行贫困成员的脱贫计划能持续进行。

（四）业务活动

亚行的业务包括向本地区成员提供贷款、股本投资和技术援助。这些业务涉及农业、能源、工业、交通运输、环境卫生、教育、城市发展以及人口控制等。

1. 贷款

亚行的贷款分为两类：一类为普通基金发放的贷款；另一类为特殊基金发放的贷款。

普通基金发放的贷款属于硬贷款，贷款对象是较高收入的发展中国家，这类贷款既可以以外汇提供，在特殊情况下也可以以当地货币提供。普通贷款期限最长为 30 年，通常有 2～8 年的宽限期，贷款利率低于市场利率并随国际金融市场调整。特殊基金发放的贷款是软贷款，亚洲开发基金提供软贷款主要是给比较贫困的发展中成员，期限一般为 35～40 年，有 10 年的宽限期，不收利息，宽限期内每年仅收 1%的手续费，偿还期内每年收取 1.5%的手续费，具有经济援助的性质。

2. 股本投资

自 1983 年起，亚行开发了股本投资的业务。该业务就是通过购买私人企业股票或私人金融机构股票等形式，向发展中国家的私人企业提供融资便利。

3. 技术援助

亚行在向发展中国家提供贷款和投资的同时，积极开展了广泛的技术援助。亚行提供给非发展中成员的技术援助分为多种，包括项目准备阶段的技术援助如项目的可行性研究、项目实施阶段的技术援助如项目有关人员的培训、咨询性技术援助如帮助成员进行专业人员培训和区域性技术援助。亚行通过这些技术援助帮助成员正确地制定国家总体和部门发展规划及策略，提高有关机构的技术水平和组织管理能力等。

二、非洲开发银行

1963 年 7 月，非洲高级官员及专家会议和非洲国家部长级会议在喀土穆召开，通过了建立非洲开发银行的协议。1964 年 11 月，非洲开发银行（以下简称“非行”）宣布正式成立；1966 年 7 月 1 日开始营业；总部设在科特迪瓦的经济中心阿比让；2002 年，因科特迪瓦政局不稳，非行总部临时搬迁至突尼斯至今。非洲开发银行是非洲最大的地区性政府间金融机构。

（一）组织机构

该行的最高权力机构是理事会，由成员国各出一名理事和副理事组成，理事会制定有关银行政策，特别是有关信贷的总方针，每年举行一次年会，必要时举行特别理事会。担任该行理事的一般是各成员国的财政部部长、中央银行行长、外交部部长等。其理事会的执行机构为董事会，董事由理事会选举产生，任期 3 年。董事会负责执行理事会决定，开展业务，定期向理事会汇报工作。各成员国董事大部分由中央银行派出，个别国家由外交部派出。该行总裁（行长）由董事会投票选举产生，兼任董事会主席，是该行的合法代表，任期 5 年，在董事会的指导下开展工作。另设副行长 1 人，由行长提名、董事会选出，任期 3 年，负责该行的日常工作，有权招聘和解雇银行职员。另外还设 1 名顾问。

（二）宗旨

该行的宗旨是促进公共或私人资本在非洲的投资，使用自由资金进行贷款和证券投资等活动，并为此提供担保，鼓励在成员国进行的私人投资，同成员国合作，使其经济越来越具有互补性，进一步促进对外贸易的有序增长，更好地利用本国资源。此外，非洲开发银行还为开发规划或项目的建设、筹资和实施提供技术援助。

（三）资金来源

非洲开发银行的资金来源分为普通资金来源和特别资金来源。

1. 普通资金来源

（1）核定资本认缴额，最初为 2.5 亿非洲开发银行记账单位，每记账单位价值 0.888 671克纯金；核定资本分为 2.5 万股，每股 1 万记账单位。

（2）自行筹措资金。

（3）用实收资本或筹措资金发放贷款所获的还款资金。

（4）依据该行待缴资本发放贷款或提供担保所获的收入。

（5）不构成该行特别资金来源的其他资金和收入。

2. 特别资金来源

（1）捐赠的特别资金和受托管理资金。

（2）为特别资金筹措的专款。

（3）从任意成员国筹借的该国货币贷款，用途是从贷款国购买商品与劳务，以完成另一成员国境内的工程项目。

（4）用特别基金发放贷款或提供担保所获偿还资金。

（5）用上述任何一项特别基金或资金从事营业活动获得的收入。

（6）可用作特别基金的其他资金来源。

资金来源主要来自成员国的认缴，截至 2006 年年底，非行核定资本相当于 329 亿美元，实收资本相当于 325.6 亿美元，其中非洲国家的资本额占 2/3。这是使领导权掌握在非洲国家手中所做的必要限制。

（四）业务活动

非洲开发银行的业务分为普通业务和特殊业务两种。普通业务是用该行普通资本基金提供贷款和担保贷款的业务；特别业务是用该行规定专门用途的特别基金开展的贷款业务，一般条件较宽松。该行贷款利率每半年调整一次。其贷款主要用于公用事业、农业、交通运输业、教育、卫生及社会其他部门，一般期限为 12～20 年。特别基金的宗旨与职能是协助非洲开发银行对非洲 29 个最穷的国家进行贷款，重点用于农业、乡村开发、卫生、教育等方面。该项贷款期限较长，达 50 年，包括 10 年宽限期，免收利息，只收取少量手续费。

三、泛美开发银行

泛美开发银行是拉美国家、一些西方国家、日本及南斯拉夫合办的国际金融机构。1959 年 4 月 8 日，20 个拉丁美洲国家和美国签订了建立泛美开发银行的协定，于同年 12 月 30 日生效。1960 年 10 月 1 日，泛美开发银行正式开业，行址设在美国华盛顿。

（一）组织机构

泛美开发银行的最高权力机构是董事会，由所有成员国各派 1 名董事和 1 名副董事组成，任期 5 年。董事会每年召开一次会议，必要时可召开特别会议。董事会讨论决定银行的重大方针政策问题。银行的执行机构是执行理事会，由 12 名执行理事组成，负责日常业务工作。执行理事会向董事会负责。执行理事由董事会选派。12 名执行理事的名额分配大体是：8 名由拉丁美洲国家代表担任，2 名由美洲以外的国家代表担任，另由美国和加拿大各派 1 名代表担任。董事会选出行长 1 人，兼任执行理事会主席，任期 5 年，在董事会指导下处理日常业务并主持董事会会议。此外，还由执行理事会选派 1 名执行副行长。董事会和执行理事会的投票权分为两部分：一是基本投票权，每个成员国有 135 票；二是按认缴资本额分配，美国认缴资本最多，投票权也最多，其次是巴西、阿根廷等国。

该行在美洲各国设有办事机构，代表银行同当地官方和借款者处理有关事务，并对银行资助的建设项目进行监督。另外，该行在巴黎和伦敦也设立了办事机构，以便同区外成员国和金融市场保持联系。

（二）宗旨

该行的宗旨是动员美洲内外的资金向成员国政府及公、私团体的经济、社会发展项目提供贷款或对成员国提供技术援助，以促进拉美国家的经济发展和经济合作。

（三）资金来源

泛美开发银行法定资本原为 10 亿美元，分为普通资本和特种业务基金。普通资本为 8.5 亿美元，其中美国出资 3.5 亿美元，占 43%；特种业务基金为 1.5 亿美元，其中美国出资 1 亿美元，占 66.7%。以后由于上述两项资金逐渐增加，同时美洲以外其他国家又先后加入，法定资本又分为三种：一是普通资本，由美洲国家认缴；二是区际资本，由美洲和美洲之外的国家共同认缴；三是特种业务基金。它们构成该行资金的主要来源。

（四）业务活动

该行的贷款分为普通业务贷款和特种业务基金贷款。前者贷款的对象是政府和公、私机构的经济项目，期限一般为 10～25 年，还款须用贷款的货币偿还；后者主要用于条件较宽、利率较低、期限较长的贷款，大部分贷款期限为 10～30 年，可全部或部分用本币偿还。泛美开发银行贷款项目有能源、工矿业、农渔业、交通运输业、环境和公共保健事业、教育科学和技术、城市发展等。借款国都是拉美国家，除苏里南外，其他拉美国家都获得了贷款。参加泛美开发银行的工业发达或比较发达的国家主要是提供资金。它们得到的好处是：通过资本输出推动了对拉美各国的商品和劳务的出口。另外，由美国政府提供资金组成的社会进步信托基金的贷款，主要用于资助拉美国家的社会发展和低收入地区的住房建筑、卫生设施、土地整治和乡村开发、高等教育和训练等方面，其他基金的贷款也各有侧重。接受贷款数额最多的国家是巴西、墨西哥和阿根廷。

四、亚洲基础设施投资银行

亚洲基础设施投资银行（Asian Infrastructure Investment Bank，AIIB）简称亚投行，总部设在北京，亚投行法定资本 1 000 亿美元。AIIB 是一个政府间性质的亚洲区域多边开发机构，重点支持基础设施建设。

（一）宗旨

该行的宗旨是促进亚洲区域的建设互联互通化和经济一体化的进程，并且加强中国及其他亚洲国家和地区的合作。

（二）组织机构

亚投行的治理结构包括理事会、董事会、管理层三层。董事会有 12 名董事，其中域内 9 名，域外 3 名。管理层由行长和 5 位副行长组成。亚投行将采用股份制银行的治理模式，组织框架由理事会、董事会和银行总部组成。其中，由所有成员国代表组成的理事会是其最高权力和决策机构，可根据亚投行章程授予董事会和管理层一定的权力；董事会由理事会选举的总裁主持，负责对日常事务的管理决策，每年定期召开会议就重大政策进行决策；银行总部下设银行各主要职能部门，包括综合业务部、风险管理部等，分别负责亚投行日常业务的开展。运行后的亚投行将是一个政府间性质的亚洲区域多边开发机构，按照多边开发银行的模式和原则运营，重点支持亚洲地区基础设施建设。

（三）资金来源

亚投行的法定资本为 1 000 亿美元，中国初始认缴资本目标为 500 亿美元左右，中国出资 50%，为最大股东。各意向创始成员同意将以国内生产总值（GDP）衡量的经济权重作为各国股份分配的基础。2015 年试运营的一期实缴资本金为初始认缴目标的 10%，即 50 亿美元，其中中国出资 25 亿美元。

（四）业务活动

亚洲基础设施投资银行的主要业务是援助亚太地区国家的基础设施建设，在全面投入运营后，亚洲基础设施投资银行将运用一系列支持方式为亚洲各国的基础设施项目提供融资支持——包括贷款、股权投资以及提供担保等，以振兴包括交通、能源、电信、农业和城市发展在内的各个行业投资。

亚投行成立后的第一个目标就是投入“丝绸之路经济带”建设，其中一项就是从北京到巴格达的铁路建设。

知识要点

国际货币基金组织是政府间的国际金融组织，资金来自成员缴纳的份额、黄金、借款。它对成员的汇率、财政和货币政策进行监督，向有国际收支问题的国家提供外汇贷款，在专业知识方面提供技术援助。世界银行集团由三大机构组成。世界银行的主要任务是为成员的减贫和发展提供援助，资金来源是成员缴纳的股金、从国际金融市场筹集的资本以及贷款和投资收益，贷款必须专款专用并受到世行业务政策的制约。世行还发起了债务减免计划。国际开发协会的目标是向最贫穷的国家提供无息贷款和赠款，期限较长。国际开发协会的资金主要来源于成员的捐赠。国际金融公司是向发展中国家的私人部门提供贷款和证券融资的最大机构，它的作用有项目贷款、资金动员和咨询服务。国际清算银行的宗旨是促进国际金融和货币合作，并充当各成员方中央银行的银行，向中央银行和其他官方货币机构在外汇储备的管理等方面提供广泛的服务。亚洲开发银行是亚太区域的政府间金融机构，其宗旨是协调各成员方在经济、贸易和发展方面的政策，进而促进亚太地区的经济繁荣，资金来源有普通资金、日本特别基金、减贫合作基金、清洁发展机制贷款等开发基金。非洲开发银行是一家地区性的多边开发银行，非洲开发银行、非洲开发基金和尼日利亚基金三者形成了非洲开发银行集团，主要向本地区的成员方提供贷款以减轻贫困、改善人民生活。泛美开发银行的建立是为了促进拉美和加勒比地区成员方的经济和社会发展，向成员方提供融资和技术援助。亚洲基础设施投资银行是一个政府间性质的亚洲区域多边开发机构，重点支持基础设施建设。

问题讨论

要求：我们知道，国际货币基金组织是以会员入股方式组成的企业性金融机构，每个会员必须缴纳一定的份额作为入股基金。试分析国际货币基金组织会员份额的作用。

活动安排：分组讨论，各组派代表上台发言。

达标检测

一、基本概念

国际货币基金组织　　世界银行　　国际清算银行　　亚洲开发银行

亚洲基础设施投资银行

二、单项选择题

1. 亚洲开发银行传统和主要的贷款方式是（　　）。

A. 普通贷款　　B. 硬贷款

C. 项目贷款　　D. 规划性贷款

2. 下列说法不正确的是（　　）。

A. 世界银行的贷款利率一般高于市场利率

B. 世界银行的贷款对象只限于会员

C. 世界银行的贷款只限于提供项目所需的外汇资金，并接受世界银行的监督

D. 世界银行从营业收入中拨出的款项是国际开发协会的资金来源之一

3. 下面四种提法中只有一种是正确的，正确的提法是（　　）。

A. 国际金融公司是国际货币基金组织的附属机构

B. 国际开发协会主要向发达国家提供贷款

C. 世界银行的贷款对象只限于会员方

D. 国际货币基金组织的贷款对象包括各会员方的政府和工商企业

4. （　　）的主要目标是维持各国汇率稳定。

A. 世界贸易组织　　B. 国际商会

C. 联合国贸发会议　　D. 国际货币基金组织

三、多项选择题

1. 国际货币基金组织的宗旨是（　　）。

A. 促进国际货币合作　　B. 鼓励不发达国家生产与资源的开发

C. 稳定汇率，避免竞争性货币贬值　　D. 为会员提供临时资金融通

E. 促进国际贸易的均衡发展

2. 国际货币基金组织的主要资金来源有（　　）。

A. 会员缴纳的份额　　B. 利息

C. 对外借款
D. 信托基金
E. 捐赠

3. 下面属于国际货币基金组织贷款种类的有（　　）。
A. 普通提款权
B. 缓冲库存贷款
C. 特别提款权
D. 信托基金贷款
E. 临时性信用设施

4. 世界银行的宗旨是（　　）。
A. 促进各国的汇率稳定
B. 建立多边支付和汇兑制度
C. 鼓励不发达国家生产与资源的开发
D. 促进私人对外投资
E. 促进国际贸易的长期均衡发展

5. 世界银行的资金来源主要有（　　）。
A. 各成员缴纳的股金
B. 借入资金
C. 自有资金
D. 债权转让
E. 利息

6. 世界银行贷款的特点是（　　）。
A. 贷款可贷放给成员方政府或私人企业
B. 贷款必须用于世界银行审定批准的项目
C. 贷款期限较长
D. 贷款利率比较优惠
E. 贷款手续宽松

7. 国际开发协会贷款的主要特点是（　　）。
A. 贷款具有高度优惠性，期限长，无息
B. 信贷不与特定项目联系
C. 可贷给一切发展中国家
D. 贷款必须如期归还
E. 提供的贷款通常称“软贷款”

8. 亚洲开发银行的资金来源有（　　）。
A. 会员认缴的股本普通资金
B. 借款
C. 在国际金融市场上发行的债券
D. 特别基金
E. 捐赠

四、简答题

1. 简述国际货币基金组织的主要业务活动。
2. 简述国际货币基金组织会员方的缴纳份额和投票权的关系。
3. 简述中国与国际货币基金组织的关系。
4. 简述世界银行的业务活动。
5. 简述亚洲开发银行的建立情况及宗旨。
6. 简述亚洲开发银行的贷款业务。

模块十一

国际货币体系

案例导入

早在第二次世界大战期间，美国就企图取代英国建立以美元为中心的国际货币体系。第二次世界大战后，各国实力对比发生了有利于美国的变化。英国经济在战争中遭到重创，实力大为削弱，美国经济实力急剧增长，成为世界上最大的债权国。但是当时英镑仍是世界主要储备货币之一，国际贸易额的40%左右是用英镑结算的，特惠制与英镑区依旧存在，英国在货币金融领域里还保持着相当重要的地位。因此，1943 年，美国财政部官员怀特和英国财政部顾问凯恩斯分别从本国利益出发，提出了建立战后国际货币体系的不同方案。“怀特计划”强调黄金的作用，主张取消外汇管制和各国对国际资金转移的限制，在战后设立一个国际稳定基金组织，基金组织发行一种国际货币，各国货币与之保持固定比价。“凯恩斯计划”则从当时英国黄金储备缺乏的困境出发，贬低黄金作用，主张建立一个“国际清算联盟”，各国的债权、债务通过存款账户转账进行清算。从 1943 年 9 月到 1944 年 4 月，美、英两国政府代表团在战后国际货币体系建立问题上展开了激烈争论。1944 年 7 月，在美国新罕布什尔州的布雷顿森林召开了有 44 个国家参加的联合国货币金融会议，通过了以美国“怀特计划”为基础的《国际货币基金组织协议》和以美国提出的“联合国复兴开发银行计划”为基础的《国际复兴开发银行协议》，即“布雷顿森林协议”，确立了战后以美元为中心的资本主义世界货币体系。

学习目标

国际货币体系不仅对各国的外汇政策、汇率制度、国际收支的调节、储备资产的构成有着巨大的影响，而且对世界贸易格局和世界经济的发展都产生了深远的影响。通过本模块的学习，你应该达到以下目标：

（1）了解国际货币体系的概念。

（2）理解布雷顿森林体系崩溃的原因。

（3）领会国际货币体系演变的三个阶段（国际金本位制、布雷顿森林体系、牙买加体系）的特点。

（4）掌握国际货币体系的本质及作用。

（5）具备对国际货币体系发展趋势的基本理解和判断能力。

单元一　国际货币体系的演变

课前思考

为什么要建立国际货币体系？促使国际货币体系不断演变和发展的根本动因是什么？

一、国际货币体系概述

（一）国际货币体系的概念

国际货币体系（International Monetary System，IMS）又称国际货币制度，是指各国政府为适应国际贸易和国际支付的需要，使本国货币在国际范围内发挥世界货币职能而共同遵守的有关政策规定和制度安排。国际货币体系一般包括以下三方面内容：

（1）国际储备资产的确定。

（2）汇率制度的确定。

（3）国际收支的调节。

从历史上看，国际货币体系大体上经历了国际金本位制、布雷顿森林体系和牙买加体系三个阶段。

（二）国际货币体系的目标与作用

国际货币体系的目标是保障国际贸易、保障经济的稳定和发展、促进各国资源的充分利用。

国际货币体系的作用主要体现在以下几个方面。

1. 确定国际货币的供应和管理原则

在以黄金作为国际货币的情况下，国际货币的供应主要来源于黄金的生产国，而国际货币的供应受到黄金产量和货币流通规律的约束，不可能无限制地增长。在铸币流通的情况下，货币发行数量不受黄金产量的限制，很容易发生纸币过度发行的情况，但也可能发生发行不足的情况，尤其是当采用主权国家发行的不能兑现的纸币作为国际货币时，如何对国际货币的供应加强管理、防止由于过度发行导致世界性的通货膨胀或由于发行不足导致世界性的通货紧缩，是国际货币制度中要解决的重要问题。

2. 建立国际收支调节机制

在国际金本位制时期，国际收支调节机制是“物价-铸币流动”机制，即通过物价的变动和铸币的流动来调节国际收支的不平衡。在布雷顿森林体系下，由于汇率基本上固定，因此国际收支的调节主要通过“支出转移”和“支出减少”机制进行；在当前的浮动汇率制下，国际收支调节则主要通过汇率机制来进行，即通过汇率变动来影响生产、流通和消费，从而达到国际收支的平衡。

3. 通过多边支付制度促进世界经济的一体化

在国际货币事务的管理中，协调各国的政策行动，可以避免各国单方面为本国利益而限制国际支付，这在客观上使国际贸易和国际投资能够在世界范围内顺利地开展，防止个别国家采取单方面限制措施，这是有利于世界经济发展的。

4. 促进各国经济政策的协调并参与国际事务的决策和管理

国际货币体系的共同准则，实际上就是要求各国国内的经济政策服从共同规则，一切造成国内供求严重失调从而导致外部经济失调并且不利于多数他国的宏观经济政策，都会受到其他成员的强烈指责，从而促使各国更多地在国内外经济政策上互相谅解和协调。

国际货币体系的建立，使各国有了共同遵守的准则和惯例；通过国际金融机构，各国也获得了发表关于国际货币问题主张的平台。这样便在一定程度上使各国获得了参与国际货币事务决策和管理的机会。

（三）国际货币体系的演变

国际货币体系经历了不同的演变阶段：

第一阶段是国际金本位时期。这一时期大体上是从第一次世界大战以前英国实行金本位制开始，在此之后，世界范围内自发形成了典型的国际金本位制，两次世界大战之间演化为非典型的金本位制——金块本位制和金汇兑本位制。在 20 世纪 20 年代末、30 年代初的世界经济大危机中，国际金本位制终于彻底崩溃。

第二阶段是布雷顿森林体系时期。它大体上从第二次世界大战后开始，到 20 世纪 70 年代结束。在布雷顿森林协定基础上建立的国际汇兑本位制又称布雷顿森林体系，它在国际货币体系发展史上占有重要地位。第二次世界大战后世界经济的重建，实际上是以布雷顿森林体系的建立为开端的。

第三阶段是牙买加体系时期。1973 年以后，牙买加协定及国际货币基金组织协定第二次修正案确认了多元化的国际货币体系。它从 1976 年 1 月国际货币基金组织临时委员会的牙买加协定正式订立开始至今，也有人把这一阶段称为“无体系时代”。

二、国际金本位制

（一）金本位制的演变

金本位制是以一定量黄金为本位货币，并建立流通中各种货币与黄金间固定兑换关系的货币制度。英国是最早实行金本位制的国家。到第一次世界大战前，主要的西方贸易国普遍实行了金本位制。

（二）国际金本位制的类型

根据货币与黄金的联系程度，金本位制主要有三种类型：金币本位制、金块本位制、金汇兑本位制。

1. 金币本位制

这是金本位制的最初形态。金币本位制（Gold Specie Standard）是以黄金作为本位货币的货币制度。金币本位制的显著特点是：（1）以法律规定货币的含金量。即用含有一定重量、成色的黄金金币为本位币在市场上流通，而各国货币都按所含的黄金量来确定彼此间的比价。（2）金币可以自由铸造、溶化，任何人都可以自由铸造或熔化金币。（3）流通中其他货币和金币之间可以按法定比率自由兑换，也可以兑换与金币等量的黄金，同时，准许人们自由储藏黄金。（4）黄金可以自由输出和输入本国。1880 年—1914 年是金币本位制的全盛时期。相对于其他货币体系而言，金币本位制是一种比较稳定的货币制度，汇率的波动幅度以黄金输送点为限。因为金币本位制下各国既可用外汇结算，又可直接运送黄金结算。

金币本位制的缺陷在于这种货币制度以黄金为基础，一国的经济受黄金流出和流入的数量变动影响较大，且深受黄金供求关系的影响。事实上，到第一次世界大战前夕，国际货币体系已形成金字塔形的格局，绝大多数的黄金被处于塔尖的英国及处于上层的核心国家（美、法、德、俄）所占有，这 5 个国家共占有世界黄金存量的 2/3，操纵了弱小国家的金融命脉，大大削弱了其他国家金币本位制的基础。这种状况不可避免地引起世界各国之间的利益冲突和经济矛盾。

正因为如此，第一次世界大战爆发时，一些国家为了准备战争，政府支出急剧增加，而黄金流通量又严重不足，故大量发行银行券，造成银行券兑换黄金的难度加大，破坏了自由兑换的原则，加上欧洲各国为限制黄金外流，相继做出了禁止黄金出口的决定，以致除美国继续保持金币本位制外，其余各国均予以放弃。

2. 金块本位制

第一次世界大战结束后，世界货币体系的重建问题受到各国的普遍重视。但由于黄金供应不足和分配不均等原因，传统的金币本位制很难恢复。1922 年在意大利热那亚城召开的货币会议上，决定采用“节约黄金”的原则，除美国外，各国相继实行了金块本位制（英国、法国、比利时、荷兰）和金汇兑本位制（德国、意大利、奥地利等 30 个国家）。

金块本位制（Gold Bullion Standard）是以黄金作为准备金，以有法定含金量的价值符号作为流通手段的一种货币制度。黄金只作为货币发行的准备金集中于中央银行，而不再铸造金币和实行金币流通。流通中的货币完全由银行券等价值符号代替，银行券可以在一定数额上按含金量与黄金兑换。中央银行保持一定数量的黄金储备，以维持黄金与货币之间的联系。在金块本位制下，金币的铸造和流通以及黄金的自由输出输入已被禁止，黄金已不可能发挥自动调节货币供求和稳定汇率的作用，从而使金块本位制失去了稳定的基础。因此，金块本位制实际上是一种残缺不全的金本位制。

金块本位制的特点：

（1）金币仍作为本位货币，但市场不再流通和使用金币，而是流通纸币。

（2）国家储存金块作为储备。

（3）不允许自由铸造金币，仍以法律规定的纸币的含金量为准。

（4）纸币不能自由兑换金币，但在国际支付和用于工业用途时，可按规定的限制数量纸币向央行兑换金块。

3. 金汇兑本位制

金汇兑本位制（Gold Exchange Standard）是指将本国货币间接地与黄金连接的金本位制。实行金汇兑本位制的国家对货币只规定法定含金量，禁止金币的铸造和流通。

金汇兑本位制的特点：

（1）在金汇兑本位制下，市场上不再流通金币，只流通银行券。

（2）银行券不能兑换黄金，只能兑换实行金币和金块本位制国家的货币，这些外汇在国外才能兑换成黄金。

（3）实行金汇兑本位制的国家使其货币与另一实行金币和金块本位制国家的货币保持固定汇率，通过无限制的买卖外汇来维持本国货币币值的稳定。

在金汇兑本位制下，国家虽规定了货币的含金量，但流通中的货币是不能与黄金保持兑换的纸币，黄金已不能发挥自发地调节货币流通的作用，使货币流通失去了调节机制和稳定的基础，从而削弱了货币制度的稳定性。因为，如果纸币流通量超过了流通对货币的需要量，就会发生货币贬值。假如国家为弥补财政赤字而大量发行纸币，就会引起通货膨胀，导致物价上涨，影响经济的发展。实行金汇兑本位制的国家，其货币与某大国货币保持固定比价，其对外贸易和金融政策必然受到与之相联系国家的货币政策的影响与控制。因此，金汇兑本位制是一种削弱了的、极不稳定的金本位制。

（三）国际金本位制的影响

从金币本位制到金块本位制再到金汇兑本位制，我们可以看出：

（1）货币和黄金的联系越来越弱，从可以无限制地自由兑换到有限兑换再到不能直接兑换，削弱了货币制度的稳定性，货币发行量随时可能超过流通中所需的货币量。金汇兑本位制的稳定性最差，一旦实行金币（块）本位制国家的货币不稳定，实行金汇兑本位制国家的货币币值必然因维持固定汇率而发生波动；反之，若实行金汇兑本位制国家以外汇大量兑换黄金，也必然危及实行金币（块）本位制国家币值的稳定。

（2）实行金块本位制，金币不再流通，货币的可兑换性受到限制，可以节约国内经济交易中所需的黄金。实行金汇兑本位制则因大量持有外汇而不仅可以节约国内经济交易所需的黄金，还可以节约国际经济交易中所需的黄金。

（3）各国实行的货币制度和国际货币制度之间具有密不可分的联系。世界各国可以同时实行金币本位制或金块本位制，但不能同时实行金汇兑本位制，至少必须有一国实行金币或金块本位制。通常所说的国际金本位制是指世界主要国家均实行金币本位制情况下的国际货币制度。

（四）国际金本位制的崩溃

在 1929 年—1933 年世界经济大危机的风暴中，西方国家受到了灾难性、毁灭性的打击，国际社会对英镑失去信心，迫使英国放弃金块本位制；美国先后出现证券危机和信用危机，大批银行倒闭，大量黄金外流，迫使美国放弃金币本位制，以美元纸币流通；随后，法国、比利时、意大利、瑞士等国组成的黄金集团也不得不放弃金汇兑本位制。所有这些因素致使国际金本位制彻底瓦解。国际金本位制崩溃的主要原因是维持金本位制的三个必要条件遭到了破坏。

1. 自由铸造和自由流通遭到了破坏

由于资本主义国家加紧掠夺黄金以增加本国的经济实力，所以，在 20 世纪 30 年代世界经济危机爆发前，约占世界铸币黄金总量2/3的黄金被集中于英、美、德、法等少数几个国家手里，其他国家货币流通的黄金基础已不存在，使自由铸造和自由流通完全遭到了破坏。

2. 自由兑换的条件已不具备

黄金既然被剥夺了作为流通手段的职能，就无法发挥其自动调节货币流通的作用，因而不能防止通货膨胀和货币贬值。银行券不能稳定地代表其规定的含金量，自然也就不具备自由兑换的条件。

3. 自由输出入的条件不复存在

在资本主义发展不平衡的情况下，国际收支逆差的国家流失的巨额黄金往往无法弥补。为了防止黄金外流，各国纷纷采取限制黄金输出的措施。于是，黄金自由输出的条件已不复存在。从1816年英国率先实行金本位制起，一直到1936年荷兰、瑞士、意大利等最后一批国家放弃金本位制为止，金本位制维持了一个多世纪。国际金本位制正式宣告全面瓦解后，国际货币制度进入了一个新的曲折的历史时期。

三、布雷顿森林体系

（一）布雷顿森林体系建立的历史背景

国际金本位制瓦解后，国际货币制度进入了无体系状态。西方国家普遍实行纸币流通制度，各自为政，组建了以英镑为中心货币的英镑集团和以法国法郎为中心货币的法郎集团。这些货币集团内部的外汇支付与资金流动完全自由，但对集团外的收付与结算则实行严格管制。集团之间壁垒森严、限制重重，外汇战、贸易战、货币战接连不断，阻碍了国际贸易的发展和金融业务的开展，尤其是随之而来的第二次世界大战使资本主义国家之间的实力对比产生了巨大变化，造成了参战国国际收支恶化，汇率极端不稳定。例如，英国在第二次世界大战期间受到了巨大的创伤，经济遭到严重破坏。1945年，英国工业生产缩减，民用消费品生产仅达到1939年水平的一半，出口额还不到战前水平的1/3，国外资产损失达40亿美元以上，对外债务则高达120亿美元，黄金储备降至100万美元。又如，战争结束时，美国的工业制成品占世界制成品的一半，对外贸易占世界贸易总额的1/3以上；国外投资急剧增长，已成为世界最大的债权国；黄金储备从1938年的145.1亿美元增加到1945年的200.8亿美元，约占世界黄金储备的59%，这为建立美元的霸权地位创造了必要的条件。事实上，早在20世纪40年代初，美国就积极策划取代英国而建立一个以美元为支柱的国际货币体系，改变了20世纪30年代世界货币金融关系的混乱局面。在这种情况下，英、美两国政府各自从本国的利益出发，分别提出了重建国际货币制度的方案，开始进行统一、稳定的战后国际货币体系的谋划，并于1943年3月和4月分别发表了各自的方案，即所谓英国的“凯恩斯计划”和美国的“怀特计划”。

1. “凯恩斯计划”

1943年3月，英国著名经济学家凯恩斯提出了“国际清算同盟方案”，简称“凯恩斯计划”（Keynes Plan）。这一计划的要点是：

（1）设立一个世界性的中央银行，称为国际清算同盟，由其发行一种以一定量黄金表示的国际货币——班柯（Rancor）作为清算单位，“班柯”与黄金之间保持固定的比价。“班柯”等同于黄金，各国可以黄金换取“班柯”，但不得以“班柯”换取黄金。

(2) 各国货币按一定的比价与“班柯”建立固定汇率，可适当调整，但不能单方面进行竞争性贬值。各成员货币与“班柯”挂钩，允许成员调整汇率；同时，各成员在国际清算联盟中开设往来账户，用“班柯”清算，顺差时将盈余存入账户，逆差时按规定的份额透支或提存。

(3) 各国中央银行在国际清算同盟中开立往来账户，各国间发生的债权债务都通过该账户之间的转账进行清算。国际收支顺差国将盈余存入账户，而国际收支逆差国则可以按照规定的份额申请透支或提存。

总之，英国提出的“凯恩斯计划”是从英国负有巨额外债、国际收支发生严重危机及黄金外汇储备陷于枯竭的不利情况出发，从英国的利益出发，强调透支原则和双方共负国际收支失衡调节责任，其目的是建立一个国际多边清算体系，与美国分享国际金融领域的领导权。

2. “怀特计划”

“怀特计划”(White Plan) 是美国财政部官员、经济学家怀特提出的国际稳定基金方案。对应于英国的方案，美国为了确立其在第二次世界大战后国际金融领域的统治地位，从其作为国际上最大债权国、国际收支具有大量顺差及拥有巨额黄金外汇储备等有利条件出发，于 1943 年 4 月提出了“国际稳定基金方案”，简称“怀特计划”。这一计划的要点是：

(1) 采取存款原则，提议设立一个国际货币稳定基金的常设机构，基金总额为 50 亿美元，由各会员用黄金、本国货币和政府债券缴纳，认缴份额取决于各国的黄金外汇储备、国民收入和国际收支差额变化等因素，根据各国缴纳份额的多少决定各国的投票权。

(2) 基金组织创设一种名为“尤尼他”(Unita) 的国际货币作为计算单位，其含金量为 137.14 格令，相当于 10 美元。“尤尼他”可以兑换黄金，也可以在各会员之间相互转移，各国要规定本国货币与“尤尼他”之间的法定平价，以达到稳定汇率并向成员国提供短期信贷解决国际收支逆差的目的。平价确定后，未经基金组织同意，不得随意调整。

(3) 基金组织通过提供短期信贷帮助会员解决国际收支不平衡、稳定汇率，来维持国际货币秩序。

(4) 各会员在基金组织的发言权和投票权同其缴纳的份额成正比。

可见，“怀特计划”企图由美国来控制“国际稳定基金”，通过该基金迫使其他会员的货币盯住美元，进而剥夺其他国家货币本位的自主权，消除其他国家的外汇管制，为美国的对外扩张与建立美元霸权扫清道路。很明显，“怀特计划”符合美国的利益。

(二) 布雷顿森林体系的内容

布雷顿森林体系是一种典型的通过国际合作建立的而不是自发形成的国际货币体系。其主要内容包括以下几个方面。

1. 建立一个永久性的国际金融机构——国际货币基金组织

国际货币基金组织是第二次世界大战后国际货币制度的核心，它的各项规定构成了国际金融领域的基本秩序。成员进行监督、磋商和融通资金，在一定程度上维持着国际金融形势的稳定。

2. 规定以美元作为最主要的国际储备，实行美元-黄金本位制

美元-黄金本位制是将美元直接与黄金挂钩，规定一个黄金官价。在布雷顿森林体系中，黄金是基础，而美元则是最主要的储备资产。黄金起着两方面的重要作用：一方面，它是官方储备资产的重要构成部分，并且是国际收支结算的最后工具；另一方面，各国货币的价格以美元或黄金来表示，而美元的价格也以黄金来表示，因此美元直接与黄金挂钩，取得了等同于黄金的资格。

3. 实行可调整的固定汇率制度（盯住汇率），各会员货币与美元挂钩

国际货币基金组织规定各会员货币与美元的汇率如发生波动，范围不得超过平价上下各1%，超过时，除美国外各会员中央银行有义务维持本国货币同美元汇率的稳定。在这一体系中，美元自然起着突出的重要作用。因为这时美元与黄金挂钩，各国官方可按1盎司35美元的平价向美国兑换黄金，其他国家的货币则与美元挂钩。各种可兑换货币要先兑换成美元，然后才能兑换成黄金。在这个意义上，布雷顿森林体系实际上是国际金汇兑本位制，也被有些经济学家称为“黄金-美元本位制”，以区别于20世纪20年代末、30年代初的“金汇兑本位制”。

4. 调节国际收支

在布雷顿森林体系下，当一国发生短期的国际收支失衡时，国际货币基金组织将向国际收支逆差国提供短期资金融通，以协助其解决国际收支困难。《国际货币基金组织协定》（以下简称《协定》）第三条规定：会员份额（Quote）的25%以黄金或外汇缴纳，其余部分（份额的75%）以本国货币缴纳。会员在需要贷款时，可用本国货币向国际货币基金组织按规定程序购买一定数额的外汇，将来在规定的期限内，以用黄金或外汇购回本币的方式偿还借用的外汇资金。但是，国际货币基金组织提供的信贷规模有限，而且取决于会员缴纳的份额：缴纳的份额越多，借款能力就越强。由于第二次世界大战结束时，大部分国家的国际储备有限，所以国际货币基金组织基本上被美国所控制。事实上，在布雷顿森林体系运行的20多年期间，全球范围的国际收支问题始终没有得到解决。此外，《协定》还规定了“稀缺货币条款”（Scarce Currency Clause），其目的是使国际收支顺差国主动承担调整国际收支的责任。

5. 取消外汇管制

《协定》第八条规定成员不得限制经常项目的支付，不得采取歧视性的货币措施，要在兑换性的基础上实行多边支付。但下列三种情况可以例外：

（1）国际货币基金组织允许对资本移动实施外汇管制。

（2）《协定》第十四条规定允许会员采取过渡性安排，推迟履行货币可兑换性的义务。

（3）会员有权对“稀缺货币”采取临时性兑换限制，可限制进口该国的商品和劳务，从而迫使“稀缺货币”发行国采取调节国际收支的措施。但是这一条款并未真正得到实施。

（三）布雷顿森林体系的作用

布雷顿森林体系的建立和运转，一方面确立了美元的中心地位，实现了美国夺取金融霸权的夙愿，为美国的侵略扩张创造了有利条件；另一方面基于当时货币金融领域的实际状况，避免了重蹈以往货币制度的覆辙，对第二次世界大战后国际贸易和经济的发展起到了积极的作用。

1. 解决了国际清偿能力短缺问题

把等同于黄金地位的美元作为各国主要储备货币，弥补了当时国际清偿能力的不足，促进了国际贸易的顺利开展。

2. 稳定了国际货币金融关系

“双挂钩”和固定汇率制这两大支柱的确立，在一定程度上消除了外汇市场的动荡，保持了汇率的相对稳定，为国际贸易和国际投资创造了一个比较稳定的环境。

3. 促进了国际货币合作，有助于国际经济的稳定和增长

布雷顿森林体系本身就是各成员协商和合作的成果。它通过对成员提供的各种类型的短期和中期贷款，暂时缓和了成员国际收支逆差所带来的困境。它通过规定一整套具有约束力的行为准则，把成员置于一种统一、严整而又彼此协调的金融环境之中，可以说是创国际货币合作之先河，为随之而来的国际经济合作打下了良好的基础。

总的来说，布雷顿森林体系的建立是符合当时世界经济形势的。第二次世界大战结束后，各国需建立和恢复一个多边支付体系和多边贸易体系，以促进贸易的发展和各国经济的恢复和发展。当时，只有美元才有能力在全球范围内向这样一种多边体系提供所需要的多边支付手段和清算手段。因此，布雷顿森林体系促进了战后经济的恢复和发展，促进了国际贸易的发展和多边支付体系、多边贸易体系的建立和发展。美元等同于黄金，作为黄金的补充，源源不断地流向世界，在一定程度上弥补了当时普遍存在的国际清偿能力和支付手段的不足，因而也有利于外汇管制的放松和贸易的自由化，并对国际资本流动和20世纪60年代的国际金融一体化起到了积极的推动作用。

（四）布雷顿森林体系的缺陷及崩溃

1. 布雷顿森林体系的缺陷

布雷顿森林体系存在如下缺陷：

（1）布雷顿森林体系的根本缺陷是“特里芬两难”。布雷顿森林体系是建立在黄金-美元本位基础之上的，美元既是一国的货币，又是世界的货币。作为一国的货币，美元的发行必须受制于美国的货币政策和黄金储备；作为世界的货币，美元的供应又必须适应世界经济和国际贸易增长的需要。由于规定了“双挂钩”制度，而黄金产量和美国黄金储备的增长跟不上世界经济和国际贸易的发展，于是美元便出现了一种进退两难的状况：为满足世界经济增长和国际贸易的发展，世界各国需要充足的美元，但这会导致美国的国际收支逆差，巨额的国际收支逆差又会影响各国对美元的信心。美元的这种两难境地是1960年由美国经济学家特里芬（R. Triffin）在其著作《黄金与美元危机》一书中首先提出的，故又被称为“特里芬两难”。“特里芬两难”指出了布雷顿森林体系的内在不稳定性及危机发生的必然性。随着流出美国的美元日益增加，美元同黄金的可兑换性（按固定价格）必将日益受到人们的怀疑。

（2）国际收支调节机制的调节效率不高。所谓调节效率，是指调节成本要较低，调节成本的分配要较均匀，调节要有利于经济的稳定与发展。在布雷顿森林体系的固定汇率制下，虽说汇率是可以调整的，但因固定汇率的多边性而增加了调整平价的困难，并且汇价的波动只允许在平价上下各1%的幅度内，从而使汇率显得过于刚性。当一国发生国际收支逆差时，往往不得不采用紧缩国内财政货币政策来进行调节，这样就使得各国特别看重国际储备的增长，以避免不必要的调节成本发生；当一国发生国际收支盈余时，又倾向于

积累储备以防今后不测。另外，美国与其他国家之间，美国可不必采取国际收支逆差的调节措施，只需通过输出美元便可弥补其国际收支逆差。其他国家相互之间，由于盈余国可以积累美元储备并用它向美国换取黄金，因此，国际收支调节的负担基本上都落在逆差国身上。从总需求与总收入的关系来看，盈余是需求相对小于收入而导致的，逆差是需求相对大于收入而造成的。单方面地要求逆差国进行调节，就要求压缩逆差国的需求，因此，布雷顿森林体系下的国际货币制度对各国经济具有某种紧缩性倾向，这种倾向是不利于世界经济发展的。

（3）储备货币的供应缺乏有效的调节机制。从世界经济和国际贸易发展的角度看，储备货币供应不能太少，供应太少将限制国际贸易和世界经济的发展；从物价和货币稳定的角度看，储备货币的供应又不能太多，供应太多会引起世界性通货膨胀和货币混乱。在浮动汇率和多种储备货币体系下，一种储备货币的过多供应会导致该种储备货币汇率下浮、需求下降，由此可以调节该种储备货币的供应。在布雷顿森林体系的固定汇率制度下，世界其他国家为减少调节成本而倾向不断积累美元，而美国又可以不断地输出美元。对美元供应的唯一限制在于用美元兑换美国的黄金储备。于是，当美元供应相对不足时，各国拼命积累美元，诱发美元不断输出；当美元供应相对过多时，各国又抛售美元换取美国的黄金储备，从而直接威胁到布雷顿森林体系的存在。

2. 布雷顿森林体系的崩溃

众所周知，布雷顿森林体系之所以能正常运作，完全取决于以下三个基本条件的满足：

（1）美国国际收支保持顺差，美元汇价稳定。

（2）美国黄金储备充足，美国履行其美元兑黄金的有限兑换义务。

（3）黄金价格维持在不超过 35 美元上下 1 盎司的官价水平。

一旦这三个条件无法满足，则布雷顿森林体系必然处于危机之中。

自 20 世纪 50 年代中后期美元逐渐开始过剩以来，借助于美国援助欧洲的马歇尔计划、驻外军费开支、侵越战争及推行低利率政策等，大量美元资本外流。到了 1960 年，美国对外短期债务已超过了它的黄金储备额，美元信用基础发生动摇。黄金市场达 1 盎司 41.5 美元，伦敦金融市场出现了抛售美元、抢购黄金的风潮，由此爆发了第一次美元危机，作为关键货币的美元从此处于岌岌可危的境地，因而各国及国际货币基金组织先后采取了许多措施进行补救。这些措施包括：

（1）成立黄金总库。美国和西欧 7 国拿出价值 2.7 亿美元的黄金组成“黄金总库”（Gold Pool），以平抑国际市场的金价涨势和维持美元的中心地位。总库所需黄金美国承担 50%，德国承担 11%，英、法、意各承担 9.3%，瑞士、荷兰、比利时各承担 3.7%。但因美元信用日趋下跌，金价只涨不跌，“黄金总库”杯水车薪，难以应付抢购黄金风潮，于 1968 年 3 月被迫解散。

（2）签订借款总安排。美国等 10 个工业国签订借款总安排，筹集 60 亿美元（其中美国出 20 亿美元，英、德两国各出 10 亿美元，法国和意大利各出 5.5 亿美元，日本出 2.5 亿美元，荷兰和加拿大各出 2 亿美元，比利时出 1.5 亿美元，瑞典出 1 亿美元），借款给面临国际收支危机的国际货币基金组织成员，但实际上是美国借用其他 9 国货币，以缓和美元危机和维持国际货币体系正常运转。“借款总安排”协议于 1962 年 10 月生效。

(3) 签订货币互换协定。美国先后同14个工业国签订“货币互换协定”，以优惠汇率相互提供货币来稳定外汇市场。此举虽提高了兑付能力，但仍难以遏制美元汇价下跌的趋势。

(4) 实行黄金双价制。美国不再以官价向黄金市场提供黄金，任凭黄金市场金价自由涨落，但各国政府仍可按黄金官价向美国兑换；二价背离，美元实际上已经贬值，加速了黄金-美元本位制的瓦解。

(5) 创立“特别提款权”。这是国际货币基金组织分配给会员的一种特别使用资金的权利，创立时与美元等值，但不能兑换黄金，俗称“纸黄金”，可作为国际储备，也能用于会员之间的国际结算。美国分得的特别提款权最多，增强了其应付国际收支逆差的能力并减少了黄金储备的流失。

上述措施虽在一定程度上能发挥减缓美元危机的作用，但鉴于美国国际收支逆差，美国经济实力的进一步衰退这一根本性问题无法解决，其对于风雨飘摇中的美元地位来说无济于事。特别是进入1971年，美国黄金储备减至102亿美元，而对外短期负债却高达510亿美元。于是西欧连续爆发美元危机，大量抛售美元，迫使美国政府于同年8月15日宣布实行“新经济政策”，正式停止履行外国政府或中央银行可以用美元向美国兑换黄金的义务，并对进口商品征收10%的附加税。这无疑意味着美元与黄金脱钩，布雷顿森林体系的一大支柱已完全倒塌。

(6)《史密森协议》。面对上述状况，许多西方国家纷纷放弃盯住美元的固定汇率制，整个国际金融货币市场一片混乱。于是“十国集团”于1971年12月在美国华盛顿的“史密森学会”大厦召开了财政部部长和中央银行行长会议，签署了《史密森协议》。该协议规定：美元对黄金贬值7.89%，黄金官价由每盎司35美元提高到38美元，美国取消10%的进口附加税，但保持美元与黄金的不兑换性；美元对一些国家货币贬值（或升值），即：日元升值7.66%，德国马克和瑞士法郎各升值4.6%，比利时法郎和荷兰盾升值2.76%；里拉、瑞典克朗等贬值；英镑、法国法郎不变。总体而言，对美元汇率的波动幅度由过去不超过金平价±1%，扩大到±2.25%。

很明显，《史密森协议》允许美元公开贬值和美元停止兑换黄金，其目的仍是想稳定以美元为中心的布雷顿森林体系。但事与愿违。1973年2月，美元危机再次爆发，黄金市价一度涨到每盎司96美元。西欧和日本外汇市场被迫停业17天，西方各国相继实行浮动汇率制，《史密森协议》随之失效，布雷顿森林体系的另一支柱（盯住美元的可调整的固定汇率制）亦随之倒塌，至此，布雷顿森林体系彻底崩溃。

拓展阅读

关于布雷顿森林体系解体的另类解读

关于布雷顿森林体系解体的原因，理论界认为，要想使美元作为唯一的储备货币，就必须随着国际贸易的发展增加美元的发行量；美元发行量的增加又必须以美国的国际收支逆差为前提。但是大量逆差必定增加美元的短期负债，从而使美元汇率下跌，进而使美元的信用受到怀疑，失去作为储备货币的吸引力。这就是所谓的“特里芬难题”。

斯蒂格里茨认为："特里芬难题"并不是布雷顿森林体系解体的最本质原因。正如在金本位时期，产金国与非产金国之间的国际收支也存在逆差，否则黄金将无法进入非产金国，但产金国提供的黄金并没有因此而贬值。导致布雷顿森林体系解体的根本原因是美国金融大亨们的贪婪。

布雷顿森林体系使美国金融大亨们印制的美元纸钞等同于黄金，从而黄金的生产成本与美元纸钞的印制成本之间的差额作为铸币税收益被美国金融大亨们收入囊中。出于贪婪，这些金融大亨们自然要尽可能多地印制美元以获得这种铸币税收益。但是，"纸币流通的特殊规律只能从纸币是金的代表这种关系中产生。这一规律简单说来就是：纸币的发行限于它代表的金（或银）的实际流通的数量……如果今天一切流通渠道中的纸币已达到这些渠道所能吸收货币的饱和程度，明天纸币就会因商品流通发生变动而泛滥开来。一切限度都消失了。不过，如果纸币超过了自己的限度，即超过了能够流通的同名的金币量，那么，即使不谈有信用扫地的危险，它在商品世界毕竟只是代表由商品世界的内在规律所决定的那个金量，即它所能代表的那个金量。"因此，随着"美元过剩"，原来 35 美元所代表的金量，就要由 38 美元或者更多的美元来代表。

随着大量美元纸币投入美国市场，通货膨胀压力巨大，商品价格攀升，大量进口变得有利可图，于是，过剩的美元就被源源不断地输送到国外换购相对廉价的进口商品，在向国外输出通货膨胀的同时，美国的国际收支自然出现大量逆差。实际上，不是美国的国际收支逆差引起了美元的贬值，而是美元的超量发行引起了美国国际收支逆差和美元贬值。

随着输往国外的美元超过了其他国家用于国际贸易所需要持有的数量，多余的美元自然就会被防止本国通货膨胀的其他国家的中央银行拿来按照布雷顿森林体系所规定的比价兑换黄金。当多余的美元被拿来兑换黄金后，这些多余的美元又回到了美国。这时，美国的金融大亨们要么回收这些多余的美元，从而放弃一些铸币税收益并不再获取进一步的铸币税收益，要么破坏布雷顿森林体系听任美元贬值以便继续掠夺世界人民。贪婪的他们当然会选择后者。这才是布雷顿森林体系崩溃的根本原因。"不是黄金数量太少，而是美国的银行系统创造出了太多的美元。"

四、牙买加货币体系

（一）牙买加货币体系的形成

1973 年布雷顿森林体系瓦解后，国际货币金融局势一直动荡不安，国际货币制度改革刻不容缓。世界各国都希望建立一种新的国际货币制度，以结束这种混乱局面。国际货币基金组织在 1972 年就成立了由 20 个国家组成的国际货币体系改革及有关问题专案委员会（以下简称"二十国委员会"）。1974 年 7 月，基金组织根据"二十国委员会"的建议，设立了"国际货币制度临时委员会"（以下简称"临时委员会"），负责研究有关国际货币制度改革问题，并向国际货币基金组织理事会提供意见。"临时委员会"由二十国财长、中央银行行长组成。经过反复研讨磋商，1976 年 1 月 8 日，在牙买加召开的会议上达成了综合性协议，即《牙买加协定》。同年 4 月，国际货币基金组织理事会通过《国际货币基金协定第二次修正案》，从 1978 年 4 月 1 日起正式生效。国际上把《牙买加协定》后的国际货币体系称为“牙买加货币体系”，从此国际货币体系进入了一个崭新的阶段。

（二）牙买加货币体系的主要内容

1. 浮动汇率的合法化

《牙买加协定》正式承认浮动汇率制度的合法性，其成员可以根据本国情况自由选择汇率制度。国际货币基金组织承认固定汇率制度和浮动汇率制度暂时并存。但各成员的汇率政策须受国际货币基金组织的监督，以防止各成员采取损人利己的贬值政策；实行浮动汇率制的成员还应根据经济条件，逐步恢复固定汇率制。

2. 提高特别提款权的国际储备地位

《牙买加协定》规定：特别提款权可以作为各成员货币定值的标准，可以供参加这种账户的成员用来清偿对国际货币基金组织的债务，也可以进行借贷。

3. 扩大对发展中国家的资金融通

国际货币基金组织出售了其成员所缴纳的 1/6 的黄金作为“信托基金”，对最不发达国家以优惠条件提供援助，帮助它们改善国际收支状况。同时，国际货币基金组织扩大信用贷款总额，由占成员份额的 100％增加到 145％，并放宽“出口波动补偿贷款”，所占份额由 50％提高到 75％。同时，放松贷款的条件，延长偿还的期限，资助持续发生国际收支逆差的成员。

4. 黄金非货币化

《牙买加协定》规定：（1）废除黄金官价，各成员中央银行之间不再按官价买卖黄金，允许黄金价格随市场供求变化自由浮动；（2）各成员之间以及各成员与国际货币基金组织之间取消以黄金清算债权债务的义务，各成员原来需以黄金缴纳的份额部分改用外汇缴纳；（3）对各成员原缴纳的黄金进行处理，其中 1/6 按市价出售，另外 1/6 由各成员购回，余下部分由成员 85％的多数票决定是按市价出售还是由各成员购回。

5. 增加各成员在国际货币基金组织中的基金份额

为了提高国际货币基金组织对各成员的融资能力，《牙买加协定》将各成员在该组织中的基金份额由原来的 292 亿特别提款权单位（约 340 亿美元）增加到 390 亿特别提款权单位（约 450 亿美元），比原来增加了 33.6％。各成员应缴份额所占比重也有所改变：除发展中国家维持不变外，主要西方国家除原联邦德国、日本外，份额均有所降低。石油输出国组织的份额提高了 1 倍（由 5％增为 10％）。增加基金份额，目的是提高国际货币基金组织的清偿能力。

（三）牙买加货币体系的作用

牙买加货币体系形成之后，对维持国际经济运转和推动世界经济发展具有积极的作用。

1. 打破了布雷顿森林体系的僵化局面

实行浮动汇率制，可以使一国的宏观经济政策更具有独立性和有效性。当一国国际收支出现问题时，可以由汇率变动来自动调节，不必实行紧缩或扩张的宏观经济政策来维持汇率，从而能够保持国内经济政策的连续性，使宏观经济政策的力度和范围得到保障，市场效率更高。

2. 实行国际储备多元化，缓和了“特里芬难题”

美元已经不是唯一的国际储备货币和国际清算及支付手段。即使美元贬值，也不会从根本上影响到其他国家货币的稳定。由于美元早已与黄金脱钩，即使发生美元可能贬值的征兆，各国也不可能用自己的美元储备向美国挤兑黄金，这就基本上摆脱了基准通货国家与依附国家相互牵连的弊端。

3. 用综合机制共同调节国际收支

牙买加货币体系对国际收支的调节采取多种调节机制相互补充的办法，除了依靠国际货币基金组织和汇率变动外，还通过利率机制及国际金融市场的媒介作用、国际商业银行的活动、有关国家外汇储备的变动以及债权债务、投资等因素来调节国际收支，在一定程度上缓解了布雷顿森林货币体系调节机制失灵的困难，从而对世界经济的运转和发展起到了一定的积极作用。

相关链接

牙买加货币体系的弊端

随着复杂多变的国际经济关系的发展，牙买加体系被人们称作“无体制的体系”的弊端日益明显地暴露出来了。其主要弊端有下述三个方面。

一、汇率体系不稳定

在牙买加体系中，全球1/3的国家实行独立浮动制和管理浮动制，其余国家实行盯住汇率制，作为储备货币的主要是美元、日元、英镑。但由于英镑较弱，而美元、日元之间的汇兑关系经常发生波动，从而使整个体系缺乏稳定的基础。在这种情况下，汇率波动频繁，许多弊端显现出来：(1) 影响国际贸易和世界生产的发展。汇率的变动不定，在国际借贷关系上不是债权方蒙受损失，就是债务方负担加重，甚至引发债务危机。汇率频繁地剧烈波动，也使进出口商难以核算成本和利润，难免蒙受外汇风险损失，因而往往影响世界贸易的进展。(2) 汇率可以自由地向下浮动，因而比较容易导致通货膨胀。(3) 这一汇率体制助长了外汇投机活动。在汇率频繁剧烈波动下，外汇投机商乘机倒卖外汇牟取暴利，加剧了国际金融市场的动荡和混乱。

二、国际货币缺乏统一的货币标准

随着国际货币多元化趋势的日益增强、美元国际货币地位的不断下降，牙买加货币体系这一以美元为中心的国际储备多元化和浮动汇率体系日益复杂混乱和不稳定。多元化国际货币缺乏统一、稳定的货币标准，国际货币格局错综复杂，因此带来许多不利影响。

三、缺乏行之有效的国际收支调节机制

1997年亚洲金融危机和1999年美国贸易逆差持续扩大表明，自实行牙买加体系以来，全球范围内长期国际收支不平衡问题并未得到根本解决。牙买加体系对国际收支的调节性也并不十分完善。由于汇率机制运转失灵，利率机制有副作用，国际货币基金组织又无力指导和监督顺差国与逆差国双方对称地调节国际收支等，导致逆差国储备锐减、债台高筑，顺差国则储备猛增，有的成为重要资本输出国，甚至成为最大的债权国，全球性国际收支失衡现象日趋严重。

单元二 国际货币体系的改革

课前思考

历史上国际货币体系几经演变，想一想，为什么随着国际经济的发展，以前的国际货币体系就需要变革呢？国际货币体系的这种变革更有利于哪些国家呢？

一、国际货币体系改革中的分歧

国际货币体系亦称国际货币制度，是调节各国货币关系的一整套国际性制度安排和组织形式的总称。当今世界各国对外经济交往和国际金融领域中的一切活动都离不开国际货币体系。一个健全的国际货币体系有助于维护国际货币运行的正常秩序，能够促进国际贸易和国际资本流动的健康发展。国际货币体系改革关系到世界各国的切身利益。在当今这样一种相互依存又彼此离散的世界经济关系背景下，确定一套能最大限度地协调不同国家利益的国际安排，无疑是一项复杂、艰巨的系统工程。经过长期的争论，各国在国际货币合作的一些问题上已取得了共识，也进行了一些渐进式的改革。但是，由于国家或集团之间特殊利益的不同，在有关国际货币改革的主要问题上，至今还存在严重的分歧，主要表现在美国、西欧和日本、发展中国家各自的不同立场和态度。

（一）美国的基本立场和态度

布雷顿森林体系瓦解后，美元的霸权地位虽已大大削弱，但美元至今仍是国际货币体系的基础货币，美国也在相当程度上仍保留着对国际货币基金组织和其他国际金融机构的控制权。对国际货币体系进行改革，美国的基本态度是从维护其在国际货币体系的特权利益出发，强调国际收支调节的对称性，即赤字国和盈余国应“对称”地承担调节国际收支的责任，并且应有严格的国际监督，对不愿实行调节的盈余国家实行惩罚。对于其他国家认为美元作为“关键货币”享有“巨大的特权”的看法，美国则强调它实际上为此付出了巨大的代价，为此美国不能自主选择国际收支调节手段，而所能选择的那些调节政策却牺牲了其内部经济增长，导致失业率上升。

美国反对强制性的资产结算，因为这要求美国用美元以外的其他储备资产来结算其国际收支赤字，也反对任何试图取消美元储备货币地位的计划。在外汇干预方面，美国赞同欧盟的多种通货干预体系，主张各国平等承担义务。

在汇率制度问题上，美国主张实行浮动汇率，这与其上述对待国际收支调节的态度是一致的。其理由有三条：一是浮动汇率会给各国宏观经济政策的决策者在管理经济方面较大的自主权；二是浮动汇率会消除布雷顿森林体系汇率安排的不对称性；三是浮动汇率能很快消除“根本性不均衡”。

在南北关系问题上，美国反对将特别提款权的分配与发展援助问题建立任何形式的联系。首先，美国认为创设特别提款权的主要目标是满足全球国际清偿能力的需要，如再增加一个“联系”目标，有使两个目标发生冲突的可能。其次，美国认为“联系”会使世界清偿能力过多，导致通货膨胀。此外，即使“联系”能够通过，发达国家用于援助的资金也会随之减少，欠发达国家事实上也不能得到什么好处。

（二）西欧国家和日本的看法

西欧国家和日本在货币改革的不少问题上持相同看法。它们强烈希望取消美元在国际货币体系中的“过分特权”，赞成恢复货币的可兑换性和实行国际收支不平衡的资产结算，最终取消所有储备资产而由特别提款权代替。它们对美元大量过剩和国际清偿能力的创造和控制问题十分关注。

对于汇率制度问题，西欧和日本都倾向于以固定的可调整的汇率制为基础，而美国则主张汇率可任意浮动。它们强烈要求美国采取有效的政策削减赤字，强调以需求管理而不是汇率管理来调节国际收支。

西欧国家和日本也主张改革中必须考虑发展中国家的利益，除德国外，一般比较赞成发展中国家提出的储备资产的创造应同发展援助相联系的建议。此外，欧盟国家还提出改革后的国际货币体系不应妨碍欧盟达成经济和货币的目标。

（三）发展中国家的改革态度

自牙买加体系建立以来，发展中国家提出了一系列改革现行国际货币体系的建议，其中影响较大的有：1979 年 40 国集团起草并由 77 国集团批准的《国际货币改革行动计划大纲》（通称“蓝皮书”计划）；1980 年在坦桑尼亚首都阿鲁沙举行的“关于国际货币体系和国际经济新秩序的南北会议”上提出的《阿鲁沙建议》；1985 年 24 国集团向国际货币基金理事会临时委员会提交的“国际货币制度的作用与改革”的报告。这些建议有代表性地反映了发展中国家对国际货币改革的一般立场和观点，其内容如下。

1. 加强国际货币基金组织的作用和权威

这必须同国际货币基金组织的公正性和广泛的代表性相联系。发展中国家认为，国际货币基金组织应当在汇率监督、援助、国际清偿力的供应等方面发挥更大的作用，但是目前国际货币基金组织受少数大国支配，较少考虑发展中国家的利益。因此，发展中国家要求改变国际货币基金组织的份额分配和投票权分配，扩大发展中国家的份额比例和投票权比例，使发展中国家能有效地参与国际货币改革和国际货币基金组织的日常活动。

2. 建立比较稳定的、有一定灵活性的汇率制度

这是指建立一个弹性的、波动幅度较小的汇率制度，以恢复世界经济秩序的稳定。发展中国家因其经济基础薄弱、进出口商品结构单一、地区依附性强而承受汇率波动的能力较小，所以稳定的汇率符合发展中国家的利益。

3. 国际收支调节机制要公平、对称

发展中国家提出国际收支调节不但应该是有效的、对称的，而且应该是公平的，有助于使发达国家和发展中国家一道公平地承担国际收支调节的责任。发展中国家反对由逆差国单方面地承担调节责任，认为顺差国也应公平地承担调节责任。发展中国家认为其长期的国际收支逆差是过去长期殖民统治的结果，因此，发达国家和国际货币基金组织应当从

根本上帮助发展中国家提高收入能力，开发发达国家的市场，增加对发展中国家的援助，把特别提款权分配与发展援助相联系。

4. 储备资产的创造和管理问题

发展中国家提出新国际货币体系必须提供一种使国际清偿能力通过国际集体行动来创设的机制，以适合世界贸易扩张的需要和发展中国家的特殊要求。

5. 国际货币领域南北关系方面

发展中国家要求新的国际货币体系应考虑在特别提款权的创造与发展援助之间建立联系，以加速向发展中国家实际资源的转移，即扩大特别提款权的分配和基金的份额，重新安排和减免发展中国家的债务。

6. 对国际货币事务的管理

发展中国家要求新的国际货币体系实行民主化和普遍化管理原则，能适应不同发展模式和不同社会经济制度的需要；改革国际货币基金组织，增加发展中国家的投票权。

7. 削弱美元的作用，逐步加强和扩大特别提款权的作用

其主要目的是使今后国际清偿力的增长能逐步摆脱一国的影响，这有利于建立公正、合理的国际经济新秩序。

从上述美国、西欧和日本、发展中国家的立场和态度可以看出：国际货币体系改革中的矛盾既发生在发达国家之间，也发生在发达国家与发展中国家之间。发展中国家的货币改革要求主要集中在扩大特别提款权的作用、扩大援助、扩大发展中国家在货币改革中的作用以及要求发达国家在国际收支调节方面承担更大的责任这四点上。这些要求同美国的利益有着直接的冲突。由于美国在世界经济中的特殊地位以及在国际货币基金组织中拥有否决权，所以发展中国家要实现自己的改革目标还需要做出更多的努力。

二、国际货币体系改革的前景

今后国际货币体系改革将如何进展，综合国际货币制度发展的历史经验和现实状况，可确定改革的基本方向是在与国际货币有关的下列关键性问题上取得突破。

（一）国际货币本位问题

国际货币体系改革要取得根本性进展，首要的问题就是确定国际基础货币或本位货币，使国际货币体系建立在相对统一和稳定的基础之上。已经提出的国际货币本位方案大致有下面几种：国际金本位制、国际金汇兑本位制、美元本位制、特别提款权本位制、多种货币本位制。

黄金充当本位货币能够提供稳定和自动调节的机制。它似乎是实体与形式相统一的最理想的世界货币，但在黄金生产根本无法满足日益增长的国际经济发展需要的当代，恢复金本位制不具有现实可能性。

为补充黄金的不足，金本位制、金汇兑本位制都与一种中心货币相联系，黄金与中心货币相结合，形成一种世界货币实体与形式辩证统一的关系，能保证国际货币体系的稳定和发展。但是以一国货币（一般为经济实力最强大国家的货币）作为中心货币，一旦中心货币国经济实力衰退，中心货币地位动摇，黄金与中心货币的辩证统一关系即告破裂，国际货币体系也就无法维持。历史上以英镑、美元为中心的国际金本位制就这样先后瓦解，重建国际金汇兑本位制仍然会遇到“特里芬两难”，国际货币体系改革不能重蹈布雷顿森

林体系的覆辙。

至于美元本位制，除了同样会陷于类似“特里芬两难”境地之外，也将使国际货币体系的安危与美国一国政治、经济实力和政策的变化相维系。这不仅影响国际货币体系的稳定，也是广大发展中国家、发达国家所极力反对的。何况，目前美国的经济实力相对减弱，美元也不足以承担国际货币本位的角色。同样，当今世界上也没有哪个国家可以单独承担这个角色。

以特别提款权为基础的国际货币体系是相对有新意的改革思路。特别提款权采取货币“一篮子”定值，它所代表的价值是相对稳定的，以它作为国际货币体系的基础，似乎可避免陷于上述以一个主权国家货币充当这一角色的困境。为此，国际货币基金组织积极推进特别提款权成为未来货币体系的主要国际储备资产和各国货币定值标准，并逐步扩大其使用范围。但是，特别提款权目前仅是靠协议形成的含有储备资产作用的记账单位，而不是一种通货。要使特别提款权成为国际货币体系的基础，首先，要使它成为具备物质基础或价值保证的货币。其次，还必须使它具有经济、政治后盾。最后，要使它成为主要国际储备资产，还必须解决有关特别提款权清算、交易、计值方面复杂的技术问题。总之，已经提出的一些方案设想要成为现实，困难还很多。

以多种货币为基础的国际货币体系是对以一国货币为基础的国际货币体系的改革。在当前多元化的国际货币关系下，让多种货币取代一国货币（美元）共同成为国际货币体系的基础，由于其中强币、弱币会相互抵消一部分汇率波动的影响，国际货币体系的动荡会相对缓和。从当前国际货币体系的发展来看，强币多元化的趋势已较明显。但如前述，这种多元化的货币体系中任何一“极”的动荡都可能影响国际货币关系的稳定。当然，如果更多的国家货币进入储备体系，成为基础货币，则每一“极”的动荡对整个国际货币体系的影响势必弱化。然而这样一种以多国货币为基础的国际货币体系管理起来更加复杂，更加依赖于世界各国在平等互利基础上的国际合作，如果缺乏强有力的国际监管机制和合作精神，这样的国际货币关系很可能趋向无序化。

凡此种种，最理想和最彻底的国际货币体系改革应该是建立超国家的世界性中央银行和真正的国际性货币。但在当前各主权国家利益存在对立的现实条件下，这一设想缺乏现实可行性。

（二）汇率制度问题

汇率制度也是国际货币体系改革的关键问题。如前所述，许多国家对以浮动汇率制为主的国际货币安排现状很不满意，却又暂无良策可替代。《牙买加协定》和《国际货币基金协定第二次修正案》承认了浮动汇率制的合法化，同时又规定在条件具备时实行“稳定但可调整的平价制度”，即固定汇率制。

建立稳定的、可调整的汇率制应是国际货币体系改革的基本方向，因为无论是从历史上看，还是从现实角度看，汇率稳定都是世界经济稳定和贸易发展的必要前提。问题是相对稳定的汇率制度的建立和运行需要一些基本条件：一是要求国际经济情况相对稳定；二是要求国际金融市场波动幅度大致正常；三是要求主要国际货币国家经济政策大致协调；四是各主要国家相互配合，随时联合干预外汇市场。布雷顿森林体系瓦解后，由于国际经济环境和外汇市场的动荡和变化，一直不具备恢复固定汇率的条件，美国等主要西方国家也出于各自不同的利益而奉行有不同侧重点的经济政策，在外汇市场汇率急剧动荡时（主要是美元汇率暴跌），它们有时也能采取联合行动干预市场，但是由于这种协调行动往往与本国利益相抵触，若要求各国为维持相对稳定的汇率而长期协调它们的政策，目前来说难度是相当大的。由此看来，国际货币体制改革在汇率制度方面虽已有确定的方向，但在近期内，除局部可能改善外，很难有重大突破。

综上所述，今后国际货币体系改革要取得任何实质性的进展，都必须依靠世界各国（无论是工业化国家还是发展中国家）在这一领域的国际合作，只有从不同国家相互利益差别中谋求协调，才有可能达成较为理想同时又切实可行的国际货币安排。显然，国际货币体系改革是一项长期的、复杂的、艰难的系统工程。

（三）现行国际货币体系的改革方向

近年来，国际社会对于如何改革现行国际货币体系提出了如下措施。

1. 改良现有的国际金融机构

例如，加强国际货币基金组织在贷款的份额、全球资本流动的监测和预警系统方面的功能，并减少受美国及其他西方发达国家的干预；提高世界银行在稳定国际金融体制中的作用；发挥区域性国际金融机构如亚洲开发银行的作用，加强对遭受危机袭击的国家实施资金援助；以国际清算银行为中心，建立国际金融风险预警系统，提高国际金融预防风险的能力，为国际货币基金组织或其他国际金融机构提供基础性材料，向有关成员发出金融风险的预警信息。

2. 创立新的国际金融机构

例如，建立一个诸如“世界金融组织”的机构，制定新的规则和宗旨，提高发展中国家在国际金融中的地位和作用，使发展中国家与发达国家平等参与国际资本流动和国际金融运行规则的制定，规范国际金融市场行为。

3. 建立和加强国际金融监管制度

公开披露有关信息，提高信息透明度，加强对银行的跨境监管，解决许多国家由于银行管理不善而引发的金融风险，或由于银行财务状况信息不透明而延误发现和解决风险的时机，或由于监督机构不独立而使制定的监督制度不能实施。1999 年年初，由 7 个发达国家与 15 个新兴国家组成的盟国金融小组商讨制定“财政透明度行为准则”和“公司管理行为准则”等，这是一个很好的创意，有利于建立一套金融危机的预警系统并实行金融监管。

但是，这些措施都难以从根本上改变现行国际货币体系下汇率的不稳定和国际支付体系的脆弱性。如何解决“不可调和的三角”，从而在全球金融自由化和国际资本大量流动的现实下兼顾货币政策的独立性和汇率的稳定，仍然需要经济学家的继续努力。但欧洲货币联盟的顺利运行无疑启示我们，现行“无体系”的国际货币体系可能以货币联盟的方式向新固定汇率制回归，其基本架构是建立欧洲、北美洲和亚洲三大货币合作区。

三、欧洲货币体系

（一）欧洲货币体系产生的历史背景

建立欧洲货币体系（European Monetary System，EMS）是欧洲经济共同体（European Economic Community，EEC）的长远目标之一。布雷顿森林体系崩溃之后，国际金融事务错综复杂，各国之间利害冲突甚大，短期内无法再建立一个统一的、被大多数国家所接受的国际货币体系。西欧 6 国（法国、联邦德国、意大利、荷兰、比利时、卢森堡）为了加强政治、经济联合，于 1958 年 1 月 1 日成立了“共同市场”。1973 年，英国、爱尔兰、丹麦加入，成员国由 6 国扩大为 9 国。1981 年希腊加入，扩大为 10 国。1986 年西班牙、葡萄牙加入，欧共体成员国增为 12 个国家。欧洲共同市场是一个国际联合组织，其共同目标是：在经济领域里逐步统一经济政策，建立工农业产品的统一市场，在共同体内实现资本和劳动力的自由流动，协调各成员国财政、金融、货币等方面的政策和立法，当时机成熟时，再从经济联盟发展成为政治联盟。共同市场成立后，在经济一体化方面的主要措施有：（1）建立关税同盟，对内取消工业品关税，对外实行统一的进口关税。（2）实行共同农业政策，内部主要产品统一价格，基本取消内部农产品关税，在成员国之间实现农产品自由流通。（3）建立“欧洲经济和货币联盟”（European Economic and Monetary Union），逐步统一财政、经济政策，逐步实现成员国货币的统一。

欧洲经济共同体在建立初期，由于以美元为中心的布雷顿森林货币体系运转尚好，因而没有明确提出货币一体化的目标，只是注意到了协调货币金融政策问题。20 世纪 60 年代初，布雷顿森林货币体系陷入危机，1960 年 10 月爆发了第二次世界大战后第一次抛售美元、抢购黄金的风潮，引起了欧洲经济共同体成员国货币汇率的波动。于是，共同体成员国要求协调货币政策，逐步实现货币一体化的呼声日益高涨。1971 年 2 月 9 日，欧洲经济共同体部长理事会达成协议，决定着手建立经济和货币同盟。1977 年年初，时任联邦德国总统德斯坦建议重新推动经济和货币同盟的计划，并提出先从建立欧洲货币体系着手。同年 10 月，欧共体主席詹金斯也提出类似的建议。他们的建议得到共同体大多数成员国的响应。

1978 年 4 月在丹麦哥本哈根举行的共同体首脑会议上，各国对建立欧洲货币体系的可能性首次交换了意见，同年 7 月和 12 月，各国两次讨论了欧洲货币体系问题，决定于 1979 年 1 月 1 日正式建立欧洲货币联盟。1989 年 6 月，欧共体主席德洛尔提出关于欧洲货币联盟的定义：成员国货币之间完全可兑换；资本自由流动；完善汇率机制；创设欧共体中央银行；统一货币。这一定义逐步为欧共体成员国所接受。1991 年 12 月 9 日，欧共体 12 个成员国首脑在荷兰小镇马斯特里赫特召开会议，并于 1992 年 2 月 7 日签署了《马斯特里赫特条约》。《马斯特里赫特条约》是欧洲货币一体化道路上的一个里程碑，它为建立欧洲货币体系制定了一个明确的时间表。

（二）欧洲货币体系的内容

1. 创设欧洲货币单位

欧洲货币单位（European Currency Unit，ECU）是一个“混合货币篮子”，是欧洲货币体系的核心，由欧共体 12 个成员国中的 11 种货币组成。每种货币在欧洲货币单位中所占的比重取决于各自的经济实力（如外贸和国民生产总值），每隔 5 年调整一次，但如果任何一种货币的比重变动超过 25%时，权数构成可重新调整。

欧洲货币单位作为欧洲货币体系的核心，具体表现在它的作用上：（1）它是确定成员国货币之间中心汇率的计算标准；（2）它是衡量各成员国货币的强弱及其对欧洲货币单位中心汇率偏离幅度的参考指标；（3）它是成员国与欧洲货币基金之间信贷融通的计算标准；(4) 它将逐步发展成国际结算和国际储备货币。

2. 确定稳定汇率的机制

欧洲货币体系的目标是实现西欧各国货币的一体化，其重点落在稳定汇率机制上。根据该机制的安排，汇率机制的每一个参加国都确定同欧洲货币单位的固定比价，即中心汇率，以此为基础确定两国货币的双边中心汇率，形成一个网状的平价体系，从而奠定稳定汇率的基础。

(1) 平价网体系。各国货币对欧洲货币单位的中心汇率是根据各种货币在 1979 年 3 月 12 日的市场汇率计算出来的。而双边中心汇率则是根据各种货币对欧洲货币单位的中心汇率来确定的。

(2) “货币篮子”体系。与平价网体系中各成员国之间的货币比价规定双边中心汇率不同，货币篮子体系是确定各国货币对欧洲货币单位的市场汇率，然后规定差异界限，这种差异界限是依据 75%×12.25 (或±6%) ×(1－W) 而得出来的。其中 W 为某国货币在欧洲货币单位中所占的比重。显然，这种差异界限小于两国货币中心汇率允许的波幅±2.25%或±6%，而且在欧洲货币单位中所占比重越大的货币，其差异界限越小。差异界限也起到了一种预警器作用，当一国货币对欧洲货币单位的比价超过了该界限时，该国就必须进行干预，使之返回到界限之内。当成员国无法通过干预措施和调节政策维持货币汇率规定界限时，就必须对整个平价网体系进行调整。必须指出的是，并非所有欧共体成员都参加了稳定汇率机制。欧洲货币体系成立之初，除英国以外的欧共体 8 国都加入了进来，英国直到 1990 年 10 月才加入，后于 1992 年 9 月又与意大利一同退出；西班牙和葡萄牙于 1986 年加入欧共体，分别于 1989 年 6 月和 1992 年 4 月加入该汇率机制。

3. 设立欧洲货币基金

欧洲货币基金是欧洲货币体系的基础。为了保证欧洲货币体系的正常运转，确保各国货币汇率的稳定，欧共体于 1973 年 4 月设立了欧洲货币合作基金 (EMCF)，集中成员国各 20%的黄金储备和美元准备，作为发行欧洲货币单位的准备金。“欧洲货币合作基金”，对每一成员国提供信贷，但总共只有 28 亿欧洲货币单位，远不足以适应干预市场的需要。由于各国储备的变动以及黄金、美元的价格波动，该基金每隔 3 个月重新确定一次。

欧洲货币基金的主要作用是向成员国提供相应的贷款，以帮助其进行国际收支调节和外汇市场干预，保证欧洲汇率机制的稳定。基金给成员国提供的贷款种类因期限不同而有所不同：期限最短的 45 天以下贷款只提供给稳定汇率机制参加国；9 个月以下短期贷款用于帮助成员国克服短期国际收支失衡问题；中期贷款的期限为 2～5 年，用于帮助成员国解决结构性国际收支问题。此外还规定了信贷体制，各成员国中央银行可以相互提供本国货币的短期信贷，数量不限，作为干预市场能力的补充。结果，便形成了实力雄厚的为稳定市场所必需的共同储备。

(三) 欧洲货币体系的发展——欧洲货币联盟

进入 20 世纪 80 年代以后，欧共体国家逐渐摆脱了经济的内外危机，它们主张加快欧洲联盟的建设和欧洲货币一体化的进程。1985 年 12 月，欧共体卢森堡首脑会议通过了《单一欧洲法》(Single European Act)，决定用 7 年时间，于 1992 年年底建成欧洲统一大市场，实现商品、资本、人员和服务等在成员国之间自由流通，真正达到经济、货币一体化。1988 年 6 月，第 39 届欧共体首脑会议决定成立以共同体执委会主席德洛尔为首、各成员国央行行长和专家参加的17人委员会，专门研究欧洲经济货币联盟的可行性。1989年6月，共同体理事会讨论批准了德洛尔委员会提出的《关于欧共体经济与货币联盟的报告》，该报告建议分三个阶段实现经济与货币联盟，每个阶段的具体期限没有规定，只是规定了第一阶段最晚始于1990年7月1日和各阶段的主要目标。

1991年12月，欧共体成员国首脑在荷兰制定了《马斯特里赫特条约》（以下简称《马约》），该条约分为《政治联盟条约》和《经济与货币联盟条约》，并参照德洛尔计划制定了实现欧洲经济货币联盟的具体时间表：第一阶段从1990年7月1日到1993年年底，各成员国均应加入欧洲货币体系的汇率机制，并加强成员国货币政策和汇率政策的协调，尽可能减少中心汇率的调整次数；第二阶段从1994年1月1日起到1996年年底，最迟至1998年年底，开始建立和建成独立的欧洲货币机构，责成它监督成员国的经济政策和货币政策，实现各国汇率的窄幅浮动，加强经济政策的协调，使一些主要经济指标达到规定标准；第三阶段从1997年起，即最早于1997年年初但不晚于1999年1月1日，实现单一货币，同时规定于1997年1月1日或最迟于1998年12月31日成立欧洲中央银行，负责制定统一的货币政策。

《马约》于1992年2月7日正式签订，原计划在1993年1月1日前完成各成员国批准的程序，由于中间的曲折，1993年11月1日才正式生效，比原计划拖延了10个月。随着《马约》的正式生效，欧共体更名为欧洲联盟，简称欧盟。1995年1月1日，奥地利、芬兰和瑞典也投票同意加入欧盟。至此，欧盟成员国已增加到15个。

根据《马约》的规定，欧盟在1995年12月15日召开的欧盟马德里首脑会议上，将未来欧洲货币的名称正式确定为“欧元”（EURO），以取代欧洲货币体系下的“埃居”（ECU），并确定了单一货币实施的时间表。按照这一时间表，欧元的启动分为三个阶段：

第一阶段，1998年1月1日至1998年年底。3～4月，欧盟将确定搭乘“欧元”启动头班车的成员国名单；年中，欧洲中央银行（ECB）成立；年末，开始生产（不是发行）“欧元”钞票和硬币。欧元有7种面值的纸币，即5元、10元、20元、50元、100元、200元、500元；还有8种硬币，即1生丁、2生丁、5生丁、10生丁、20生丁、50生丁、1元、2元。

第二阶段，1999年1月1日至2001年年底。1999年1月1日，最终确定“欧元”的汇率，欧元正式成为一种货币，以非现金或者以记账货币的形式与各国自己的货币同时使用，平行流通；欧洲货币单位消失；各国中央银行继续开展业务，但其货币流通方面的业务在欧洲中央银行的领导下进行；各国中央银行、欧洲中央银行和各商业银行、证券市场、保险市场以及各个企业都可用欧元计价交易。

第三阶段，2002年1月1日以后。正式发行欧元700亿现钞和硬币，2002年6月30日前，欧元区12国原主权国家货币退出流通，欧元成为成员国唯一的法定货币。

欧洲单一货币——欧元的实现，是欧洲人民多少年来追求“统一、和平和繁荣”这一理想目标、积极推进货币和经济的一体化所取得的最重大的成就。它标志着欧洲国家和人民要求联合和独立自主发展的共同愿望，反映了世界经济全球化、多极化和区域性一体化发展的趋势，以及各种力量的消长变化和重新组合。“欧元区”目前总人口约为2.9亿人，国内生产总值约占全球的19.4%，对外贸易额占全球贸易额的18.6%。因此，欧洲单一货币的实现不仅将使欧洲的面貌发生深刻的变化，而且将在国际金融领域发挥重要的作用，对世界政治和经济的发展产生深远的影响。

相关链接

当前的世界货币体系与中美经贸形势

布雷顿森林体系崩溃后，为了应对失去黄金支撑的美元颓势，美国金融大亨们不择手段地迫使欧佩克只用美元进行石油结算，并提高了石油的美元价格，以此增加石油进口国对美元的需求。这使得美国金融大亨不但可以继续滥发美元然后通过美国的国际收支逆差获得铸币税收益，而且可以利用美元贷款来剥削那些需要美元来进口石油和其他商品的国家。

20 世纪 90 年代，中国开始推行出口创汇的外向型经济道路，一些地方听任“三资”企业随意压低甚至拖欠工人工资，放任这些企业拒不缴纳社会保障费用，以由此造成的劳动力廉价来招商引资。但是，廉价的劳动力并没有给生产企业带来巨大的利润，反而导致了出口商品的廉价。这一时期，大量滥发的美元通过中美贸易顺差和对华投资进入中国，不但套购了大量中国生产的物资，而且控制了中国不少资源和行业，给中国带来了通货膨胀的巨大压力。

为了储备美元，中国银行不得不向中国国内市场投放大量的人民币，而为了防止过多的人民币进入市场引发严重的通货膨胀，中国的中央银行即中国人民银行不得不以提高存款准备金率和发行央行票据这一金融创新的方式将大量的人民币限制在银行系统内，造成中国的商业银行出现巨大的存贷差，给中国的商业银行经营带来了巨大的困难，反而给外资进入和控制中国的商业银行提供了一个借口。从那时起，外汇储备发行已经成为人民币发行的主要方式和人民币增发的唯一方式。发行多少人民币完全取决于美国方面以贸易和投资的方式向中国提供多少美元，人民币的发行主权已经悄然丧失。这些增发的人民币的币值基础既不是黄金，也不是中国生产的商品，而是外汇储备中的美元，形成美元以套购的中国商品和中国资源为币值基础、人民币以用于套购这些商品和资源的美元为币值基础的态势。这样一来，一旦美元贬值，人民币必然会跟着贬值。

为了让套购的中国物资支撑美元的币值，并以此限制中国经济的健康发展，防止中国将拿到的美元重新投入美国商品市场造成美元贬值，美国一方面指责中国对美国的贸易顺差，要求中国放开金融领域；另一方面对中国实行出口管制，使得中国无法购买所需要的美国高科技产品、无法购买美国的军火甚至难以和无法并购美国的企业。大量过剩的美元砸在中国手中，这些购买力被限制的美元价值不仅低于同等数额的美国人手中的美元价值，而且快速地在中国手中积累起来，中国的美元储备迅速地超过国际理论界通常认为的三个月进口金额线，中国成为世界第一大美元储备国。此时，美国政府和金融界诱使中国有关部门拿这些似乎无路可去的美元储备购买美国的国债和其他金融产品，这就使得人民币的币值基础进一步从美国信用等级最高的金融资产——美元降低到信用等级较低的美国国债和其他金融产品上。

此次美国金融危机恰恰导致美国金融产品大幅贬值，而损失惨重的并不是发行这些金融产品的美国金融大亨，他们已经拿回了美元；损失惨重的是投资美国金融市场的世界各国政府和人民以及他们本国货币的币值，其中自然也包括中国政府和人民以及人民币的币值。相反，美元的币值则因为这次金融危机而坚挺起来。

资料来源：https：//wenku. baidu. com/view/1aa35131be1e650e53ea9917. html.

拓展阅读

欧元流通对我国经济的影响

已建立的欧元区对我国来说，同样意味着机遇与挑战并存。欧元流通对我国的经济影响主要表现在以下方面。

一、对中欧贸易关系的影响

欧元流通会导致欧盟市场更加一体化，生产结构更加专业化，产品生产的分工协作将得到加强，并将促进生产要素在各国之间的流动，大大提高欧盟企业的竞争能力，充分发挥其对外竞争的优势；与此同时，欧盟的贸易保护主义和排外性也会上升。这将加大我国对欧盟贸易的难度，使我国今后在国际市场上面临来自欧洲的更强有力的竞争。但是欧元也给我国对欧贸易带来一些有利的因素，由于欧盟内商品价格趋于一致，进出口手续简化，人员和商品自由流动，这将使贸易结算费用降低，汇率风险和保值费用也会下降。

二、对人民币汇率的影响

欧元流通后，欧元与美元的强弱将直接影响到人民币与欧元之间的关系，因此将不得不考虑如何调整人民币在欧元与美元之间的关系。欧元启动后的欧盟经济，将在一段时期内保持一种低利率和紧缩性的货币财政政策，而我国在今后几年中仍将保持经济高速增长，如果我国的通货膨胀率高于欧元区国家，将对人民币汇率形成一种下跌的压力。但高速的经济增长和对欧盟持续的贸易顺差，又会造成人民币对欧元的长期走势趋升，这将不利于我国对欧盟的出口。由于我国经济的增长主要依靠进出口贸易的带动，因此如何保持人民币对欧元汇率的适当水平和稳定是我国汇率管理中有待解决的课题。

三、对我国外汇储备和外债存量管理的影响

我国目前的外汇储备和外债存量以美元为主。随着欧元地位的上升，美元和日元的地位相对下降，我国外汇储备和外债存量结构如何适应这一变化并尽快地进行调整，以减少汇率和利率风险，成为外汇管理部门面临的一项重要任务。

四、对资本流动的影响

在资本流动方面，更多的外国资本流入欧元区，可能会使欧盟和其他外国资本从我国撤走部分投资，但是由于欧盟货币一体化而释放出来的外汇储备又会增加其对外资本输出，包括对我国的资本输出。欧元的使用对我国向欧盟的投资也创造了一些有利的条件，我国企业只要在欧盟任何一国投资，就可享受非歧视性的同等待遇，产品也可在欧盟各国畅通无阻。

五、对我国银行、企业和个人的外汇交易及收入的影响

欧洲单一货币的实现，会使我国银行原先兑换欧洲各国货币的业务减少和消失，由此而来的收入将会减少，但同时又会使银行增加新的欧元兑换业务和收入。企业和个人的外汇收入中，欧元所占的比重也会增加，这就要求企业在对外贸易中，特别是在对欧洲的进出口业务中，应格外注意欧元的计价问题，避免因欧元汇率波动而造成汇率风险损失。

知识要点

国际货币体系是指各国政府为适应国际支付的需要，对本国货币在国际范围内发挥世界货币职能所确定的原则、采取的措施和建立的组织形式。从历史的发展过程来看，现代国际金融体系大致经历了三个发展阶段：第一阶段是国际金本位制时期；第二阶段是布雷顿森林体系时期；第三阶段是牙买加货币体系时期。不同历史时期的国际金融体系有其产生的背景，同时也有其存在的积极作用和重大缺陷。本章进一步阐述了国际货币体系所面临的种种挑战与机遇，并介绍了欧洲货币体系及欧洲统一货币——“欧元”产生的动因和对国际金融活动发展的重大历史作用。

问题讨论

要求：随着金融全球化的深入，国际货币体系对于各国的金融运转愈发显得重要。近年来，美国次贷危机的爆发及蔓延、美元持续贬值以及一些国家资本市场的暴跌造成了国际金融领域的动荡不安，这一切使得对国际货币体系改革的探讨具有新的现实意义。

请同学们利用本章所学知识，试着探讨一下各国降低使用美元货币和保有美元等价资产风险的对策。

活动安排：分组讨论，各组派代表上台发言。

达标检测

一、基本概念

国际货币体系　国际金本位制　布雷顿森林体系　牙买加体系　欧洲货币体系

二、填空题

1. 国际货币体系演变的三个阶段分别是（　　）、（　　）和（　　）。

2. 国际金本位制主要有（　　）、（　　）和（　　）三种类型。

3. 国际金本位制崩溃的主要原因是维持金本位制的（　　）、（　　）和（　　）三个必要条件遭到破坏。

4. 欧洲共同市场成立后，在经济一体化方面的主要措施有（　　）、（　　）和（　　）。

5. 欧元的产生，是欧洲人民多年来追求“统一、和平和繁荣”这一理想目标、积极推进（　　）和（　　）的一体化所取得的最重大的成就。

三、判断题

1. 布雷顿森林协定包括《国际货币基金协定》和《国际复兴开发银行协定》。（　　）

2. “特里芬两难”是导致布雷顿森林体系崩溃的根本原因。（　　）

3. 《马约》关于货币联盟的最终要求是在欧洲联盟内建立一个统一的欧洲中央银行并

发行统一的欧洲货币。 ( )

4. 牙买加体系是以美元为中心的多元化国际储备体系。 ( )

四、简答题

1. 国际货币体系的主要内容是什么?
2. 国际金本位制的优缺点有哪些?
3. “特里芬两难”为何构成布雷顿森林体系的致命缺陷?

五、选择题

1. 被称为资本主义世界的第二个“黄金时代”的国际货币体系是( )。

A. 国际金本位制 B. 布雷顿森林体系
C. 牙买加体系 D. 都不是

2. 在布雷顿森林体系下,第一次大规模的美元危机是( )年爆发的。

A. 1960 B. 1961 C. 1962 D. 1963

3. 在国际金本位初期,各国最重要的储备资产是( )。

A. 黄金储备 B. 外汇储备
C. 在基金组织的储备头寸 D. 特别提款权

4. 布雷顿森林体系下,唯一的储备货币是( )。

A. 美元 B. 英镑 C. 法国法郎 D. 德国马克

5. 在特别提款权中,占权数最大的货币是( )。

A. 美元 B. 欧元 C. 日元 D. 英镑

参考文献

[1] 高建侠. 国际金融. 北京：中国人民大学出版社，2014.

[2] 高建侠，陈冬. 金融基础. 北京：中国传媒大学出版社，2018.

[3] 刘舒年. 国际金融. 北京：中国人民大学出版社，2011.

[4] 徐荣贞. 国际金融概论. 3版. 北京：中国金融出版社，2016.

[5] 何璋，胡松明，孙宪臣. 国际金融. 北京：北京师范大学出版社，2018.

[6] 陈雨露. 国际金融. 北京：中国人民大学出版社，2015.

[7] 刘玉操，曹华. 国际金融实务. 大连：东北财经大学出版社，2017.

[8] 李军燕. 国际金融实务. 大连：东北财经大学出版社，2018.

[9] 孙黎. 国际金融实务. 西安：西安交通大学出版社，2016.

[10] 姚君. 国际结算实务. 北京：中国人民大学出版社，2018.

图书在版编目（CIP）数据

国际金融/高建侠主编．—3版．—北京：中国人民大学出版社，2019.5
21世纪高职高专精品教材．经贸类通用系列
ISBN 978-7-300-26906-1

Ⅰ.①国… Ⅱ.①高… Ⅲ.①国际金融-高等职业教育-教材 Ⅳ.①F831

中国版本图书馆CIP数据核字（2019）第074047号

"十二五"职业教育国家规划教材
经全国职业教育教材审定委员会审定
21世纪高职高专精品教材·经贸类通用系列
国际金融（第三版）
主　编　高建侠
参　编　杜　峰　张春瑜　韩梦娟　胡红莲　卓永斌
Guoji Jinrong

出版发行	中国人民大学出版社		
社　　址	北京中关村大街31号	**邮政编码**	100080
电　　话	010－62511242（总编室）		010－62511770（质管部）
	010－82501766（邮购部）		010－62514148（门市部）
	010－62515195（发行公司）		010－62515275（盗版举报）
网　　址	http://www.crup.com.cn		
	http://www.ttrnet.com（人大教研网）		
经　　销	新华书店		
印　　刷	北京宏伟双华印刷有限公司	**版　　次**	2009年6月第1版
规　　格	185mm×260mm　16开本		2019年5月第3版
印　　张	17.5	**印　　次**	2021年10月第3次印刷
字　　数	424 000	**定　　价**	39.00元